Kofi Annan

Stanley Meisler

Kofi Annan

Een leven in het teken van vrede

Kosmos-Z&K Uitgevers, Utrecht/Antwerpen

www.boekenwereld.com

Oorspronkelijke titel: *Kofi Annan: a man of peace in a world of war*

Voor de Nederlandstalige editie:

Vertaling: Rob de Ridder
Eindredactie: Martin Appelman, Ampersand
Omslagontwerp: Teo van Gerwen, Waalre
Typografie: Julius de Goede
ISBN 978 90 215 0674 6
D/2007/0108/048
NUR 681, 689, 754

Voor Elizabeth

Inhoud

Inleiding

In aanwezigheid van een twintigtal eerdere winnaars en koning Harald V van Noorwegen nam de secretaris-generaal van de Verenigde Naties, Kofi Annan, op 10 december 2001 in het stadhuis van Oslo de Nobelprijs voor de Vrede in ontvangst. De Nobelprijs is de meest prestigieuze onderscheiding ter wereld en Annan genoot. Samen met zijn vrouw Nane keek hij de volgende avond naar de traditionele fakkeloptocht en ging daarna met haar de dansvloer op om het jaarlijkse Nobelprijsbal te openen. Over Annans aanzien bestond toen geen enkele twijfel. Hij schreed vol zelfvertrouwen, waardigheid en verfrissende eerlijkheid door de wandelgangen van de hoofdsteden van de wereld. Hij was op dat moment een van de populairste wereldleiders en werd beschouwd als een toonaangevende morele kracht; hij kon zich meten met anderen van een vergelijkbare statuur, zoals Nelson Mandela en Elie Wiesel.

In de jaren daarna veranderde er veel. In 2005 was Annan murw gebeukt door het Witte Huis. Republikeinen riepen om zijn aftreden. Zijn zonde was, in hun ogen, zijn openlijke verzet tegen de invasie in Irak. Maar het opgeblazen olie-voor-voedselschandaal, samen met de leugens en de hebzucht van zijn zoon, gaven zijn Amerikaanse tegenstanders voldoende munitie in handen om hem af te schilderen als op zijn minst laks. Een groot deel van de laatste periode van het tien jaar durende bewind van Annan is in ruzie en bitterheid voorbijgegaan.

Dit boek bevat het verhaal over de opkomst van Kofi Annan van schooljongen in Ghana tot wereldleider, en over het geluk en de wanhoop die zijn decennium als leider van de VN hebben gemarkeerd. Zijn opvallendste daad was dat hij zich openlijk verzette tegen de door de VS geïnspireerde en aangevoerde inval in Irak in 2003. Hij belichaamde de verwarring en het ongenoegen van de wereld over deze Amerikaanse daad van intimidatie. Maar Annan schreeuwde zijn afkeuring niet van de daken en veroordeelde de oorlog niet op spectaculaire wijze. In plaats daarvan probeerde hij, binnen de beperkingen van de diplomatie van de VN, de opmars naar de oorlog te vertragen in de hoop dat de tijd in het voordeel zou werken van de wereldwijde opinie tegen de oorlog. Maar president George W. Bush was niet van plan zich iets van de publieke opinie aan te trekken. Uiteindelijk slaagden de VN er niet in om deze rampzalige oorlog te voorkomen en Annan beschouwde dit falen als een persoonlijke nederlaag.

De secretarissen-generaal van de Verenigde Naties vormen een zeer exclusieve club: in de eenenzestig jaar sinds de oprichting in 1945 zijn er slechts zeven geweest: Trygve Lie uit Noorwegen, Dag Hammarskjöld uit Zweden, U Thant uit Birma, Kurt Waldheim uit Oostenrijk, Javier Pérez de Cuéllar uit Peru, Boutros Boutros-Ghali uit Egypte en Kofi Annan uit Ghana. Annan, die op 1 januari 1997 op de hoogste post van de VN werd benoemd, wordt over het algemeen beschouwd als een bestuurder in de stijl van Dag Hammarskjöld, de vermaardste van zijn voorgangers. Annan werd gekozen toen de VN juist aan het bijkomen waren van de debacles in Somalië, Bosnië en Rwanda. Er was een leider nodig met grote diplomatieke vaardigheid, openheid en morele kracht en Annan beschikte precies daarover. Zijn opkomst was voor een groot deel afhankelijk van Amerikaanse steun, maar de ambivalente houding van de VS ten aanzien van de VN zou later zijn grootste probleem blijken te zijn en zou bijna tot zijn ondergang leiden.

De secretaris-generaal is een fulltimemanager van wereldcrises, maar hij moet die zien te beheersen zonder een staand leger of politiemacht en zonder grote financiële reserves. Het totale budget van de VN – dus niet alleen voor vredeshandhaving maar ook voor alle organisaties die onder de VN ressorteren, zoals Unesco en Unicef – bedraagt momenteel zo'n twaalf miljard dollar per jaar, minder dan alle scholen van New York samen jaarlijks te besteden hebben. Als een crisis militaire vredeshandhavers vereist, dan moet de secretaris-generaal die bij elkaar zien te krijgen door bij een hele reeks landen om soldaten te bedelen. Annan heeft als ondersecretaris-generaal voor vredesoperaties en als secretaris-generaal verschillende gewelddadige situaties het hoofd moeten bieden, en een groot deel van dit boek handelt dan ook over zijn rol in de wereldcrises van de afgelopen twintig jaar, zoals Somalië, Bosnië, Rwanda, Oost-Timor, Kosovo en natuurlijk Irak.

Dit is geen geautoriseerde biografie. De secretaris-generaal heeft me niet gevraagd dit boek te schrijven en heeft niets te zeggen gehad over de inhoud. Hij heeft ook geen inzage gehad in het manuscript, maar hij heeft wel meegewerkt aan dit project. We voerden gesprekken en, belangrijker nog, hij moedigde zijn stafleden en vrienden aan om met me te praten. Toch is dit boek geen geschiedenis door de ogen van de secretaris-generaal en zijn medewerkers. Ik heb zijn en hun weergaven van gebeurtenissen samen met andere bronnen gebruikt om een volgens mij eerlijk verhaal te kunnen vertellen over wat er precies gedurende zijn termijn is gebeurd.

Veel van zijn vrienden en kennissen beschrijven Annan als een in zichzelf gekeerde man, die ze niet helemaal begrijpen. 'Kofi heeft iets wat moeilijk te doorgronden is,' zegt dr. Julia Preiswerk, Amerikaanse en al meer dan veertig jaar met hem bevriend. Een biograaf heeft daarmee natuurlijk wel een probleem en, erger nog, hij komt in de verleiding om op basis van vage aanwijzingen te gaan speculeren. Dat is vooral verleidelijk bij iemand die zich in twee verschillende culturen op zijn gemak voelt. Ik heb mijn uiterste best gedaan die verleiding te weerstaan. Ik heb geprobeerd om in plaats daarvan een openhartig en verhelderend portret te schetsen van een complex mens op basis van wat we weten van zijn woorden en daden. Er zit dus maar heel weinig psychologische speculatie in dit boek.

Ook wordt er weinig getheoretiseerd op het gebied van de politieke wetenschappen. Annan is geen ideoloog en geen theoreticus. Hij is een pragmatisch leider die zich aan enkele belangrijke kernwaarden houdt. Hij gelooft in het Handvest van de Verenigde Naties en in de woorden van de Amerikaanse dichter Archibald MacLeish waarmee de preambule begint: 'Wij, de volken van de Verenigde Naties, vastbesloten komende geslachten te behoeden voor de gesel van de oorlog...' Annan is evenwel geen verstokte pacifist. Hij erkent dat de VN soms met kracht moeten optreden om agressie af te wenden of om mensen te beschermen tegen misbruik door hun eigen regering. Maar hij beschouwt het toch voornamelijk als zijn taak als secretaris-generaal om te strijden voor vrede, zelfs als invloedrijke machten hiertegen samenspannen. Bij het uitvoeren van zijn taak voelt hij intuïtief aan hoever hij kan gaan bij het onder druk zetten en overhalen van de verschillende leiders en ambassadeurs. Soms slaagt hij, soms niet. Maar zijn handelingen passen niet in een bepaalde theorie.

De secretaris-generaal en ik hebben iets gemeen. We zijn beiden een product van de groeiende Amerikaanse belangstelling voor Afrika eind jaren vijftig, begin jaren zestig toen Afrikaanse staten het kolonialisme achter zich lieten en zelfstandig werden. De Ford Foundation probeerde toen Afrikanen naar Amerika te halen en bij Amerikanen belangstelling te kweken voor Afrika. Nadat een scout Kofi als veelbelovende jongeman in Afrika had gesignaleerd, betaalde de Ford Foundation in 1959 zijn reis naar de VS en zijn verblijf aan Macalester College in Minnesota. Precies drie jaar later kreeg ik van de Ford Foundation een beurs om Afrikaanse studies te volgen aan de universiteit van Californië in Berkeley en aansluitend in Afrika rond te reizen.

Binnen tien jaar was ik correspondent in Nairobi, Kenia, voor de *Los Angeles Times*, terwijl Kofi als administratief medewerker bij de economische commissie van de VN voor Afrika in Addis Abeba, Ethiopië, werkte. Maar een beginnend medewerker van de VN had te weinig nieuwswaarde om de aandacht van een buitenlandse correspondent te trekken. Achteraf is dat jammer. We zouden elkaar pas ontmoeten in de jaren negentig toen de *Los Angeles Times* me naar de VN in New York stuurde en Kofi hoofd werd van het Departement voor Vredesoperaties.

Tijdens een van onze recente ontmoetingen vroeg Annan me waarom ik dit boek schreef. Ik vertelde hem dat ik al eerder de geschiedenis van de eerste vijftig jaar van de VN had geschreven en dat ik het idee had dat ik, als ik zijn carrière zou bestuderen, enkele witte vlekken in het verleden in zou kunnen vullen en ik bovendien tien jaar aan de geschiedenis van de VN toe kon voegen. Toen ik hier later over nadacht, besefte ik dat mijn antwoord onvolledig was geweest. Ik was me steeds meer zorgen gaan maken om de klappen die hij na de invasie in Irak kreeg. Kranten waren hem gaan behandelen alsof hij bij allerlei schandalen betrokken was. Zijn terughoudendheid waar het zijn zoon betrof, wekte bij sommigen de indruk dat hijzelf iets te verbergen had. Een algemeen hooggeacht politicus leek ten onder te gaan. Dat wilde ik gaan uitzoeken. Het resultaat daarvan staat in dit boek.

1

Ghana en Amerika

Kofi Atta Annan groeide op in een tijd van optimisme in Afrika. In 1957, toen hij negentien jaar oud was en zijn middelbareschoolopleiding afsloot, veranderde de Goudkust, zijn vaderland, zijn naam in Ghana, streek de Union Jack en ging de geschiedenis in als de eerste Europese kolonie in tropisch Afrika die onafhankelijk werd. Er zouden in korte tijd nog veel koloniën volgen en de wereld maakte kennis met een golf van kleurrijke vlaggen, exotische klederdrachten en knappe, donkere leiders. Afrika zat vol goede bedoelingen en was uiterst hoopvol, en dit werd gedeeld door de jongeman die net van school kwam.

'Ik denk dat we allemaal optimistisch waren,' herinnerde Annan zich meer dan veertig jaar later wat weemoedig. 'We waren allemaal erg hoopvol en vastbesloten om onze landen op te bouwen. We wilden onderwijs, we wilden een vak leren en onze bijdrage leveren.'

Onze visie op Afrika is nu zo vertroebeld door cynisme en teleurstelling dat het niet makkelijk is om het positieve gevoel voor te stellen dat een halve eeuw geleden in de Verenigde Staten over Afrika heerste. Kort na de verkiezing van John F. Kennedy tot president in 1960 betaalde de familie Kennedy mee aan een luchtbrug die door de Keniaan Tom Mboya op poten was gezet, om jonge Kenianen naar kleine colleges in de VS te brengen. Ghana was het eerste land dat een groep vrijwilligers van het net opgerichte Peace Corps ontving. De jonge Amerikanen stapten in Accra uit het vliegtuig terwijl ze in het Twi, een van de lokale talen, het Ghanese volkslied 'Yen Ara Asaasa Ni' (Dit is ons vaderland) zongen. Amerikaanse, net afgestudeerde wetenschappers en journalisten, die net zo weinig van Afrika wisten als de journalist van de *New York Herald* Henry M. Stanley toen die er bijna een eeuw eerder op zoek ging naar dr. Livingstone, waaierden over het continent uit op zoek naar onbekende gewoonten en gebruiken.

Er waren echter ook twijfelaars. In 1953, vooruitlopend op de onafhankelijkheid van de Goudkust, waarschuwde *Time* in een coverstory dat 'de weinige opgeleiden die van het duister naar het licht klimmen... vermoedelijk ten offer zullen vallen aan het communisme.' Maar de meeste Amerikanen vonden de opkomst van zo veel nieuwe staten en het ontwaken van Donker Afrika geweldig.

Het enthousiasme van de Amerikanen was van blijvende invloed op het leven van Kofi Annan. Hij werd met een tweelingzusje geboren op 8 april 1938 in Kumasi, de hoofdstad van het voormalige koninkrijk van de Ashanti in het binnenland van de Goudkust. Het gezin bestond verder uit drie oudere zussen; later kwam er nog een broertje bij. Hoewel Kofi een groot deel van zijn jeugd in het land van de Ashanti doorbracht en hij een spoortje Ashantibloed bezat, was zijn vader, Henry Reginald Annan, een Fanti die zijn afstamming tot Fanti-adel terug kon voeren. Ook Kofi's moeder, Victoria, was een Fanti. De Fanti, een kustvolk, hadden in de oorlogen met het Ashantirijk in de negentiende eeuw, die eindigden met de annexatie van de Goudkust als een Britse kolonie, de kant van de Britten gekozen. Henry Annan was directielid van de United Africa Company, een dochterbedrijf van de Nederlands-Engelse multinational Unilever; het was zijn voornaamste taak om cacaobonen in te kopen die naar Europa werden verscheept. In die tijd was de Goudkust de grootste producent van cacaobonen ter wereld en daardoor naar Afrikaanse maatstaven rijk. Na zijn pensionering werd Henry bestuursvoorzitter van de Ghana International Bank en andere regeringsinstellingen en werd hij gekozen tot gouverneur van de provincie Ashanti.

Henry Reginald en Victoria hadden Europese namen. Ze behoorden tot de oude, bevoorrechte klasse van Afrikanen die onderwijs hadden gekregen van zendelingen die hen hadden aangemoedigd de Britse gebruiken over te nemen. Maar juist nu begon die Afrikaanse elite zich ongemakkelijk te voelen onder de heerschappij van de Britten en het echtpaar keerde terug naar de Afrikaanse tradities en het Akan, een van de talen van Ghana, toen ze namen moesten bedenken voor hun kinderen. De jongen werd Kofi ('geboren op vrijdag') Atta ('tweeling') genoemd. De terugkeer naar Afrikaanse namen betekende echter geenszins een revolutionaire breuk met de Britse en de christelijke tradities. Henry en Victoria beschouwden zich nog steeds als echte christenen en bezochten met het hele gezin de diensten van de anglicaanse kerk.

Kofi zei eens dat hij 'a-tribaal in een tribale wereld' is opgegroeid. Op een oude foto met zo'n vijftig leden van de familie Annan, genomen toen Kofi ongeveer zes jaar oud was, dragen de meeste mannen pakken en stropdassen. Ongeveer de helft van de vrouwen is in Europese jurken met hoedjes gekleed, terwijl de andere helft Afrikaanse hoofd- en klederdracht draagt. Kofi zelf heeft een jasje en een korte broek aan. De familie op de foto doet eerder denken aan een familie in Michigan in de jaren veertig dan aan een Afrikaanse familie uit die tijd.

De ouderen van de familie bestookten Kofi met traditionele wijsheden als richtsnoer voor het leven. Een van zijn favoriete spreuken is: 'Je slaat geen man op zijn hoofd als je met je vingers tussen zijn tanden zit.' Maar zijn vader zag toch meer in een moderne opvoeding. Na het avondeten hield hij af en toe een 'rechtszitting' waarin hij iets doms of stouts van de kinderen aan de orde stelde. Hij leek echter niet zozeer belang te stellen in het bestraffen van de kinderen; hij moedigde hen aan om hun gedrag eerlijk en vol zelfvertrouwen te verklaren, zonder te stotteren of eromheen te draaien. Kofi bracht zijn vader hierbij vaak met een grapje aan het lachen.

Kofi's jongere broer Kobina, op dit moment de ambassadeur van Ghana in Marokko, beschreef zijn vader als 'streng, punctueel en stoïcijns'. Toen Kofi eens bij zijn vader op kantoor op bezoek was, moest een lagere functionaris enkele facturen komen verklaren. De jongeman kwam aangesneld met een sigaret in zijn hand, maar omdat hij wist hoe zijn baas over roken dacht, stak hij de brandende sigaret in zijn broekzak. En zo beantwoordde hij, duidelijk niet op zijn gemak, de vragen die Henry Annan hem stelde. Nadat hij vertrokken was, vroeg Kofi zijn vader waarom hij de jongeman in zo'n ongemakkelijke positie had gedwongen. Maar zijn vader antwoordde dat hij de jongeman helemaal nergens toe gedwongen had. Hij had de sigaret in een asbak uit kunnen maken of hem op kunnen roken. 'Vandaag heb je iets gezien wat je nooit zelf moet doen,' zei hij tegen Kofi. 'Kruipen.'

Henry Reginald had geen enkel geduld met mensen die ergens te laat kwamen. 'Wie van ons de tijd eens vergat, kreeg van hem de wind van voren,' vertelde Kobina. Als meester van de vrijmetselaars organiseerde Henry op een dag een ontvangst van de Kumasi-loge. Vijf minuten na het aanvangstijdstip sloot hij de deuren en kwamen laatkomers er niet meer in. Als gouverneur, aldus Kobina, zei Henry Reginald Annan zijn eigen cocktailparty's af als het grootste deel van de gasten er binnen een halfuur na aanvang nog niet was. 'Je kiezers zouden hier helemaal niet blij mee zijn,' aldus Kobina. 'Maar hij was nu eenmaal geen politicus.'

'Toen ik jong was, hebben we in ieder deel van Ghana gewoond,' vertelde Annan aan het UN Intellectual History Project van de universiteit van de stad New York, 'omdat hij [zijn vader] toen districtsmanager [van de United Africa Company] was en van district naar district werd overgeplaatst. Soms bleven we ergens een paar jaar en gingen we daar op school. En toen hij directeur werd, verhuisden we natuurlijk naar Accra... Ik vond het heel interessant om op te groeien tussen zoveel verschillende bevolkingsgroepen en die te leren kennen. Je kreeg al heel jong het gevoel dat je met iedereen en alle verschillende groepen overweg kon.'

Henry Reginald Annans gebrek aan politiek gevoel bracht hem zelden in het middelpunt van de Ghanese politiek. Na de Tweede Wereldoorlog sloot hij zich, net als de meeste intellectuelen van zijn land, aan bij een nieuwe politieke partij, de United Gold Coast Convention (UGCC), die campagne voerde voor een zelfbestuur binnen het Britse koloniale rijk. In 1947 nodigde de UGCC een van de best opgeleide Ghanezen uit om terug te keren en de partij te leiden als secretaris-generaal: Kwame N'krumah, afgestudeerd aan Lincoln University in Pennsylvania. Lincoln, dat lange tijd bekendstond als 'het zwarte Princeton', was de alma mater van uiteenlopende figuren als de dichter Langston Hughes, de rechter van de Hoge Raad Thurgood Marshall en de president van Nigeria Nnamdi Azikiwe. N'krumah behaalde bovendien graden aan de universiteit van Pennsylvania, de London School of Economics en de universiteit van Londen.

N'krumah bleek echter algauw te onstuimig voor de Afrikaanse elite waartoe Henry Reginald Annan behoorde. Op zijn beurt vond de nieuwe secretaris-generaal zijn goedopgeleide kameraden laf. De UGCC wilde zelfbestuur 'binnen de kortst mogelijke tijd'. N'krumah hield niet van dat soort vaagheden en riep 'Zelfbestuur Nu!' en later 'Onafhankelijkheid Nu!' Na twee jaar brak hij met de UGCC om leider te worden van een nieuwe partij, de Convention People's Party (CPP). Henry Annan had slechts minachting voor N'krumah en zijn *veranda boys* – de slecht opgeleide nietsnutten die alleen maar enthousiasme en soms ook relletjes voor N'krumah aan moesten wakkeren.

N'krumahs emotionele aantrekkingskracht bracht de hele Goudkust in beroering. Zijn populariteit nam nog toe toen de Britten hem in de gevangenis gooiden omdat hij een staking leidde. In 1951 behaalde zijn partij een enorme verkiezingsoverwinning – negenentwintig van de drieëndertig zetels van de wetgevende vergadering – in de eerste verkiezingen die de Britten toestonden. Toen zij geconfronteerd werden met deze politieke realiteit, moesten de Britten N'krumah wel vrijlaten en toestaan dat hij premier werd van de zelfstandige Britse kolonie de Goudkust, en vanaf 1957 van de onafhankelijke natie Ghana. Jaren later mijmerde Kofi Annan dat de geschiedenis van Ghana wel eens veel gelukkiger had kunnen verlopen als N'krumah aan de macht was gekomen omgeven door een opgeleide elite zoals zijn vader Henry Reginald in plaats van de veranda boys.

N'krumah, met zijn hoge voorhoofd en met zijn met goud versierde blauwe *kente*-kleed over een schouder, werd al gauw een alom bekende figuur. Ghana bezat een bevolking van nog geen tien miljoen, maar N'krumah, die het pan-Afrikanisme predikte, wierp zich op als de toekomstige werkelijke, of tenminste symbolische, leider van heel Afrika. Hij sloot een unie met Guinee en Mali in de hoop dat dit de kern zou worden van een Afrikaanse natie. Hij zette grootse projecten op en stichtte een Ghanees persbureau dat moest concurreren met Associated Press, Reuters, Agence France-Presse en al die andere nieuwskanalen die werden gecontroleerd door wat hij beschouwde als neo-imperialistische organisaties uit Europa en de Verenigde Staten.

Kofi Annan deed niet mee aan alle drukte rond N'krumahs mars naar onafhankelijkheid. Die jaren verbleef hij in een kostschool in de heuvels bij de Ghanese stad Cape Coast. Volgens de Britten moesten studenten afgezonderd worden van de drukte van alledag zodat lichaam en geest in een rustig academisch klimaat gevoed konden worden. Dat kon nergens zo goed als in Mfantsipim, de jongensschool voor de Ghanese elite die in 1876 door methodistische zendelingen was gesticht. Het Ghanese schoolhoofd Francis Bartels moedigde zijn studenten niet aan om mee te doen aan al die bijeenkomsten waarin N'krumah om onafhankelijkheid schreeuwde. Bartels had zelfs een hekel aan de man die 'vastbesloten is zijn politieke activiteiten te modelleren naar de successen van Hitler'. Toch ging de politieke omwenteling niet aan de jongens voorbij. 'Je zag hoe veranderingen plaatsvonden,' vertelde Annan aan het VN-geschiedenisproject. 'Je zag hoe de Britten het gezag overdroegen aan de Ghanezen en je kreeg een Ghanese premier... Je groeide op met het idee dat verandering echt mogelijk was, dat alles mogelijk was.'

In 1953 kwam Kofi, vijftien jaar oud, op Mfantsipim. 'Kofi was heel innemend en joviaal, en heel geestig en scherpzinnig,' herinnert Akipataki Akiwumi-Thompson zich, een klasgenoot van Kofi en nu zakenman in Accra. 'Hij maakte ons altijd aan het lachen.' Jongens uit hogere klassen mochten jongere jongens straffen voor overtredingen, zoals praten nadat de lichten 's avonds uit waren of met vuile nagels op het appèl verschijnen. De gebruikelijke straf was honderd strafregels van tien woorden. Kofi presteerde het meestal om zich onder de straf uit te kletsen. 'Hij kon met oudere jongens praten zonder ze boos te maken,' vertelt Akiwumi-Thompson. 'Tegen de tijd dat hij was uitgepraat, had hij ze gekalmeerd en overgehaald om hem niet te straffen. En als dat niet lukte, dan vonden ze wel een middenweg.' Dan moest hij vijftig regels schrijven in plaats van honderd.

De school werd bestuurd als een Engelse kostschool. De jongens werden om half zes gewekt. Na een koude douche kleedden ze zich aan en moesten zich opstellen voor het appèl; de huismeester, een jongen uit een hogere klas, moest dan controleren of ze hun haar hadden gekamd, of hun nagels schoon waren en of hun overhemd gestreken was. Als ontbijt kregen ze thee, pap en toast met marmelade waarna ze een dag lang les kregen van Engelse en Schotse leraren, en een enkele Ghanese, gevolgd door studie en sport. Kofi was een uitstekende hardloper op de korte afstanden. Na het avondeten en het huiswerk gingen voor de jongste jongens de lichten om half negen uit, voor de oudere iets later. Aan het einde van het schooljaar moesten ze dezelfde overgangsexamens afleggen als jongens in Groot-Brittannië. En net als de afgestudeerden van Eton of Harrow in Engeland, noemen de alumni van Mfantsipim, nog steeds een eliteschool van Ghana, zich 'old boys'.

Een van de opmerkelijke wapenfeiten van Kofi op Mfantsipim was het aanvoeren van een staking uit protest tegen het slechte eten in de eetzaal. 'We zeiden het elke keer weer en ze wilden er niets aan doen, en dus organiseerden wij – zo'n zes- of zevenhonderd jongens – het zo dat op zondag niemand iets at,' vertelde hij aan het geschiedenisproject. 'We hadden er eerst voor gezorgd dat iedereen iets had gegeten en gingen toen naar de eetzaal waar we weigerden om ook maar iets te eten. De huismeester probeerde de situatie onder controle te krijgen, maar tevergeefs... Het was een heksenketel.'

Bartels, het Ghanese schoolhoofd, liet Kofi de volgende ochtend op zijn kantoor komen. 'Jonge Annan,' sprak hij, 'ik begrijp dat jij iets met al die stakingsflauwekul te maken had. Als je iets te bespreken hebt, kom dan naar mij en we bespreken het als mannen onder elkaar. Je bent redelijk slim. Als je er de kans voor krijgt, dan kun je nog wel eens een nuttig lid van de samenleving worden.'

Verder waren Kofi's daden van verzet op school niet erg schokkend. Bartels vond het goed dat de jongens op zaterdag de ruim dertig kilometer naar een middelbare school voor meisjes liepen, maar hij gaf hun geen toestemming om erheen te fietsen. Fietsen waren volgens hem een gevaar op de weg. 'Ik wilde niet dat ze op de weg de strijd aangingen met de *mammy wagons*,' zei Bartels, die de vrachtwagens nog voor zich zag zoals die, volgestouwd met mensen en goederen, over de West-Afrikaanse wegen denderden, 'en ik wilde niet dat ze er hun geld aan wegsmeten.' Maar toch huurden Kofi en een paar maatjes fietsen om naar de meisjes te rijden. Bartels heeft hen nooit betrapt.

Voor de lessen 'Engelse conversatie' zaten Kofi en enkele klasgenoten eenmaal per week op de grond in het kantoor van het schoolhoofd. In het voorwoord van de memoires van Bartels, die in 2003 zijn gepubliceerd, vertelt Kofi Annan dat het schoolhoofd op een keer 'een groot stuk wit papier aan de muur had gehangen met een zwart stipje in de rechterbenedenhoek en vroeg: "Jongens, wat zien jullie?"' De jongens schreeuwden in koor: 'Een zwarte stip.' Waarop Bartels hen berispte: 'Dus niemand van jullie heeft dat grote vel wit papier gezien. Jullie zagen alleen de zwarte stip. Dat is het vervelende van de menselijke natuur, mensen zien nooit het goede van iets en niet het grotere geheel. Laat die houding vallen.'

In de klas was Kofi geen uitblinker. Omdat hij voor het toelatingsexamen voor Mfantsipim was geslaagd, was hij terechtgekomen bij andere jongens uit de Ghanese elite; in de eerste klas werden slechts tweehonderd gegadigden toegelaten van de drieduizend die zich inschreven. Maar veel van zijn klasgenoten lieten hem ver achter zich. 'Hij was een laatbloeier,' vertelde Bartels, die nu vijfennegentig jaar is en in Parijs woont, me kortgeleden. 'Daar hoeft niemand zich voor te schamen. Mijn zoon ontwikkelde zich ook langzaam. Ze hebben gewoon wat langer nodig. Maar als je me toen had gevraagd of Kofi Annan ooit secretaris-generaal zou worden van de Verenigde Naties, dan zou ik hebben gezegd: "Van zijn leven niet." Hij heeft heel veel gemaakt van heel weinig.'

In het oude, Brits koloniale systeem moesten leerlingen examen doen om van de vijfde naar de zesde klas van de middelbare school over te gaan. In de zesde klas werden ze voorbereid om aan een universiteit een klassieke opleiding te volgen. De meeste leerlingen van Mfantsipim gingen na de zesde klas naar het University College van de Gold Coast in Achimota. Maar Kofi's examencijfers waren niet hoog genoeg. 'Zijn vader was een goede vriend,' aldus Bartels, 'maar ik kon hem niet naar de zesde over laten gaan.' Kofi verliet dan ook Mfantsipim en ging naar het nieuwe Kumasi Institute of Science and Technology, een door de Britten geleide technische hogeschool. Aangezien technische studies in Ghanese ogen niet zoveel prestige hadden als klassieke studies, was de maatstaf om toegelaten te worden lager.

In zijn tweede jaar aan het Kumasi Institute werd Kofi gekozen tot vicevoorzitter van de Ghanese nationale studentenbond. In die functie bezocht hij een conferentie van Afrikaanse studentenleiders in Sierra Leone waar hij de aandacht trok van een vertegenwoordiger van de Ford Foundation, die er als een soort talentenjager opereerde. Als een weerspiegeling van het Amerikaanse enthousiasme voor Afrika probeerden medewerkers van deze stichting Afrikanen over te halen om in de Verenigde Staten te studeren, terwijl ze tegelijkertijd veelbelovende jonge Amerikaanse geleerden aanmoedigden om veldwerk voor hun dissertatie in Afrika te gaan doen. Kofi kreeg een beurs van het Foreign Student

Leadership Program van de Ford Foundation om aan Macalester College in St. Paul, Minnesota, te studeren.

Nadat zijn studie in Ghana was erkend, werd Annan in de herfst van 1959 tot Macalester toegelaten. Macalester is een klein *college* waar uitsluitend in de alfawetenschappen wordt gedoceerd. Het is in 1874 gesticht met hulp van de presbyteriaanse kerk en is trots op zijn internationale banden. Aan de vlaggenmast werd onder de vlag van de VS zelfs die van de VN gevoerd. De ervaringen die Kofi Annan op dit college opdeed, zouden bepalend zijn voor zijn verdere leven. De eenentwintig jaar oude jongeman had nooit eerder een voet buiten Afrika gezet, maar hij raakte niet onder de indruk van het onbekende en jachtige collegeleven in Amerika. Hij was een vriendelijke en beleefde jongeman maar verre van verlegen, en hij stortte zich met veel energie en nieuwsgierigheid in allerlei activiteiten. Hij had nog nooit zoveel blanken bij elkaar gezien, maar hij raakte er niet door geïntimideerd. Zij waren net zo geïnteresseerd in hem als hij in hen en hij kon goed met zijn jaargenoten overweg.

Het was verbazingwekkend wat hij allemaal ging doen; op zijn eerste dag op de campus sloot hij zich zelfs aan bij het *football*-team. De coach was onder de indruk van Annans snelheid maar niet van zijn lengte. Misschien was hij op te leiden tot *punt returner*, overwoog hij, een speler die het moet hebben van zijn snelheid en niet van zijn kracht. Twee man, onder wie David Lanegran, nu hoogleraar Geografie en Verstedelijking aan Macalester, kregen de opdracht een oefening met Annan te doen. 'Iemand schoot de bal naar Kofi,' vertelde Lanegran. 'Dan renden wij op hem af. We hadden echter wel de strikte opdracht hem niet aan te raken, we wilden hem niet afschrikken. Maar hij was een voetballer, geen *football*-speler. Hij kon de bal gewoon niet vangen. Zijn carrière bij het *football*-team duurde ongeveer één dag.' Annan zelf herinnert zich die dag iets anders. 'Het ging goed zolang ik maar bleef rennen en niemand me inhaalde,' vertelde hij een verslaggever van het collegeblad, de *Macalester Today*, in 1998. 'Maar ik was als een blad papier. Ik woog nog geen vijfenzestig kilo. ...En dus gaf ik het na vijftien minuten op.'

Een Afrikaanse kennis plaagde Kofi dat hij op die eerste dag op college blijkbaar zelfmoord wilde plegen. Maar Kofi zei dat hij de sport wilde proberen omdat hij nieuwsgierig was naar het *football*, dat hij de spelers wilde ontmoeten, en dat er gefluisterd werd dat 'de jongens van het *foot-*

ball-team heel goed met de meisjes overweg konden'. De uitstap naar het *football* betekende overigens niet het einde van zijn sportcarrière op Macalester. Hij werd opgenomen in het atletiekteam en liep op de zestigyardssprint een schoolrecord dat twaalf jaar in de boeken zou blijven staan, en gedurende zijn hele studie was hij lid van het voetbalteam.

Theoretisch wist Annan alles over de winter omdat hij de Europese seizoenen op school had moeten leren en er bij zijn eindexamen in tropisch Afrika vragen over werden gesteld. Maar op een winter in Minnesota was hij niet voorbereid. Het verbaasde hem dat sneeuw zo zacht was, en kou zo bitterkoud. Hij volgde het voorbeeld van zijn klasgenoten en droeg verschillende lagen kleren over elkaar, maar hij weigerde koppig om die belachelijke oorwarmers op te doen. Totdat de temperatuur op een dag daalde tot bijna –35 °C en het ook nog eens begon te waaien en Kofi's oren op weg naar de klas zo'n vreselijke pijn deden dat hij dacht dat ze van zijn hoofd zouden vallen. Hij rende naar de winkel en kocht de grootste oorwarmers die ze hadden. De les die hij hieruit trok, zo vertelde hij jaren later aan leerlingen van Macalester, was dat je 'nooit moet denken dat je het beter weet dan de autochtonen'. Studiebegeleiders van Macalester wisten zo weinig van Ghana en Afrika en het Britse koloniale onderwijssysteem dat ze eerstejaars Kofi indeelden bij colleges 'Engels voor beginners', samen met twintig Amerikanen en nog drie buitenlanders. Drie weken na het begin van het semester gaf de lerares haar leerlingen een dictee van achtenzeventig woorden. Volgens haar eigen aantekeningen had Keek Sugawara Abe, een Japanse student, zesentwintig fouten. Ze verbaasde zich erover dat een Amerikaanse leerling het bijna net zo slecht had gedaan – vijfentwintig fouten. Een Iraanse leerling was met tweeëndertig fouten de slechtste. Kofi was met nul of één fout de beste. Na nog enkele weken hoefde hij van zijn lerares de lessen niet meer te volgen. Kofi's Engels was te goed, zei zij, om zijn tijd te verdoen met Engels voor beginners.

Kort nadat Kofi op Macalester was aangekomen, introduceerde Harvey Rice, directeur van het college, de jonge Ghanees bij een bijeenkomst van studenten. Kofi sprak hen ruim twintig minuten toe over Afrika. 'De geschiedenis van het kolonialisme in Afrika,' zei hij, 'is het verhaal van uitbuiting, intimidatie, onderdrukking en wreedheid.' Zijn woorden klinken nu wat naïef en dogmatisch, maar het was in die dagen de kenmerkende retoriek van jonge, goedopgeleide Afrikanen, en jonge, goedopgeleide Amerikanen luisterden er graag naar.

Er bestaat een bandopname van deze toespraak, die een goed inzicht biedt in de toenmalige houding van de jongeman. Hij praat nu nog net zo zacht als toen, alleen sprak hij in jeugdig enthousiasme af en toe wat sneller. Zijn accent was hetzelfde, namelijk dat van de hoogopgeleide West-Afrikaan met hier en daar een wat zangerig *-in* in plaats van *-ing* aan het einde van een woord. Hij zei bijvoorbeeld *understandin* in plaats van *understanding*. Ondanks zijn felle afwijzing van het kolonialisme was zijn toespraak, die handelde over de snelheid waarmee de onafhankelijkheid in heel Afrika voortdenderde, weloverwogen en leerzaam. En aan het einde kon hij het niet laten een grapje te maken over zijn wederwaardigheden met het *football*-team.

Kofi had geen moeite met zijn introductie bij de debatingclub. ‘Ik werd onmiddellijk getroffen,’ vertelt Roger K. Mosvick, emeritus hoogleraar Communicatie, die de begeleider was van de debatingclub van Macalester, ‘door het prachtige, sterke, Ghanese accent en zijn op Oxford-Engels lijkende taalgebruik.’ De jonge student gaf een speech over de verantwoordelijkheid van de Verenigde Staten ten aanzien van de nieuwe naties in Afrika en de rest van de wereld. ‘Ik stond perplex,’ herinnert Mosvick zich. ‘Voor die tijd was het een zeer vooruitziende toespraak. Hij bracht zijn argumenten met vuur. Hij had een zachte stem maar wist wanneer hij harder moest praten. Ik hoefde er maar heel weinig aan te doen.’ Kofi hield dezelfde toespraak tijdens de debatingwedstrijd van Minnesota die door het team van Macalester werd gewonnen.

In de volgende zomer maakte Harry W. Morgan, adviseur van Macalester, met Kofi en enkele andere buitenlandse leerlingen een rondreis door de Verenigde Staten. Morgan was in dienst van DeWitt Wallace, oud-leerling van Macalester en oprichter van *Reader's Digest*, om aan het college internationale uitwisselingsprogramma's op te zetten. Er werd een grote auto, een Nash Ambassador, ter beschikking gesteld; Morgan noemde het project dan ook ‘Ambassadors of Friendship’. De buitenlandse studenten waren zo nieuwsgierig naar de verschillende aspecten van Amerika dat ze in Kansas een nacht doorbrachten in een tehuis voor armen van het Leger des Heils en in Flagstaff, Arizona, een sheriff overhaalden om hen een nacht in de gevangenis op te sluiten.

De reis ging door verscheidene zuidelijke staten waar Kofi in aanraking kwam met enkele schaamteloze uitingen van racisme en discriminatie. Een kapper weigerde zijn haar te knippen met een afgemeten: 'We knippen geen *nigger*-haar.' Waarop Kofi antwoordde: 'Ik ben geen *nigger*, ik kom uit Afrika.' Daarop knipte de kapper zijn haar. Toen hij een vriendin, Susan Linnee, over het voorval vertelde, leek hij meer geamuseerd dan kwaad. Net als de meeste hoogopgeleide West-Afrikanen in die tijd, en vooral na de onafhankelijkheid, bekeek Kofi de raciale problemen in de Verenigde Staten meer met wetenschappelijke belangstelling dan met persoonlijke boosheid. In tegenstelling tot Kenia en Oeganda kwamen nooit veel kolonisten naar West-Afrika om land van Afrikanen af te nemen en zich er permanent te vestigen. De Britten kwamen alleen in kleine aantallen naar de Goudkust en alleen om het land te besturen. Slechts weinigen van hen bleven er lang. Op weg naar onafhankelijkheid hadden de inwoners van de Goudkust het gevoel dat ze streden tegen de Britse regering en het Britse bestuur, niet tegen blanken.

Kofi's vriendschappen in die tijd gingen verder dan Macalester. Susan Linnee, die studeerde aan de universiteit van Minnesota in Minneapolis, de tweelingstad van St. Paul, werd aan de jonge Ghanees voorgesteld door zijn Zwitserse kamergenoot Roy Preiswerk, een vriend van haar vriendje (en latere echtgenoot). Op een avond toen haar ouders niet thuis waren, bezochten Kofi en een vriend Susan in haar ouderlijk huis in een buitenwijk van Minneapolis. Een van de buren zag Kofi en belde de politie om te melden dat hij een vreemde zwarte man bij het huis had gesignaleerd. Later lichtte de politie Susans vader in. Toen de ouders, die Kofi nog nooit hadden ontmoet, begrepen wat er precies was gebeurd, werden ze ontzettend kwaad op hun buren en nodigden ze Kofi en zijn kamergenoot uit voor een etentje. En toen Kofi en zijn vriend in een oude, roze Studebaker voor de deur verschenen, stapten Susans ouders de veranda op zodat alle buren in de schemering konden zien hoe hartelijk de jongens ontvangen werden.

Tussen Kofi Annan en Susan Linnee ontwikkelde zich een levenslange vriendschap. Linnee, nu gepensioneerd na een lange carrière als correspondent buitenland bij Associated Press, heeft kortgeleden geprobeerd zich te herinneren hoe Annan in die collegeperiode was. 'Hij leek heel erg op hoe hij nu nog is,' vertelde ze. 'Hij was erg beheerst en zelfverzekerd. Hij was op zijn gemak. Daardoor vond iedereen hem aardig. Hij kwam uit een traditie waarin men probeert iedereen in zijn kring op te nemen, en dat deed hij hier ook.' Die kalme, evenwichtige en openhartige houding die in de tijd van Macalester al zo duidelijk aanwezig was, werd zijn handelsmerk. Het is een levenswijze die zijn aanbidders nog steeds in vervoering brengt en zijn tegenstanders irriteert.

Annan was van plan om na zijn afstuderen aan Macalester met als hoofdvak economie, naar Ghana terug te keren. De zomer na zijn examen werkte hij in de New Yorkse vestiging van Pillsbury, een bedrijf uit Minneapolis (nu onderdeel van General Mills) dat in Ghana een meelfabriek wilde bouwen. Zo gauw de overeenkomst van de Ghanese regering was gesloten, zou Kofi Annan naar huis terugkeren en in zijn land Pillsbury vertegenwoordigen; daarmee zou hij aan het begin staan van een carrière die leek op die van zijn vader.

Maar wat er in Ghana aan het gebeuren was, was niet bemoedigend. N'krumah had de parlementaire democratie afgeschaft en vervangen door een dictatuur met zichzelf aan het hoofd. Hij was begonnen met het laten arresteren van politieke tegenstanders die zonder vorm van proces in de gevangenis werden gezet. Zijn regering probeerde de jeugd met behulp van de Jonge Pioniers en het Kwame N'krumah Trainingsinstituut te indoctrineren met Ghanees nationalisme en N'krumah-verering. Zijn hielenlikkers noemden hem *Osageyfo*, 'Zegevierende Aanvoerder', of het vleierige 'Onze President'. Toen de anglicaanse bisschop van Accra de verering veroordeelde als een atheïstische poging om de daden van N'krumah gelijk te stellen aan die van God, werd hij het land uitgezet. Algauw riep N'krumah de eenpartijstaat uit en benoemde hij zichzelf tot president voor het leven. Zijn hoogdravende pan-Afrikaanse plannen putten de financiële reserves uit terwijl zijn pogingen om snel te industrialiseren ten koste gingen van noodzakelijke investeringen in de winstgevende cacaoverbouw. De lobby van het nieuwe Ambassador Hotel in Accra was vergeven van Oost-Europese functionarissen die probeerden contracten te sluiten. De overeenkomst met Pillsbury ging niet door – N'krumah gunde het contract aan Bulgarije. En Kofi Annan ging niet naar huis om in de voetstappen van zijn vader te treden.

2

Door de rangen van de VN

Toen Harvey Rice, directeur van Macalester College, Kofi Annan introduceerde bij een van de eerste studentenbijeenkomsten van het academisch jaar, drong hij er bij iedereen op aan om kennis te maken met de jonge Afrikaan. Footballspeler David Lanegran en de Japanse student Keek Sugarawa Abe herinneren zich met enig ontzag dat dr. Rice zei dat Kofi voorbestemd was voor grote prestaties – hij zou ooit wereldleider zijn. 'Hoe vaak komt het voor dat directeuren van een college zó gelijk krijgen?' vroeg Lanegran zich af.

Dr. Rice had natuurlijk niet kunnen voorspellen hoe het Annan de volgende dertig jaar zou vergaan. Nadat hij in 1962 in dienst was gekomen van de Verenigde Naties, zou Annan de hele organisatie doorlopen – maar met horten en stoten, van de ene VN-instelling naar de andere, met een uitstapje buiten de VN, maar daarna weer terug, niet wetend of hij zijn carrière aan Afrika moest wijden of niet. Zijn specialiteiten waren personeels- en begrotingszaken. Dat waren natuurlijk essentiële functies binnen de VN, maar niet van het soort dat aandacht trok of waarin grootse daden werden verricht. In tijden van crises zochten verslaggevers en cameraploegen hem niet op. Hij hield geen toespraken zoals in zijn dagen aan Macalester. Hij leed een bureaucratisch leven, wat saai misschien, maar ook gecompliceerd door een echtscheiding.

Maar in die drie decennia waren de Verenigde Naties ook geen grootse instelling. Een jaar nadat secretaris-generaal Dag Hammarskjöld omkwam bij een vliegtuigongeluk terwijl hij werkte aan een oplossing voor de crisis in Congo, kwam Annan bij de World Health Organization (WHO, de Wereldgezondheidsorganisatie), een instelling van de VN in Genève. Hammarskjöld, behalve Zweeds diplomaat ook mystiek dichter, was vermoedelijk de grootste van alle secretarissen-generaal, een staatsman naar wie wereldwijd werd geluisterd. In de jaren na zijn dood verhardde de Koude Oorlog. De Veiligheidsraad, het machtigste orgaan van de VN, was echter volstrekt machteloos omdat de twee voornaamste lidstaten, de Verenigde Staten en de Sovjet-Unie, een veto uitspraken over ieder voorstel van de ander. Deze machteloosheid leidde ertoe dat bijna alle voormalige koloniën in de wereld, die samen een meerderheid van de Verenigde Naties vormden, gebruik gingen maken van de machteloze Algemene Vergadering om bombastische toespraken te houden en tandeloze resoluties in te dienen waarin vooral West-Europa en de Verenigde Staten het moesten ontgelden. VN-instellingen als de WHO en het kinderfonds Unicef deden veel goed werk, maar de dwaze retoriek van de Algemene Vergadering zorgde ervoor dat veel Amerikanen en West-Europeanen de VN als iets lachwekkends gingen beschouwen.

Na de zomer bij Pillsbury volgde Annan de raad van zijn Zwitserse kamergenoot in St. Paul op en schreef hij zich in aan het Institut Universitaire de Hautes Études Internationales in Genève. Het collegegeld betaalde hij uit een beurs van de Carnegie Endowment. Het instituut in Genève was in 1927 tijdens de hoogtijdagen van de Volkerenbond, de voorganger van de Verenigde Naties, voornamelijk gesticht om diplomaten op te leiden. Volgens George Abi-Saab, een Egyptische jaargenoot van Annan, was het instituut in de jaren zestig nog steeds 'een goede visvijver' voor VN-instellingen in Genève die op zoek waren naar nieuw talent.

Aangezien de vloedgolf aan onafhankelijkheid van Afrikaanse staten pas een paar jaar daarvoor was losgebarsten, zaten er niet veel Afrikanen op het instituut. Toch was dit geen herhaling van Annans ervaringen op Macalester. Hij was hier, waar bijna iedere student buitenlander was, in het geheel geen curiositeit. Als student economie onderscheidde hij zich niet. Maar volgens Abi-Saab, later hoogleraar Internationaal Recht aan hetzelfde instituut en rechter in het door de Veiligheidsraad ingestelde

Joegoslavië-tribunaal (het International Criminal Tribunal for the former Yugoslavia), liet Annan in de discussies tijdens de colleges van een 'levendige intelligentie' blijken. 'Hij had de intelligentie,' vertelt Abi-Saab, 'om zaken te begrijpen, om ze makkelijk te doorzien, te formuleren en over het voetlicht te brengen.'

Tijdens zijn verblijf op dit instituut liet Annan zijn baard groeien. Deze leek enigszins op die van Patrice Lumumba, de onstuimige leider van Congo die in 1961 door leden van de afscheidingsbeweging van de provincie Katanga werd vermoord. 'Het was in die tijd onder Afrikaanse studenten in de mode om een Lumumba-baardje te dragen,' vertelt Abi-Saab. 'Ze lieten daarmee zien dat ze nationalistisch waren.' Toen Annan in 2002 studenten van het instituut toesprak ter gelegenheid van het vijfenzeventigjarig bestaan, werd hij door professor Abi-Saab ingeleid met de woorden: 'Al mijn Afrikaanse vrienden hebben hun Lumumba-baard inmiddels afgeschoren, maar Kofi Annan heeft de zijne behouden.' De professor noemde dit met een grapje het symbool van een Annan, die vasthield aan de idealen van zijn jeugd. Maar Annan, die later als ambtenaar vaak de aandacht trok vanwege zijn modieuze maar smaakvolle pakken, heeft dat baardje zeker gehouden omdat het een versterking was van zijn toch al eerbiedwaardige en aantrekkelijke uiterlijk.

Hij studeerde niet aan het instituut af, maar aanvaardde een baan bij de WHO, een autonome instelling binnen de VN. Dat wil zeggen dat de secretaris-generaal het hoofd hiervan niet kan benoemen of orders kan geven. Annan kwam in 1962 als laagste ambtenaar bij de WHO in dienst als administratief medewerker. Hij hield zichzelf voor dat hij niet meer dan twee jaar bij de VN zou werken en dan terug zou gaan naar Ghana.

Genève, het hart van het calvinisme, is nooit beschouwd als een van de meest romantische steden van Europa, maar in Kofi wakkerde de stad de liefde aan. Hier ontmoette hij Titilola Alakija, een Nigeriaanse studente die in Genève een cursus Frans volgde. Haar familie was net zo voornaam als de zijne, misschien nog wel voornamer. Haar vader, Adeyemo Alakija, was voormalig rechter van het Nigeriaanse hooggerechtshof en oprichter van de krant de *Daily Times* in Lagos. Hij was zelfs geridderd door de Britse vorst. In mei 1965 trouwden Kofi en Titi in de anglicaanse kerk van de Heilige Drie-eenheid aan de rue du Mont Blanc in het centrum van Genève. Het kerkje, waar de diensten in het Engels worden gehouden, is in het Franstalige Genève bekend als de Église Anglaise. Zoals dat in die tijd paste bij de Afrikaanse elite, was de dienst niet erg Afrikaans. Kofi droeg geen Ghanees *kente*-kleed, Titi droeg geen Nigeriaanse hoofddoek. In plaats daarvan droeg de bruidegom een jacquet en witte handschoenen en de bruid een lange, witte bruidsjurk, witte handschoenen en een witte kanten sluier. Kofi's getuige was zijn in 1972 overleden vriend Roy Preiswerk.

Volgens de Duitse journaliste Friederike Bauer zeiden Titi's vriendinnen over haar dat ze in die tijd aantrekkelijk, warm en levenslustig was. Roy's Amerikaanse vrouw Julia Preiswerk, die nu in Genève psychoanalytica is, was te gast bij de bruiloft en ontmoette Titi daarna verscheidene keren. Ze herinnert zich haar als een ontspannen, vriendelijke vrouw die veel lachte en glimlachte. Maar ze had ook 'een sarcastisch gevoel voor humor' en hoewel ze zich vaak leek neer te leggen bij de wensen van anderen, had ze toch ook 'zo haar eigen ideeën en kon ze erg koppig zijn als ze iets niet wilde'.

Die koppigheid kwam enkele jaren later naar boven toen de Annans in 1969 een bezoek brachten aan de Preiswerks in Trinidad om er carnaval te vieren. Roy werkte daar als directeur van een nieuw instituut voor universitaire opleidingen voor het Caribisch gebied en Roy en Julia verwachtten dat het paar bij hen zou logeren. Maar uiteindelijk verbleef alleen Kofi bij de Preiswerks omdat Titi besloten had bij vrienden van haar elders op het eiland te logeren. Kofi, Roy en Julia bezochten samen alle carnavalsfeesten en calypso's en zagen Titi alleen als haar vrienden toevallig voor hetzelfde feest uitgenodigd waren. Julia had hierdoor het idee dat er 'een probleem was' in het huwelijk.

Enkele maanden na de huwelijkssluiting in 1965 vertrokken de Annans naar Afrika, maar niet naar een van hun geboortelanden. Kofi werd benoemd tot administrateur op de personeelsafdeling van de Economic Commission for Africa (de ECA) die in de Ethiopische hoofdstad Addis Abeba was gevestigd. Het was in de mode om naar Addis Abeba te gaan. Een jaar eerder hadden vijfendertig Afrikaanse leiders, onder wie president Kwame N'krumah van Ghana, elkaar in de stad ontmoet om de oprichtingsakte te tekenen van de Organisatie van Afrikaanse Eenheid (de Organization of African Unity, de OAU). Voor N'krumah betekende dit een heel klein stapje naar zijn levenslang nagestreefde, maar hopeloze doel van een verenigd en machtig Afrika. Het hoofdkwartier van de organisatie zou in Addis Abeba worden gevestigd. Door deze post te aanvaarden, kwam Annan iets dichter bij de kern van de VN-organisatie aangezien de ECA een instelling van de VN was, niet onafhankelijk en autonoom zoals de WHO. Maar hij kwam niet veel dichter bij zijn Afrikaanse wortels zoals hij eigenlijk had verwacht.

Door haar ligging had Addis Abeba een van de mooiste steden van de wereld kunnen zijn. De stad is op een heuvelplateau op zo'n 2400 meter hoogte gebouwd, het uitspansel krijgt in de avondschemering prachtige patronen in blauw en zwart, ongeveer zoals de lucht in El Greco's *Gezicht op Toledo*. Maar de schoonheid werd bedorven door wat Kofi en Titi onder die lucht zagen.

In 1965 was Addis Abeba een van de armste steden ter wereld. Toen de Europese grootmachten Afrika aan het einde van de negentiende eeuw onderling verdeelden, lieten ze Ethiopië met rust. Italiaanse troepen probeerden het bergachtige keizerrijk wel te veroveren, maar ze werden in de slag bij Adowa in 1896 teruggedrongen. De Italiaanse dictator Benito Mussolini nam in 1936 wraak door de Ethiopiërs, als voorspel op de Tweede Wereldoorlog, met behulp van gifgas alsnog te verslaan, maar zijn heerschappij duurde slechts vijf jaar. In 1941 verdreven Britse troepen de Italianen en brachten keizer Haile Selassie terug op de troon.

Geen land in Afrika kon zeggen dat het al zo lang onafhankelijk was als Ethiopië. Maar juist door het ontbreken van kolonialisme kende het land in 1965 alleen modderwegen, was onderwijs schaars en waren de gezondheidsvoorzieningen slecht. De armoe was veel groter dan Kofi en Titi ooit hadden gezien (maar geen van beiden ooit had ervaren) onder het Britse kolonialisme in West-Afrika.

Buitenlanders als de Annans woonden in Addis Abeba in grote huizen met gestuukte muren achter ijzeren hekken om dieven en ongewenste personen buiten te houden. Maar Addis Abeba was verder grotendeels een uitgestrekte, vieze plattelandsstad waar nog veel inwoners in lemen hutten woonden. De ongeplaveide straten, die door een regenbui in modderpoelen veranderden, zaten vol bedelaars en geiten. Ethiopië heeft een prachtige nationale klederdracht, de *shamma* – een toga-achtige, grofgeweven witte doek met kleurrijke biezen in ingewikkelde patronen – maar de meeste Ethiopische mannen en vrouwen schuifelden door de stad in zelfgemaakte vuile en versleten shamma's zonder de kleurrijke randen.

Bovendien werd Ethiopië geregeerd door een keizer en een hofhouding die vasthielden aan middeleeuwse gebruiken. Haile Selassie, die internationaal beschouwd werd als een held omdat hij voor de Algemene Vergadering van de Volkerenbond een toespraak had gehouden waarin hij Mussolini en het Italiaanse leger openlijk veroordeelde, heerste over een hof van roddel en achterklap. Hielenlikkers werkten zich naar boven om hem geruchten in te kunnen fluisteren. Hij had zijn ministers uitgekozen op loyaliteit, niet op competentie. Jonge Ethiopiërs, die aan de universiteit van Wisconsin waren opgeleid in landhervormingen en in deze tijd in dienst kwamen van het ministerie van Landhervorming, ontdekten dat hun minister niet wist wat dat was. Studenten van de universiteit van Addis Abeba lachten om de pretenties van de keizer. Hij beweerde dat hij rechtstreeks afstamde van de bijbelse koning Salomo en de koningin van Sheba die door Salomo was verleid. 'Het kan ons niet schelen of hij de achter-achter-achter-achter-bastaard van koning Salomo is,' mopperden studenten buiten gehoorsafstand van de geheime politie.

De ECA heeft van haar voornaamste doelstelling – versnelling van de economische ontwikkeling van Afrika – niet veel terechtgebracht. Maar de ECA had in die jaren veel prestige omdat de uitvoerend secretaris, Annans baas, een befaamde Ghanese econoom was, Robert Gardiner. Gardiner was wereldwijd bekend geworden als de VN-functionaris die aan het hoofd stond van de operaties in Congo toen VN-soldaten er in 1964 eindelijk in slaagden om Moïse Tsjombe te verslaan en zo de afscheiding van de provincie Katanga te voorkomen. Gardiner paste precies in het sjabloon dat na de oprichting van de VN was ontstaan dankzij de Afro-Amerikaanse Nobelprijswinnaar voor de Vrede, Ralph Bunche – een functionaris van de VN die in tijden van crisis deed wat nodig was, en dat deed met verve en creativiteit. Gardiner was een uitstekend rolmodel voor een jonge VN-functionaris als Kofi Annan.

De ECA was gevestigd in een vleugel van een complex dat de Africa Hall heette; in de andere vleugel zat het secretariaat van de Organisatie van Afrikaanse Eenheid. In het midden was een enorme vergaderzaal waar de oprichtingsakte van de OAU was getekend. De OAU organiseerde ieder jaar een topontmoeting, meestal in de Africa Hall, en Annan bezocht de bijeenkomsten geregeld. Erg verheffend was die ervaring echter niet. Moordzuchtige tirannen als Idi Amin van Oeganda en Jean-Bédel Bokassa van de Centraal-Afrikaanse Republiek – de grootste schandvlekken van Afrika – namen met de andere leiders resoluties aan waarin de blanke overheersing in Zuid-Afrika, de Portugese koloniën en Rhodesië unaniem werd veroordeeld. Naast deze hypocrisie stonden de resoluties van de OAU vol dreigementen en beloften die van ieder werkelijkheidsgevoel gespeend waren.

'Ik bezocht de meeste vergaderingen,' vertelde Annan dertig jaar later, 'en eerlijk gezegd was ik soms verbijsterd door de aanmatigende houding en het gebrek aan realiteitszin.' Omdat ze niet in staat waren hun problemen te lijf te gaan, zei hij, brachten sommige Afrikaanse leiders Africa Hall tot leven met bombastische toespraken, die weliswaar de emoties bevredigden maar de problemen niet oplosten.

Annan werkte zeven jaar lang, tot 1972, voor de ECA in Addis Abeba. Deze periode werd onderbroken door een opleidingsjaar in New York en een jaar verlof om te studeren aan het Massachusetts Institute of Technology (MIT) in Cambridge bij Boston, aan de overkant van de rivier de Charles. Bij de ECA in Ethiopië eindigde hij als hoofd Personeelszaken. In november 1969 werd zijn dochter Ama geboren in Lagos, Nigeria. Kofi was toen nog werkzaam in Addis Abeba, maar Titi had besloten om het kind bij haar ouders ter wereld te brengen.

MIT bezocht hij als een Alfred Sloan Fellow; in juni 1972 behaalde hij hier een universitaire graad in management. Zijn verblijf aan MIT was echter anders dan zijn eerdere periodes aan universiteiten omdat hij hier spoedig na aanvang van het studiejaar iets van zijn zelfvertrouwen verloor. Hij zat tussen enkelen van de intelligentste jonge Amerikanen en had het idee dat hij niet tegen hen op kon. Annan was gewoon geen wetenschapper.

Hij sneed dit punt vijfentwintig jaar later aan in een toespraak die hij op MIT gaf op de afstudeerdag van 1997. 'In het begin,' zei hij, 'was er concurrentie – een nogal felle concurrentie – onder mijn medestudenten. Ieder was vastbesloten om te schitteren en zijn leiderschapskwaliteiten te tonen... Toen ik op een dag midden in mijn eerste trimester langs de rivier de Charles liep, dacht ik na over mijn dilemma. Hoe kon ik overleven, laat staan bloeien, binnen deze groep fanatiekelingen?'

'Het antwoord,' zo vervolgde hij, 'lag nogal voor de hand: door *niet* volgens hun regels te spelen. "Volg je innerlijke kompas," zei ik tegen mezelf, "luister naar je eigen *beat.*" Leven is keuzes maken. Maar om het juiste te kunnen kiezen, moet je weten wie je bent, waar je voor staat, waar je naartoe wilt en waarom je daar naartoe wilt. Mijn angst nam toen geleidelijk af.'

'Wat ik van MIT heb meegenomen,' aldus Annan, 'was niet alleen het analytische gereedschap, maar ook het intellectuele vertrouwen om me bewust te zijn van mijn plaats in nieuwe situaties, om iedere uitdaging te zien als een mogelijkheid voor vernieuwing en groei, en om hulp bij collega's te durven zoeken, maar er uiteindelijk toch ook niet bang voor te zijn om de dingen op mijn manier te doen.'

Afstudeertoespraken zitten altijd vol inspirerend bedoeld geklets. Een kwarteeuw later zal Annan de betekenis van zijn wandeling langs de Charles zeker hebben verfraaid en aangepast. Wat zeker is, is dat Annan zich in het midden van het trimester onzeker genoeg voelde om op de rivieroever te gaan wandelen om tot rust te komen. Toch zeggen zijn woorden meer dan dat. De boodschap die 'ik van MIT heb meegenomen' is de duidelijkste beschrijving die hij ooit heeft gegeven van de tegenslagen en problemen waar hij in zijn carrière en zijn persoonlijke leven mee te maken heeft gehad. Bij een eerste ontmoeting zou je deze vriendelijke, aardige, niet-academische man kunnen onderschatten. Maar hij kent zichzelf, weet wat hij wil en weet hoe hij dat voor elkaar moet krijgen. Hij heeft buitenstaanders al vaker verrast door boven hun verwachtingen uit te stijgen.

In augustus 1972 plaatsten de VN Annan weer over naar Genève. Deze tussenperiode zou echter minder dan twee jaar duren. Hier werd in juli 1973 zijn zoon Kojo geboren. Zijn gezin, bestaande uit Titi, Ama en Kojo, moest echter in Zwitserland achterblijven toen Kofi voor de eerste keer te maken kreeg met een VN-vredesmacht. Hij werd tijdelijk gestationeerd bij de VN-vredesmacht in Egypte, de UN Emergency Force II.

Na de Jom Kippoeroorlog van 1973 werden VN-vredestroepen ingezet om toe te zien op handhaving van het staakt-het-vuren tussen het Egyptische en het Israëlische leger op het Sinaïschiereiland. Toen Annan hier in mei 1974 aankwam, waren er bijna zevenduizend blauwhelmen gelegerd uit Ierland, Peru, Zweden, Indonesië, Senegal en Finland. Het was de grootste VN-operatie van die tijd. Annans rol was echter minimaal. Hij was het hoofd van het VN-burgerpersoneel dat de troepen ondersteunde en hij werkte in het hoofdkwartier van de operatie in Caïro. Drie maanden later werd het hoofdkwartier naar Ismailia verhuisd, een strategisch gelegen stad aan het Suezkanaal, en verhuisde Annan mee.

Toen hij in november 1974 uit Egypte terugkeerde, gaf hij zijn loopbaan plotseling een heel andere draai. Hij verliet de Verenigde Naties en nam zijn gezin mee naar Ghana. Hij was, zesendertig jaar oud, algemeen directeur geworden van het Ghanese Toeristenbureau in Accra. Zijn mentor Robert Gardiner had al eerder een betrekking van de Ghanese regering aanvaard en raadde Annan aan hetzelfde te doen. 'Ik geloof dat ik het idee had dat het goed was om terug te zijn in Ghana en mijn land iets terug te geven,' vertelde Annan. 'Ik wilde teruggaan om te zien wat ik kon doen. Het was een droom van alle mensen van mijn generatie om na je studie naar je vaderland terug te gaan om het jouwe bij te dragen, als de omstandigheden dat toelieten tenminste.' Hij wilde echter ook dichter bij zijn oude en zieke vader zijn, en hij wilde dat Ama en Kojo enige tijd in zijn vaderland woonden. Maar achteraf lijkt deze verhuizing naar Ghana toch wat merkwaardig. 'Hij had gehoopt dat hij enige tijd in Accra had kunnen blijven,' vertelde zijn vriendin Susan Linnee. 'Maar hij paste er niet.'

Zijn taak was ook niet erg realistisch. Men kon niet verwachten dat Ghana van de ene op de andere dag veel toeristen zou trekken. Net als veel andere Afrikaanse landen heeft het geweldige stranden maar geen goede hotels, restaurants en andere faciliteiten. De hoeveelheid dieren dat in het wild leeft, verbleekt vergeleken met de grote wildparken in Oost-Afrika. De steden Accra en Kumasi hebben uitgestrekte markten en een kleurrijk stadsleven, maar ze kunnen niet op tegen Florence en Oaxaca. Het autobiografische, met veel fantasie aangevulde *Roots* van Alex Haley was nog niet verschenen en er waren dus nog geen vliegtuigladingen Afro-Amerikanen die kwamen zoeken naar hun roots in Ghana. Annan moest iets maken uit bijna niets.

Bovendien moest hij dat doen onder een militair regime. Ghana had sinds het onafhankelijk was geworden al twee staatsgrepen meegemaakt. In 1966 was N'krumah door het leger afgezet terwijl hij een reis maakte naar China en Noord-Vietnam. Hij vestigde zich in ballingschap in Guinee waar hij zes jaar later overleed. In 1969 was er weer een burgerregering aangetreden, maar die werd tijdens de tweede staatsgreep in 1971 afgezet en vervangen door een militaire regering onder generaal Ignatius K. Acheampong, de voorzitter van de Nationale Bevrijdingsraad. Toen in de jaren zestig overal in Afrika militaire staatsgrepen uitbraken, voorspelden enkele optimisten dat de soldaten hun landen zouden bevrijden van corruptie en tribalisme, maar al gauw bleken ze incompetent, ineffectief en tiranniek. Boze jonge Afrikanen maakten zich altijd kwaad om de grote witte Mercedessen waarin de corrupte politici van het onafhankelijke Afrika rondreden. Een op waarheid gebaseerd populair grapje luidde dat de militairen ten minste één belangrijke verandering hadden doorgevoerd: zij reden rond in grote Mercedessen die kaki waren gespoten in plaats van wit.

Vanuit zijn bevoorrechte positie in Addis Abeba zal Kofi Annan zich geen enkele illusie hebben gemaakt over de aard van militaire heerschappij. Jaren later zou hij deze golf van militaire staatsgrepen veroordelen. Deze 'verstoorden niet alleen het politieke proces,' zei hij, 'maar veroorzaakten ook een bepaalde sfeer waarin iedereen dacht dat hij president kon worden. Ervaring had je er niet voor nodig.' Je had alleen geweren nodig. Als secretaris-generaal bleef hij er bij Afrikaanse staatshoofden op aandringen om leiders die door een staatsgreep aan de macht waren gekomen, altijd te mijden.

Het Ghanese Toeristenbureau was een staatsinstelling – een commercieel bedrijf dat eigendom was van de Ghanese regering en, in theorie tenminste, beslissingen nam zonder politieke inmenging. 'Er was bij mij de indruk gewekt dat ik voor een staatsbedrijf ging werken dat erg autonoom en onafhankelijk was,' vertelde Annan, 'maar dat bleek niet het geval.' Hij kon niet ontkomen aan de voetangels en klemmen van de militaire bureaucratie – een zeer inefficiënte bureaucratie. De meeste kenners zijn van mening dat generaal Acheampong een land had overgenomen dat al in een slechte economische situatie verkeerde, maar dat hij die nog eens erger maakte. 'Het was frustrerend,' aldus Annan. 'De militairen bemoeiden zich altijd met alles. Een kolonel die nu ook minister was, wilde bij iedere beslissing betrokken worden. Daardoor werden de verkeerde beslissingen genomen of duurde het tijden voordat er ook maar een beslissing genomen was... Dat was frustrerend omdat ik enige haast had. Ik zag een heleboel dingen die met een beetje fantasie, creativiteit en management uitgevoerd konden worden. En ze hadden niet eens zoveel hoeven te kosten ook. Maar je kon het systeem niet veranderen. Je kreeg geen enkele medewerking. Er was te veel administratieve rompslomp en er was te veel tegenwerking.' Annan gaf het op en ging twee jaar later terug naar de VN.

Hij kreeg een functie op de afdeling Personeelszaken van het secretariaat in New York waar hij vier jaar werkte. In die tijd groeiden hij en zijn vrouw echter uit elkaar. Tijdens zijn vijftien jaar durende huwelijk was hij voor werk of studie van Genève naar Addis Abeba gegaan, toen naar New York, terug naar Addis Abeba en vandaar naar Cambridge, Massachusetts, toen weer naar Addis Abeba en daarna via Genève naar Caïro en Ismailia, toen naar Accra, en ten slotte weer naar New York. Het oppakken en verhuizen en al die periodes dat het gezin niet bij elkaar was, riepen grote spanningen op. 'Het grootste probleem voor mij,' vertelde Titi aan de Duitse journaliste Friederike Bauer, 'was het keer op keer verhuizen. Daar had ik genoeg van.'

Tijdens een lunch kortgeleden in zijn eetkamer naast zijn kantoor vroeg ik Kofi of hij het met Titi's conclusie eens was. 'Het zou kunnen,' antwoordde hij. 'Stel, je hebt een echtpaar dat van stad naar stad trekt en heel vaak moet verhuizen, dan is dat misschien wel het makkelijkst voor degene die de baan heeft. Ik bedoel, als je ergens heen verhuist en je hebt je baan, dan heb je je collega's, leer je mensen kennen. Maar vrouw en kinderen moeten telkens opnieuw beginnen en dat kan op een bepaald moment wel deel hebben uitgemaakt van onze verwijdering.' Het antwoord gaf wel een verklaring voor Titi's opmerking, maar maakte niet duidelijk of hij het met haar eens was.

In 1980, toen Annan tweeënveertig jaar oud was, kreeg hij een geweldige functie: hoofd Personeelszaken van het zeer respectabele bureau van de Hogecommissaris voor de Vluchtelingen (UN High Commissioner for Refugees, de UNHCR) in Genève. Hogecommissaris was de voormalige premier van Denemarken Poul Harting. Maar Titi volgde Kofi niet naar Zwitserland. Het stel was gescheiden. De elf jaar oude Ama ging met haar moeder naar Londen, terwijl Kojo, zeven jaar oud, met zijn vader naar Genève ging. Het plan was dat Kofi voor hem zou zorgen tot hij oud genoeg was om naar een Britse kostschool te gaan.

Kofi was een plichtsgetrouwe alleenstaande ouder. Iedere middag vertrok hij vroeg van kantoor om Kojo op te halen van La Châtaigneraie, een tweetalige school (Frans en Engels) op een halfuur rijden van Genève. Toen hij Kojo een keer moest zeggen dat hij niet op een ouderavond kon komen, protesteerde de jongen: 'Maar alle andere moeders komen wel.' In 1981 ontmoette Kofi Annan tijdens een feestje bij vrienden in Genève Nane Lagergren. Nane was een Zweedse juriste die ook voor de UNHCR werkte. Tijdens het feest bleef ze maar naar hem kijken. De eerste keer dat ze hem zag, vertelde ze ooit, was het alsof ze door de bliksem getroffen werd. Kofi was, in de woorden van Julia Preiswerk, 'zeer charmant en bekoorlijk. Je kon niet om hem heen als hij in dezelfde kamer was.' Kofi voelde zich net zo aangetrokken tot de lange, slanke, blonde vrouw. Enkele weken later stelde hij Nane aan de Preiswerks voor als 'een speciaal iemand'.

Ook Nane was alleenstaande ouder; ze was zevenendertig en gescheiden moeder van een tien jaar oude dochter, Nina. Nane's vader, Gunnar Lagergren, was een gerespecteerde Zweedse jurist die had meegeholpen aan het oplossen van grensconflicten tussen India en Pakistan. Haar moeder, Nina von Dardel, was de halfzuster van Raoul Wallenberg, de Zweedse diplomaat die tijdens de Tweede Wereldoorlog op heldhaftige wijze de levens van tienduizenden Hongaarse joden heeft gered en vlak daarop stierf in handen van de Sovjets. Nane had Wallenberg nooit ontmoet, maar in zijn laatste brief aan haar moeder, die kort na Nane's geboorte werd bezorgd, schreef hij: 'Geef de kleine een kus van me.' In 1997 vertelde Nane aan Evelyn Leopold van Reuters dat Wallenberg in heel haar jeugd 'altijd aanwezig was geweest en altijd afwezig was geweest, als een schim.'

Nane, die zelf schilderlessen had gevolgd, had ook een dun lijntje naar de kunstgeschiedenis. De grote, ongelukkige Italiaanse schilder Amedeo Modigliani schilderde in 1920 in Parijs vlak voor zijn dood een portret van een tante van haar moeder, Thora Klinckowström. Thora had Modigliani ontmoet in café Rotonde in Montparnasse en poseerde twee keer voor het portret. Ze stond er echter op dat ze nooit met de schilder, een befaamde verleider, alleen zou zijn. Het portret van de nog heel jonge Zweedse vrouw met haar zwierige gleufhoed en haar mysterieuze blik is een van Modigliani's mooiste werken.

In 1983 werd Annan in New York benoemd tot directeur van de gehele administratieve dienst van het VN-secretariaat. Kojo ging naar kostschool en Nane volgde Kofi naar New York; haar baan als jurist bij de UNHCR gaf ze hiervoor op. Het stel woonde in een appartement op Roosevelt Island in de East River met uitzicht op het VN-hoofdkwartier. Toen de scheiding van Titi eenmaal formeel was geregeld, trouwden Kofi en Nana in 1984 in het kerkelijk centrum van de Verenigde Naties tegenover het hoofdkwartier van de VN. Ze staken met de Roosevelt Island-tram de rivier over en stonden in Manhattan. Deze keer ging Kofi niet in jacquet maar droeg hij een elegante, blauw-met-witte Afrikaanse mantel. Nane droeg een eenvoudig wit gewaad over een witte broek.

Al aan het begin van hun huwelijk moesten Kofi en Nane een klein cultureel verschil zien te overbruggen. 'We organiseerden wel eens een diner,' vertelde Kofi aan Barbara Crossette van de *New York Times* enkele jaren later. 'Nane komt uit Zweden – dat is een land waar je je gasten uitnodigt voor acht uur, die dan vijf of tien minuten te vroeg komen en rondjes gaan rijden tot het precies acht uur is en dan aanbellen – en is dus heel punctueel. Ghanese en andere Afrikaanse gasten komen altijd een halfuur of een uurtje te laat, en dan was zij kwaad. Ik zei alleen dat ze dus geen soufflés moest maken.' Hij voegde hieraan toe: 'Ik ben nu punctueler en zij is relaxter.' Gezien de punctualiteit van zijn vader zal Kofi niet veel moeite hebben gehad om zich aan te passen.

Nane richtte zich nu helemaal op het schilderen. Ze ging lessen volgen bij de Art Students League en aan de New York Studio School en huurde een atelier in Brooklyn. Toen mensen jaren later, toen Kofi Annan beroemd was geworden, nieuwsgierig werden naar de schilderijen van zijn vrouw, noemde Nane zich 'de bekendste onbekende schilder ter wereld'. Maar toen hij secretaris-generaal werd, stopte ze met schilderen om al haar sociale verplichtingen te kunnen vervullen.

Zijn standvastige tweede huwelijk ging gelijk op met het gestaag beklimmen van de ladder van de VN-bureaucratie. De Peruaan Javier Pérez de Cuéllar was secretaris-generaal. Vermoedelijk is hij het minst bekend van de zeven secretarissen-generaal die de VN hebben geleid. Oude VN-personeelsleden zeiden wel dat Pérez de Cuéllar 'geen golven zou veroorzaken als hij uit een boot zou vallen'. Hij schuwde de publiciteit en wilde zijn diplomatieke invloed alleen rustig en ver van de schijnwerpers aanwenden. Op vragen van de pers antwoordde hij in vloeiend Engels,

Spaans of Frans, maar zo zachtjes dat niemand goed kon horen wat hij zei. Hij is vermoedelijk ook de meest ondergewaardeerde secretaris-generaal. Toen de betrekkingen tussen Michail Gorbatsjov van de Sovjet-Unie en Ronald Reagan van de Verenigde Staten ontdooiden, zag Pérez de Cuéllar de potentiële kracht van de Veiligheidsraad en gebruikte hij die in 1988 snel om een einde te maken aan de oorlog tussen Irak en Iran.

Voor Annan was het belangrijk dat Pérez de Cuéllar talent onderkende. Hij was tevreden met Annans efficiëntie en competentie en gaf de Ghanees steeds belangrijker functies bij personeelszaken, financiën en management. In 1987, toen Annan negenenveertig jaar was, beloonde Pérez de Cuéllar hem met de zeer begeerde functie van assistent-secretaris-generaal en benoemde hem tot hoofd van de afdeling Human Resources (zoals de VN, in navolging van grote Amerikaanse bedrijven, de afdeling Personeelszaken was gaan noemen). Het managementsysteem van de VN kent negen rangen en Annan was opgeklommen tot de op één na hoogste. De hoogste was ondersecretaris-generaal, en die was nu binnen bereik.

Annan, specialist in administratie en management, sprak met een vriendelijke directheid die ontwapenend kon zijn. In 1989 zond Pérez de Cuéllar een van zijn naaste medewerkers, Giandomenico Picco, met Annan naar het machtige Adviescomité voor Begrotingszaken van de VN. Picco wilde dat het comité de betaling goed zou keuren van een aantal kantoren over de hele wereld, waar politieke informatie voor de secretaris-generaal verzameld zou worden en diplomatieke zaken zouden worden gedaan. 'Met andere woorden, dames en heren,' zei Annan tegen het comité, 'wat de heer Picco probeert op te richten is een reeks spionagebureaus op dit terrein.' Picco dacht dat Annans directheid het einde van het project zou betekenen, maar in plaats daarvan kreeg hij meer geld toegewezen dan waar hij om had gevraagd.

Collega's beschouwden Annan als een vriendelijke administrateur, het soort professional dat jouw problemen met de juiste zorg behandelt en dan op een plezierige en efficiënte manier oplost. Die houding kan bij anderen wel eens de indruk hebben gewekt dat hij eigenlijk geen ruggengraat had. Toen hij controller, afdelingshoofd, was, noemden sommigen hem zelfs *remote controller*, de 'afstandsbediener', omdat ze dachten dat hij anderen aan het werk zette maar zelf niet erg hard werkte. Fred Eckhard, die eind jaren tachtig bij de VN kwam en later woordvoerder van Annan zou worden, herinnert zich hoe hij Annan voor het eerst ontmoette. 'Ik was jong en arrogant en nogal overtuigd van mezelf,' aldus Eckhard. Annan was volgens hem 'een heel erg aardige, relaxte man'. Maar Eckhard zei toen iets wat Annan trof, hij weet zelf niet meer precies wat. 'Zijn zachte bruine ogen leken ineens vuur te schieten,' vertelt Eckhard. 'Hier zag je ineens zijn kracht. En die was zo groot dat ik direct mijn mond hield. Ik was sprakeloos.' Eckhard besefte toen dat veel mensen het bij het verkeerde eind hadden: Kofi had wel degelijk een ruggengraat.

Annans carrière leek op koers te liggen. Hij dacht dat hij binnen enkele jaren wel ondersecretaris-generaal zou kunnen zijn en de toekomstige secretaris-generaal of secretarissen-generaal kon dienen als de topman van de VN op het gebied van administratie en financieel management. Dat was dan misschien niet precies wat directeur Harvey Rice van Macalester had voorspeld, maar het zou niettemin een prachtige prestatie zijn; Annan kon nauwelijks op meer hopen. Maar toen viel Saddam Hussein Koeweit binnen.

3

De grote illusie van de Tweede Golfoorlog

Door de Tweede Golfoorlog – de oorlog tussen Irak en Iran, 1980-1988, was de Eerste Golfoorlog – ontstond binnen de Verenigde Naties een illusie van macht. Die illusie zorgde voor een nieuwe houding ten aanzien van de VN en nieuwe verwachtingen, maar die liepen vaak op teleurstellingen uit. Toch leken de VN belangrijker dan in het decennium daarvoor. Daaruit kwam een optimistische stemming voort, ondanks de vele crises die zich nu afspeelden. En deze nieuwe stemming zou de carrière en het leven van Kofi Annan verder bepalen.

Toen Saddam Hussein op 2 augustus 1990 tienduizenden manschappen de grens met Koeweit overstuurde en beweerde dat het kleine buurland 'eigenlijk integraal deel uitmaakte van de Iraakse Republiek', stonden de VN niet hulpeloos, handenwringend en moord en brand schreeuwend aan de zijlijn, zoals dat in het verleden meestal het geval was. In plaats daarvan schudde Saddams schaamteloze daad de VN wakker. Met opmerkelijke eensgezindheid gaf de Veiligheidsraad de goedkeuring aan het uitzenden van een militaire troepenmacht onder bevel van de Verenigde Staten om een einde aan de bezetting te maken. Ruim zes maanden later was Saddam Hussein verslagen en waren zijn troepen uit Koeweit verdreven.

Zich koesterend in de overwinning kregen veel VN-diplomaten en

-functionarissen nu ineens het gevoel dat alles mogelijk was zolang de grootmachten en de gehele Veiligheidsraad maar op één lijn zaten. De VN gedroegen zich tijdens de Tweede Golfoorlog zoals president Franklin Delano Roosevelt het voor zich had gezien, of dat leek tenminste zo. De VN hadden een agressor gedwongen veroverd gebied af te staan en zich terug te trekken. De VN waren als een superheld uit hun lethargie opgestaan. De stemming in de gangen van het VN-gebouw aan First Avenue was ronduit euforisch.

Yves Fortier, de Canadese ambassadeur bij de VN en vertegenwoordiger in de Veiligheidsraad, beschreef deze Golfoorlog als een 'klassiek geval' van zuivere agressie waarin de VN geacht werden op te treden. Het was 'Politieke Wetenschappen les 1', zei hij. Toch was het geval niet zo klassiek als het leek. Voormalig ondersecretaris-generaal Brian Urquhart had gelijk toen hij de oorlog 'de eerste oefening in eensgezinde, collectieve veiligheid waarover we sinds de dagen van Woodrow Wilson in gesprek zijn' noemde, maar het was een oefening in collectieve veiligheid die gemanipuleerd, aangevoerd en hoofdzakelijk uitgevoerd werd door één land: de Verenigde Staten.

President George H.W. Bush was vanaf het begin woedend vanwege de Iraakse agressie en bezetting van een belangrijke olieleverancier en was vastbesloten Irak terug te dringen. Hij riep dat Saddam Hussein 'een schop onder zijn kont' zou krijgen. Bush had geen enkel vertrouwen in de sancties van de VN, maar liet enkele maanden lang toe dat dat middel werd geprobeerd. Toen de Iraakse troepen niet binnen die tijd vertrokken waren, stond Bush klaar om zijn oorlogsvliegtuigen en manschappen los te laten. Gelukkig voor de VN legde Bush, voormalig ambassadeur bij de VN, de zaak voor aan de Veiligheidsraad om voor zijn beleid internationale instemming te krijgen en internationale deelname aan de oorlog.

De Amerikaanse diplomatieke campagne speelde zich op drie fronten tegelijk af. President Bush benaderde wereldleiders telefonisch of persoonlijk om hen aan zijn kant te krijgen. Minister van Buitenlandse Zaken James Baker reisde de wereld rond om zijn collega's van andere landen in hun eigen hoofdsteden op te zoeken en over te halen de VS te steunen. En ambassadeur Thomas R. Pickering, vermoedelijk de meest doelmatige Amerikaanse ambassadeur bij de VN die het land ooit heeft gehad, steunde de campagne met uitgekiende diplomatie in de Veiligheidsraad. De andere ambassadeurs keken met bewondering naar de bijna magische onderhandelingstechniek van Pickering, een lange, kalende carrièrediplomaat die hun zorgen en bezwaren kon bezweren door snel een woordje in de Amerikaanse resolutie te wijzigen zonder dat de bedoeling werd aangetast. In deze maanden keurde de Veiligheidsraad twaalf anti-Iraakse resoluties goed; in de laatste werd de oorlog goedgekeurd. Bij drie gelegenheden stemde Cuba tegen en Jemen bij twee, verder niemand.

De Verenigde Staten haalden Groot-Brittannië, Frankrijk en Saoedi-Arabië over om grote aantallen lucht- en grondtroepen te leveren. Kleinere legermachten kwamen van vierentwintig andere landen, waaronder Egypte en Spanje. Maar het grootste leger kwam uit de VS en de hele operatie stond onder bevel van de Amerikaanse generaal H. Norman Schwarzkopf. De VN hadden de VS gemachtigd om de militaire coalitie tegen Irak te leiden, maar het waren dus niet de VN die de bevelen uitdeelden aan piloten en soldaten. De VN deelden ook geen blauwe helmen en baretten uit, die de soldaten van een vredesmacht onder bevel van de VN altijd dragen. 'Het was geen oorlog van de Verenigde Naties,' zei secretaris-generaal Javier Pérez de Cuéllar tegen het Europese parlement in Straatsburg. 'Generaal Schwarzkopf droeg geen blauwe helm.'

Nadat de Veiligheidsraad met de oorlog had ingestemd, was de rol van de VN minimaal en soms zelfs vernederend. Pérez de Cuéllar deed enkele dagen vóór het begin van de bombardementen op 17 januari 1991 nog een vruchteloze poging om Saddam Hussein over te halen zich uit Koeweit terug te trekken. De secretaris-generaal vloog naar Bagdad, maar had geen toestemming om compromissen te sluiten. Gewapend met de VN-resoluties kon hij er bij Saddam alleen maar op aandringen om toe te geven, maar die trok zich er niets van aan. Na de ontmoeting zei Pérez de Cuéllar tegen verslaggevers: 'Ik zie geen enkele reden voor hoop.'

Toen er een kleine kans leek dat de invasie voorkomen kon worden, schoof het Witte Huis de VN terzijde. Na weken van bombardementen leek Saddam Hussein aan te geven dat hij bereid was te onderhandelen. Speciaal afgezant Jevgeni Primakov van de Sovjet-Unie had met de Iraakse minister van Buitenlandse Zaken Tariq Aziz een overeenkomst uitgewerkt waarin stond dat de Iraakse soldaten Koeweit-Stad binnen vier dagen zouden verlaten en de rest van Koeweit binnen eenentwintig dagen.

Een hoopvolle Pérez de Cuéllar vroeg ondersecretaris-generaal Marrack Goulding, hoofd vredeshandhaving, om bij verscheidene regeringen te informeren of zij troepen beschikbaar wilden stellen om de terugtrekking te volgen. Maar het Witte Huis verwierp de overeenkomst van Primakov en Aziz direct. Enkele minuten voordat de Veiligheidsraad bijeenkwam om de overeenkomst te bespreken, stelde het Witte Huis Saddam Hussein een ultimatum: hij moest binnen twee dagen uit Koeweit-Stad zijn vertrokken – twee dagen eerder dan Primakov en Aziz overeengekomen waren. Saddam Hussein verwierp dit ultimatum en Schwarzkopf liet zijn grondtroepen los. Binnen vijf dagen waren de Iraakse troepen uit Koeweit verjaagd en grotendeels verslagen.

Het Witte Huis, in juichstemming over deze overwinning, ging nu zeer minachtend doen over wat de VN voor de oorlog hadden betekend. Toen president Bush door een groep Arabische journalisten werd gevraagd of hij de oorlog ook zou hebben gevoerd zonder de zegen van de VN, antwoordde hij: 'Ik had kunnen zeggen, laat ze [de Irakezen] maar doodvallen. Het is juist en onjuist, het is goed en kwaad. Hij [Saddam Hussein] is het kwaad en onze zaak was gerechtvaardigd. Zonder de Verenigde Naties had ik een grotere troepenmacht kunnen sturen.' Bush, die bang was dat hij niet langer op een grote meerderheid in de Veiligheidsraad kon rekenen, negeerde de VN na de oorlog zelfs helemaal en beval de Amerikaanse troepen in het noorden van Irak om de Koerden te helpen. Veelbetekenender was nog dat de Verenigde Staten, Groot-Brittannië en Frankrijk in Irak no-flyzones instelden om ervoor te zorgen dat Saddam Hussein geen troepen kon laten vervoeren naar het noorden en zuiden van het land om de Koerden en de sjiieten nog verder te onderdrukken.

De VN speelden wel een grote rol in een aspect van de oorlog dat nu grotendeels vergeten is – Saddams gijzeling van buitenlanders. Deze zaak beslaat maar enkele bladzijden in de standaardgeschiedschrijving van de Tweede Golfoorlog en de VN worden daarin nauwelijks genoemd. Maar de gegijzelden haalden in de maanden voor de oorlog vaak de krantenkoppen en tv-programma's en de gijzeling veroorzaakte veel consternatie. Kofi Annan voerde mede de onderhandelingen.

Toen de Iraakse troepen Koeweit binnenvielen, namen ze alle Amerikanen, Britten en andere buitenlanders in gijzeling. Zelfs werden Britse burgers uit een vliegtuig van British Airways gehaald dat in Koeweit een tussenlanding maakte. Eind oktober 1990 hadden de Irakezen meer dan achthonderd Amerikaanse, Britse en andere Europese, Australische, Japanse en Koeweitse mannen ondergebracht bij dammen, raffinaderijen, staal- en wapenfabrieken en andere strategische plaatsen in heel Irak en Koeweit. De aanwezigheid van de gegijzelden, die om de paar dagen naar andere plaatsen werden gebracht, moest voorkomen dat die plaatsen werden gebombardeerd: ze dienden als menselijk schild. Duizenden andere buitenlanders, onder wie alle vrouwen en kinderen, werden onder huisarrest geplaatst. Bij de gegijzelden bevonden zich ook diplomaten en VN-functionarissen. De VN schatten dat Saddam bij elkaar dertienduizend mensen in gijzeling hield.

Secretaris-generaal Pérez de Cuéllar gaf Kofi Annan als hoofd Personeel opdracht om met Virendra Dayal, hoofd van de staf van de secretaris-generaal, eind september naar Bagdad te gaan om Irak over te halen om de negenhonderd VN-functionarissen en hun gezinsleden vrij te laten. Het was de eerste zeer belangrijke opdracht in de carrière van de tweeënvijftig jaar oude Ghanees. Nu schoof hij geen formulieren meer heen en weer over zijn bureau en boog hij zich niet meer over de cijfers van de volgende begroting; hij werd betrokken bij de centrale rol van de VN: diplomatieke onderhandelingen over vrede en veiligheid.

Annan was totaal niet zenuwachtig. Toen een medewerkster in New York, Elisabeth Lindenmayer, mompelde dat het goed mogelijk was dat de missie faalde, zei Annan haar dat ze zo niet moest praten. 'We redden het,' zei hij. Omdat Dayal, een Indiër, in Ierland op vakantie was, had Annan een extra koffer met kleren bij zich die hij hem in Bagdad moest overhandigen. Dayal zou enkele dagen onderhandelen en dan weer vertrekken terwijl Kofi in Bagdad zou blijven.

De hele wereld reageerde met afschuw op Saddam Husseins poging om vitale installaties met buitenlandse burgers te beschermen. Hij vergrootte die afkeer zelf met tv-shows waarin hij de gegijzelden, ook vrouwen en kinderen, die hij zijn 'speciale gasten' noemde, aan de wereld toonde. Tijdens zo'n show vroeg hij een doodsbange, zeven jaar oude Britse jongen of hij die dag zijn melk wel had opgedronken. Saddam schreef zelfs een open brief aan de families van de gegijzelden waarin hij hen prees voor hun rol in het bevorderen van de vrede.

De Veiligheidsraad nam vier resoluties aan waarin van Irak werd geëist dat de gegijzelden werden vrijgelaten en dat 'Irak geen enkele actie zal ondernemen die de veiligheid of gezondheid van deze burgers in gevaar brengt'. Annan en Dayal waren niet de enigen die in Bagdad probeerden de gegijzelden vrij te krijgen. In de daaropvolgende maanden kwamen de voormalige Britse premier Edward Heath, Jessie Jackson, Mohammed Ali, de voormalige Duitse kanselier Willy Brandt, koning Hoessein van Jordanië en de Palestijnse leider Yasser Arafat om met Saddam te praten. Zaakgelastigde Joseph Wilson voerde de Amerikaanse druk op terwijl het Witte Huis verkondigde dat de Verenigde Staten geen enkele militaire actie af zouden blazen vanwege de gegijzelden.

Annans missie duurde ruim twee weken. 'Ik had niet verwacht dat ik er zo lang moest blijven,' vertelde hij kortgeleden. 'Ik dacht dat het drie tot vijf dagen zouden worden. Het oorspronkelijke idee was eigenlijk om ervoor te zorgen dat de VN-staf kon vertrekken. In Irak en Koeweit samen hadden we ongeveer negenhonderd mensen van allerlei nationaliteiten en het was mijn oorspronkelijke taak erheen te gaan om hun vertrek te regelen voordat ze in moeilijkheden kwamen. En we kregen ze er allemaal vandaan.'

Dayal en Annan vergaderden iedere ochtend met Tariq Aziz, de welbespraakte christelijke minister van Buitenlandse Zaken die in de confrontatie met de VN al meer dan een decennium lang het gezicht van het regime was. In de middagen vroeg hij zijn superieuren, onder wie vermoedelijk Saddam Hussein zelf, om raad bij het opstellen van een reactie op de voorstellen van de VN-functionarissen. Hun voornaamste zorg was natuurlijk het VN-personeel en niet zozeer 'de menselijke schilden' in het algemeen. Voor Saddam was het makkelijker om alleen de VN-mensen te laten gaan. Uiteindelijk bereikte Aziz overeenstemming met de beide afgezanten. Hij beloofde om op 30 september in Amman, Jordanië, een ontmoeting te hebben met Pérez de Cuéllar om te zien of een oorlog kon worden voorkomen. Als gebaar van goede wil maakte hij bekend dat Dayal en Annan met alle VN-functionarissen naar huis terug mochten keren.

Het verzamelen van alle VN-mensen, het verkrijgen van uitreisvisa en het organiseren van bustochten naar Jordanië vanwaar ze naar huis vlogen, was naar verhouding eenvoudig. Maar Annan ontdekte in het kantoor van de Economische Commissie voor het Midden-Oosten van de VN in Bagdad nog twee achterblijvers die zich daar hadden verstopt. Zij hadden geen visa en konden nergens onderdak krijgen omdat het ineens door de Iraakse regering verboden werd om buitenlanders te huisvesten. Annan kwam het kantoor binnen toen daar een hevige ruzie aan de gang was. De VN-functionaris die het gebouw beheerde, een Irakees, probeerde de twee stafleden naar buiten te werken omdat hij bang was dat hun aanwezigheid hem in gevaar zou brengen. Annan maakte een einde aan de onenigheid. 'Waar moeten ze heen?' vroeg hij. 'Ze kunnen niet bij mensen thuis verblijven. We moeten proberen ze het land uit te krijgen.' Toen besefte hij dat de beheerder, het Iraakse plaatsvervangend hoofd van het kantoor, eerder minister van Landbouw was geweest. 'Als voormalig minister moet u toch nog enige invloed hebben,' zei hij tegen de man. 'We moeten visa hebben zodat deze mannen het land kunnen verlaten.' Uiteindelijk kreeg de Irakees de uitreisvisa voor deze twee VN-functionarissen. Ze werden snel op de bus naar Jordanië gezet zodat ze het vliegtuig naar huis nog konden halen.

Annan was zich inmiddels grote zorgen gaan maken om het lot van enkele honderdduizenden buitenlanders die tot dan toe eigenlijk genegeerd waren – gastarbeiders uit Azië en Afrika die nu vastzaten, vooral in Koeweit. 'Ik had ontdekt dat er twee groepen gegijzelden waren,' vertelde Annan. 'Je had de westerse gegijzelden die de organisatie en het geld hadden om te vertrekken maar die niet weg mochten. Omdat ze niet mochten vertrekken, was iedereen het erover eens dat zij gegijzeld werden. Maar dan waren er nog zo'n vijfhonderdduizend Aziaten uit Sri Lanka, de Filippijnen, Bangladesh en India en Afrikanen uit Soedan die wel mochten vertrekken maar niet het geld of de mogelijkheden hadden om weg te komen. Zij waren tot dan toe over het hoofd gezien.'

In zekere zin waren zij slechter af dan de westerse gegijzelden die op televisie werden getoond. 'Dit waren mensen die binnen één dag alles kwijt waren geraakt,' aldus Annan. 'Het waren verpleegkundigen, hulpen in de huishouding en mensen die voor rijke Koeweitse families hadden gewerkt. Hun werkgevers waren vertrokken, de banken waren dicht en ze konden nergens geld krijgen.'

Annan was aanwezig bij verscheidene bijeenkomsten van westerse ambassadeurs in Bagdad toen zij bespraken hoe de Irakezen onder druk konden worden gezet om de westerse gegijzelden te laten gaan. Jammer genoeg organiseerden Aziatische en Afrikaanse ambassadeurs dergelijke vergaderingen niet. Hij bezocht daarom de ambassadeurs van India, Bangladesh, Pakistan en nog meer landen om een idee te krijgen van het aantal van hun staatsburgers dat in Irak en Koeweit vastzat. 'Van hen kreeg ik de cijfers,' vertelde hij. 'Volgens mij was ik degene die ze aan het Iraakse ministerie van Buitenlandse Zaken heb overhandigd.' Aziz gaf de VN al gauw toestemming om een luchtbrug op te zetten om de gastarbeiders vanuit Jordanië naar huis te laten vliegen.

Annan reisde naar Amman in Jordanië om Pérez de Cuéllar te ontmoeten en toezicht te houden op de eerste vluchten van de luchtbrug van VN-functionarissen. Daar nam hij de kans waar om Nane te bellen; telefoneren vanuit Bagdad was onmogelijk geweest. 'Hoe zit het met Anatolië?' vroeg ze. 'Wat is er met Anatolië?' antwoordde hij. 'We zouden daar over een paar dagen op vakantie gaan.' 'Mijn God,' zei hij, 'ik was het totaal vergeten.' Toen hem kortgeleden werd gevraagd of hij nog op tijd thuis was geweest om de reis naar Anatolië, Turkije, te maken, antwoordde hij: 'Ik ging niet en ik ben er nog niet geweest.'

Na zijn ontmoeting met Pérez de Cuéllar ging hij terug naar Bagdad om aanwezig te zijn bij het vertrek van de gastarbeiders. Maar hij was de westerse gegijzelden die niet voor de VN werkten, niet vergeten. In zijn vrije tijd bezocht hij die gegijzelden, die als menselijk schild bij strategische plaatsen niet ver van Bagdad werden vastgehouden, en verzamelde brieven en boodschappen. Toen hij Aziz weer ontmoette, bracht hij alle westerse gegijzelden ter sprake. Volgens Dayal verzekerde Aziz hem ervan dat Saddam Hussein alle overgebleven gegijzelden op korte termijn zou vrijlaten. Maar dat klonk meer als een geruststelling dan als een belofte. Toen Kofi's missie eindelijk ten einde was, telefoneerde hij met de familie van iedere westerse gegijzelde die hij had ontmoet. Hij las boodschappen voor, beloofde brieven te verzenden en vertelde over de gezondheid van hun familieleden in Irak.

Saddam liet uiteindelijk alle gegijzelden vrij maar niet direct. Na de VN-functionarissen volgden ouderen en zieken, daarna vrouwen en kinderen. De wereldwijde afkeer van zijn daad werd er niet minder door. Het duurde nog twee maanden voordat Saddam aankondigde dat hij het Amerikaanse voorstel aanvaardde om te praten met minister van Buitenlandse Zaken Baker, en hij vervolgde met de mededeling dat alle gegijzelden nu mochten vertrekken. Op 9 december vertrok de eerste groep van 325 gegijzelden uit Bagdad met een vliegtuig dat door de Amerikaanse diplomaat Wilson was gecharterd. De daaropvolgende dagen zouden nog honderden gegijzelden volgen. Het Witte Huis was enorm opgelucht door de vrijlating. Ondanks hun onwrikbare standpunt dat de aanwezigheid van gegijzelden de bombardementen niet zou kunnen voorkomen, waren Amerikaanse functionarissen toch bang dat de menselijke schilden de militairen zouden dwingen bepaalde doelen te ontzien.

Het is niet duidelijk waarom Saddam Hussein uiteindelijk toegaf en de gegijzelden allemaal liet gaan en we weten niet of Annan op deze beslissing enige invloed gehad heeft. Hij was een van de vele afgezanten die naar Bagdad kwamen om de Iraakse regering over te halen de gegijzelden te laten gaan. Saddam deed dat waarschijnlijk als een gebaar van goede wil, vooruitlopend op zijn ontmoeting met Baker – een ontmoeting die overigens nooit plaats zou hebben. Hoe het ook zij, noch Annan noch de VN hebben ooit beweerd dat het vrijlaten van de menselijke schilden en de andere westerse gegijzelden door hen bewerkstelligd zou zijn.

De VN bazuinden ook niet rond wat de rol was geweest van Dayal en Annan in de vrijlating van de VN-functionarissen en de luchtbrug voor de Aziatische en Afrikaanse gastarbeiders. ‘We moesten die mensen eruit zien te krijgen,’ aldus Dayal. ‘Hoe minder drukte, hoe beter. Het zou onjuist zijn geweest als we onderhandelden en tegelijkertijd de publiciteit gebruikten om hetzelfde doel te bereiken. Dat zou ook dom van ons zijn geweest.’ Net als het ongepast zou zijn geweest om triomfantelijk te doen over het succes met de gegijzelden terwijl de VN faalden in de belangrijker taak Saddam Hussein over te halen een oorlog te voorkomen door zich terug te trekken uit Koeweit. Bovendien stond Pérez de Cuéllar erop dat de VN-diplomaten ver op de achtergrond opereerden, zonder enige ophef.

Britse kranten schreven de vrijlating van de gegijzelden vooral toe aan hun voormalige premier Heath. De Amerikaan Wilson gaf vooral aan koning Hoessein en Arafat de eer. Binnen VN-kringen werd Annans missie als succesvol beschouwd waardoor hij nog belangrijkere opdrachten zou krijgen. Pérez de Cuéllar liet niets blijken van enige lof voor Annan, ook niet privé. ‘De staf was blij,’ vertelde Annan, ‘maar veel complimenten waren er verder niet bij.' De secretaris-generaal liet zijn genoegen liever op andere manieren blijken. Hij promoveerde Annan tot hoofd Financiën van de VN. En toen hij later een hoge functionaris nodig had om met Irak te onderhandelen over het olie-voor-voedselprogramma, koos hij Annan daarvoor uit.

Deze eerste missie naar Bagdad was voor Kofi Annan dus van het grootste belang geweest. Toen hij onlangs vertelde hoe hij zich toen voelde, zei hij: 'Het was spannend. Het was interessant. Je deed iets waarmee je mensen rechtstreeks hielp. Het was een dankbare taak.' De missie was goed voor zijn zelfvertrouwen. Hij kreeg de kans om direct aan de belangrijkste taak van de VN te werken en het was zijn eerste ervaring met complexe en gevoelige internationale onderhandelingen.

Na afloop van de Tweede Golfoorlog hieven de VN de sancties tegen Irak niet op. Onder aanvoering van de Verenigde Staten dwong de Veiligheidsraad Irak tot een vredesverdrag dat vergelijkbaar was met het verdrag dat de Duitsers na de Eerste Wereldoorlog met de Geallieerden hadden moeten sluiten. Ambassadeurs leenden een beeld uit Saddams grootspraak en noemden de resolutie van de Veiligheidsraad die een einde aan de oorlog maakte, 'de moeder van alle resoluties'. Volgens deze resolutie bleven alle sancties van kracht totdat Irak naar bevrediging van de VN al zijn massavernietigingswapens vernietigd had. Dat zou voor de Verenigde Staten overigens nog niet voldoende zijn. Plaatsvervangend nationaal veiligheidsadviseur Robert M. Gates benadrukte dat de VS nooit voor het opheffen van de sancties zouden stemmen zolang Saddam Hussein in Irak in het zadel zat. 'Irakezen betalen de prijs zolang hij aan de macht is,' aldus Gates. 'Alle mogelijk sancties blijven van kracht totdat hij is vertrokken. Verlichting van sancties zal alleen worden overwogen als het land een nieuwe regering heeft.'

Maar de sancties troffen de Iraakse bevolking veel harder dan Saddam Hussein en zijn kliek. Verhalen over nijpende tekorten aan voedsel en medicijnen knaagden aan het geweten van Amerikaanse functionarissen. Onder aanvoering van de Verenigde Staten nam de Veiligheidsraad zes maanden na het einde van de oorlog een resolutie aan volgens welke Irak olie mocht verkopen alleen als de opbrengst daarvan werd gebruikt voor voedsel en medicijnen. De betalingen voor de olie zouden rechtstreeks op een rekening van de VN worden gestort. Voordat die gelden beschikbaar werden gesteld voor de import van voedsel en medicijnen, trok de VN eerst de kosten van het beheer van het programma van het saldo af en werd een deel in een fonds gestort om Koeweit te compenseren voor de verliezen die het had geleden door de Iraakse invasie. Deze maatregelen tastten natuurlijk de soevereiniteit van Irak aan en waren daarom voor Saddam Hussein moeilijk te accepteren. Het duurde vijf maanden voordat Irak het onderwerp ook maar met de VN aan durfde te snijden.

Annan stond aan het hoofd van het onderhandelingsteam van de VN dat in januari 1992 in Wenen een ontmoeting had met Iraakse functionarissen. Hij kon de Irakezen er echter niet toe overhalen om het hierboven genoemde plan te aanvaarden. Na drie dagen van gesprekken braken de Irakezen de ontmoeting af en verklaarden ze dat de voorwaarden van de VN 'onnodig en belemmerend waren'. Ze stelden dat er geen noodzaak was voor het olie-voor-voedselprogramma omdat sancties overbodig waren. Na het mislukken van de eerste onderhandelingsronde benoemde Boutros Boutros-Ghali, die in 1992 secretaris-generaal was geworden, een andere VN-functionaris om de onderhandelingen weer op gang te brengen. Annan zou echter nooit meer ontsnappen aan de voetangels en klemmen van het olie-voor-voedselprogramma. Irak moest het vijf jaar later toch aanvaarden en het programma met zijn reuk van schandalen zou hem de laatste jaren als secretaris-generaal blijven achtervolgen.

De vroege jaren negentig waren de beste tijd voor een oudere functionaris als Kofi Annan om bij de secretaris-generaal op te vallen en van hem rechtstreeks opdrachten te krijgen. Het was een illusie geweest om te denken dat de Tweede Golfoorlog de nieuwe macht van de Verenigde Naties had aangetoond. De oorlog was uitgevochten in naam van de VN maar gesmeed en aangevoerd door de VS. Tijdens de oorlog vroeg een verslaggever in het VN-hoofdkwartier aan Sovjetambassadeur Joeri Vorontsov of het hem stoorde dat het Pentagon alle beslissingen nam in een zogenaamde VN-oorlog. 'Wie zijn wij om te zeggen dat ze dat niet mogen doen?' antwoordde Vorontsov.

Toch was Vorontsov optimistisch over de toekomst van de VN. In de jaren zestig was hij beginnend diplomaat geweest in de Sovjetmissie. In de Veiligheidsraad vlogen toen constant beschuldigingen over en weer. Nooit werd er een besluit genomen. Nu kon tot bijna alles besloten worden als het maar aanvaardbaar was voor de vijf permanente leden van de raad die ieder vetorecht bezaten – de Verenigde Staten, de Sovjet-Unie, Groot-Brittannië, Frankrijk en China. De door Amerika aangevoerde Tweede Golfoorlog was als geheel een armzalig voorbeeld, maar gedurende de oorlog deden zich talloze crises voor die mede werden opgelost door de VN-vredesmacht. En Vorontsov was blij dat hij een tweede kans had gekregen bij de VN.

De Veiligheidsraad, in de woorden van Madeleine Albright, Amerikaans diplomaat en van 1997 tot 2001 minister van Buitenlandse Zaken, werd een soort 'internationaal 112'. Annan zei het enkele jaren later als volgt: 'De Veiligheidsraad kwam nu tot overeenstemming over operaties die eerder nooit mogelijk waren geweest. De raad begaf zich op nieuw terrein... Het was opwindend, en wij zagen mogelijkheden om misschien eens iets te doen, zoals iemand het uitdrukte, wat van de organisatie verwacht werd dat ze zou doen. De opwinding trof ons allemaal.' Die spannende uitbreiding van de vredeshandhaving zou de talenten van Kofi Annan echter tot het uiterste op de proef stellen.

4

In de voetsporen van Ralph Bunche

In januari 1986 werd Marrack Goulding benoemd tot ondersecretaris-generaal voor politieke aangelegenheden, zoals de afdeling voor vredeshandhaving toen nog werd genoemd. Die baan was sinds lang een van de meest romantische en meest zichtbare posities binnen de VN. En tot dan toe hadden alleen de Zweedse bemiddelaar graaf Folke Bernadotte, die in 1948 in Palestina door joodse extremisten werd vermoord, de Afro-Amerikaan Ralph Bunche, die in 1950 de Nobelprijs voor de Vrede had gekregen, en de Britse probleemoplosser Brian Urquhart, die van 1946 tot 1986 adviseur van de VN was, die positie bekleed. Toen Urquhart de pensioengerechtigde leeftijd naderde, vroeg de Britse premier Margaret Thatcher een paar keer met klem aan secretaris-generaal Javier Pérez de Cuéllar om na Urquharts vertrek weer een Brit op zijn plaats te zetten. Pérez de Cuéllar beloofde dat en benoemde Marrack Goulding, de diplomaat die door de Britten naar voren werd geschoven, tot zijn opvolger.

De toen vijftig jaar oude Goulding was een veteraan in de Britse diplomatieke dienst. Op het moment dat Pérez de Cuéllar zijn benoeming tot ondersecretaris-generaal bekendmaakte, was hij ambassadeur van Groot-Brittannië in Angola. Eerder had hij deel uitgemaakt van de Britse delegatie bij de VN en in 1982 had hij nauw met Pérez de Cuéllar samengewerkt toen de VS en de VN vruchteloos probeerden om de Falklandoorlog te voorkomen door het Britse en het Argentijnse standpunt nader tot elkaar te brengen. Goulding had ook enige ervaring met het politieke leven in Londen; hij was begin jaren zeventig privésecretaris geweest van drie ministers van Buitenlandse Zaken en het Commonwealth. Men zou de eerbiedwaardige Goulding makkelijk voor een professor aan kunnen zien, en toen hij tien jaar later bij de VN met pensioen ging, aanvaardde hij de functie van *warden* (hoofd) van St. Anthony's College van de universiteit van Oxford.

Goulding vreesde dat zijn nieuwe collega's zich beledigd zouden voelen door zijn benoeming tot ondersecretaris-generaal. Ze zouden hem, schreef hij in zijn memoires, wel eens kunnen beschouwen als een streber, 'door een hogere macht op jonge leeftijd op deze prestigieuze post gezet, waarop de bureaucratie liever iemand uit eigen gelederen had gezien.' Maar de meeste VN-bureaucraten hadden al lang geaccepteerd dat de mooiste posities naar populaire mensen van buiten de organisatie gingen. Vanaf het eerste begin was duidelijk dat Goulding er niet de kantjes vanaf liep. Hij werkte erg hard en lang. Ook vloog hij het liefst zelf naar de VN-vredestroepen zodat hij hun problemen uit de eerste hand kreeg. Later werd hij gedwongen om wat minder te reizen en wat meer tijd achter zijn bureau in New York te besteden, en dat alleen omdat Boutros Boutros-Ghali, die in 1992 secretaris-generaal was geworden, besloten had te bezuinigen door reizen van zijn stafleden te beperken. Boutros-Ghali noemde de reizen 'uitstapjes' en vond dat de ondersecretarissen-generaal meer tijd moesten besteden aan het leiden van hun departement.

Leiding geven aan dit departement werd steeds moeilijker omdat het aantal vredesoperaties toenam. In 1986 stonden de VN aan het hoofd van vijf vredesoperaties met in totaal tienduizend manschappen. Begin 1993 waren dat er dertien met vijfenvijftigduizend blauwhelmen. Toen de Indiase romanschrijver Shashi Tharoor in 1989 bij het bureau kwam werken, bestond Gouldings staf uit niet meer dan zes burgers en drie militairen. 'Maar het werk dijde steeds verder uit,' aldus Tharoor. 'In 1990 was vredeshandhaving nog wel te doen. In 1991 leefden we allemaal onder stress.' Behalve dat hij meer stafleden nodig had, vond Goulding dat er ook een plaatsvervanger moest komen. 'Ik ontdekte dat ik het niet meer alleen aankon,' zei hij.

Toen het gerucht ging dat die baan in het leven zou worden geroepen, besloot Annan te proberen hem te krijgen. 'Hij wilde die baan erg graag,' vertelde Virendra Dayal, hoofd van de staf van Pérez de Cuéllar. De positie was echter heel anders dan die waarin Annan ervaring had. De nieuwe baan betekende, in de woorden van Dayal, 'lange uren en brede schouders' – de plaatsvervanger moest inzien dat vergissingen zo gemaakt waren en dat hij verantwoordelijk was voor wat er misging. Pérez de Cuéllar kwam er al gauw achter dat Kofi belangstelling had. 'Ik denk dat Kofi zichzelf naar voren heeft geschoven,' aldus Dayal.

Maar Goulding dacht niet direct aan Kofi Annan. In een vergadering met Pérez de Cuéllar stelde Goulding voor om de divisie Veldoperaties, een aparte afdeling die de vredesmissies van personeel en materieel voorzag, op te nemen in de afdeling vredeshandhaving en het Iraanse hoofd, Behrooz Sadry, te benoemen tot plaatsvervangend ondersecretaris. De secretaris-generaal verwierp het voorstel om de bureaus samen te voegen, maar steunde het idee dat er een plaatsvervanger voor Goulding moest komen. Daarop stelde Pérez de Cuéllar Kofi Annan voor. Annan, zo schreef Goulding, had verscheidene hoge posten binnen de administratie en het management bekleed en bezat dus 'de ervaring en vaardigheden die in mijn departement node werden gemist'. Dus, hoewel Annan niet zijn eerste keus was, 'twijfelde ik absoluut geen enkele seconde om hem te accepteren.'

Pérez de Cuéllar was echter aan het einde van zijn tweede en laatste termijn. Hij werd op 1 januari 1992 opgevolgd door Boutros-Ghali die de benoeming van Kofi Annan in februari bekendmaakte. Toen Annan aantrad, zag Goulding in hem 'de lang gewenste versterking'. De meeste buitenstaanders dachten dat Annan het management van de afdeling op zich zou nemen, zodat Goulding zich kon vrijmaken voor beleid en, als Boutros-Ghali het toestond, voor reizen in het veld. Maar er liepen nu zoveel vredesmissies dat Goulding die niet meer allemaal alleen kon doen. Hij besloot dan ook om de beleidszaken en het toezicht op de operaties met Annan te delen en hij gaf hem de verantwoordelijkheid over alle vredesoperaties in het Midden-Oosten en het grootste deel van Afrika.

De verdeling van de wereld leidde echter tot problemen. Als manager geloofde Annan in het delegeren van gezag. Hij nam daarom aan dat Goulding ook gezag aan hem had gedelegeerd. Omdat bijvoorbeeld Somalië onder zijn verantwoordelijkheid viel, nam hij aan dat hij het volledige gezag had over alles wat daar moest gebeuren. Maar Goulding dacht daar anders over. Als hoofd vredeshandhaving wilde hij het volledige gezag over alle missies.

'Toen hij mijn plaatsvervanger was geworden, ontstonden er wat problemen,' vertelde Goulding. 'We kwamen overeen om de wereld te verdelen. Hij deed Afrika en het Midden-Oosten, en ik Azië, Europa en Latijns-Amerika. Hij nam aan dat hij het volledige gezag in zijn regio had en dat het niet nodig was om over alles met mij te overleggen. Maar Boutros-Ghali verwachtte dat de hoofden van de departementen van het secretariaat volledig geïnformeerd waren over alles wat hun departement aanging en hij overlegde met mij, niet met Kofi. En dat betekende dat Kofi mij volledig op de hoogte moest houden over Afrika en het Midden-Oosten. Hij dacht dat hij het volledige gezag in die gebieden had en ik vond dat ik het volledige gezag over het hele departement had. Hij was daar niet gelukkig mee. Ik probeerde op vriendschappelijke voet met hem te blijven, maar ik had het idee dat hij een rijkje voor zichzelf aan het scheppen was. Er ontstonden wrijvingen.'

Annan zelf benadrukt echter dat er helemaal geen onenigheid tussen hen was. 'Nee, ik had geen enkel probleem met Goulding omdat ik nu eenmaal niet iemand ben die moeilijkheden zoekt met collega's of anderen,' vertelde hij me kortgeleden. 'We hadden een bepaalde werkverdeling en dat werkte behoorlijk goed. Onze benaderingen verschilden misschien, maar we werkten goed samen.' Kofi ziet dingen echter vaker van hun beste kant en Goulding zag natuurlijk niet graag dat zijn plaatsvervanger hem, naar zijn mening, voorbijstreefde.

Er ontstonden enkele problemen bij de planning van de missie in Somalië, en deze weerspiegelden het verschil in benaderingswijze. Er heerste chaos in dat land, waar twee krijgsheren om de heerschappij over de hoofdstad Mogadishu vochten. Een klein legertje vredeshandhavers van de VN – nog geen vijfhonderd – probeerde te patrouilleren langs een denkbeeldige lijn die de partijen niet zouden overschrijden. Maar de zwaar bewapende legers van de krijgsheren schonden de overeenkomst keer op keer en vielen elkaar aan. De blauwhelmen konden hen niet tegenhouden.

Goulding was er in eerste instantie tegen geweest om blauwhelmen naar Somalië te sturen omdat de situatie totaal anders was dan in andere gebieden waar de VN optraden. Gewoonlijk vestigde een VN-vredesmacht zich in een gebied als de strijdende partijen een wapenstilstand hadden gesloten. De blauwhelmen patrouilleerden dan langs de lijnen waarover in het staakt-het-vuren een akkoord was bereikt en traden op als een neutrale buffer tussen de partijen. Wapens werden alleen gebruikt ter zelfverdediging. Eén keer hadden de VN dit model genegeerd. Dat was in de vroege jaren zestig toen blauwhelmen in Congo in de opstandige provincie Katanga een opstand neersloegen. Historici noemen dat optreden achteraf echter rampzalig en Goulding was het met hen eens. Voor een vredesmacht in Somalië was volgens hem geen enkele rol weggelegd omdat er geen vrede was om te handhaven.

Maar Annan dacht daar anders over. Hij ging mee op het tij van het VN-succes van de Tweede Golfoorlog en was van mening dat het de moeite waard was om de regels wat vrijer uit te leggen om zo de levens van veel Afrikanen te redden. De VN konden het aanstaande drama niet negeren. Toen Boutros-Ghali Gouldings plaatsvervanger steunde om toch een of andere missie naar Somalië te sturen, gaf Goulding toe. 'Ik stond tegenover een stoomwals die zich niet liet stoppen,' schreef Goulding een paar jaar later. De Amerikaanse ambassadeur Thomas R. Pickering en andere leden van de Veiligheidsraad hadden dezelfde bedenkingen als Goulding. 'We zagen allemaal in dat we een groot risico namen,' aldus Pickering. 'We hadden allemaal onze twijfels. Maar we deden ons werk in een stemming van euforie en neigden ertoe wat zaken naar de achtergrond te schuiven.' En dus keurde de Veiligheidsraad de uitzending van het kleine legertje vredeshandhavers goed. Maar die paar blauwhelmen konden nauwelijks iets bereiken.

De chaos in Somalië veroorzaakte hongersnood en hulporganisaties moesten gewapende overvallers van zich af zien te houden om voedsel naar de hongerende bevolking te brengen. Maar het voedsel kon alleen worden verspreid als de hulporganisaties hun gewapende 'beschermers' grote bedragen betaalden. Overvallers en beschermers waren vaak dezelfden. In een VN-rapport wordt Somalië 'een menselijk drama van vreselijke omvang' en 'een nachtmerrie van bloedvergieten en wreedheden' genoemd. Boutros-Ghali beschuldigde de Veiligheidsraad, die zich vooral bezighield met de gebeurtenissen in Kroatië en Bosnië, ervan 'een rijkeluisoorlog in Joegoslavië uit te vechten en niets te doen om te voorkomen dat Somalië uiteenvalt.' Beelden van uitgemergelde zwarte kinderen met hoofdjes als doodskoppen verschenen op de Amerikaanse televisie. Functionarissen van het Amerikaanse Agency for International Development begonnen nu ook hun nood te klagen.

Als een soort afscheidsgroet gaf president George H.W. Bush, die in de presidentsverkiezingen van november 1992 door Bill Clinton was verslagen, Amerikaanse mariniers het bevel om Somalië binnen te trekken om de hongerende bevolking te redden. Hij rechtvaardigde zich met een beroep op de resolutie van de Veiligheidsraad van 3 december waarin regeringen werden opgeroepen 'om zo spoedig mogelijk een veilige situatie te scheppen voor hulporganisaties'. Deze bewoording veroorzaakte een bittere woordenwisseling tussen Boutros-Ghali en de Verenigde Staten die maanden zou duren.

Boutros-Ghali verwachtte van de troepen van de VS en hun bondgenoten veel meer dan alleen het afleveren van voedsel, terwijl Washington juist zo snel mogelijk weer wilde vertrekken. In een toespraak waarin hij het zenden van de troepen bekendmaakte, zei Bush: 'Onze missie heeft een beperkt doel, en dat is het veiligstellen van aanvoerroutes, voedsel die kant op krijgen, en de weg bereiden voor een VN-vredesmacht die de voedseltoevoer verder moet waarborgen... We zullen geen dag langer blijven dan absoluut noodzakelijk.' Washington stond erop dat de VN een vredesmacht samen zouden stellen om zo snel mogelijk de Amerikaanse manschappen te vervangen. Maar Boutros-Ghali bracht hier tegenin dat de VN de taak niet over konden nemen voordat de Amerikaanse troepen de 'onontbeerlijke omstandigheden' van 'een veilige omgeving' hadden geschapen. Dat kon alleen, aldus de secretaris-generaal, als de troepen onder Amerikaans gezag de krijgsheren ontwapend hadden. Als de VS al geen veilige omgeving konden scheppen, dan kon dat al helemaal niet van de VN worden verwacht.

Maar de smeekbedes van Boutros-Ghali waren aan dovemansoren gericht. Onderminister van Buitenlandse Zaken John Bolton (die als teken van minachting meer dan een decennium later door president George W. Bush benoemd zou worden tot ambassadeur bij de VN) beschuldigde Boutros-Ghali ervan dat hij de doelpalen wilde verplaatsen toen de wedstrijd al was begonnen. De Verenigde Staten hielden vol dat ze niemand gingen ontwapenen; de mariniers waren alleen maar naar Somalië gegaan om ervoor te zorgen dat het voedsel op de juiste plaats kwam. De Somaliërs werd wel verzocht om hun zware wapens in te leveren, maar de gevaarlijkste krijgsheer, Mohammed Farah Aideed, weigerde. De Amerikanen ontwapenden alleen de Somaliërs die de voedselverspreiding hinderden, maar ze deden geen enkele poging om de zware wapens op te sporen die verborgen gehouden werden. Wat Boutros-Ghali zei was logisch, maar hij kon de VS niet dwingen om te doen wat ze niet wilden doen.

De regering-Clinton, die in januari 1993 aan de macht kwam, veranderde niets aan het standpunt van Bush. Het Pentagon bleef er bij de VN maar op aandringen om een vredesmacht naar Somalië te sturen zodat de Amerikaanse manschappen naar huis konden terugkeren. Kofi Annan, die net verantwoordelijk geworden was voor de vredeshandhaving in dit deel van de wereld, had in deze tijd veel contact met het Pentagon. Ook al bleef Washington hardnekkig op hetzelfde standpunt staan, Annan weigerde te geloven dat de Amerikanen geheel aan ontwapening voorbij zouden gaan. Met zijn aangeboren optimisme en bijna naïeve vertrouwen in de goede wil van de Verenigde Staten bleef Annan hopen dat de regering-Clinton alsnog kon worden overgehaald om 'agressiever' aan de ontwapening te werken als de troepen eenmaal op volle kracht waren. Maar zelfs in januari, toen er 24.400 mariniers uit Amerika en 12.900 militairen uit andere landen in Somalië waren, deed deze legermacht niets meer aan ontwapening dan wat absoluut noodzakelijk was om het voedsel te verspreiden. Boutros-Ghali deelde Annans optimisme en vertraagde het samenstellen van een VN-vredesmacht zo veel mogelijk in de hoop dat de Amerikanen van gedachten zouden veranderen. Maar dat gebeurde niet.

Goulding verzette zich nu nog meer tegen het sturen van blauwhelmen naar Somalië. Amerikaanse officieren die over dit onderwerp met de VN onderhandelden, vonden Goulding op dit terrein onbuigzaam. Kofi Annan, zo vertelde een van de officieren me, was echter 'flexibeler dan Goulding over de nieuwe rol van de vredesmacht'. Mogelijk was dat meer een zaak van stijl dan van inhoud. Een paar jaar later vertelde Goulding aan een verslaggever van de *New York Times* dat Annan zijn twijfel over het beleid nooit 'zo luidruchtig' uitte als Goulding. 'Het zou onnatuurlijk voor hem zijn om te laten merken dat zijn visie sterk afweek van wat de Veiligheidsraad wilde,' aldus Goulding.

Hoe dan ook, secretaris-generaal Boutros-Ghali kon niet blijven vertragen. Hij moest de resolutie van de Veiligheidsraad wel uitvoeren en een vredesmacht naar Somalië sturen. Madeleine Albright, de nieuwe ambassadeur van de Verenigde Staten bij de VN, stond onder druk van de Nationale Veiligheidsraad, de NSC, in Washington om ervoor te zorgen dat dit gebeurde. 'De NSC was meedogenloos en belde me bijna iedere dag op om te vragen: "Waarom gebeurt er niks?"' schreef ze in haar memoires. 'Deze baan was nieuw voor mij en ik was vast van plan om een plaatsje te verdienen als volwaardig lid van ons team voor het buitenlands beleid, en daarom vertelde ik de secretaris-generaal dat hij geen keus had. De Amerikaanse troepen zouden Somalië verlaten, of de VN nu gereed waren om hun taak over te nemen of niet.' Boutros-Ghali gaf toe, maar deelde Albright in een vertrouwelijke brief mee dat hij zich 'ongemakkelijk' voelde over het verschil in kracht tussen het vertrekkende leger onder bevel van de VS en zijn eigen zwakke vredesmacht. 'U zult het met me eens zijn,' zo schreef hij, 'dat deze overdracht onder minder ideale omstandigheden plaatsvindt.' Maar Boutros-Ghali handelde naar Washingtons mening nog steeds niet snel genoeg. In mei 1993 vertrokken de Amerikaanse troepen voordat de eerste blauwhelmen aankwamen.

Ondanks de toevoeging van Annan als tweede man bleven de werkzaamheden op de afdeling vredeshandhaving chaotisch. 'Goulding was een briljante, zeer competente workaholic,' schreef Tharoor, 'altijd aan het werk. Iedereen rapporteerde aan Goulding, niet aan de tweede man. Goulding gaf geen telegram zijn goedkeuring voordat hij het concept had gewijzigd en iedere komma gecontroleerd. Dit ging zo een jaar door, en het was gekkenwerk. Goulding werkte iedere avond tot elf uur en hij begon eronder te lijden.'

Midden februari 1993 riep Boutros-Ghali Goulding en Annan apart van elkaar bij zich in zijn kantoor op de achtendertigste verdieping. Boutros-Ghali was goed gehumeurd maar bot. 'Jij zegt altijd tegen me, Goulding,' zei hij, 'dat we dit niet kunnen en dat niet kunnen omdat dat niet de manier is waarop we in de VN aan vredeshandhaving doen.' Goulding was behoudend en stelde altijd dat de VN alleen een vredesmacht uit konden zenden als de omstandigheden ernaar waren. Maar Boutros-Ghali wilde juist dat de Veiligheidsraad makkelijker een vredesmacht uitzond. Hij zag Gouldings strikte voorwaarden als plooien die later gladgestreken konden worden.

Boutros-Ghali zei tegen Goulding dat het misschien het beste voor hem was als hij terug zou gaan naar het departement Politieke Aangelegenheden. Hij zou dan ondersecretaris-generaal worden met als opdracht 'preventieve diplomatie' – de lastige en moeilijk te definiëren kunst van het voorkomen van oorlog – en het analyseren van de politieke situatie in landen waar vredestroepen gelegerd waren. Zijn plaatsvervanger Kofi Annan zou dan opschuiven en aan het hoofd van de vredesoperaties komen te staan. Een van de redenen voor deze verandering, schreef Boutros-Ghali later in een memorandum, 'was om de aanwezigheid van Afrika in de hogere echelons van de Verenigde Naties te versterken.' Goulding wilde de vredeshandhaving helemaal niet opgeven, maar hij begreep dat het zinloos was te protesteren. Boutros-Ghali was een koppige secretaris-generaal.

Volgens Annan wist hij niets van deze wijziging voordat hij het kantoor van de secretaris-generaal binnentrad. 'Ik had ook niet verwacht dat een dergelijke verandering zo snel kon gaan,' vertelde hij. 'Het kwam dus als een verrassing toen de secretaris-generaal me vroeg om die taak op me te nemen.'

Goulding was echter geschokt toen hij op zijn kantoor terugkwam. Zijn ogen waren rood omrand. 'Ik ben ontslagen,' zei hij tegen Tharoor. Toen deze hem erop wees dat Boutros-Ghali hem een hogere post binnen de VN had toebedeeld, antwoordde Goulding dat vredeshandhaving 'het werk is dat ik echt wilde doen'.

Er is binnen de VN lang gespeculeerd over de vraag of het Pentagon Boutros-Ghali tot deze wijziging had gedwongen. Maar Goulding gelooft niet dat dit waar is. 'Ik zag geen Amerikaanse hand die Kofi Annan naar de toppositie van het departement voor Vredesoperaties duwde.' Er wordt echter niet aan getwijfeld dat de Amerikanen er blij mee waren. Volgens Goulding zagen ze Kofi Annan als 'een kneedbaar soort man'. 'Ze zagen in,' aldus Goulding, 'dat hij ontvankelijker was voor de Amerikaanse ideeën over vredeshandhaving dan ik.'

Toen Annan, op dat moment vierenvijftig jaar oud, terugkwam op de afdeling vroeg Tharoor hem of deze promotie betekende dat hij nu ook gestegen was tot de rang van ondersecretaris-generaal. Annan knikte. Hij had er dertig jaar over gedaan maar hij was opgeklommen van P-1, de laagste rang in de VN-bureaucratie, tot de hoogste. Bovendien stond deze baan volop in de schijnwerpers. Hij zou nu dagelijks te maken hebben met de vrede en veiligheid op de wereld – precies datgene waarvoor de organisatie van de Verenigde Naties door idealisten was opgericht. Niemand uit de derde wereld had deze post eerder bekleed, het waren altijd Amerikanen en Europeanen geweest. Nu zou hij in de voetstappen treden van de grote zwarte held Ralph Bunche.

Washington was inderdaad blij met de benoeming, maar binnen de afdeling vredeshandhaving werd de promotie minder goed ontvangen. 'Kofi Annan kan dit totaal niet aan,' zei een van de functionarissen daar. 'Goulding ís vredeshandhaving.'

5

Vredeshandhaving

Als ondersecretaris-generaal die de leiding had over het departement dat alle VN-vredesoperaties onder zich had, maakte Kofi Annan de spectaculaire opkomst mee van de vredeshandhaving door de VN, maar ook haar even spectaculaire ondergang. Toen Marrack Goulding in 1986 bij het VN-secretariaat kwam werken, waren er vijf vredesoperaties aan de gang waarbij in totaal tienduizend militairen en politiemensen betrokken waren. In 1994, het tweede jaar waarin Annan het departement leidde, waren er meer dan vijfenzeventigduizend blauwhelmen en blauwe baretten in het veld. Tussen 1992 en 1996 stond Annan aan het hoofd van vredesoperaties in Egypte, Kasjmir, Libanon, Cyprus, de Golanhoogvlakte, het grensgebied van Irak en Koeweit, Angola, El Salvador, de Westelijke Sahara, Kampuchea (Cambodja), Somalië, Mozambique, Rwanda, Georgië, Liberia, Haïti, het grensgebied van Tsjaad en Libië, Tadzjikistan en Guatemala. Door die versnelde inzet van vredestroepen nam de frustratie van zijn voorganger toe. 'Hoewel in eerste instantie opgelucht om verlost te zijn van een last die bijna ondraaglijk geworden was,' schreef Goulding in zijn memoires, 'zag ik jaloers toe hoe Kofi Annan de vredeshandhaving op zich nam en in de eerste acht maanden in zijn nieuwe functie zes nieuwe operaties begon.'

Maar sommige liepen onder Annans leiding uit op opvallende mislukkingen – die in Somalië, Rwanda en Bosnië – die zouden leiden tot een stortvloed van Amerikaanse verwijten aan het adres van de VN en tot het besef dat VN-vredeshandhaving ook zo haar beperkingen heeft. De Veiligheidsraad was dan wel een 'internationaal 112' geworden, zoals Madeleine Albright het uitdrukte, erg slagvaardig was hij niet. Secretaris-generaal Boutros Boutros-Ghali had niet zoiets als een vreemdelingenlegioen om direct in te kunnen zetten. De Verenigde Staten en de andere permanente leden vonden dat een paraat VN-leger de secretaris-generaal veel meer macht zou geven dan de positie vereiste of verdiende. In plaats daarvan moest Annan als hoofd vredeshandhaving regeringen overhalen om troepen beschikbaar te stellen; bovendien moest hij dan nog voor wapens en transport zorgen als soldaten uit een derdewereldland zich meldden zonder materieel. Ondanks zijn innemende charme en overtuigingskracht slaagde Annan daar niet altijd in.

'Als de wereld wil dat de Verenigde Naties af en toe uitrukken als brandweerbrigade,' zei Shashi Tharoor, nu speciaal assistent van Annan, 'dan moet de wereld een ander systeem verzinnen dan het huidige, waarin, als er brand uitbreekt, de ouderlingen van de Veiligheidsraad roepen dat die geblust moet worden waarna de brandweercommandant op pad wordt gestuurd om brandweermannen aan te nemen, brandweerwagens te huren, slangen van de juiste lengte te zoeken en dan nog de putten moet zien te vinden om die slangen in te laten zakken.'

Annan leidde het departement voor Vredesoperaties efficiënt, bedachtzaam en, ondanks zijn wat onderkoelde houding, met een zekere flair. Hij had het talent om slimme, deskundige en enthousiaste medewerkers te vinden. Zij mochten vrijuit praten en hun eigen vredesoperaties leiden zonder dat hij zich met alles bemoeide of op hun vingers keek. Hij was dus niet als Goulding die iedere komma zelf naging. Zijn vrienden praten nog graag over Annans zelfvertrouwen in die tijd. Daardoor voelde hij het niet als een bedreiging als een medewerker in zijn aanwezigheid ergens de eer van opstreek. Deze deugd zou hem later echter in moeilijkheden brengen toen enkelen van zijn criticasters klaagden dat hij zijn ondergeschikten te veel vrijheid gaf en hen bleef steunen als ze zijn steun niet meer verdienden.

In die tijd werd Fred Eckhard benoemd tot woordvoerder van de afdeling. Hij moest tijdens de dagelijkse persconferenties van Joe Sills, de woordvoerder van secretaris-generaal Boutros-Ghali, de pers over dit onderwerp te woord staan. Om ervoor te zorgen dat Eckhard wist wat er gaande was, liet Annan hem de vergaderingen bijwonen die hij iedere ochtend hield met de hoofden van de verschillende regionale operaties. Tijdens stafvergaderingen gaat meestal veel tijd verloren, maar volgens Eckhard waren deze levendig en belangrijk.

Hoe bijzonder deze vergaderingen waren, bleek eind 1995 toen Boutros-Ghali Annan voor vijf maanden naar Bosnië stuurde en hij als hoofd vervangen werd door Ismat Kittani, een Koerd met een lange carrière in de Iraakse diplomatieke dienst en het secretariaat van de VN. 'De stafvergaderingen veranderden in tijdverlies,' aldus Eckhard. 'Deze strijdlustige, slimme en gretige aanvoerders van de operaties begonnen met elkaar te bekvechten of klapten dicht. Ze hoefden zich niet meer uit te sloven voor Kofi Annan. Maar toen Kofi terugkwam, stonden ze allemaal weer in het gelid. Toen kreeg ik enig idee van zijn aangeboren leiderschapskwaliteiten.'

Ondanks dat er in die tijd in de hele VN bezuinigd moest worden, kon Annan de boekhouders ervan overtuigen dat uitbreiding van de vredeshandhaving ook uitbreiding van het aantal stafleden in New York betekende. Hij kwam met een vergaande vernieuwing waar al zo lang behoefte aan was: een crisiscentrum dat vierentwintig uur per dag geopend is. De staf van dat centrum kon direct reageren op problemen bij vredesoperaties waar ook ter wereld en commandanten te velde, waar ter wereld ze zich ook bevonden, hoefden niet meer uren op antwoord op hun vragen te wachten. Annan maakte ook een einde aan een oud probleem door de divisie Veldoperaties op te nemen in het departement voor Vredesoperaties. 'Veldoperaties', dat de logistiek van de vredesoperaties verzorgde, was tot dan toe altijd onafhankelijk geweest. De staf van Annans afdeling groeide van enkele tientallen tot vierhonderd man.

Hoewel Annan in die periode wel eens in het nieuws verscheen, stond hij niet echt in de schijnwerpers. Boutros-Ghali leidde de centralistische VN en liet weinig ruimte voor zijn topmedewerkers om op de voorgrond te treden. Hij stond bijvoorbeeld niet toe dat een ondersecretaris-generaal als Annan zelf de Veiligheidsraad ergens over inlichtte. Boutros-Ghali benoemde Chinmaya Gharekhan, een voormalige ambassadeur van India bij de VN, tot contactpersoon bij de Veiligheidsraad. Bijna alle informatie die bij de Veiligheidsraad terechtkwam, werd eerst door Gharekhan of Boutros-Ghali zelf gefilterd. Annan werd dus niet naar de Veiligheidsraad gestuurd om die in te lichten, hij moest Gharekhan op de hoogte brengen en die zou dan de informatie doorgeven aan de vijftien ambassadeurs die de Veiligheidsraad vormden. Dat verklaart overigens waarom Annan nauwelijks werd genoemd toen de operatie in Somalië mislukte en Amerikaanse politici een zondebok zochten.

De vredesoperatie in Somalië – die officieel de UN Operation in Somalia (UNISOM) heette – was georganiseerd zoals de Amerikanen dat hadden geëist. Boutros-Ghali en Annan vonden dat uitstekend aangezien zij niet wilden dat de Amerikanen er vertrokken. De operatie was tijdens de laatste dagen van de regering-Bush opgezet maar was door de regering-Clinton overgenomen. Madeleine Albright, de Amerikaanse ambassadeur bij de VN, beschouwde de operatie als een model voor wat zij noemde het nieuwe regeringsbeleid van 'assertief multilateralisme'. Hiermee leek ze een proces te bedoelen waarin de Amerikanen in de Verenigde Naties doelgericht coalities smeedden en aanvoerden.

Boutros-Ghali benoemde vooral Amerikanen in de leiding van UNISOM. Hij koos schout-bij-nacht Jonathan T. Howe als zijn speciale vertegenwoordiger – iemand van buiten de VN die het bevel over de hele operatie had. Howe, onder Bush plaatsvervangend adviseur nationale veiligheid, had leden van Clintons nieuwe regering en staf geholpen tijdens de overgangsperiode in het Witte Huis. Hij maakte zoveel indruk op Anthony Lake, Clintons adviseur nationale veiligheid, dat die hem voorstelde voor de functie in UNISOM. Boutros-Ghali benoemde de Turkse luitenant-generaal Çevik Bir, die de Amerikanen kenden van de NAVO en die bij hen goed bekendstond, tot militair commandant en generaal-majoor Thomas M. Montgomery van de Amerikaanse landmacht tot plaatsvervangend commandant.

De Amerikaanse militairen die aan de operatie deelnamen – drieduizend man bij de logistiek en een *quick reaction force*, een snellereactiemacht, van dertienhonderd man – rapporteerden direct aan Montgomery en niet aan Bir. Uit andere landen, vooral uit Pakistan, India, Italië, Duitsland, Marokko en Frankrijk, kwamen nog eens vijfentwintigduizend man die volgens de normale VN-procedure wel direct onder het bevel van generaal Bir stonden. Later wezen de Verenigde Staten nog eens vierhonderd rangers en commando's van de elite-eenheid Delta Force aan de operatie toe. Zij rapporteerden echter niet eens aan generaal Montgomery maar rechtstreeks aan Central Command (CENTCOM), een regionaal commandocentrum van het Amerikaanse leger in Tampa, Florida. Wat deze eenheden precies uitvoerden, was voor de VN vaak duister.

De operatie mondde uit in een vete tussen Howe en de sterkste van de Somalische krijgsheren, Mohammed Farah Aideed. Een maand na aankomst van de blauwhelmen sneuvelden er vijfentwintig Pakistaanse soldaten in een vuurgevecht met mannen van Aideed. Gewapend met een nieuwe resolutie van de Veiligheidsraad ontketende Howe een jacht op de krijgsheer en beval hij de rangers en commando's hem daarbij te helpen. Zelfs loofde hij vijfentwintigduizend dollar uit voor de gevangenneming van Aideed. De Amerikaanse ambassadeur Albright steunde de generaal. 'Ten behoeve van Somalië en van onszelf moeten we doorgaan,' schreef ze op de opiniepagina van de *New York Times*. Maar toen het aantal slachtoffers steeg en ook Amerikaanse soldaten sneuvelden, kreeg Clinton zijn twijfels.

Die twijfels veroorzaakten verwarring en fouten. In september drong minister van Buitenlandse Zaken Warren Christopher er bij Boutros-Ghali op aan om het beleid te wijzigen. Christopher stelde nu voor om een staakt-het-vuren af te kondigen in Mogadishu, politieke gesprekken te beginnen met Aideeds factie, en met de leiders van Ethiopië en Eritrea een plan op te stellen om Aideed over te halen in ballingschap te gaan. Boutros-Ghali had zijn twijfels bij dat laatste plan en herhaalde zijn gezichtspunt dat 'onze pogingen om vrede en welvaart in Somalië te herstellen geen succes zullen hebben als we de clans en de facties niet ontwapenen.' Hij gaf dan ook geen opdracht tot een staakt-het-vuren maar beval Howe om een Somalische interim-regering samen te stellen waarin ook leden van Aideeds clan vertegenwoordigd waren.

Boutros-Ghali wilde de jacht op Aideed niet stoppen, maar Washington maakte al gauw bekend dat er een einde aan moest komen. President Clinton drong er bij de VN op aan om zich te richten op 'een politieke strategie' voor Somalië. Een regeringsfunctionaris vertelde verslaggevers dat de VS niet langer op jacht waren naar Aideed. 'We moeten de zaak niet persoonlijk maken,' zei hij. 'De kwestie is belangrijker dan deze ene persoon. Uiteindelijk moet de oplossing een politieke zijn.'

Het Witte Huis had natuurlijk op ieder moment een einde aan de jacht kunnen maken: de troepen die het felst op Aideed jaagden, waren Amerikaans en stonden onder Amerikaans bevel. Maar die aanwijzing van het Witte Huis heeft generaal-majoor William F. Garrison, de commandant van de Amerikaanse rangers en commando's in Somalië, nooit bereikt. Vier dagen nadat de beleidswijziging in Washington bekend was gemaakt, liet Garrison, die rechtstreeks onder CENTCOM viel en niet onder de VN, een vloot Black Hawk-helikopters met tientallen rangers en commando's opstijgen om een gebouw in het zuiden van Mogadishu te veroveren. Hierbij namen ze vierentwintig medewerkers van Aideed gevangen, onder wie twee die zo hoog in diens hiërarchie waren dat ze informatie konden geven over de verblijfplaats van Aideed zelf.

Maar de operatie liep volledig in het honderd. De beelden van de gebeurtenissen op 3 en 4 oktober 1993 die over de hele wereld op televisie werden vertoond, vormden de inspiratiebron voor Mark Bowdens bestseller *Black Hawk Down* en de speelfilm die daarop is gebaseerd. Voordat de soldaten konden vertrekken, kwamen honderden van Aideeds mannen aangesneld en schoten twee helikopters neer. De overige rangers en commando's vormden een kring rond hun gevallen kameraden en er brak een vuurgevecht uit dat de hele nacht duurde. Uiteindelijk kon de Amerikaanse snellereactiemacht de rangers en commando's te hulp komen en bevrijden. Achttien Amerikanen waren gesneuveld en achtenveertig gewond; het aantal dode en gewonde Somaliërs was meer dan duizend. De vernedering van de Amerikanen was op televisie te zien: Somaliërs sleepten het lichaam van een Amerikaan door de straten en er werd een gevangengenomen, doodsbange piloot getoond.

De reactie van de regering-Clinton was zeer onbeschaamd. Als bange kinderen probeerden Amerikaanse functionarissen de complete schuld van het drama bij anderen in de schoenen te schuiven. Ze deden alsof ze geen idee hadden dat er Amerikanen bij de vredeshandhaving waren betrokken. De VN-missie in Somalië wist niet eens dat de Amerikaanse operatie plaats zou gaan vinden, maar medewerkers van Clinton staken hun beschuldigende vingers uit naar Boutros-Ghali en de VN. Woordvoerder van het Pentagon, Katherine de Laski, zei openlijk zonder een spier te vertrekken dat de overval een VN-operatie was geweest. President Clinton beloofde in een televisietoespraak dat de Amerikaanse troepen binnen vijf maanden uit Somalië zouden worden teruggetrokken. Hij kondigde aan dat nieuwe troepen zouden worden ingezet om te helpen bij de terugtrekking en zei erbij dat deze verse Amerikaanse manschappen 'onder Amerikaans bevel' zouden staan. Dit wekte natuurlijk de indruk dat de troepen die al in Somalië waren, niet onder Amerikaans bevel stonden. De kranten pikten Clintons thema op en in redactionele commentaren kregen Boutros-Ghali en de VN de schuld van de dood van de Amerikanen.

De reactie van de VN op Washingtons aanval was zwak. Boutros-Ghali, wetenschapper en ervaren diplomaat, was te ouderwets en te hoffelijk om de retoriek van de Amerikaanse propaganda met kracht te weerleggen. Ahmad Fawzi, plaatsvervangend woordvoerder, herinnert zich hoe hij de volgende dag het kantoor van Boutros-Ghali betrad. 'Ik smeekte hem om ons te laten vertellen wat er echt was gebeurd,' aldus Fawzi, 'dat dit een operatie was geweest waarvan de VN helemaal niets afwisten totdat het fout ging, dat zij door Central Command werd gecoördineerd vanuit Tampa, Florida.'

'Nee, dat mogen jullie niet doen,' zei Boutros-Ghali.

'Waarom niet?' vroeg Fawzi. 'Waarom krijgen wij altijd de schuld als er iets fout gaat?'

'Omdat wij er zijn om de lidstaten te dienen,' antwoordde Boutros-Ghali. 'Je kunt niet een lidstaat gaan beschuldigen van een operatie die verkeerd afloopt. Ik verbied jullie om dat te doen.'

'Ik was zo teleurgesteld,' herinnert Fawzi zich. 'Ik ging naar beneden, we moesten onze mond houden.'

Meer dan een week zei Boutros-Ghali helemaal niets in het openbaar over het drama in Mogadishu. Annan gaf zijn belangrijkste militaire adviseur, de Canadese generaal Maurice Baril, echter al een dag na het voorval opdracht om verslaggevers in te lichten. Maar Baril was zo voorzichtig dat hij de propagandamakers in Washington precies in de kaart speelde. Toen hem werd gevraagd wie het bevel tot de aanval had gegeven, weigerde Baril dat precies te vertellen. In plaats daarvan antwoordde hij dat de rangers en de commando's uitsluitend mochten handelen 'binnen het doel van het mandaat van de VN'. Met dat nietszeggende antwoord lieten de VN zich de kans ontglippen om de hypocrisie van Washington aan de kaak te stellen.

De reactie van Boutros-Ghali een week later was op zijn minst merkwaardig te noemen. Hij hield geen persconferentie maar liet enkele verslaggevers, onder wie de auteur van dit boek, naar zijn kantoor komen. Hier vertelde hij ons in raadselachtige, diplomatieke bewoordingen dat hij president Clinton had geholpen door in het Somalië-debacle als zondebok op te treden. Hij zei bovendien dat optreden als zondebok tot de verplichtingen van de VN en van de secretaris-generaal behoorde. 'Ik wil de lidstaten niet provoceren,' zei hij. 'Ik heb de lidstaten nodig... Ik moet de lidstaten helpen zodat ze mij kunnen helpen. Als de lidstaten de VN nodig hebben om binnenlandse problemen op te lossen, dan moeten de VN dat accepteren. Maar,' voegde hij daar kalm en profetisch aan toe, 'dit kan voor de VN zelf gevaarlijk zijn.'

Hoewel Kofi Annan het hoofd was van de VN-vredeshandhaving, ontsnapte hij aan de Amerikaanse beschimpingen. Die kwamen uitsluitend op het hoofd van Boutros-Ghali neer. Het debacle zou echter op drie manieren grote invloed hebben op Annans carrière. Ten eerste begreep hij nu waar de grenzen lagen van de Amerikaanse deelname aan vredeshandhaving en werd hij voorzichtiger. De Amerikanen hadden het zo vaak over het gevaar van 'missiehypocrisie' en het 'oversteken van de Mogadishu-lijn' dat Annan ging inzien dat de VN-vredeshandhaving van nu af aan binnen heel strikte grenzen moest gaan plaatsvinden.

Ten tweede ontstond er door het misbaar over Somalië in de Verenigde Staten een sfeer van minachting voor de VN waar Annan de rest van zijn carrière last van zou houden. Die was ontstaan onder een Democratische president die tenminste nog zei dat hij een plicht had ten aanzien van de VN, maar werd later gecultiveerd door een Republikeinse president die uitsluitend minachting voor de VN had.

Ten slotte leidde de operatie in Somalië ertoe dat Annan werd ontdekt door de verslaggevers die de VN volgden. Vredeshandhaving, ooit routine en zelfs wat saai, was nu ineens controversieel geworden. De journalisten hadden stapels vragen. Boutros-Ghali praatte niet erg vaak met verslaggevers en als hij dat wel deed, dan waren zijn antwoorden weliswaar bedachtzaam, logisch en gebaseerd op een diepgaande kennis van het wereldgebeuren, maar niet altijd helemaal duidelijk. Maar als Kofi Annan de tijd had, dan antwoordde hij helder, overdacht en verbazingwekkend eerlijk. Hij gaf zelfs vaak antwoorden waarvan hij wist dat die de VN in verlegenheid brachten of een of andere regering onwelgevallig waren. In die gevallen glimlachte hij, aarzelde even, dacht nog eens na, trok zijn wenkbrauwen op en kwam met een zeldzaam openhartig antwoord. Hij werd er geen mediaberoemdheid door, hij werd slechts af en toe geciteerd. Hij hield ook geen persconferenties. Maar steeds meer verslaggevers begonnen te beseffen dat hij een bijzondere internationale functionaris was.

De Britse schrijver William Shawcross ontmoette Annan in 1993 voor het eerst toen Annan als hoofd vredeshandhaving een bezoek bracht aan de missie in Zagreb, Kroatië. 'Toen ik hem voor de eerste keer ontmoette,' schreef Shawcross me jaren later, '...verbaasde ik me nogal over hem. Hij leek totaal niet op enige functionaris van welke organisatie dan ook die ik ooit had ontmoet – zoveel waardiger, zoveel verstandiger, zoveel aardiger. Ik besloot toen om hem en zijn werk te volgen.' Het resultaat kwam zeven jaar later: het boek *Deliver Us from Evil* – verreweg het duidelijkste boek over vredeshandhaving door de VN dat ooit is geschreven.

Zelf kwam ik tot deze ontdekking tijdens een congres over hulpverlening aan Princeton University dat bijgewoond werd door VN-medewerkers, diplomaten, hulpverleners, geleerden en verslaggevers. Het congres was enkele weken na Clintons beslissing om de Amerikanen uit Somalië terug te trekken, en ik verbaasde me over het gemak, het zelfvertrouwen en de openheid waarmee Annan liet blijken hoe teleurgesteld hij was in de VS. Clinton had kort daarvoor aan dertig staatshoofden een brief gezonden met het verzoek om troepen te leveren om de Amerikanen in Somalië te vervangen. Met gevoel voor ironie vertelde Annan het congres dat 'andere presidenten en premiers het moeilijk zullen krijgen als ze aan hun volk uit moeten leggen dat de Amerikaanse president zijn troepen terugtrekt omdat het te gevaarlijk is, maar er tegelijkertijd bij hen op aandringt manschappen te leveren.'

Annan bleef bij zijn standpunt dat de Amerikaanse terugtrekking de hulpverlening in Somalië in grote problemen zou brengen en 'ons terug zou brengen tot de chaos die daar vroeger heerste'. Er waren regeringen die er bij de VN op aandrongen om voedsel te verspreiden zonder militaire hulp. 'Maar de werkelijkheid,' zei Annan, 'is dat er situaties zijn waarin je geen mensen kunt helpen als je niet bereid bent bepaalde maatregelen te nemen.' Maar wat konden de VN doen als de lidstaten niet bereid waren troepen te leveren? Zonder soldaten om hen te beschermen zouden hulpverleners moeten onderhandelen met de Somalische krijgsheren. Maar Annan had geen enkele hoop dat de VN ooit zo sterk zouden zijn dat ze zelf voedselkonvooien zouden kunnen beschermen.

'De kreet "breng onze jongens naar huis" kwam niet van een zwak leger,' zei hij. 'Hij kwam van het sterkste leger ter wereld... We staan nu op een kruispunt. Ik heb geen antwoord. Zolang landen niet bereid zijn risico's te nemen en slachtoffers te accepteren, moeten we er door onderhandelen uit zien te komen. Dat is niet effectief, maar we hebben geen keus.' Hij sprak zonder rancune, maar zijn woorden waren de meest uitgesproken afwijzing van het Amerikaanse besluit, die tijdens de Somaliëcrisis van de VN te horen was. En die afwijzing kwam niet uit de mond van de o zo diplomatieke secretaris-generaal Boutros Boutros-Ghali maar uit die van de rustige ondersecretaris-generaal die bij iedereen, ook bij de Amerikanen, geliefd was.

Annans openheid nam in de loop van de tijd nog toe. Susan Linnee, de verslaggever buitenland van Associated Press die Annan al kent sinds hun dagen aan Macalester College, kocht bijna een jaar later in Parijs een exemplaar van *Le Monde* en was verbaasd dat hij in een artikel op de voorpagina werd geciteerd. Nog verbaasder was ze door de scherpte waarmee hij had gesproken. Ze had altijd gedacht dat Annan in het openbaar zeer gereserveerd was, maar Afsané Bassir Pour, de correspondente van *Le Monde*, had hem getroffen op een moment dat hij teleurgesteld en boos was. Hij had kort daarvoor een ontmoeting gehad met diplomaten uit tweeënveertig landen waarin hij had gevraagd om troepen beschikbaar te stellen voor een vredesmissie in Rwanda. Slechts één land, zijn eigen Ghana, had positief gereageerd. De andere Afrikaanse landen, zo vertelde hij Afsané, 'hebben hun legers waarschijnlijk nodig om hun eigen bevolking te terroriseren.' Niets was minder waar, maar in de gangen van de VN was zoiets ondiplomatieks in lange tijd niet gehoord.

Dat artikel in *Le Monde* stond prominent op de voorpagina aangekondigd, maar Kofi Annan kon toch niet de stem van de VN worden genoemd. De aandacht richtte zich altijd nog op Boutros Boutros-Ghali. Toen Fred Eckhard werd gevraagd hoe Annan de mislukte vredesoperaties in Somalië en Rwanda in die tijd verklaarde, vertelde hij een interviewer van het UN Oral History Project van Yale University (niet te verwarren met het eerder genoemde UN Intellectual History Project van de universiteit van New York) in 2005: 'Kijk, het was niet zijn taak om dat te verklaren; Boutros-Ghali en de woordvoerder van Boutros-Ghali moesten deze missies en hun mislukking uitleggen.'

'Boutros-Ghali wilde niet dat Kofi Annan in de schijnwerpers van de media kwam te staan,' aldus Eckhard, die begin jaren negentig woordvoerder vredeshandhaving was. 'Volgens mij had Kofi Annan te horen gekregen dat hij aan zijn bureau moest blijven zitten en zijn werk moest doen. Voor zover hij met de media te maken had, had hij een heel aardig karaktertrekje, namelijk dat als je hem een vraag stelde, hij die vraag altijd beantwoordde; misschien wel niet zo volledig als je wel zou willen, maar je had altijd het gevoel dat hij probeerde jou de informatie te geven waar je om vroeg. Als mens, en dat gold niet alleen voor journalisten maar voor iedereen, herinnert hij zich kleine dingen over je, zoals dat je twee kinderen hebt en misschien zelfs de naam van je vrouw, en ook bij journalisten voegt hij die persoonlijke noot toe zodat journalisten hem mogen.'

In juni 1994 publiceerde de *Los Angeles Times* na een suggestie van mijn kant een lang interview met hem in een serie in de zondagseditie. In deze artikelen, die bijna een hele redactionele pagina besloegen, werd altijd iemand die in het nieuws stond, geportretteerd met een nieuwe foto, een paar inleidende alinea's en een uitvoerige weergave van vragen en antwoorden. De enige andere personen met banden met de VN die in mijn tijd in deze reeks verschenen, waren secretaris-generaal Boutros-Ghali en Madeleine Albright, toen nog de Amerikaanse ambassadeur bij de VN. De keuze voor Annan liet zien dat de redactie van de serie het belang inzag van de VN-vredeshandhaving.

Voor het interview bezocht ik Annan in zijn ruime kantoor op de zevenendertigste verdieping van het VN-hoofdkwartier in New York, één verdieping lager dan het kantoor van de secretaris-generaal. Het vertrek was aangekleed met mooie Afrikaanse beelden, vooral uit Ivoorkust en Senegal. Hij praatte heel zacht en je moest je inspannen om hem te verstaan, maar dat was dan ook de moeite waard, want hij ging gedetailleerd in op de problemen en de status van de vredeshandhaving. Hij deed geen enkele poging om zaken te verbergen of mooier voor te doen dan ze waren, of om de vredeshandhaving als een succes af te schilderen. Hij sprak ook niet kortaf of afgemeten, maar in zorgvuldig geformuleerde volzinnen. Hij was rustig en beleefd en vol zelfvertrouwen. Volgens mij gaf hij in dit interview een getrouwe samenvatting van zijn visie op vredeshandhaving.

'Ja, we hebben momenteel problemen met het vinden van goed getrainde en goed uitgeruste troepen voor de taken die de Veiligheidsraad ons heeft opgedragen,' zei hij. 'Dat komt deels door de gevaren waarvan regeringen denken dat die aan deze operaties, die op vredeshandhaving zijn gericht, kleven, maar... waar helemaal geen vrede is die gehandhaafd kan worden...'

'Ik denk dat, hoewel iedereen weifelt om het voortouw te nemen, niemand zegt dat je niets moet doen. En toch, als je je omdraait en vraagt "Hoeveel manschappen zou u geven?" – dan is iedereen bereid te praten over het leger van iemand anders, van een ander land, en als het nodig is om een financiële bijdrage te leveren. Dit is een probleem dat we snel moeten zien op te lossen.'

Op de vraag of de Amerikaanse tegenzin schadelijk was voor vredeshandhaving, antwoordde hij: 'Volgens mij hebben de rol en de houding van de VS altijd invloed. Het land heeft nu eenmaal een leidende rol. Het is nu nog maar de enige supermacht... Je zag het in Somalië – toen de Verenigde Staten mee gingen doen, volgden een heleboel andere landen. Maar het is ook zo dat niemand tegen zal spreken dat ze geen ongelijk hebben... wanneer zij [de Amerikanen] zeggen dat er regels moeten komen voor de Veiligheidsraad om te bepalen bij welke crisis de VN in moeten grijpen en bij welke niet – zolang die maar op een flexibele en praktische manier worden toegepast.'

Annan gaf toe dat de VN in Somalië een cruciale fout hadden gemaakt. 'Volgens mij was een van de vergissingen het besluit om te proberen Aideed op te pakken,' zei hij. '...Als gedacht wordt dat je eerlijk bent, loop je niet het gevaar aangevallen te worden. Maar als wordt aangenomen dat jij initiatieven neemt die het militaire evenwicht in het veld kunnen verstoren en dat jij één groep voortrekt ten opzichte van een andere, dan kunnen de mannen die denken dat ze achtergesteld worden, besluiten dat jij partij hebt gekozen en je de oorlog verklaren. En dat is precies wat er is gebeurd.'

Ten gevolge van de Somalië-ervaring, zo zei hij, 'volgen we allemaal een soort realiteitstherapie. Ik denk niet dat de lidstaten nu nog zin hebben in dit soort operaties... Volgens mij gaat het nog heel lang duren voordat de VN als organisatie een vredesmissie zullen organiseren en daarover ook zelf het bevel voeren. Ik heb het idee dat als er weer een operatie komt om vrede af te dwingen, die meer zal lijken op het model van Desert Storm. Hierbij geeft de Veiligheidsraad een groep lidstaten de macht om alle mogelijke maatregelen te nemen om een situatie te beïnvloeden of te veranderen.'

Uit Annans opmerkingen tegen mij en andere verslaggevers kwam het beeld van een voorzichtige, praktische en bedachtzame man. Hij zat niet boordevol grootse ideeën en plannen. Dat was de afdeling van secretaris-generaal Boutros-Ghali en de ambassadeurs van de Veiligheidsraad. Het was Annans taak om te proberen het door hen vastgestelde beleid uit te voeren, en op zijn eigen transparante manier beschreef Annan de problemen van die uitvoering. Hij was geen man die vol was van zijn eigen concepten, hij was de man van de praktijk die het publiek vertelde wat werkte en wat niet. Hij verbloemde niets en hield niets achter.

Later zouden zijn critici zeggen dat zijn voorzichtigheid en zijn gebrek aan verbeeldingskracht hebben bijgedragen aan de mislukte operaties in Rwanda en Bosnië, en ze zouden Annan medeverantwoordelijk houden voor het niet kunnen voorkomen van de massaslachtingen in die gebieden. Het lijdt geen enkele twijfel dat de vreselijke gebeurtenissen in die regio's de meeste pijn veroorzaakten bij Annan zelf in zijn tijd als hoofd van het VN-departement voor Vredesoperaties.

6

Het drama Rwanda

Er zijn mensen die Kofi Annan diep verachten omdat volgens hen het bloed van Rwanda aan zijn handen kleeft. Hun verachting is in de loop der jaren niet minder geworden. Zij waren tegen zijn herverkiezing als secretaris-generaal en tegen de uitreiking van de Nobelprijs voor de Vrede en zijn blijven eisen dat hij aftrad.

Nat Hentoff, een columnist en voorvechter van de mensenrechten, noemde het in 2001 een 'evident feit' dat 'het de heer Annan was als hoofd van de afdeling vredeshandhaving van de VN, die het afslachten van 800.000 Tutsi's en hun medestanders in Rwanda in 2004 had kunnen voorkomen.' Een groep overlevenden uit Rwanda schreef Annan in 1998 dat hij 'een zware verantwoordelijkheid' droeg voor de vreselijke moordpartijen. In een petitie, die door twee Deense onderzoekers werd verspreid, werd Annan in 2001 gehekeld omdat hij 'de slachtoffers zwaar in de steek heeft gelaten.'

De meest veelzeggende en scherpe kritiek kwam van Philip Gourevitch, de huidige hoofdredacteur van de *Paris Review*, die verscheidene artikelen voor de prestigieuze *New Yorker* heeft geschreven waarin Annan op de korrel wordt genomen als een boosdoener in de crisis. Gourevitch verwijt Annan dat die geen alarm sloeg toen er een telegram van de militaire commandant van de VN ter plaatse binnenkwam waarin werd gewaarschuwd dat er in Rwanda een genocide van de Tutsi's ophanden was. Gourevitch verwerpt het argument dat dat helemaal niets uitgemaakt zou hebben aangezien een laffe Veiligheidsraad onder aanvoering van de VS toch niets zou hebben gedaan. 'Zelfs *als* Annans beslissing om de waarschuwingen van zijn commandant voor zich te houden geen aanwijsbaar kwaad heeft gedaan – en dat is een vet, onbewezen *als* – dan blijft het feit bestaan dat niets doen wel heel ver afligt van het juiste doen,' schreef Gourevitch in 2003 in een artikel in de *New Yorker*. 'Wat moeten we denken van Annans stellige overtuiging dat het zinloos zou zijn geweest om maanden eerder de noodklok te luiden dan het moorden aanving? Hoe kan hij dat weten als hij het niet eens heeft geprobeerd?'

Kofi Annan leeft zeker met een schuldgevoel over Rwanda. Juan Antonio Yañez-Barnuevo, de Spaanse ambassadeur bij de VN die ten tijde van de Rwanda-crisis in de Veiligheidsraad zat, drukte het kortgeleden als volgt uit: 'De Rwanda-ervaring heeft hem diep geraakt. Dat telegram had onder de aandacht van de voltallige raad gebracht moeten worden – al weet ik niet of de raad iets zou hebben gedaan, en zo ja, wat dan wel. Iedere keer als hij nu over genocide praat, wordt hij erg emotioneel. Hij voelt de Rwanda-ervaring erg sterk, en hij voelt die met schuld.' Yañez-Barnuevo zei dit met begrip, niet met verachting.

Annan zelf heeft de uitkomst van een onafhankelijke commissie aanvaard dat zijn afdeling vredeshandhaving en de rest van de VN – inclusief de regeringen die in de Veiligheidsraad vertegenwoordigd waren – in deze crisis hebben gefaald. Hij denkt er nog constant aan. In 2004 vertelde hij een verslaggever van het tv-programma *Frontline* van PBS, de niet-commerciële omroep van de VS: 'Het was een heel erg pijnlijke en traumatische ervaring, voor mij persoonlijk en op een of andere manier ook, denk ik, voor de Verenigde Naties. Het is niet iets wat je vergeet. Het is een ervaring die, als je dat hebt meegemaakt, deel van jou gaat uitmaken, deel van jouw hele ervaring als menselijk wezen.'

Toch moeten schuld en verantwoording in het juiste perspectief worden gezien. De genocide in Rwanda was niet zomaar een kwestie van goed en kwaad. Wat er precies aan de hand was en wat de achtergronden waren, was ingewikkeld en verwarrend. Dat gold ook voor de cultuur die in de Verenigde Naties heerste waardoor die volledig incompetent waren in deze afschuwelijke crisis. Overal zijn wel schuldigen aan te wijzen.

Zelfs de Tutsi-soldaten die voor hun eigen volk vochten, zijn niet zonder schuld. Kofi Annan mag dan in zekere mate schuldig zijn, er zijn er die veel meer aansprakelijkheid dragen, inclusief de Amerikaanse regering.

Rwanda en het buurland Burundi, beide gezegend met groene, koele heuvels, zijn altijd vervloekt geweest. Ruim vierhonderd jaar geleden trokken veehoudende Tutsi's vanuit het noorden het gebied binnen en onderwierpen de veel talrijkere, landbouw bedrijvende Hutu's. Er ontwikkelde zich een feodaal systeem waarin in ieder land Tutsi-heren heersten over Hutu-vazallen onder een Tutsi-koning, de *mwami*. Er waren grote lichamelijke verschillen: de Tutsi's waren lang, hadden een smalle neus en een enigszins hamitisch uiterlijk, dat wil zeggen dat ze leken op de europide volkeren van Noord-Afrika. De Hutu's waren kleiner en waren meer typisch negroïde, dat wil zeggen dat ze dikke lippen hadden en brede neuzen.

Aan het einde van de twintigste eeuw waren enkele van die lichamelijke verschillen verdwenen. Door onderlinge huwelijken was het moeilijk geworden om sommige Hutu's van Tutsi's te onderscheiden, vooral in het zuiden van Rwanda. Veel Tutsi's hadden het platteland verlaten om in de steden te werken. Maar de traditionele verschillen waren bij beide volkeren blijven bestaan. Daarnaast had de eeuwenoude traditie ervoor gezorgd dat veel Tutsi's zichzelf een bevoorrecht, superieur volk waren gaan vinden en Hutu's beschouwden als een onderworpen, inferieur volk. Hun aantal was echter maar klein – de Tutsi's maakten niet meer dan vijftien procent uit van de bevolking van beide landen, de Hutu's meer dan tachtig procent.

Het feodale systeem bleef onder de Duitse overheersing en na de Eerste Wereldoorlog onder Belgisch bestuur – eerst namens de Volkerenbond als mandaatgebied en later namens de VN als trustgebied – bestaan. Maar na de onafhankelijkheid in 1962 ontstonden er problemen. Burundi werd onafhankelijk onder een Tutsi-*mwami* die enkele jaren later door een complot van Tutsi-officieren werd verdreven. In Rwanda was de monarchie na een door Hutu's aangevoerde revolutie al verdwenen voordat het land onafhankelijk werd. Rwanda was dus direct een republiek die geregeerd werd door leiders van het grootste volk, de Hutu's, terwijl Burundi na enkele jaren werd geregeerd door een militaire dictatuur van de kleinste bevolkingsgroep, de Tutsi's.

Met de komst van de onafhankelijkheid ontstonden grote spanningen tussen de volkeren, en in zowel Burundi als Rwanda deden zich dertig jaar lang golven van bloedvergieten voor. Onrust in het ene land veroorzaakte onrust in het andere, en de dood van leden van het ene volk in één land leidde vaak tot wraakacties in het andere. Hutu's en Tutsi's waren niet ten onrechte bang voor elkaar. En het waren geen plotselinge uitbarstingen van opgehitste fanatiekelingen, maar door de regering ingegeven of zelfs bevolen moordpartijen.

Aan het begin van de jaren zestig joeg de meerderheid van Hutu's in Rwanda tweehonderdduizend Tutsi's het land uit; ze gingen in ballingschap in Oeganda, Burundi en Congo. De Hutu's voelden zich echter toch nog niet veilig omdat ze zagen hoe de militaire regering van Tutsi's in het buurland Burundi hun volksgenoten onderdrukte. Die angst werd tot 1972 steeds groter.

Dat jaar barstte in Burundi een vreselijke genocide uit. Op een koelbloedige, systematische wijze doodden de Tutsi-militairen binnen enkele weken tienduizenden Hutu's – de schattingen lopen uiteen van honderdduizend tot tweehonderdduizend. Het doelwit was vooral de hoger opgeleide klasse van de Hutu's. Het motief van de Tutsi's was dat ze alle Hutu's uit wilden roeien die het vermogen hadden om hun volk te leiden in een eventuele opstand tegen hun Tutsi-heren. De definities van opleiding en mogelijk leiderschap waren zo algemeen dat de Tutsi's zelfs probeerden al die Hutu's die een bril droegen, te vermoorden. De genocide werd beschouwd als het grootste schandaal van Afrika van de jaren zeventig. Het nieuws van de moordpartijen leidde tot het doden van tientallen Tutsi's in Rwanda en tot een staatsgreep in 1973 waardoor generaal-majoor Juvénal Habyarimana, een Hutu, aan de macht kwam. Hij kreeg gezelschap van een groepje voorstanders van Hutu-macht die niet geloofden in het doen van concessies aan de Tutsi-minderheid.

Tegen deze achtergrond lijkt de invasie van Rwanda door Tutsi-generaal Paul Kagame en zijn medebannelingen uit Oeganda in oktober 1990 misschien niet erg logisch. In de stapel boeken en artikelen die zijn geschreven over de genocide in Rwanda in 1994 en over de schuld die de VN daarin zouden hebben, wordt die voorgeschiedenis echter vaak over het hoofd gezien. Veel van deze binnenvallende soldaten waren in Oeganda geboren waar ze Yoweri Museveni hadden geholpen de macht in zijn land te grijpen. En als dank stelde Museveni hen in staat het land van hun ouders binnen te vallen.

Howard W. French van de *New York Times* is een van de weinige journalisten die de roekeloosheid van de invasie benadrukt. 'Niets kan dienen als excuus voor de organisatoren van de genocide in Rwanda in 1994,' schreef French in zijn boek *A Continent for the Taking: The tragedy and hope of Africa*, 'maar dat neemt niet weg dat de vermetelheid van Tutsi-aanvoerder Paul Kagame... het land dat al zo lang een etnisch kruitvat was, klaarmaakte voor de enorme escalatie van haat en geweld.' In 1990 woonden er minder dan een miljoen Tutsi's in Rwanda op een bevolking van zeven miljoen. Om te begrijpen hoe roekeloos de aanval van de Tutsi's was, moet je je voorstellen dat een leger blanke Zuid-Afrikaanse bannelingen zo dom zou zijn om vanuit een buurland Zuid-Afrika binnen te vallen in een poging de zwarte meerderheidsregering omver te werpen en het blanke gezag te herstellen. De wraak op de blanken die nog in het land wonen, zou verschrikkelijk zijn.

De zesduizend door Tutsi's gedomineerde invallers kwamen al vechtend tot op zo'n zestig kilometer van de hoofdstad Kigali voordat ze door het Rwandese leger, versterkt door de presidentiële garde van Zaïre (het huidige Congo), en Franse en Belgische legerparachutisten tegengehouden konden worden. De militaire impasse die nu ontstond, leidde tot vredesbesprekingen in Arusha, Tanzania. President Habyarimana, de aanvoerder van de Hutu's, en generaal Kagame, aanvoerder van het Tutsi-leger, sloten in 1993 een overeenkomst waardoor een einde moest komen aan de burgeroorlog. Volgens de overeenkomst leverde het Front Patriotique Rwandais, het FPR, zoals Kagames soldaten zich noemden, vijf van de eenentwintig ministers in een overgangsregering, elf van de zeventig zetels van de Nationale Vergadering, en de helft van de officieren in een verenigd leger. In 1995 zouden dan algemene verkiezingen worden gehouden.

In de overeenkomst werden de Verenigde Naties opgeroepen om vredeshandhavers te leveren om tijdens de wapenstilstand de grenzen tussen de partijen in de gaten te houden, om erop toe te zien dat een wapenvrij gebied rond de hoofdstad in acht werd genomen, en om hulporganisaties te helpen. De Veiligheidsraad aanvaardde dit voorstel en keurde een missie goed van 2458 blauwhelmen als 'stabilisatiemacht'. Deze United Nations Assistence Mission in Rwanda (UNAMIR) was een traditionele vredesmissie zonder enig gezag om iets af te kunnen dwingen. De blauwhelmen waren daar op verzoek van beide partijen omdat zij een arbiter wilden om toe te zien op wat de tegenpartij uitvoerde. Aangezien geen van beide de vredeshandhavers weg wilde hebben, was er, in theorie althans, voor hen weinig gevaar te duchten.

Van begin af aan was de overeenkomst van Arusha wankel. Hardliners uit de Hutu-politiek vonden dat Habyarimana de invallers te veel tegemoet was gekomen. Ze dachten dat ze de overeenkomst ongedaan konden maken door Tutsi-burgers te vermoorden. Een maand na de ondertekening werden er in één provincie driehonderd Tutsi's vermoord. De houding van de Hutu-hardliners verhardde in oktober 1993 toen de eerste Hutu-president in de geschiedenis van het buurland Burundi werd vermoord door het door Tutsi's gedomineerde leger. In de nasleep van deze moord werden tienduizenden Hutu's vermoord en vluchtten er tweehonderdduizend naar Rwanda. Overigens is lange tijd aangenomen dat de overeenkomst van Arusha ook voor Kagame niet bevredigend was omdat de heerschappij van de Tutsi-minderheid niet werd hersteld. Beide partijen bleven uitvoering van de overeengekomen akkoorden vertragen; in het land vonden intussen af en toe moordpartijen plaats.

Kofi Annan benoemde brigadegeneraal Roméo Dallaire uit Canada, een vierenzestig jaar oude Québecois die net als de Rwandezen Frans sprak maar nooit eerder in een vredesmacht had gediend, tot commandant. Dallaire, die brigadecommandant was geweest en bevelvoerder van het Royal Military College in Canada, was bevriend met generaal-majoor Maurice Baril, eveneens uit Canada, die de indrukwekkende titel 'militair adviseur van de secretaris-generaal van de Verenigde Naties' droeg. Feitelijk stond Baril aan het hoofd van de militaire operaties van het departement voor Vredesoperaties en viel rechtstreeks onder ondersecretaris-generaal Annan, niet onder secretaris-generaal Boutros-Ghali. Op weg naar Rwanda stopte Dallaire eerst in New York om te praten met Annan, diens plaatsvervanger Iqbal Riza uit Pakistan en Baril. Dallaire noemde deze drie graag 'het triumviraat'.

Dallaire had Annan en Iqbal Riza nooit eerder ontmoet. In zijn buitengewone memoires, *Shake Hands with the Devil: The failure of humanity in Rwanda* die hij samen met zijn assistent, de Canadese majoor Brent

Beardsley, schreef, geeft hij een indruk van de sfeer in het kantoor van de afdeling vredeshandhaving in het VN-hoofdkwartier in New York en noteerde enkele indrukken die hij van Annan en diens relatie met Riza kreeg. 'Annan was vriendelijk, sprak zacht en was tot in zijn ziel fatsoenlijk,' schreef Dallaire. 'Volgens mij was hij werkelijk, bijna religieus toegewijd aan de basisprincipes van de VN en onvermoeibaar in zijn pogingen om de organisatie niet ten onder te laten gaan in deze bijzonder moeilijke tijd waarin overal ter wereld conflicten en menselijke drama's – die vaak samenhingen – uitbraken.'

Dallaire vond de lange, slanke en emotionele Riza 'niet zo aardig als zijn baas'. Riza 'voelde zich ongemakkelijk bij domoren en aarzelde af en toe ook niet om je dat te laten merken. 'Maar,' vervolgde Dallaire, 'zijn bij tijden intellectuele arrogantie werd tenietgedaan door gebruik van gezond verstand en politieke subtiliteit.'

Dallaire vermoedde dat de verhouding tussen Annan en Riza de kern vormde van het departement voor Vredesoperaties, waarbij 'Annan zeer menselijk en bezorgd was, en Riza de koele ceremoniemeester'. De Canadese generaal beschreef Riza als 'welbespraakt, zakelijk en direct' – een plaatsvervanger 'die de tent naar hun pijpen liet dansen'.

Toen Dallaire naar Rwanda vertrok om het bevel op zich te nemen, was hij nog meer gecharmeerd van Annan. 'Toen Kofi Annan mij een hand gaf,' schreef Dallaire, 'voelde ik zijn warmte en welgemeende zorg die me even overmande. Hij was niet een politieke baas die een van zijn generaals met clichés en de verwachte doortastendheid op weg stuurde. Met de vriendelijkste blik en de kalmste houding projecteerde Annan een medeleven en een toewijding aan de taak van anderen, die ik zelden heb meegemaakt.'

Dallaire had later nogal wat onenigheid met Annan en het departement voor Vredesoperaties, maar zijn indruk van Annan veranderde in het vijfhonderd pagina's tellende verslag van de operatie in Rwanda niet. Een van de telegrammen van Dallaire wordt wel beschouwd als een schokkend bewijs tegen Annan, maar de generaal sloot zich niet aan bij het koor van critici dat Annan verweet dat hij de genocide niet heeft voorkomen.

Dat beruchte telegram werd op 11 januari 1994 door Dallaire verzonden aan generaal Baril. De kop luidde: 'Verzoek tot bescherming van informant' en het bevatte een schokkend verhaal. 'Een zeer, zeer belangrijke regeringspoliticus' had Dallaire in contact gebracht met de 'instructeur op het hoogste niveau' van de gewapende militie van de regerende partij van president Habyarimana. (Dallaire had de informant niet persoonlijk aangehoord maar kolonel Luc Marchal, de commandant van de Belgische eenheid van de VN-vredesmacht, gestuurd om naar de informant te luisteren en aantekeningen te maken.) De militie van Hutu-extremisten was in het Kinyarwanda, de taal van zowel Hutu's als Tutsi's in Rwanda, bekend als de Interahamwe, wat letterlijk 'zij die samen aanvallen' betekent. De onbekend gebleven informant vertelde de VN dat de Interahamwe zeer sinistere plannen had voor het land.

De informant had de opdracht gekregen om alle Tutsi's in Kigali te registreren. 'Hij vermoedt dat het is om hen uit te roeien,' rapporteerde Dallaire. De Interahamwe had zeventienhonderd goed opgeleide mannen die in groepjes van veertig in Kigali verspreid zaten. Zijn eigen ondergeschikten (het telegram vermeldde niet hoeveel dat er waren) konden in twintig minuten maximaal duizend Tutsi's vermoorden, had de informant verteld. Hij was naar de VN gegaan omdat 'hij het niet eens is met de anti-Tutsi-uitroeiing'. Hoewel hij tegenstander is van het FPR van de Tutsi's, zei de informant, 'kan hij het vermoorden van onschuldige mensen niet steunen.'

De Interahamwe had nog enkele andere weerzinwekkende plannen. Zo wilden ze Belgische soldaten doden om België te dwingen de troepen uit de VN-vredesmacht terug te trekken. (De ruim vierhonderd goed getrainde en goed uitgeruste Belgische soldaten vormden de ruggengraat van Dallaire's VN-macht; de andere blauwhelmen kwamen uit derdewereldlanden.) Ook wilden ze afgevaardigden van de oppositiepartijen in het parlement vermoorden. Verder waren ze van plan om de Tutsi-militairen op te hitsen tot een bloedige confrontatie met Hutu-demonstranten waardoor de burgeroorlog weer op zou laaien.

De informant zei dat hij bereid was om Dallaire de plaats te laten zien waar de Interahamwe 135 wapens had verborgen. Dallaire deelde generaal Baril mee dat hij en zijn vredeshandhavers de wapens door middel van een overval binnen zesendertig uur in beslag wilden nemen. Dallaire zou de actie uitvoeren, ook al had hij 'bepaalde bedenkingen over de plotselinge gewetenswroeging van de informant om nu ineens met deze informatie te komen.' Ook erkende de generaal dat 'de mogelijkheid van een val niet helemaal uitgesloten' was.

Dallaire vroeg niet aan de VN in New York om een alarmsignaal af te geven. Hij vroeg niet eens toestemming voor de overval op de wapenopslagplaats. Met het telegram hield hij Baril op de hoogte en hij vroeg alleen of de VN aan het verzoek van de niet nader genoemde informant konden voldoen om hem en zijn gezin buiten Rwanda onder te brengen. Maar Dallaire besloot zijn telegram wel met iets dat op een strijdkreet leek. Hij gebruikte het motto van zowel zijn middelbare school als van de brigade waarover hij in Canada het bevel had gevoerd: *Peux ce que veux. Allons-y*. Wat zoveel wil zeggen als: 'Wie wil, die kan. Kom op.'

In New York veroorzaakte het telegram enige ontsteltenis. Baril liet het aan Kofi Annan en Iqbal Riza zien; die stuurden snel een telegram aan Jacques-Roger Booh Booh, de voormalige minister van Buitenlandse Zaken van Kameroen en nu de hoogste VN-functionaris in Rwanda. Volgens de VN-regels stond generaal Dallaire, commandant van de vredesmacht, onder Booh Booh. Maar op grond van Dallaires memoires leek het er meer op dat ze in Rwanda als gelijken optraden: Booh Booh deed de politieke zaken, Dallaire beheerde de troepen. Hoe dan ook, Booh Booh telegrafeerde aan New York dat hij Dallaire gelijk gaf.

Het antwoord uit New York, schreef Dallaire in zijn memoires, 'overrompelde me volledig' en 'sloeg de grond onder me vandaan'. Op het telegram, dat gericht was aan Dallaire en Booh Booh, stond dat het afkomstig was van Annan in New York. Maar het VN-departement voor Vredesoperaties hanteert hetzelfde systeem als het Amerikaanse ministerie van Buitenlandse Zaken. Op alle telegrammen staat dat ze afkomstig zijn van de minister zelf of, als die buiten Washington verblijft, van diens plaatsvervanger. Maar het is natuurlijk niet de minister zelf die al die honderden telegrammen schreef die dagelijks door het ministerie verstuurd werden. In deze periode stond Kofi Annan op alle telegrammen die afkomstig waren van het departement als afzender vermeld. In tegenstelling tot zijn voorganger Goulding had Annan het recht om in zijn naam telegrammen te versturen, gedelegeerd aan Riza en anderen. Het telegram voor Booh Booh en Dallaire was geschreven en ondertekend door Riza; hij was de functionaris van vredeshandhaving die belast was met het toezicht op de missie in Rwanda. Het lijdt echter geen enkele twijfel dat Annan het eens was met het standpunt van zijn plaatsvervanger. Hij las het telegram een paar uur na verzending en had Riza kunnen terugfluiten als hij het niet met hem eens was geweest. Annan heeft dan ook nooit geprobeerd onder zijn verantwoordelijkheid voor het besluit in New York uit te komen en zich nooit verstopt achter zijn plaatsvervanger door naar diens handtekening onder het telegram te wijzen.

Het schrikbeeld van Somalië hing nog boven de hoofden van Annan en zijn medewerkers van de afdeling vredeshandhaving in New York. Dallaires telegram arriveerde nauwelijks drie maanden na dat debacle. De VN verkeerden nog in shock door drie gebeurtenissen vlak na elkaar die betrekking hadden op Somalië: de dood van achttien Amerikanen, de schaamteloze maar geslaagde poging van de Amerikanen om Boutros-Ghali en de VN de schuld te geven, en het besluit van president Clinton om de Amerikanen uit het land terug te trekken. Amerikaanse politici spraken minachtend over de VN-missie in Somalië als een berucht voorbeeld van missiehypocrisie. Hiermee werd bedoeld dat een missie die bedoeld was om humanitaire hulp te verzorgen, op een of andere manier uitgelopen was op een militaire expeditie om een krijgsheer te pakken te krijgen. Dat was een onjuiste en simplistische manier om te kijken naar wat er in Somalië was gebeurd, maar het gevaar van missiehypocrisie was onder Amerikaanse officieren een spookbeeld geworden.

Annan wist bovendien dat de regering-Clinton haar beleid ten aanzien van vredesmissies in het algemeen aan het herzien was. President Clinton ondertekende zijn nieuwe beleidsrichtlijnen pas na het uitbreken van de massaslachtingen in Rwanda enkele maanden later, maar het was een publiek geheim dat hij strikte voorwaarden zou stellen aan de Amerikaanse goedkeuring voor welke nieuwe VN-vredesoperatie dan ook. Een van de voorwaarden was dat er altijd een 'exitstrategie' moest zijn, een concreet plan met de vermoedelijke datum voor het beëindigen van de missie, en instemming van de betrokken partijen.

Met dit in gedachte concludeerde Annan dat het luiden van de noodklok over een mogelijke ophanden zijnde genocide het einde zou betekenen van de lopende VN-operatie. De regering-Clinton zou het uitzenden van nog eens duizenden blauwhelmen naar Rwanda om een mogelijke uitbarsting van massamoord te voorkomen, nooit goedkeuren. In plaats daarvan zou zij vermoedelijk eisen dat de VN zich direct zouden terugtrekken – en dat was het slechtst denkbare scenario. De Tutsi's hadden in 1972 honderdduizend tot tweehonderdduizend Hutu's vermoord zonder dat de Verenigde Naties in het land aanwezig waren. Pas enkele weken later druppelden de eerste berichten van missionarissen en diplomaten over de moorden binnen. Maar tegen die tijd leek de buitenwereld het niet te kunnen schelen. Als er in Rwanda een poging tot genocide zou worden gedaan, dan moesten de VN daarbij aanwezig zijn, al was het maar als getuige.

Om missiehypocrisie te voorkomen en de VN toch in Rwanda te laten, besloten Annan en zijn medewerkers om Dallaire te verbieden de wapenopslagplaats te overvallen. Ze waren bang dat zijn militaire ingreep tot een bloedige confrontatie zou leiden die de Verenigde Staten wakker zou schudden en de Veiligheidsraad zou doen besluiten om zich, zoals in Somalië, terug te trekken. In het telegram aan Booh Booh en Dallaire stond dan ook dat de geplande militaire actie 'duidelijk het mandaat overstijgt' van de resolutie van de Veiligheidsraad over deze operatie. 'De doorslaggevende overweging,' aldus het telegram, 'is de noodzaak om te voorkomen dat de troepen op een pad terechtkomen dat kan leiden naar het gebruik van geweld en onvoorziene wraakacties.'

Maar daarmee negeerde Annan de waarschuwing voor genocide niet. Hij probeerde die op een andere manier dan Dallaire voorstelde, te voorkomen. In het telegram werd aan Dallaire en Booh Booh gevraagd om hun informatie door te geven aan de ambassadeurs van de Verenigde Staten, Frankrijk en België. Hierdoor werden twee permanente leden van de Veiligheidsraad en de voormalige koloniale overheerser van Rwanda en de voornaamste leverancier van blauwhelmen op de hoogte gebracht en werd hun steun gevraagd. Bovendien dacht Annan dat deze regeringen al lang op de hoogte waren.

'Laten we elkaar niet voor de gek houden,' zei Annan enkele jaren later tegen een verslaggever van het tv-programma *Frontline*. 'Enkele leden van de Veiligheidsraad wisten meer dan wij dankzij hun eigen inlichtingendiensten en hun eigen ambassades ter plaatse.' Toen Dallaire de diplomaten had ingelicht, schreef hij: 'Geen van hen leek erg verbaasd, waaruit ik afleidde dat onze informant alleen maar bevestigde wat zij al wisten.'

In het telegram kregen Dallaire en Booh Booh de opdracht om zo spoedig mogelijk een ontmoeting te beleggen met president Habyarimana. 'Jullie moeten de president daarbij meedelen dat jullie over klaarblijkelijk betrouwbare informatie beschikken over de activiteiten van de Interahamwe-milities, die zonder meer een bedreiging vormen voor het vredesproces... Jullie moeten hem laten weten dat deze activiteiten een duidelijke schending zijn van de vredesovereenkomst van Arusha en van de afspraak dat Kigali wapenvrij zou zijn. Jullie moeten ervan uitgaan dat hij van niets weet, maar hij moet er alles aan doen om deze subversieve activiteiten ogenblikkelijk te laten stoppen... Jullie moeten de president vertellen dat als er in Kigali geweld wordt gepleegd, jullie ogenblikkelijk alle informatie die jullie hebben over de activiteiten van de milities aan de Veiligheidsraad zullen doorgeven, dat jullie zullen gaan onderzoeken wie er verantwoordelijk is, en dat jullie de Veiligheidsraad de passende aanbevelingen zullen doen.'

De volgende dag brachten Dallaire en Booh Booh hun boodschap over aan president Habyarimana. Booh Rooh rapporteerde aan Annan dat de president 'gealarmeerd leek door de toon' van hun protest en ontkende dat hij ervan wist. Hij beloofde de zaak te onderzoeken en raadde de VN-functionarissen aan om de zaak ook met de leiders van zijn partij te bespreken. Dat deden ze nog dezelfde dag, waarop Booh Booh aan Annan telegrafeerde dat 'mijn oordeel over de situatie is dat het initiatief om de beschuldigde partijen in te lichten juist was en hen kan dwingen om te besluiten een andere manier te zoeken om het vredesproces te dwarsbomen, vooral in de streek rond Kigali.' Ook de Amerikaanse ambassadeur David Rawson waarschuwde president Habyarimana. Daarna rapporteerde hij aan Washington dat de Rwandese president 'de boodschap leek te begrijpen'.

Wat stak er nu achter om Dallaire en Booh Booh naar Habyarimana te sturen? Annan heeft een paar jaren later geprobeerd dat uit te leggen. 'Het besluit werd genomen om de Rwandese regering te laten weten dat wij op de hoogte waren en wisten wat er werd gepland, en dat ze op die weg niet verder moesten gaan,' vertelde hij in *Frontline*. De Amerikaanse, Franse en Belgische ambassadeurs waren op de hoogte gealarmeerd zodat zij 'de boodschap nogmaals aan de [Rwandese] regering over konden brengen om er zeker van te zijn dat die niets uit zou richten, om te laten merken dat wij wisten wat er aan de gang was en dat [de regering] geen enkele stap in die richting moest zetten.'

'Waarom we die weg namen?' vervolgde Annan. 'Soms is iets in de schijnwerpers zetten en de mensen op regeringsniveau die dat aan het plannen zijn, duidelijk maken dat de internationale gemeenschap weet wat er gaande is – "we houden het in de gaten, we gaan jullie keihard aanpakken, en we weten wat jullie van plan zijn" – een heel afschrikwekkend middel.'

'Eerlijk gezegd hadden we ook geen keus omdat we de stemming in de Veiligheidsraad kenden. Je zou die nooit zover krijgen dat de leden zouden roepen: "We sturen een leger." We zouden nu eenmaal geen versterkingen naar generaal Dallaire en zijn mannen sturen om het proces te stoppen. Daarom moesten we de wel begaanbare wegen bewandelen om de druk op te voeren en het probleem in de kiem te smoren. Het heeft echter niet gewerkt en het was een zeer pijnlijke ervaring voor iedereen die erbij betrokken was.'

Een onafhankelijke commissie die vijf jaar later door Annan was ingesteld, kwam tot de conclusie dat de afdeling vredeshandhaving een ernstige vergissing had begaan door Dallaires rapport niet naar de voltallige Veiligheidsraad te sturen. Slechts twee leden – de Verenigde Staten en Frankrijk – waren via hun ambassadeurs in Kigali op de hoogte. Maar in het licht van de halfslachtige reactie van de Veiligheidsraad enkele maanden later toen de genocide uitbrak, is het nauwelijks aannemelijk dat Dallaires rapport de raad vóór die tijd tot actie zou hebben aangezet.

Hoe dan ook, in de organisatie zoals die door Boutros-Ghali werd geleid, sprak Annan nooit achter gesloten deuren met de Veiligheidsraad. Dat was voorbehouden aan Boutros-Ghali zelf en aan Chinmaya Gharekhan, de voormalige ambassadeur van India die de verbinding tussen de Veiligheidsraad en de secretaris-generaal onderhield. Het was dus Boutros-Ghali of Gharekhan die de noodklok had moeten luiden, niet Annan. Natuurlijk had hij erop aan kunnen dringen dat dat werd gedaan. Dat de regering-Clinton en andere regeringen daardoor onder druk zouden komen te staan om in Rwanda op te treden, is niet waarschijnlijk, maar Dallaires rapport zou in ieder geval nuttige informatie hebben verstrekt aan de Spaanse ambassadeur Yañez-Barnuevo, de Tsjechische ambassadeur Karel Kovanda en de Nieuw-Zeelandse ambassadeur Colin Keating – de drie vertegenwoordigers in de Veiligheidsraad die maanden later tevergeefs probeerden de andere landen over te halen om de massamoorden in Rwanda te stoppen.

Annans hoop dat president Habyarimana de militante Hutu's in de hand kon houden, verdampte op 6 april 1994 toen Habyarimana samen met de president van Burundi, Cyprien Ntaryamira, eveneens een Hutu, om het leven kwam toen hun vliegtuig niet ver van het vliegveld van Kigali neerstortte. Het was getroffen door raketten. Algemeen wordt aangenomen dat de moordenaars militante Hutu's waren die vonden dat Habyarimana te veel concessies deed aan de Tutsi's. Hierop begonnen de Rwandese militairen en Hutu-milities, die beiden getraind waren om Tutsi's en gematigde Hutu's te vermoorden, aan hun systematische slachtpartij. Opgezweept door felle oproepen op de Radio Télévision Libre des Mille Collines (RTLM), het station van de hardliners onder de Hutu's, sloten Hutu-burgers zich bij het moorden aan. Het radiostation speelde in op de angst van de Hutu's voor de Tutsi's en zette hen aan tot wraak op de *inyenzi*, de 'kakkerlakken'. De roep om wraak werd nog eens versterkt door beschuldigingen van de RTLM dat Tutsi's het vliegtuig met de twee Hutu-presidenten hadden neergeschoten. [Inmiddels is bekend dat het de Tutsi-leider Kagame, de huidige president van Rwanda, is geweest die het vliegtuig neer liet halen.]

De genocide luidde een van de donkerste en meest beschamende periodes in het bestaan van de Veiligheidsraad in. Leden stelden besluiten maandenlang uit terwijl er iedere dag duizenden Afrikanen werden vermoord. De eerste crisis deed zich voor toen Rwandese soldaten premier Agathe Uwilingiyimana, een gematigde Hutu, en de tien Belgische blauwhelmen die haar bewaakten, vermoordden. De dood van de Belgen bracht België ertoe, zoals de Interahamwe had gehoopt, om al zijn soldaten terug te trekken; als een soort dekking voor deze beschamende vertoning drong de Belgische premier Willy Claes er bij de VN op aan om alle blauwhelmen terug te roepen.

De Amerikaanse ambassadeur bij de VN, Madeleine Albright, kwam naar de Veiligheidsraad om te stemmen voor het beëindigen van de missie. Dat waren haar instructies. Maar toen ze naar andere ambassadeurs had geluisterd, en vooral naar Ibrahim A. Gambari van Nigeria, kwam ze tot de conclusie dat haar instructies op een vergissing berustten. De VN moesten zich niet totaal terugtrekken. Ze spoedde zich naar een telefoon in de hal en belde Richard A. Clarke, de functionaris van de Nationale Veiligheidsraad in het Witte Huis die verantwoordelijk was voor vredeshandhaving. Maar hij herhaalde zijn instructies.

'Ik schreeuwde echt in de hoorn,' vertelde ze jaren later. 'Ik zei: "Ze zijn onaanvaardbaar. Ik wil dat ze veranderd worden." Ze zeiden tegen me dat ik eerst tot bedaren moest komen. Maar uiteindelijk kreeg ik toch instructies waardoor we versterkingen naar UNAMIR konden sturen.'

Hoewel Albright en de andere leden van de Veiligheidsraad het erover eens waren dat de vredesmacht niet teruggetrokken moest worden, besloten ze op 21 april unaniem dat het aantal blauwhelmen beperkt zou worden tot slechts 270. Een week later vroeg secretaris-generaal Boutros-Ghali de raad om een nieuw besluit. Hij vertelde dat er in drie weken tijd tweehonderdduizend Rwandezen waren vermoord en dat de VN meer moesten doen dan als neutrale toeschouwer toekijken. Maar de leden werden het niet eens over wat de VN nog konden doen. De zaak werd bemoeilijkt door Tutsi-generaal Kagame die tegen interventie op grote schaal was. Zijn troepen hadden geleidelijk het Rwandese leger teruggedrongen, dat beter wist hoe het burgers moest vermoorden dan hoe een legertje invallers tegengehouden moest worden. Kagame was bang dat interventie het einde zou betekenen van zijn opmars.

Na het begin van de genocide ging er nog ruim een maand voorbij voordat de Veiligheidsraad in actie kwam. Op 17 mei keurde de raad de uitzending goed van vijfenvijftighonderd manschappen die vluchtelingen en andere burgers moesten beschermen en de distributie van hulpgoederen moesten begeleiden. Op aandringen van ambassadeur Albright was er in de resolutie een voorwaarde opgenomen. Het uitzenden van het merendeel van de troepen zou pas plaatsvinden als secretaris-generaal Boutros-Ghali zich akkoord verklaarde met het beleid van president Clinton op het terrein van vredeshandhaving. Dat betekende dat Boutros-Ghali eerst de instemming moest hebben van beide partijen – de Rwandese regering en Kagames rebellenleger – en dat er eerst een strategie moest worden bepaald waarin de vermoedelijke einddatum van de missie werd genoemd.

Deze vertraging maakte enkele leden van de Veiligheidsraad woedend, zoals de Nieuw-Zeelandse ambassadeur Keating, maar Albright bekende dat ze trots was op het uitstel. Een paar uur na de stemming zei ze tegen de commissie van Buitenlandse Zaken van het Huis van Afgevaardigden in Washington dat 'het zenden van een VN-macht naar het onrustige Rwanda zonder strategisch plan dom zou zijn. Emoties kunnen schitterende toespraken voortbrengen en emotionele stukken in de krant,' vervolgde ze. 'Maar emoties alleen kunnen nooit een beleid voortbrengen waarmee wordt bereikt wat wordt beloofd. Als we onze verplichtingen niet aan laten sluiten bij onze mogelijkheden, zullen we de toekomstige geloofwaardigheid van en steun voor de VN alleen maar verder ondermijnen.'

Uiteindelijk zou het uitstel er niet toe doen omdat Boutros-Ghali en Annan niet voldoende regeringen konden overtuigen van de noodzaak om troepen naar Rwanda te sturen. Enkele dagen nadat de resolutie was aangenomen, riep Annan een vergadering bijeen van tweeënveertig ambassadeurs. Slechts één land, zijn eigen Ghana, deed een serieus aanbod – zevenhonderd licht bewapende soldaten die pantserwagens en andere vervoermiddelen van de VS of andere landen van de NAVO nodig zouden hebben. Afsané Bassir Pour, de vasthoudende correspondente van *Le Monde*, had in die tijd een ontmoeting met Annan en trof de gewoonlijk zo onverstoorbare ondersecretaris-generaal in 'een ongewone geïrriteerde stemming'.

'Als de beelden van tienduizenden rottende lichamen, sommige aangevreten door wilde dieren, andere drijvend in het Victoriameer, ons niet wakker schudden uit onze apathie,' zei hij haar, 'dan weet ik niet wat wel. Het lijkt wel alsof we totaal ongevoelig geworden zijn, alsof het ons niets meer kan schelen.' Volgens Annan zouden met het inzetten van een goed uitgeruste eenheid met transportmiddelen in Kigali en omstreken direct duizenden mensenlevens gered kunnen worden. 'Ik weet niet of een dergelijke legermacht een einde zou kunnen maken aan alle gevechten,' zei hij, 'maar als we in staat zijn het leven te redden van één enkel kind, dan is dat al de moeite waard.' Maar hij wist zeker dat er veel meer zouden worden gespaard. Hij vertrouwde erop, zei hij, dat een goed uitgerust en vastbesloten leger 'deze bende lafaards die de kelen van vrouwen en kinderen doorsnijden' voldoende zou intimideren.

De ambassadeurs verwierpen Annans pleidooi voor manschappen niet direct. 'Ze verzekerden me dat het dringende verzoek van de VN bestudeerd werd,' zei hij, 'maar terwijl zij bestudeerden, stierven er duizenden mensen. Hoe kan ik nu vijfenvijftighonderd man voor Rwanda vinden met een volmacht van de Veiligheidsraad,' zei Annan tegen de correspondente van *Le Monde*, 'als er geen enkel enthousiasme of zelfs maar politieke wil is? ... In deze zaak heeft niemand een zuiver geweten.'

Eind juni telde de vredesmacht voor Rwanda slechts vijfhonderd man – minder dan tien procent van het aantal dat nog geen maand eerder door de Veiligheidsraad was goedgekeurd. Daarop stelde Frankrijk voor een Franse troepenmacht, aangevuld met soldaten uit Senegal en andere Afrikaanse landen, naar het zuidwesten van Rwanda te sturen. De Veiligheidsraad nam dit aanbod aan – ook al vonden sommige ambassadeurs het een nogal cynisch initiatief van de Fransen om enkele van hun voormalige Hutu-bondgenoten op die manier te gaan beschermen. De door de Fransen aangevoerde legermacht, Opération Turquoise, bestond uit vijfentwintighonderd Franse en tweehonderdvijftig Senegalese soldaten, aangevuld met honderd man uit andere Afrikaanse landen en kwam midden juli in Rwanda aan. Ze speelden het klaar om een einde te maken aan de moordpartijen in het zuidwesten en vertrokken eind augustus weer. Tegen die tijd had het door Tutsi's gedomineerde FPR van Kagame de rest van Rwanda in handen; miljoenen Hutu's vluchtten naar Congo. Hier zouden tienduizenden vluchtelingen sterven, maar de genocide op Tutsi's in Rwanda was ten einde.

Waarom vertoonden zoveel politici, diplomaten en bureaucraten buiten Rwanda zelf zoveel onverschilligheid en kletsten ze zo doelloos met elkaar terwijl er zoveel onschuldige mensen werden afgeslacht? Die vraag heeft heel veel mensen, onder wie Kofi Annan, jarenlang beziggehouden. De door Annan ingestelde onafhankelijke onderzoekscommissie – bestaande uit de voormalige Zweedse premier Ingvar Carlsson, de voormalige minister van Buitenlandse Zaken van Zuid-Korea Han Sung-Joo en de gepensioneerde Nigeriaanse luitenant-generaal Rufus M. Kupolati – kwam tot de conclusie 'dat het falen van de Verenigde Naties om de genocide in Rwanda te voorkomen respectievelijk te stoppen, een falen was van de VN-organisatie als geheel.' Met de organisatie als geheel bedoelde de commissie zowel de regeringen die de Verenigde Naties vormen als de functionarissen die de aanwijzingen van de gezamenlijke regeringen uitvoeren. De commissie legde 'de verantwoordelijkheid voor het falen' bij 'de secretaris-generaal, het Secretariaat, de Veiligheidsraad, UNAMIR en de leden van de Verenigde Naties.' Die conclusie kan juist zijn, maar zij is onbevredigend omdat de schuld gelijkelijk over iedereen wordt verdeeld, en iedereen de schuld geven heeft bijna hetzelfde effect als niemand de schuld geven.

In de conclusie van zijn memoires aarzelde Dallaire niet met het aanwijzen van de voornaamste schuldige, althans in zijn ogen. Hij noemde natuurlijk 'de fanatieke rechtervleugel van de Hutu-etniciteit' die de genocide 'plande, beval, leidde en uiteindelijk ook uitvoerde.' Maar hij voegde hier een naam aan toe die niet vaak door anderen wordt genoemd. 'De dood van Rwandezen,' schreef hij, 'kan ook op het bord worden geschoven van het militaire genie Paul Kagame, die zijn veldtocht niet versnelde toen bleek op welke enorme schaal de genocide plaatsvond en zelfs op bepaalde momenten openhartig met me sprak over de prijs die zijn mede-Tutsi's zouden moeten betalen voor de goede zaak.' Zonder merkbaar succes heeft Dallaire er gedurende de hele crisis bij Kagame op aangedrongen om zijn troepen erop uit te sturen om reddingsacties te ondernemen.

Dallaire was net zo openhartig in het uiten van beschuldigingen aan het adres van anderen. 'Ik geloof met heel mijn hart,' schreef hij, 'dat het ontbrekende stukje van de puzzel de politieke wil was van Frankrijk en de Verenigde Staten om de overeenkomst van Arusha uitgevoerd te krijgen en deze ineenstortende natie uiteindelijk naar democratie en duurzame vrede te leiden. Het lijdt geen twijfel dat deze twee landen de oplossing van de crisis in Rwanda in handen hadden.' Hij veegde de Franse Opération Turquoise van tafel: 'Die kwam te laat en beschermde de *génocidaires*, de genocideplegers, waardoor het permanent onrustig bleef in de regio.' En wat de Verenigde Staten betreft beschuldigde hij de regering-Clinton ervan dat zij de vredesmissie actief heeft tegengewerkt, dat zij alleen tussenbeide kwam om Hutu-vluchtelingen én Hutu-moordenaars te beschermen, en 'de overlevenden van de genocide lieten ploeteren en lijden'.

Vergeleken met de tekortkomingen van Frankrijk en de Verenigde Staten, concludeerde hij dat 'het falen van de VN en van België niet van dezelfde orde waren.' Kortom, ook al had Dallaire lang en hard geruzied met de afdeling vredeshandhaving van Annan over de weigering om hem tegen de Hutu-milities op te laten treden, hij begreep dat het 'triumviraat' door de Veiligheidsraad aan handen en voeten was gebonden.

Kofi Annan heeft zich verontschuldigd voor het feit dat de VN-organisatie niet in staat was de genocide in Rwanda te voorkomen of te stoppen. Net als anderen faalde hij, maar niet op oneervolle wijze. Het is oneerlijk en verkeerd om hem de hoofdverantwoordelijkheid voor de vreselijke gebeurtenissen in Rwanda in de schoenen te schuiven. Er zijn voldoende bewijzen waaruit blijkt dat dat niet juist is. Maar hij wordt door die beschuldiging die zo moeilijk te weerleggen valt, achtervolgd, en dan vooral omdat die zo vaak door Philip Gourevitch in de prestigieuze *New Yorker* is herhaald. Annan lijdt daar zonder twijfel onder.

In mei 1998 was Annan in Afrika toen in een artikel van Gourevitch in de *New Yorker* geciteerd werd uit het telegram van Annan (dat, zoals we zagen, feitelijk was geschreven en getekend door Iqbal Riza), waarin Dallaire werd bevolen geen aanval op de Hutu-wapenopslagplaats in Kigali uit te voeren. Annan reageerde tijdens een persconferentie in Nairobi, Kenia, met de tegenwerping dat 'het fundamentele falen (om de massamoorden te voorkomen) het gebrek was aan politieke wil, niet het gebrek aan informatie.' De Britse journalist William Shawcross schreef dat Annans stem bijna kraakte toen hij benadrukte dat vredeshandhaving makkelijk zou zijn als informatie het enige probleem was. Daarna noemde hij de etnische moorden in Kosovo en het lot van de Hutu-vluchtelingen in Congo na de genocide. 'We zouden nu geen problemen in Kosovo hebben, want iedereen *weet* het toch,' zei hij. 'We zouden geen probleem hebben gehad in Congo, want iedereen *wist* toch dat we soldaten van vluchtelingen hadden moeten scheiden... Later *wist* toch iedereen dat er vluchtelingen in Congo waren achtergebleven toen er een miljoen waren teruggegaan. Waarom gingen we hen op grond van die informatie dan niet redden? De informatie lag er. We moeten wel logisch blijven.'

Viru Dayal, het voormalige hoofd van de staf van secretaris-generaal Pérez de Cuéllar en in 1990 Kofi Annans partner tijdens de missie naar Bagdad om de gegijzelden los te krijgen, heeft kortgeleden nog geprobeerd te beoordelen hoe diep Rwanda zijn oude vriend heeft getroffen. 'Toen Kofi benoemd werd tot hoofd vredeshandhaving,' vertelde Dayal in een telefoongesprek uit New Delhi, 'vroeg ik me af hoe hij zich zou houden. Hij was op een plezierige manier nogal emotioneel. Hij had altijd diep medelijden met mensen. Ik vroeg me af of zijn werk zijn gemoedsrust zou verstoren. Ik kan me voorstellen hoe Kofi zich voelde onder de tragedie in Rwanda. Hij moet het vreselijk hebben gevonden.'

Maar hoe Annan emotioneel ook leed, hij reageerde op een voor hem kenmerkende manier. Hij was ernstig, behoudend, voorzichtig, gevoelig voor de Amerikaanse politiek, trouw aan de VN-resoluties en hij had een grote afkeer van enig theatraal gebaar. Door de crisis besefte hij ook de zwakheid van de VN. De VN hebben geen macht van zichzelf, alleen moreel gezag. De organisatie is volledig afhankelijk van de leden van de Veiligheidsraad en vooral van de Verenigde Staten. De VN kunnen weinig doen als de VS onverschillig, aarzelend of tegen zijn. De VN werken het best als de VS en de secretaris-generaal het eens zijn. In 1994 stonden ze mijlenver van elkaar, terwijl een ongelooflijk aantal Rwandezen afgeslacht werd.

7

Poppenkast om Bosnië

Het had best grappig kunnen zijn, als er door de poppenkast maar niet zoveel mensen om het leven waren gekomen. Gedurende de hele Bosnië-crisis gedroeg de Veiligheidsraad zich als een stelletje Keystone Kops, de politiemannen uit de zwijgende films; ze schreeuwden van verontwaardiging, sprongen op en neer met dreigementen, en namen hele reeksen dappere resoluties aan en bereikten niets. José-Maria Mendiluce uit Spanje, hoofd van de hulpacties in Bosnië voor het Hoge-commissariaat voor de Vluchtelingen, zei eens dat zijn staf hun hulpverlening zag als 'een alibi' voor de politici thuis. Iedere keer als iemand van Europese of Amerikaanse politici wilde weten wat zij hadden gedaan om de oorlog in Bosnië te stoppen, probeerden ze hun schuld te verbergen door te wijzen naar de VN-hulpacties en te beweren dat ze alles hadden gedaan wat in hun macht lag.

De Verenigde Naties leken door de crisis zwak en belachelijk en werden wereldwijd beschimpt omdat ze niets hadden gedaan. De meeste minachting was voor secretaris-generaal Boutros Boutros-Ghali en zijn ongelukkige plaatsvervanger in Bosnië, Yasushi Akashi uit Japan. Onder-secretaris-generaal Kofi Annan was als hoofd vredeshandhaving nauw betrokken bij de missie. Hij volgde Bosnië zeer nauwlettend, terwijl zijn plaatsvervanger Iqbal Riza Rwanda in de gaten hield. Maar Annan ontliep de wereldwijde verwijten, deels omdat hij buiten de schijnwerpers bleef, deels omdat hij diplomaten flexibeler en tactvoller benaderde dan Boutros-Ghali. Men zou kunnen zeggen – en het is door de Amerikaanse diplomaat Richard Holbrooke ook hardop gezegd – dat Annans werk in Bosnië de weg heeft bereid om Boutros-Ghali op te volgen als secretaris-generaal.

De Veiligheidsraad kon weinig bereiken omdat de Verenigde Staten en hun Europese bondgenoten het niet eens konden worden over wat ze zouden doen. En toen ze wel tot overeenstemming kwamen, was het te laat. In 1992 had Bosnië het voorbeeld van Slovenië en Kroatië gevolgd en zich van het door Servië gedomineerde Joegoslavië losgemaakt. Het was een gewaagde afscheiding. De Bosnische bevolking was verdeeld – veertig procent moslims, tweeëndertig procent Serviërs en achttien procent Kroaten – en de eenzijdig uitgeroepen onafhankelijkheid leidde tot een burgeroorlog. Alle partijen maakten zich schuldig aan oorlogsmisdaden, maar de Serviërs het meest van allemaal. Geholpen door het Joegoslavische leger begonnen zij hun afschuwelijke campagne van 'etnische zuivering' – het verjagen van tienduizenden moslims uit door Serviërs gedomineerde gebieden; tijdens dit proces werden er velen vermoord, verkracht, verminkt, gevangengezet en gemarteld.

De Verenigde Staten noch hun Europese bondgenoten wilden het risico nemen troepen te sturen om hier een einde aan te maken en de Serviërs te straffen. Politici dachten dat hun kiezers eventuele slachtoffers niet zouden accepteren. In plaats daarvan zonden de VN blauwhelmen om de konvooien van hulpverleners te beschermen, wapenstilstanden te controleren en zogenaamd 'veilige gebieden' te beschermen tegen Servische aanvallen. De missie in Bosnië was feitelijk een verlengstuk van de vredesoperatie van de UN Protection Force (UNPROFOR) die eerder was uitgezonden om het staakt-het-vuren tussen Kroaten en Serviërs in Kroatië te controleren. Maar de Bosnië-missie overschaduwde algauw alle andere VN-taken in het voormalige Joegoslavië. In september 1994 waren er 22.500 vredeshandhavers in Bosnië, waarvan een derde Fransen en Britten, en geen enkele Amerikaan.

De Amerikanen – van wie Madeleine Albright, ambassadeur bij de VN, het luidruchtigst was – drongen er bij de VN op aan om de NAVO toestemming te geven de Servische troepen te bombarderen. Maar de

Fransen en de Britten wilden daar niet aan beginnen omdat hun mannen over heel Bosnië verspreid zaten en slachtoffer konden worden van de eigen bommen of van de wraakacties van Serviërs, die zeker zouden volgen. 'Er is een taakverdeling die ik nu eenmaal niet kan aanvaarden,' zei de Franse minister van Buitenlandse Zaken Alain Juppé, 'namelijk dat sommigen in vliegtuigen vliegen en bommen laten vallen, en anderen, vooral Fransen, op de grond zitten.'

Door de wereldwijde afschuw over de gruweldaden in Bosnië moest de Veiligheidsraad uiteindelijk toegeven aan de Amerikaanse druk en de NAVO toestemming geven om als het nodig was bombardementen uit te voeren om de zogenaamd veilige gebieden, de konvooien met hulpgoederen of de blauwhelmen te beschermen. Na de stemming liet Boutros-Ghali Kofi Annan, Marrack Goulding en anderen bij zich komen en zei tegen hen: 'Zeker, de resolutie is aangenomen. Maar alleen de Verenigde Staten willen luchtaanvallen op de Serviërs. Je zult nu heel snel de reactie van andere landen zien, vooral van de Fransen en de Britten die soldaten in het terrein hebben.' Volgens Hervé Cassan, een van zijn adviseurs, werd de secretaris-generaal al gauw overladen met verzoeken van de Fransen en Britten 'om de Verenigde Staten te stoppen en de NAVO in de hand te houden.'

De resolutie van de Veiligheidsraad bevatte een omslachtig systeem van een 'dubbele sleutel' – ieder bombardement moest goedgekeurd worden door zowel de opperbevelhebber van de NAVO als de secretaris-generaal van de VN. 'Ik was degene,' aldus Annan, 'die die dubbele sleutel met de NAVO was overeengekomen.' Zonder die dubbele sleutel zouden Groot-Brittannië en Frankrijk nooit voor de NAVO-bombardementen hebben gestemd. 'Diegenen die grondtroepen in het land hadden,' aldus Annan, 'waren voorzichtig, wilden hun manschappen niet aan risico's blootstellen, wilden niet dat ze gegijzeld zouden worden en wilden niet dat ze door Serviërs zouden worden aangevallen... Maar we moesten tot overeenstemming zien te komen... De dubbele sleutel zou de soldaten in het terrein tenminste enige bescherming bieden.'

Het systeem legde echter een zware last op de schouders van Boutros-Ghali en het VN-secretariaat. De Amerikanen oefenden grote druk op hem uit om de sleutel om te draaien en bombardementen toe te staan, terwijl de Britten en de Fransen dat juist niet wilden. De Veiligheidsraad had hem natuurlijk al eerder een paar ingewikkelde problemen voorgeschoteld. Gedurende de vier jaar durende oorlog had de raad ruim veertig resoluties aangenomen en net zoveel dreigementen laten horen. Het waren meestal loze dreigementen die valse hoop wekten. Om het beleid van de Veiligheidsraad uit te voeren moest Boutros-Ghali altijd verschillende factoren laten meewegen – zijn eigen interpretatie van de bewoording van de talloze resoluties, de werkelijke stemming van de raad en de wensen van de VN-commandanten, gewoonlijk Britse en Franse, ter plaatse. De dubbele sleutel was echter wel de meest problematische factor, waarbij hij bovendien te maken had met de Amerikaanse ambassadeur Madeleine Albright. Verscheidene keren negeerde hij haar dringende verzoek om de sleutel om te draaien.

Het gezag om te bombarderen betekende dat de handhavers van vrede afdwingers van vrede konden worden als de VN dat wilden. Maar Boutros-Ghali wist dat de Verenigde Staten noch Frankrijk noch Groot-Brittannië betrokken wilden worden in een rechtstreekse oorlog met Servië. Hij handelde zeer voorzichtig en probeerde te doen alsof de Bosnië-missie een doodgewone vredesoperatie was waarin de vredeshandhavers een neutrale rol speelden. Maar dat viel natuurlijk niet mee, aangezien de Serviërs wisten dat hij gewapend was met het recht om hen te laten bombarderen.

Boutros-Ghali schoof zijn verantwoordelijkheid, zijn deel van de sleutel, door naar Akashi die ter plaatse was. Akashi was een zeer voorzichtige diplomaat die lof toegezwaaid had gekregen voor de manier waarop hij de grote VN-missie in Cambodja had geleid, en die ongetwijfeld zijn baas zou consulteren voordat hij een zo belangrijke beslissing nam. Hij voerde vooral de wensen uit van de VN-commandanten – hoofdzakelijk Franse en Britse generaals die op de eerste plaats hun eigen troepen wilden beschermen. Maar eenmaal sprak hij wel degelijk een veto tegen hen uit en soms vertraagde hij zijn instemming om zo tijd te winnen om toch nog met de Serviërs tot een staakt-het-vuren te komen. Hij stemde alleen toe in kleinschalige bombardementen. Zelfs nu de VN het recht hadden om NAVO-bommenwerpers in te zetten, leken ze machteloos.

De tegenzin van de VN om te bombarderen werd ondersteund door de Britten en de Fransen, maar ging in tegen de zin van de Amerikanen. De Franse ambassadeur Jean-Bernard Merimée zou tegen een VN-functionaris hebben gezegd: 'Door de dubbele sleutel op bombardementen door de NAVO heeft de secretaris-generaal de veiligheid van de blauwhelmen op de grond zeker gesteld, net als de onafhankelijkheid van de VN. Maar hij heeft hiermee iedere kans om herkozen te worden, verspeeld.'

Er is geen enkele aanwijzing dat ondersecretaris-generaal Kofi Annan als hoofd vredeshandhaving een andere mening had over het Bosnië-beleid dan Boutros-Ghali en Akashi. Uit Annans bureau kwamen per slot van rekening de periodieke rapportages voor de Veiligheidsraad waarin het verloop van het conflict werd beschreven en waarin de verschillende alternatieven voor actie door de raad werden gepresenteerd. Deze rapportages, die meestal opgesteld werden door Kofi's naaste medewerker Shashi Tharoor, de Indiase romanschrijver, waren duidelijk, direct en vaak goed geschreven. Er staat geen enkele aanwijzing in dat men het oneens zou zijn geweest. Tharoor gelooft echter dat Annan de verzoeken van de Amerikanen vaker gehonoreerd zou hebben dan Boutros-Ghali als hij op dat moment al de hoogste baas van de VN zou zijn geweest.

Mohammed Sacirbey, de Bosnische ambassadeur die het in zijn eentje voor elkaar kreeg dat de Amerikaanse publieke opinie zich tegen de Servische agressors keerde, ontmoette Annan tijdens de crisis vaak. Sacirbey vertelde dat Annan meer dan Boutros-Ghali de Servische president Slobodan Milošević ter verantwoording wilde roepen. 'Volgens mij was Kofi minder bevooroordeeld en meelevender,' zegt Sacirbey. 'Hij werd sterker beïnvloed door wat er in werkelijkheid gebeurde. Hij was zeker niet iemand die in het geheim onvoorwaardelijk aan onze kant stond, maar er waren allerlei anderen in de omgeving van Boutros-Ghali die een onredelijke, onlogische houding aannamen. En dat deed hij [Annan] niet.'

Ook waren er duidelijke verschillen in humeur en tact tussen Boutros-Ghali en Annan. Het is bijvoorbeeld volstrekt ondenkbaar dat Annan in het openbaar of privé ooit de bewoners van Sarajevo de les zou hebben gelezen. Maar dat is precies wat Boutros-Ghali op oudejaarsavond van 1992 wel deed ten overstaan van mij en andere verslaggevers: er waren volgens hem wel tien gebieden in de wereld waar de situatie slechter was dan in Sarajevo.

Diego Arria uit Venezuela, die tijdens de oorlog in Bosnië in de Veiligheidsraad zat, ontdekte Kofi Annan tijdens hetzelfde congres aan Princeton University als ik. De ambassadeur was verbaasd over de openheid van

Annan over de vredesoperatie in Somalië. 'Ik kon niet geloven dat ik naar een VN-functionaris zat te luisteren,' aldus Arria. 'Ik had nog nooit iemand van de VN op deze manier horen praten. Ik vroeg me af waar hij vandaan kwam.'

Over Bosnië zou Arria Annan echter nooit zo openhartig horen praten aangezien Boutros-Ghali hem tijdens Arria's ambtstermijn van de Veiligheidsraad weghield. De secretaris-generaal beheerste de totale informatiestroom van het VN-secretariaat naar de Veiligheidsraad door de benoeming van Chinmaya Gharekhan. Annan en andere topfunctionarissen lichtten Gharekhan in die op zijn beurt de raad inlichtte. Daardoor werd voorkomen dat de ambassadeurs in de raad Annan zelf, de functionaris die vermoedelijk het meest over de situatie in Bosnië wist, spraken. Er was een gelegenheid waarbij Annan door Boutros-Ghali direct naar Arria werd gestuurd. De blauwhelmen in Bosnië hadden niet kunnen voorkomen dat een hoge Bosnische functionaris werd vermoord en Arria had de indruk dat dit falen door de VN-missie werd toegedekt. Annan moest Arria tot kalmte brengen. 'Kofi was Kofi,' vertelde Arria. 'Hij luisterde. Hij legde uit. Hij zei dat hij zou doen wat hij kon.' Aangezien Boutros-Ghali niet van plan was om de bevelsstructuur in het veld te wijzigen, vond Arria's klacht nergens weerklank. Maar de stemming was veranderd. Arria had het gevoel dat er naar hem was geluisterd.

Toen het idee van veilige gebieden op tafel kwam, liet Annan zien dat hij de politiek van de Veiligheidsraad zeer goed aanvoelde. In door Serviërs bezet gebied lagen volstrekt geïsoleerd verscheidene stadjes en dorpjes van Bosnische moslims, die door de Serviërs makkelijk aangevallen zouden kunnen worden. De bevolking was aangevuld met talloze moslimvluchtelingen. Eten en andere goederen werden aangevoerd door konvooien van de VN die door Serviërs onderweg werden lastiggevallen, vertraagd en geplunderd. Om de zaak nog erger te maken, daagden de moslims de Serviërs uit doordat guerrillagroeperingen uit deze plaatsjes 's nachts dorpen van Serviërs aanvielen en plunderden. De VN vreesden dat de Serviërs al gauw die geïsoleerde plaatsen aan zouden vallen en uitroeien. In april 1993 leek vooral Srebrenica, een stad die overvol was met vluchtelingen die onder vreselijke omstandigheden leefden, in gevaar.

De Verenigde Staten en de andere permanente leden van de Veiligheidsraad konden niets bedenken om Srebrenica te redden, maar toen kwam Arria, voormalig burgemeester van Caracas en de vroegere hoofdredacteur van een krant, die met een bewerkte wandelstok door de gangen van het VN-gebouw liep en de vergaderingen opfleurde met overhemden in pasteltinten en elegante stropdassen, met een idee. Hij haalde de Veiligheidsraad over om een resolutie aan te nemen waarin Srebrenica tot 'veilig gebied' werd verklaard en waarin een onderzoeksmissie werd ingesteld om direct naar de plaats te vertrekken. Arria zelf werd hoofd van deze missie van ambassadeurs en andere diplomaten. De missie rapporteerde dat Srebrenica 'een open gevangenis' was en onderworpen aan de 'genocide in slowmotion' van de belegerende Serviërs.

De Zweedse generaal Lars Eric Wahlgren, commandant van UNPROFOR, verwierp het idee van veilige gebieden als deze dorpen en steden niet gedemilitariseerd konden worden op grond van een overeenkomst tussen moslims en Serviërs. Anders zouden de veilige gebieden beschermd moeten worden door strijdgroepen, niet door vredeshandhavers. Vredeshandhavers hadden noch de wapens, noch het gezag om die bescherming te bieden. 'Men kan niet tegelijkertijd ten oorlog trekken en vrede stichten,' schreef Wahlgren in een telegram aan Annan.

Om van Srebrenica een veilig gebied te maken, haalde Wahlgren de moslims en de Bosnische Serviërs over om een overeenkomst te tekenen waarin de Serviërs beloofden een staakt-het-vuren in acht te nemen als de moslims hun wapens overdroegen aan de VN. De resolutie van de Veiligheidsraad betekende weinig voor de Serviërs. Deze overeenkomst leek de enige manier om een massamoord door de Serviërs op de moslims van Srebrenica te voorkomen.

Maar Annan maakte zich zorgen over de overeenkomst. Zijn reactie weerspiegelde hoe goed hij de politieke realiteit begreep. Hij waarschuwde Wahlgren dat de stemming in de Veiligheidsraad en de resolutie tegen de Serviërs waren gericht. Leden van de raad wilden geen harde acties tegen de moslims. De moslims hadden wat wapens aan de VN overhandigd, de meeste kapot of zonder munitie. Annan suggereerde dat Wahlgren niet verder moest gaan. Er was geen noodzaak voor 'buitensporige ijver' en 'het huis na huis doorzoeken naar wapens'. Door wapens van de moslims af te nemen, schreef Annan, 'neemt UNPROFOR de morele verantwoordelijkheid op zich voor de veiligheid van de ontwapende burgers, waarvoor [UNPROFOR] vanaf een zeker punt echter niet over het noodzakelijke materieel beschikt.' Annans telegram weerspiegelde duidelijk zijn soepele instelling en zijn bereidheid om de traditionele neutraliteit van de VN opzij te zetten omdat duidelijk was dat de meeste mensen ter wereld wilden dat de VN de Serviërs af zouden straffen.

Dat de Veiligheidsraad instemde met het idee van de veilige gebieden zou tot een vreselijk drama leiden. De raad versterkte daarmee namelijk wel de status van Srebrenica als veilig gebied en verleende dezelfde status ook aan Sarajevo en vier andere steden, maar er werd geen extra militair materieel ingezet om die gebieden te beschermen. Hoewel Arria bepleit had om Srebrenica uit te roepen tot veilig gebied, onthield hij zich liever van stemming dan dat hij vóór de resolutie stemde waarmee voor heel Bosnië hetzelfde beleid zou zijn ingevoerd. Aangezien het niet mogelijk was dat de VN-troepenmacht de genoemde steden militair zou verdedigen, bleek Arria's voorspelling uit te komen, namelijk dat de veilige gebieden niet veilig waren.

Boutros-Ghali had in de Veiligheidsraad gesteld dat er vierendertigduizend manschappen nodig waren om de veilige gebieden te verdedigen, maar de raad gaf toestemming voor slechts zesenzeventighonderd man, een kwart van wat minimaal nodig was. En Annan kreeg daarvan maar de helft tot zijn beschikking. Er waren zelfs enkele regeringen die al soldaten naar Bosnië hadden gestuurd, maar die hem nu verboden hun mannen in te zetten voor de gevaarlijke taak van het beschermen van veilige gebieden. De Belgische luitenant-generaal Francis Briquemont, die van juli 1993 tot januari 1994 commandant van de VN-vredeshandhavers was, zei dat er een zo brede kloof gaapte tussen de resoluties van de Veiligheidsraad en de werkelijkheid dat hij ze niet meer las.

In juli 1995 bezette de Bosnisch-Servische generaal Ratko Mladić met zo'n tweeduizend man binnen enkele dagen heel Srebrenica. De VN hadden slechts zeshonderd Nederlandse soldaten – de helft infanterie, de andere helft ondersteuning – ter beschikking om het veilige gebied te verdedigen. De Nederlanders vroegen aan de VN-hoofdkwartieren in Sarajevo en Zagreb aanhoudend om luchtsteun. Maar de meeste van deze verzoeken werden afgewezen of genegeerd in een opmerkelijk vertoon van verwarring en incompetentie onder de bevelhebbers van de VN-vredesmacht. Op het hoogtepunt van de aanval verwachtten de Nederlanders dat NAVO-vliegtuigen om zeven uur 's morgens zouden beginnen met het bombarderen van de Serviërs, maar de vliegtuigen, die al in de lucht waren, moesten wachten op een formeel verzoek om hun bommen af te mogen werpen. Tegen de tijd dat dat verzoek het hoofdkwartier had bereikt, moesten de vliegtuigen naar Italië terugkeren om bij te tanken.

De NAVO begon pas met bombarderen toen de Serviërs de stad al zo goed als helemaal in handen hadden. De doelen waren toen ook niet indrukwekkend meer – twee rijdende Servische vrachtwagens. Maar de Serviërs lieten via de radio aan de Nederlanders weten dat zij, als het bombarderen doorging, de compound, het kamp van de VN-soldaten dat vol vluchtelingen zat, zouden beschieten en de dertig Nederlanders die zij in handen hadden, zouden doden. Daarop belde de Nederlandse minister van Defensie met zowel Akashi als Annan om een einde aan het luchtbombardement te maken. Akashi, die de VN-sleutel in handen had, vond dat hij geen keus had. De Serviërs namen de rest van Srebrenica in zonder nog enig verzet van de VN.

Hiermee was de weg bereid voor de grootste verschrikking die sinds de Tweede Wereldoorlog in Europa plaats zou vinden. Generaal Mladić beloofde dat hij zijn moslimgevangenen zou behandelen zoals in de Conventies van Genève is voorgeschreven, maar hij scheidde duizenden mannen en jongens vanaf zestien jaar van de vrouwen en kinderen en liet hen buiten Srebrenica doodschieten. Meer dan zevenduizend moslims werden vermoord. Volgens de aanklacht die voor het Joegoslaviëtribunaal in Den Haag tegen Mladić en de Bosnisch-Servische president Radovan Karadžić is ingediend, 'heeft er klaarblijkelijk een werkelijk verschrikkelijke massamoord onder de moslimbevolking plaatsgevonden' in 'scènes van onvoorstelbare wreedheid, ...scènes uit de hel, geschreven op de zwartste pagina's van de menselijke geschiedenis.' Maar noch Mladić, noch Karadžić is tot nu toe gevangengenomen of aan het tribunaal uitgeleverd.

Critici die Kofi Annan de Rwanda-doden voor de voeten werpen, geven hem ook de schuld van de doden van Srebrenica. Maar volgens mij is dit nog verder gezocht dan het Afrikaanse drama. Zijn rol in Bosnië werd totaal overschaduwd door die van Boutros-Ghali, die zo graag de belangrijkste zaken zelf wilde beheersen. Bosnië was echter door niemand te beheersen. De beslissingen van de Veiligheidsraad werden gefrustreerd door het conflict tussen de Verenigde Staten en de Verenigde Naties. Als zich onenigheid voordeed over de uitvoering van een resolutie, koos secretaris-generaal Boutros-Ghali gewoonlijk de kant van Groot-Brittannië en Frankrijk, vooral omdat die landen troepen ter plaatse hadden. Het is moeilijk om hem dat kwalijk te nemen, maar deze houding maakte Washington woedend.

Boutros-Ghali beschadigde zijn eigen reputatie door zich een militaire rol aan te meten die hem niet paste: het gezag om te bombarderen. Hoewel hij zijn sleutel om hiertoe over te gaan aan Akashi, zijn vertegenwoordiger ter plaatse, had gegeven, was Akashi – die zijn baas regelmatig om raad vroeg – net zo ongeschikt voor militaire beslissingen als Boutros-Ghali zelf. De sleutel had misschien wel het best overgedragen kunnen worden aan de Franse luitenant-generaal Jean Cot, die van juni 1993 tot maart 1994 commandant van UNPROFOR was en die herhaaldelijk vroeg om het recht om luchtaanvallen uit te laten voeren, maar Boutros-Ghali weigerde hem de sleutel te geven. Akashi deed gewoonlijk wel wat de commandant van de vredesmacht vroeg, maar dan met zoveel vertraging en twijfel (terwijl hij in één geval een veto uitsprak), dat de VN wereldwijd in krantenkoppen verwijten moesten lezen.

Misschien had Boutros-Ghali de Veiligheidsraad moeten weerstaan en meer moeten benadrukken dat de VN Srebrenica en de andere veilige gebieden niet konden beschermen met de kleine aantallen soldaten die door de Veiligheidsraad aan UNPROFOR waren toegewezen en waarvan dan ook nog eens slechts een klein deel door lidstaten was uitgezonden. Hij had de Veiligheidsraad en de moslims in Bosnië kunnen zeggen dat er geen veilige gebieden bestonden. Die verzetsdaad zou dan wel hebben veroorzaakt dat de hele Veiligheidsraad boos op de secretaris-generaal was, maar zou ook levens hebben gered. En er zou tenminste geen valse hoop zijn gewekt. Maar Boutros-Ghali vertelde me nog kortgeleden in een interview: 'Dat is nog nooit gebeurd. De taak van een secretaris-generaal is het uitvoeren van de bevelen van de Veiligheidsraad. Je kunt niet zeggen: dat doe ik niet. Je moet het doen.'

Zowel de Franse luitenant-generaal Bernard Janvier, de troepencommandant van UNPROFOR, als de Britse luitenant-generaal Rupert Smith, algemeen commandant, stelden in het voorjaar van 1995 een plan voor dat het hele concept van veilige gebieden in Bosnië zou veranderen. Zij wilden dat de VN de meeste blauwhelmen uit de veilige gebieden zouden terugtrekken en daar alleen enkele waarnemers en controleurs achter zouden laten die zouden kunnen vragen om luchtaanvallen. Als er minder blauwhelmen het risico liepen door de Serviërs gevangengenomen te worden, zouden de veilige gebieden volgens hen minder kwetsbaar zijn. Maar volgens William Shawcross wekte dit plan de woede op van de Verenigde Staten.

'Janvier kwam persoonlijk onder vuur te liggen van Madeleine Albright,' schreef Shawcross. 'Ze beweerde dat Janvier "de veilige gebieden wilde dumpen" en dat de Verenigde Staten dat niet toe zouden staan... De Amerikaanse retoriek van Albright en degenen boven haar veroordeelden de VN ertoe om vruchteloos met de missie door te gaan – en veroordeelde hen die geacht werden door de VN-bescherming veilig te zijn, tot blootstelling aan groot gevaar.'

Door de verschrikkingen van de massamoord in Srebrenica riepen buitenstaanders steeds harder om een einde aan de oorlog te maken. Europa en de Verenigde Staten waren het erover eens dat de Serviërs gestopt moesten worden en indien nodig met zware bombardementen. Deze vastberadenheid werd versterkt door de verkiezing van Jacques Chirac tot president van Frankrijk; hij stond erop dat er een einde kwam aan de vernedering van de Verenigde Naties. Ook andere gebeurtenissen zorgden ervoor dat het einde van de agressie van de Serviërs naderbij kwam. Met instemming van de VS begonnen de Kroaten een offensief waarbij de Serviërs werden verdreven uit de meeste delen van Kroatië die ze eerder in de oorlog bezet hadden. Frankrijk en Groot-Brittannië stuurden een zwaar bewapende snellereactiemacht naar Bosnië met artillerie die sterk genoeg was om het antiluchtdoelgeschut van de Serviërs uit te schakelen. De VN trokken alle blauwhelmen uit de buitengebieden terug zodat ze niet langer door de Serviërs gegijzeld konden worden. Het was nu wachten op een provocatie. Enkele weken na de val van Srebrenica vuurden de Serviërs een mortier af op de markt van Sarajevo waarbij zevenendertig burgers omkwamen. Het was tijd om de Serviërs te straffen.

Maar de NAVO had nog steeds de VN nodig om de sleutel om te draaien. Madeleine Albright probeerde Boutros-Ghali op te sporen maar kon hem niet vinden. Hij was op weg naar een vergadering in Barbados. Daarom belde ze Annan. De conversatie liep volgens Annan ongeveer als volgt:

'Waar is Boutros?' vroeg ze.

'Hij is op reis,' antwoordde Annan.

'Wanneer is hij weer te spreken?'

'Zogauw hij er is.'

'Hoe kan hij zo lang onbereikbaar zijn?' Ze klonk ongelovig en geïrriteerd.

'Hij heeft geen privévliegtuig,' zei Annan. 'Hij zit op een lijnvlucht.'

Volgens Albright had ze zo snel mogelijk een beslissing nodig. 'Ik sprak met mijn mensen [in het voormalige Joegoslavië],' vertelde Annan. 'Ik zei dat als dit werkelijk aan de hand was, we dan de sleutel om zouden moeten draaien. Ik zei dus eigenlijk dat we de sleutel om moesten draaien. Zo gaf ik toestemming voor het omdraaien van de sleutel.' Het bombarderen van de Bosnische Serviërs begon en, volgens Richard Holbrooke, toen onderminister van Buitenlandse Zaken, was 'Annans doortastende optreden in die vierentwintig uur van beslissende betekenis voor de steun die Washington hem een jaar later gaf als kandidaat om Boutros-Ghali als secretaris-generaal op te volgen. In zekere zin kreeg Annan die dag zijn nieuwe baan.'

Andere VN-functionarissen, zoals Akashi, zouden een dergelijke beslissing vermoedelijk niet hebben durven nemen zonder Boutros-Ghali te raadplegen. Maar Fred Eckhard, woordvoerder van Annan, verbaasde het niets. 'Akashi richtte zich op wat Boutros-Ghali wilde,' vertelde Eckhard, die tijdens de Bosnië-crisis voor zowel Akashi als Annan heeft gewerkt. 'Bovendien was hij veel gereserveerder dan Annan. Annans band met de Amerikanen en NAVO-functionarissen was veel warmer. Als zich tijdens afwezigheid van Boutros-Ghali de mogelijkheid voordeed om een beslissing te nemen, dan nam hij die, en dat tot tevredenheid van de Amerikanen.' Annan is nooit overgekomen als erg ambitieus, maar als zich een kans voordeed, dan greep hij die wel.

Zo nam Annan in afwezigheid van Boutros-Ghali de verantwoordelijkheid op zich voor het bombarderen door de NAVO. Hij was nu de hoogste VN-functionaris in een crisis die het nieuws wereldwijd domineerde. Er was niemand die hem tegen kon houden. Hij besloot zelfs om de Veiligheidsraad persoonlijk in te lichten over wat de weinige rapporten over de bombardementen die zijn bureau bereikten, zeiden. Dit paste bij zijn mening dat de raad in het verleden in verwarring was gebracht en verkeerd ingelicht door de werkwijze van Boutros-Ghali om bijna alle informatie aan de raad te geven via één enkel persoon, woordvoerder Gharekhan, die geen enkele rol had in het vaststellen of uitvoeren van het beleid. Kofi Annan proefde voor het eerst iets van de macht van de VN en de leden van de Veiligheidsraad, die ruim een jaar later over zijn lot zouden beslissen, hadden nu de kans hem aan het werk te zien.

Voordat Boutros-Ghali zijn volgende reis ondernam, deze keer naar China, gaf hij Annan het recht om alle noodzakelijke beslissingen over de bombardementen te nemen als de commandant van de NAVO, de Amerikaanse admiraal Leighton Smith, en de generaal van de VN, Janvier, onenigheid kregen. Toen Smith en Janvier het niet eens werden over het opschorten van de bombardementen zodat Janvier een ontmoeting kon hebben met Mladić, overlegde Annan met de belangrijkste politici over wat er moest gebeuren. Eerst sprak hij uitvoerig met de secretaris-generaal van de NAVO, de Belg Willy Claes, maar ze kwamen niet tot een eensgezinde conclusie. Daarop wendde hij zich tot twee Amerikanen, Sandy Berger, Clintons adviseur nationale veiligheid, en Strobe Talbott, onderminister van Buitenlandse Zaken. Annan en de Amerikanen werden het eens en besloten tot het opschorten van de bombardementen gedurende drie dagen. Maar het gesprek tussen Janvier en Mladić verliep onaangenaam. Toen Mladić Janvier overschreeuwde en weigerde aan de VN-eisen tegemoet te komen, werden de bombardementen direct hervat.

In de tijd van de bombardementen sprak Annan vaak met Amerikaanse functionarissen, maar een stroman van de Amerikanen werd hij niet. Zo klaagde hij later bij Boutros-Ghali dat de NAVO de VN niet volledig op de hoogte hield over de schade die de bombardementen aanrichtten. Daardoor moest Annan voor de Veiligheidsraad bekennen dat hij dat niet wist. In een memo aan Boutros-Ghali vroeg hij zijn klacht aan de NAVO over te brengen: 'We kunnen geen slapende partners zijn waar de NAVO geen rekening mee hoeft te houden.' De Serviërs willigden pas midden september, na een ontmoeting met Holbrooke, de eisen van de VN in, waarop er eindelijk een eind kwam aan de NAVO-bombardementen.

Daarop werd een ontmoeting georganiseerd op de luchtmachtbasis Wright-Patterson in Dayton, Ohio. Hier praatte Holbrooke net zo lang in op de presidenten Slobodan Milošević van Servië, Franjo Tudjman van Kroatië en Alija Izetbegović van Bosnië dat eind november 1995 een vredesverdrag kon worden gesloten, de zogenoemde akkoorden van Dayton. Holbrookes taak werd enigszins verlicht door Milošević, die de Bosnische Serviërs kon dwingen de akkoorden te aanvaarden. Hierin werd bepaald dat Bosnië een losse bond van twee delen zou vormen: een federatie van moslims en Kroaten die over eenenvijftig procent van het land heerste terwijl de resterende negenenveertig procent een Servische republiek werd.

De vredesakkoorden brachten echter geen verbetering in het beeld dat Amerika van de VN had – verre van dat zelfs. De reputatie van de VN was zo besmeurd door critici in het Amerikaanse Congres dat Holbrooke geen VN-smetje op zijn akkoorden wilde zien. Hij wilde in eerste instantie zelfs geen enkele VN-functionaris bij de besprekingen toelaten. Uiteindelijk bond hij in en gaf hij de Noor Thorvald Stoltenberg, hoofdonderhandelaar van de VN in de Bosnië-crisis, toestemming om aanwezig te zijn, maar hij gaf hem nauwelijks iets te doen. Overeengekomen werd dat de NAVO alle taken van de blauwhelmen in Bosnië over zou nemen. De VN kregen de verantwoordelijkheid voor het opleiden van politieagenten en de hulpverlening, maar dan nog alleen omdat Holbrooke geen andere organisatie kon vinden om dit te doen. In een reeks persconferenties benadrukte Holbrooke dat de coördinator van alle niet-militaire activiteiten in Bosnië, de voormalige Zweedse premier Carl Bildt, geen enkele band met de VN had. Toen de vredesovereenkomst ten slotte officieel in het Élysée in Parijs werd getekend, vond Holbrooke het vreemd dat Boutros-Ghali op de Franse lijst van sprekers voorkwam – 'een man wiens bezigheden zo weinig hebben bijgedragen aan het beëindigen van de oorlog.'

Al voor het begin van de conferentie in Dayton maakte Boutros-Ghali bekend dat hij Akashi van zijn post als speciale vertegenwoordiger in het voormalige Joegoslavië onthief en hem verving door Kofi Annan. De Irakees Ismat Kittani, een ervaren diplomaat en medewerker van de VN, volgde Annan op als ondersecretaris-generaal belast met vredeshandhaving. 'Het kwam als een verrassing,' aldus Annan. 'Geruchten bleven aanhouden. Ik dacht dat het alleen geruchten waren, maar ze kwamen uit. Ik aanvaardde de uitdaging en het werd een interessante opdracht.'

De verandering lokte veel glimlachjes uit in de gangen van het VN-gebouw. Het was een publiek geheim dat ambassadeur Madeleine Albright en andere Amerikaanse functionarissen zo'n hekel aan Boutros-Ghali hadden dat ze misschien wel een veto uit zouden spreken bij de stemming over zijn herverkiezing. En Annan leek de Amerikaanse voorkeur te hebben als zijn opvolger. Het leek erop alsof Boutros-Ghali een rivaal weg promoveerde. Vlak daarna trof ik Annan en Kittani wandelend op First Avenue bij het VN-gebouw en ik vroeg: 'Wie van u heeft zojuist promotie gekregen?' Beiden lachten en wezen naar elkaar.

Boutros-Ghali ontkent dat hij probeerde Annan te isoleren door hem naar Bosnië te sturen. 'Hij werd er zelfs beter van,' zei hij me. 'Terwijl hij in Bosnië was, kon hij zijn verkiezingscampagne voorbereiden.' Het lijdt geen twijfel dat Washington blij was met Annans benoeming. 'De Verenigde Staten waren erg tevreden met de vervanging [van Akashi],' schrijft Holbrooke. 'Sinds de crisis in augustus om de bombardementen was Annan de VN-functionaris in wie we het meeste vertrouwen hadden, en zijn aankomst [in Bosnië] was goed nieuws.' Albrights woordvoerder, James P. Rubin, zei tegen verslaggevers: 'Ambassadeur Albright heeft een hoge pet op van Kofi Annan en is van mening dat zijn aanwezigheid in voormalig Joegoslavië zal bijdragen aan een uitstekende samenwerking tussen de Verenigde Naties, de Verenigde Staten en de NAVO.'

Toen Boutros-Ghali Annan vertelde dat hij hem naar Bosnië stuurde, stond Annan erop dat de functie slechts tijdelijk zou zijn. Hij wilde daarna zijn functie als hoofd vredeshandhaving weer terug. Annan stuurde aan zijn staf in New York en medewerkers in andere landen een memo waarin hij zijn nieuwe functie tijdelijk noemde en beloofde dat hij zo snel mogelijk in zijn oude baan zou terugkeren. Daaruit bleek dat de benoeming geen ontslag uit zijn oude functie betekende. Kittani accepteerde deze regeling en zei tegen iedereen dat hij slechts tijdelijk de afdeling vredeshandhaving leidde. Kofi vestigde zich in Zagreb, de hoofdstad van Kroatië, maar Nane bleef in New York.

Annan had twee verschillende opdrachten. Hij moest het gezag van de VN in Bosnië overdragen aan de NAVO en hij moest toezicht houden op de troepen van de VN-vredesmacht die achterbleven in delen van Kroatië waar spanningen heersten. Beide opdrachten vervulde hij feilloos.

In december 1995 nam de Amerikaanse admiraal Smith de militaire operatie van de NAVO over van de Franse generaal Janvier. Janvier drong er bij de NAVO op aan 'om snel en zonder terughoudendheid te handelen' aangezien 'de vrede nog broos' was. Smith beloofde dat zijn troepen voor 'een vreedzame missie' kwamen en niet 'als een stelletje cowboys om ruzie te maken'.

Annans toespraak was het meest indrukwekkend – kort, goed geformuleerd en met een duidelijke boodschap. 'De wereld kan niet doen alsof niemand weet wat de mensen die hier wonen, hebben doorstaan,' zei hij. 'Terugkijkend worden we gedwongen om nogmaals na te denken over onze reactie op de toenemende verschrikkingen van de afgelopen vier jaar. En als we dat doen, dan komen er vragen op die ieder van ons zelf moet beantwoorden: Wat deed ik? Had ik meer kunnen doen? Liet ik mijn vooroordeel of mijn angst mijn verstand verdringen? En vooral, hoe zou ik de volgende keer reageren?' Als secretaris-generaal zou hij vier jaar later een buitengewoon rapport laten verschijnen waarin hij die vragen trachtte te beantwoorden.

Annan liet geen enkele wrok merken over het feit dat de VN zo goed als helemaal buiten de akkoorden van Dayton waren gelaten. Hij deed zijn best om ze uitgevoerd te krijgen. Hij deelde Holbrookes zorgen over de bevelen van Karadžić en andere Bosnisch-Servische leiders aan de Serviërs om hun huizen plat te branden en uit de Bosnische hoofdstad Sarajevo te vertrekken. Daardoor zou de meest geïntegreerde stad van Bosnië in een puinhoop veranderen en werden de ambities van Karadžić om een afscheiding te bewerkstelligen, versterkt.

Annan drong er bij president Izetbegović op aan om zich grootmoedig tegenover de Serviërs te gedragen en hun te vragen te blijven. Izetbegović antwoordde dat Servische burgers in Sarajevo mochten blijven, maar niet de soldaten en de milities. Aangezien de meeste gezinnen wel een soldaat of militieman telden, hielp die oproep van de president niet veel.

De Britse verslaggever William Shawcross reisde enkele keren met Kofi Annan mee tijdens diens missie in het voormalige Joegoslavië en raakte goed met hem bevriend. 'Hoe meer ik in de vroege jaren negentig met Annan reisde en met hem sprak,' schreef Shawcross in zijn boek *Deliver Us from Evil: Peacekeepers, warlords, and a world of endless conflict*, 'hoe opmerkelijker hij bleek te zijn – een internationale ambtenaar die geen bureaucraat geworden was. Hij ging op een vriendelijke maar ook overredende manier met mensen om en behield daarbij zijn waardigheid en gezag. Hij is geen lange man, maar zijn aanwezigheid valt altijd op door zijn natuurlijke gevoel van rust en beleefdheid. Hij spreekt zacht en lijkt zelden boos of zelfs maar geïrriteerd. Hij heeft daarbij een zeer levendig, zelfs wat ondeugend gevoel voor humor. Hij lijkt totaal niet op anderen die ik bij de VN of elders heb ontmoet.'

Shawcross vergezelde Annan tijdens een bezoek aan de Servische wijk van Sarajevo, Grbavica. De Serviërs klaagden dat de akkoorden van Dayton anti-Servisch waren. Annan sprak rustig, openhartig en duidelijk. 'Ik moet eerlijk zijn,' zei hij. 'Dayton was een compromis. Maar ze zijn ondertekend door de staatshoofden en er kan niet over onderhandeld worden... Probeer niet te gaan onderhandelen over die akkoorden, maar probeer ze uit te voeren. Jullie moeten zorgen dat de wereld jullie hoort – dat jullie in vrede willen leven.'

'Ik begrijp dat jullie ongerust zijn,' vervolgde hij, 'maar probeer met de internationale gemeenschap samen te werken. Er is een nieuwe periode aangebroken. Jullie moeten IFOR [de Implementation Force, de naam van de NAVO-missie] op jullie gebied toelaten. Die zal iedereen gelijk behandelen.'

Maar de Serviërs luisterden niet. Binnen enkele weken verlieten bijna zeventigduizend van hen de stad, maar eerst staken ze hun huis in brand. IFOR deed niets om de branden te blussen of om de in de stad achtergebleven Serviërs te beschermen. Annan had een ontmoeting met admiraal Smith en vroeg hem om NAVO-troepen te laten patrouilleren in de Servische wijk. Smith weigerde. De NAVO-commandanten wilden net zo min dat hun troepen in gevecht zouden raken als eerder de VN-commandanten.

Annan had ook een ontmoeting met Milošević in Belgrado en vroeg hem Karadžić en de ander Bosnisch-Servische leiders in toom te houden. Milošević bagatelliseerde Karadžić en diens kameraden. 'Zij waren helemaal gek,' zei hij tegen Annan. Maar hij legde de schuld ook bij het door moslims gedomineerde bestuur van Bosnië. Annan bereikte niets en vroeg naar Kosovo. Milošević verzekerde hem dat de spanningen in die provincie geen probleem meer vormden, en dat dat bovendien een binnenlandse aangelegenheid was.

Generaal-majoor William Nash, gelegerd in Tuzla en commandant van een grote Amerikaanse troepenmacht, vertelde dat hij en andere Amerikanen op de Verenigde Naties neerkeken toen ze in Bosnië aankwamen. Een paar maanden na zijn aankomst 'kreeg ik te horen dat iemand van de VN, het hoofd vredeshandhaving, me wilde spreken.' Nash besloot hem te ontmoeten. Ze spraken bijna een uur. 'Ik was onder de indruk,' aldus Nash, 'van zijn aandacht en rust, van zijn bescheiden manieren, van zijn belangstelling voor wat ik deed.'

Enkele weken later overhandigde een adjudant generaal Nash een politieke analyse van de situatie in Bosnië die afkomstig was uit Annans kantoor. 'Die was geweldig,' aldus Nash. 'Er werden politieke nuances in uitgelegd waarvan wij niets wisten. Ik was diep onder de indruk.' Hierna vroeg Nash de VN steeds vaker om informatie. Het bezoek van Annan en de analyse hadden ervoor gezorgd dat de Amerikanen veel minder minachting voor de VN kregen.

In de vijf maanden die Annan in het voormalige Joegoslavië verbleef, bezocht hij ook de Franse en Britse troepen in Sarajevo die deel hadden uitgemaakt van de VN-vredesmacht en nu aan de troepenmacht van de NAVO waren toegewezen. In hun pogingen om de verwarrende en vaak tegenstrijdige resoluties van de VN uit te voeren, waren meer dan tweehonderd blauwhelmen omgekomen. Annan vertelde de manschappen dat wat politici, kranten en tv-programma's ook beweerden, de VN in Bosnië goed werk hadden verricht. Maar, zei hij, de VN mochten niets anders doen dan wat door de resoluties van de Veiligheidsraad werd goedgekeurd. 'Overwinningen worden altijd aan regeringen toegeschreven,' zei hij tegen de soldaten, 'nederlagen aan de vredesmacht van de VN.'

Toen Annan naar New York terugkeerde, hervatte hij zijn werk als hoofd van het departement voor Vredesoperaties. Binnen de VN gingen geruchten dat de Amerikanen van plan waren de herverkiezing van Boutros-Ghali tegen te houden. Sommigen van Annans vrienden waren verbaasd dat de secretaris-generaal hem al zo gauw terug liet keren. Tijdens een diner glimlachte de Canadese ambassadeur Robert Fowler naar hem en zei ronduit: 'Kofi, ik ben blij dat je terug bent. Maar nu je terug bent, kan ik je vertellen dat, toen je bij je vertrek zei dat je terug zou komen, niemand van ons dat geloofde.'

8

De vervanging van Boutros-Ghali

Ongeveer een jaar voor het einde van de ambtstermijn van Boutros Boutros-Ghali gaf de Amerikaanse ambassadeur Madeleine Albright haar medewerker James P. (Jamie) Rubin een wat hij nu noemt 'geheime diplomatieke missie'. Jamie, Albrights woordvoerder en vertrouweling, moest er tijdens een diner achter zien te komen of het Frans van ondersecretaris-generaal Kofi Annan wel voldoende was om een eventueel veto van de Fransen bij de verkiezing van een nieuwe secretaris-generaal te voorkomen. Het diner waar Kofi en zijn vrouw Nane aanwezig waren, was georganiseerd door Richard Holbrooke. Jamie zat naast Nane die zacht praatte en verlegen was, en stelde haar nogal banale vragen over de tijd dat ze in Genève woonden. Hij wilde bijvoorbeeld weten of ze Franstalige kranten lazen. Na enige tijd was hij tevreden: het Frans van Kofi was goed genoeg.

Hoe goed dat Frans van Kofi was, was belangrijk bij de laatste stemronde, zo belangrijk zelfs dat Kofi erom moest lachen. 'Nu spreek ik Engels met een Frans accent,' vertelde hij zijn vriend William Shawcross. Toen Annans assistent, Shashi Tharoor, een verslaggever minachtend hoorde zeggen dat hij 'de taal van Molière' niet beheerste, reageerde Tharoor: 'Hij beheerst dan misschien niet de taal van Molière, maar de taal van Talleyrand spreekt hij zeker wel.'

Alle heisa rond Annans beheersing van het Frans was een vrolijke noot in een van de bitterste en vervelendste episodes in de geschiedenis van de VN: het Amerikaanse veto tegen de tweede termijn van Boutros-Ghali. Annan zou nooit secretaris-generaal geworden zijn als Madeleine Albright Boutros-Ghali niet had afgewezen. Kofi Annan is vanuit dat oogpunt slechts bij toeval de hoogste man van de VN geworden.

Lang voordat verslaggevers, diplomaten en VN-medewerkers begonnen te speculeren over Annans kansen, probeerde Tharoor het onderwerp al bij zijn baas aan te snijden. In 1994 had een brand Annans appartement op Roosevelt Island verwoest en logeerde Annan enkele weken in het Beekman Towers Hotel tegenover het VN-gebouw. Op een dag wandelde Tharoor met hem naar het hotel waar ze een Schotse whisky dronken. Hier vertelde Tharoor hem dat duidelijk was dat de Amerikanen van Boutros-Ghali af wilden, dat ze vermoedelijk wilden dat een Afrikaan hem op zou volgen en dat Kofi hiervoor de aangewezen kandidaat was. Kofi knikte, glimlachte en zei niets.

Kofi nam dergelijke geruchten niet erg serieus. Toen ik hem enkele jaren nadat hij was gekozen vroeg wanneer hij voor het eerst het idee had dat hij secretaris-generaal kon worden, antwoordde hij: 'Je zult het niet geloven, maar dat was pas op het laatste moment. Per slot van rekening was een dergelijke opvolging nooit eerder voorgekomen. Tegen het einde van 1995 verschenen artikelen waarin stond dat Boutros problemen had. Er werden namen genoemd en er waren mensen die mijn naam noemden. Ik kon dat niet serieus nemen. Het was niet eerder gebeurd dat iemand vanuit het VN-secretariaat secretaris-generaal werd. De organisatie had altijd buiten het secretariaat naar een opvolger gezocht. De geruchten werden deze keer echter steeds sterker.'

Het conflict tussen Boutros-Ghali en Madeleine Albright was persoonlijk. Hoewel beiden in hun memoires bekennen dat de ander charmant was en andere grote kwaliteiten had, hadden ze zonder meer een enorme hekel aan elkaar. 'Albright,' schreef Boutros-Ghali in zijn memoires, 'had de neiging om te reageren op discussies tussen de Verenigde Naties en de Verenigde Staten alsof het kritiek was die speciaal was gericht tegen haar optreden als de Amerikaanse vertegenwoordiger bij de Verenigde Naties. Een dergelijke gevoeligheid is niet ongewoon bij onervaren diplomaten.' Hij vervolgde: 'We voelden duidelijk een warme vriendschap, maar die warmte werd woede zo gauw zich problemen voordeden.'

'Boutros-Ghali,' schreef Albright in haar boek, 'was hypergevoelig voor status en scheen te geloven dat administratieve taken beneden zijn waardigheid waren. In de loop van de tijd werd hij steeds kritischer over Amerika, waar hij elders misschien wel punten mee scoorde maar wat het voor mij nog moeilijker maakte om op Capitol Hill steun voor de VN te vergaren.'

Boutros-Ghali, een koptische christen uit Egypte en begin 1996 drieënzeventig jaar oud, was prikkelbaar, koppig, eigenwijs, arrogant, gereserveerd en afstandelijk. Hij leidde de VN met het instinct van een achterdochtige politicus en zo briljant als verwacht mocht worden van een voormalige hoogleraar, die met het grootste gemak gegevens op kon nemen en verwerken tot allerlei beleidsalternatieven. Als voormalig minister van Buitenlandse Zaken kende hij wereldleiders persoonlijk en nam hij direct contact met hen op; hij passeerde daarbij dan wel hun ambassadeurs in New York. Een ervaren Amerikaanse diplomaat beschreef Boutros-Ghali eens als 'de eeuwige buitenstaander' die macht heeft vergaard door niemand te vertrouwen. 'Er is een grapje,' vertelde een ambassadeur bij de Veiligheidsraad, 'dat als de secretaris-generaal iemand wil zien die hij kan vertrouwen, hij gaat staan, door de zaal naar de muur loopt en in de spiegel kijkt.'

Er bestonden grote geschillen tussen Boutros-Ghali en de VS over beleidszaken. Albright had bijvoorbeeld van hem gewild dat hij meer bombardementen op de Serviërs had goedgekeurd, terwijl Boutros-Ghali zich gebonden voelde door de onwil van de Britten en de Fransen die immers, in tegenstelling tot de Amerikanen, veel manschappen in Bosnië hadden die deel uitmaakten van de vredesmissie. Albright vond Boutros-Ghali meestal gewoon te zelfstandig. Zij zag de rol van secretaris-generaal als die van een functionaris die de opdrachten uitvoerde van hen die zijn salaris betaalden – vooral van de vijf permanente leden van de Veiligheidsraad, en dan nog bovenal van de Verenigde Staten. Boutros-Ghali benadrukte dat hij zichzelf beschouwde als een dienaar van de Veiligheidsraad, maar hij had een koppig en eigenwijs trekje. 'Hij is alleen de dienaar van zijn eigen ego.' Toen Boutros-Ghali eens van plan was zelf naar Somalië te gaan, drong Albright er bij hem op aan om niet te gaan. Hij nam dat verzoek in beraad. Maar toen las hij dat bronnen in het Witte Huis al aan verslaggevers verteld hadden dat zij niet wilden dat hij ging. Die manier van politiek bedrijven door de Amerikaanse regering deed voor hem de deur dicht en hij vertrok naar Somalië.

In 1993 vertelde Albright Boutros-Ghali, naar zijn zeggen, dat de regering-Clinton wilde dat voormalig president Jimmy Carter en de presidenten van Ethiopië en Eritrea aan het hoofd zouden staan van een commissie die de moord op ruim vijftig blauwhelmen door aanhangers van krijgsheer Mohammed Farah Aideed in Somalië moest onderzoeken. De secretaris-generaal bracht hier tegenin dat het een ongelooflijke blunder zou zijn om drie christenen de moord door moslims op moslims te laten onderzoeken. 'Hebben jullie dan geen geheime dienst om te adviseren?' zei hij. Volgens de memoires van Boutros-Ghali 'gooide Albright het hoofd naar achteren, rolde met haar ogen, trok rare gezichten en gaf zichzelf een klap op het bovenbeen, en dit alles in één vloeiend vertoon van ergernis over mij.'

Hun vete kwam na de ondertekening van de akkoorden van Dayton eind 1995 in de openbaarheid. Als een soort terzijde bij de akkoorden wilden de Amerikanen dat de blauwhelmen toezicht hielden op de teruggave van het door Serviërs beheerste Oost-Slavonië aan Kroatië. Na maanden van beledigingen ergerde dit voorstel Boutros-Ghali mateloos. Als de VN te slap waren om in Bosnië te blijven, waarom waren ze dan ineens sterk genoeg om het net zo gevaarlijke oostelijke deel van Slavonië te bewaken? Hij stond erop dat de NAVO die taak dan ook maar op zich nam. Maar de regering-Clinton moest al zoveel moeite doen om het Congres over te halen om Amerikaanse troepen in Bosnië te legeren. Ambassadeur Albright moest dus proberen Boutros-Ghali over te halen niet nog eens openlijk te pleiten voor NAVO-troepen in Oost-Slavonië.

Albright dacht dat het haar was gelukt. Maar toen het rapport de Veiligheidsraad bereikte, bleek dat de secretaris-generaal nog steeds een NAVO-troepenmacht aanraadde en geen VN-vredesmacht. Albright voelde zich verraden en was woedend. Ze bracht een verklaring uit waarin ze Boutros-Ghali ervan beschuldigde 'misleidende en contraproductieve ideeën' te koesteren. 'Volgens mij is het een grove vergissing van de secretaris-generaal,' zei ze, 'om legitieme operaties niet uit te voeren als die zijn goedgekeurd door de belangrijkste leden van de Veiligheidsraad en die het vooruitzicht op vrede op de Balkan verbeteren.'

Gewoonlijk bestrijden ambassadeurs een rapport van de secretaris-generaal niet in het openbaar voordat het in de Veiligheidsraad is besproken. Na de bekendmaking van haar verklaring zei Boutros-Ghali achter gesloten deuren tegen de raad dat hij geschrokken was door de 'vulgariteit' ervan. Hij zei dit in het Frans en in die taal is 'vulgair' nog net iets meer dan platvloers, smakeloos of grof. Albright reageerde hier weer op door zijn commentaar 'onaanvaardbaar' te noemen. Uiteindelijk wonnen de Verenigde Staten deze strijd natuurlijk en stuurde de Veiligheidsraad een vredesmacht naar Oost-Slavonië.

Toen Boutros-Ghali aantrad, had hij gezegd dat hij maar één termijn van vijf jaar wilde dienen, maar in 1995 werd duidelijk dat hij op herverkiezing uit was. 'Volgens mij veranderen alleen domme mensen nooit van mening,' zei hij. Albright was echter vastbesloten dit te voorkomen. De in Tsjechië geboren Amerikaanse ambassadeur had zelfs Václav Havel, de befaamde schrijver van toneelstukken en essays die president was geworden van de Tsjechische Republiek, al voor de baan gepolst. Maar Havel, die niet voldoende Engels of Frans sprak om internationaal te communiceren, vond zichzelf ongeschikt. Bovendien zou de nominatie door de Amerikanen van de Europeaan Havel de Afrikaanse landen kwaad maken. Boutros-Ghali was gekozen om aan de Afrikaanse eis te voldoen dat het nu eens de beurt van dat werelddeel was om de secretaris-generaal te leveren. Als de Verenigde Staten nu besloten dat de zittende Afrikaan vervangen moest worden, dan zou de eventuele boosheid van de Afrikaanse landen alleen voorkomen kunnen worden als een andere Afrikaan in zijn plaats werd gekozen.

Begin 1996 vormde Albright een groepje om haar te helpen van Boutros-Ghali af te komen. In het complot zaten haar woordvoerder Jamie Rubin en twee leden van de Nationale Veiligheidsraad, Richard A. Clarke en Michael Sheehan. Ze noemden hun geheime plan 'Operatie Oriënt Express'. Die naam weerspiegelde hun hoop dat natie na natie al gauw in hun anti-Boutros-trein zou stappen. Albright had de zaak al besproken met haar minister van Buitenlandse Zaken, Warren Christopher, en haar adviseur nationale veiligheid, Anthony Lake. 'Beiden hadden vragen,' zo schreef ze later, 'maar ze hadden nog meer klachten over de secretaris-generaal dan ik.' Tijdens een vlucht naar Bosnië in januari besprak ze de kwestie ook met president Clinton en, zei ze, hij 'zei me dat hij het ermee eens was.'

In maart stuurde Albright een formeel memo aan Clinton waarin ze de redenen voor de anti-Boutros-campagne uiteenzette. 'De doorslaggevende beweegreden om tegen BBG te zijn is gebaseerd op wezenlijke, procedurele en politieke gronden,' schreef ze. 'Hij is niet toegewijd aan of bij machte om onze doeleinden tot hervormingen te bereiken. Tegenhouden van een tweede termijn zal onze kansen om fondsen van het Congres te krijgen om onze schulden te voldoen en onze verplichtingen in de toekomst na te komen, aanmerkelijk vergroten. Ten slotte zullen de kansen om in het land eensgezind steun te krijgen voor toekomstige VN-acties enorm verbeteren als hij van het toneel verdwijnt.'

Het groepje met Albright stelde drie mogelijke opvolgers voor: Kofi Annan, Lakhdar Brahimi en Olara Otunnu. Brahimi, een ervaren probleemoplosser voor de VN en voormalige minister van Buitenlandse Zaken van Algerije, had aan het hoofd gestaan van de vredesoperatie in Haïti. Maar het was een nadeel dat hij Noord-Afrikaan was. Veel Afrikanen hadden het gevoel dat ze waren beetgenomen toen de eerste Afrikaanse secretaris-generaal een Noord-Afrikaan werd. Als er nu weer een Afrikaan zou worden benoemd, dan moest hij uit Afrika bezuiden de Sahara komen en zwart zijn. Otunnu, voormalig minister van Buitenlandse Zaken van Oeganda en nu voorzitter van de International Peace Academy, een particuliere organisatie die nauw met de VN samenwerkte, voldeed aan die eis. Maar hij was een politieke banneling die nooit de steun zou kunnen krijgen van zijn oude politieke vijand Yoweri Museveni, de president van Oeganda.

Annan was de favoriet van Operatie Oriënt Express. In haar memoires beschreef Albright hem als 'de kandidaat van mijn voorkeur. Annan heeft in de voorhoede gestaan in de strijd om de VN-vredeshandhaving professioneler te maken', schreef ze, 'en heeft – in tegenstelling tot zijn bureaucratische broeders – niet geprobeerd onder de verantwoordelijkheid voor mislukkingen uit te komen... Hij lijkt voor het leiderschap geboren. Hij is fysiek geen groot mens maar zijn houding dwingt respect af. Hij praat zacht, op een melodieuze en innemende manier – een welkome verandering na de strenge Boutros-Ghali.'

Maar Albright en haar team besloten dat ze Annan niet openlijk konden steunen. 'We begrepen dat voor hem lobbyen – of voor wie dan ook – zich tegen hem zou keren,' zegt Jamie Rubin. Zoals Albright het uitdrukte: 'We wisten dat mensen kwaad op ons zouden zijn en we wilden niet dat die kwaadheid zich ook tegen Annan zou richten.'

Hoe dan ook, voordat Operatie Oriënt Express na moest gaan denken over een kandidaat, moesten ze een strategie verzinnen om Boutros-Ghali van zijn tweede termijn af te houden. De Verenigde Staten bezaten natuurlijk als permanent lid van de Veiligheidsraad het ultieme wapen: het veto dat Albright over zijn kandidatuur uit kon spreken. Maar de Amerikanen hoopten dat het niet tot een dergelijke agressieve daad hoefde te komen.

Ten eerste, aldus Rubin, 'gingen we helemaal op in pogingen om Boutros ervan te overtuigen dat hij met stille trom moest vertrekken.' Minister Christopher sprak in mei met de secretaris-generaal in diens residentie aan Sutton Place, maar kon hem er niet van overtuigen zijn plannen om zich herkiesbaar te stellen, te laten varen. Begin juni boden de Amerikanen hem een compromis. Voormalig minister van Buitenlandse Zaken Cyrus Vance, die Boutros-Ghali goed kende, belde hem op. 'Goed nieuws,' zei Vance. 'Christopher heeft een compromis kunnen bereiken – een jaar extra voor jou.' Maar Boutros-Ghali verwierp dat ene jaar. 'Ik neem geen fooi aan,' zei hij tegen Vance. Albright schreef dat Boutros-Ghali een verlenging van tweeëneenhalf jaar, een halve termijn, wel zou aanvaarden, maar in zijn memoires schreef Boutros-Ghali zelf dat hij met niets minder genoegen nam dan met een hele termijn. De relatie tussen Boutros-Ghali en Christopher was op een gegeven moment zo slecht dat de minister weigerde een uitnodiging van de secretaris-generaal te aanvaarden om elkaar te ontmoeten om de zaak uit te praten. Toch stond Boutros-Ghali niet helemaal alleen. Volgens zijn memoires ontving hij een telefoontje van de Franse president Jacques Chirac, die hem beloofde dat hij met de Egyptische president Hosni Moebarak een campagne zou beginnen om hem zijn tweede termijn te bezorgen.

De vooruitzichten van de secretaris-generaal verslechterden echter toen zijn naam opdook en werd misbruikt in de verkiezingscampagne voor het Amerikaanse presidentschap. Zijn wat merkwaardige naam was een dubbel eerbetoon aan zijn grootvader Boutros Pasha Ghali, de Egyptische premier die in 1910 werd vermoord. Ter nagedachtenis aan deze martelaar voegde de familie zijn voornaam Boutros (Petrus in het koptisch) toe aan de familienaam Ghali. En bovendien eerden de ouders van de kleinzoon hem door deze ook nog de voornaam Boutros te geven.

Ik betwijfel of de Republikeinen dat wisten of zich daarin hadden verdiept toen ze besloten hem met zijn naam belachelijk te maken. Toen Patrick Buchanan de Republikeinse nominatie probeerde te winnen, noemde hij de secretaris-generaal geregeld minachtend 'Boe Boe Ghali'. En Bob Dole, de winnaar van de nominatie, beloofde dat hij de secretaris-generaal nooit zou laten besluiten waar Amerikaanse manschappen zouden worden ingezet. Het idee dat een secretaris-generaal van de VN de macht had Amerikaanse troepen ergens naartoe te sturen zonder Amerikaanse instemming, was natuurlijk absurd. Maar op Doles loze belofte volgde altijd veel applaus van zijn volgelingen, zeker als hij de naam van de secretaris-generaal uitsprak als 'Bóétros Bóétros-Ghali'.

Minister van Buitenlandse Zaken Christopher gaf het uiteindelijk op om Boutros-Ghali over te halen het compromis van één jaar te accepteren en belde op 19 juni Steven Erlanger van de *New York Times*. Aan hem vertelde hij dat de Verenigde Staten Boutros-Ghali geen tweede termijn zouden laten dienen. 'Boutros-Ghali is een eerbiedwaardig man maar ook een ouderwetse diplomaat en niet de juiste man in deze tijd,' zei Christopher. Volgens de regels van zijn departement werd Christopher in de krant aangeduid als 'een hooggeplaatste functionaris'. Een andere functionaris vertelde Erlanger: 'De Verenigde Staten hebben het vetorecht en we zijn bereid dat te gebruiken als dat nodig mocht zijn. Het is onze bedoeling dat er tegen het einde van dit jaar een nieuwe secretaris-generaal bekend is.'

Boutros-Ghali, die op dat moment in Duitsland was, sloeg direct terug door voor de eerste keer in het openbaar te verkondigen dat hij een tweede termijn ambieerde. 'Ik heb de steun van een groot aantal leden van de internationale gemeenschap,' zei hij in een telefoongesprek met Erlanger vanuit Bonn, 'en op grond daarvan zal ik om een tweede mandaat vragen. Ik hoop dat de Amerikaanse regering haar mening herziet.'

Amerikaanse functionarissen zeiden tegen Erlanger dat ze geen bepaalde kandidaat als opvolger op het oog hadden. Maar Erlanger sloot zijn artikel in de *New York Times* af met een lijstje van vijf mogelijke kandidaten, met de aantekening dat die namen ‘rondgingen’. De enige Afrikaan op Erlangers lijstje was Kofi Annan.

Christopher was vergeten om ambassadeur Albright te laten weten dat hij Erlanger had gevraagd hem in zijn kantoor op te zoeken om hem het nieuws te vertellen. ‘Ik hoorde over het besluit terwijl ik in de auto van San Diego naar Los Angeles reed,’ schreef Albright in haar memoires. ‘Ik begreep dat ik mijn collega’s van de Veiligheidsraad in New York, die woedend zouden zijn omdat hun niets was gevraagd, moest zien te bereiken. Mijn mobieltje viel uit; daarom moest ik bellen vanuit een telefooncel voor een restaurant genaamd Bubba’s Hundred Sandwiches. Terwijl ik de kwartjes in het apparaat gooide, vertelde ik het nieuws. Zoals ik al gedacht had, waren de andere ambassadeurs niet blij.’

De campagne van Boutros-Ghali leek een gevecht tegen windmolens. Het Amerikaanse dreigement om hun vetorecht te gebruiken maakte ieder gevecht zinloos. Het was moeilijk te geloven dat de regering-Clinton zou terugkrabbelen nadat zij haar bedoelingen op de voorpagina van de *New York Times* had gegooid. Toch lukte het Boutros-Ghali bijna om een spaak in het wiel van de Amerikaanse campagne te steken.

De secretaris-generaal was telkens net ietsje slimmer dan de Amerikanen. Tijdens de jaarlijkse vergadering van de G7, de economische topconferentie van de zeven rijkste landen, beloofden president Chirac van Frankrijk, bondskanselier Helmut Kohl en premier Jean Chrétien van Canada hem hun steun. Ondanks koortsachtig gelobby van de Amerikanen sprak de Organisatie van Afrikaanse Eenheid, de OAU, die voor haar jaarvergadering in Kameroen bijeen was, haar voorkeur uit voor een tweede termijn van Boutros-Ghali. Functionarissen van het Amerikaanse ministerie van Buitenlandse Zaken noemden de Afrikaanse steun lauw, maar het was toch steun.

In juli gaven de Amerikanen blijk van hun frustratie toen Jamie Rubin VN-functionarissen verweet dat ze campagne voerden voor Boutros-Ghali. Rubin zei dat de regering-Clinton ‘zich grote zorgen maakte aangezien VN-officials het als hun taak waren gaan zien de herverkiezing van een bepaalde secretaris-generaal te promoten. Wij zullen eens uit gaan zoeken hoe VN-personeel door de secretaris-generaal voor dit doel wordt gebruikt.’ Hij noemde niemand bij naam, maar zei slechts: ‘Zij weten wie ze zijn.’ Een van zijn doelen was zonder twijfel Ahmad Fawzi uit Egypte, de plaatsvervangend woordvoerder van de secretaris-generaal. Fawzi had zich de woede van Rubin op de hals gehaald door aan verslaggevers verklaringen voor te lezen waarin president Clinton Boutros-Ghali juist prees.

De klacht van Rubin was kinderachtig en vals – ongeveer zoals wanneer men erover zou klagen dat een woordvoerder die door de Amerikaanse regering werd betaald, zoals Rubin zelf, dingen zei die de herverkiezing van Clinton zouden bevorderen. Sylvana Foa, de energieke en scherpe Amerikaanse hoofdwoordvoerder van Boutros-Ghali, hekelde Rubin ogenblikkelijk vanwege 'belachelijke aanklachten en een schandelijke campagne van misinformatie. Deze bedreigingen en schaamteloze pogingen om de VN-staf te intimideren doen denken aan de periode-McCarthy,' zei ze. De woordvoerder van Buitenlandse Zaken beschuldigde haar daarop van het gebruik van 'buitensporig en nutteloos taalgebruik'.

In feite had de hele campagne van de VS iets gemeens. De Amerikanen maakten nooit duidelijk wat voor klachten ze eigenlijk tegen Boutros-Ghali hadden. Albright kon natuurlijk niet pleiten voor zijn vervanging alleen omdat ze hem niet mocht. Ook kon ze niet aanvoeren dat zijn leiderschap door de regering-Clinton zo zwart was gemaakt dat het Amerikaanse volk hem niet meer wilde. In plaats hiervan maakte ze hem tot de zondebok voor alles wat er in Somalië en Bosnië was misgegaan. Daarbovenop kwam dat eeuwig terugkerende gezeur over de noodzaak tot het hervormen van de VN die hij niet voor elkaar zou krijgen. De schaamteloze campagne zorgde voor ongerustheid bij andere regeringen.

Albright bleef intussen Boutros-Ghali maar aansporen om het op te geven. Hij zou emeritus secretaris-generaal worden met, zo zei ze, 'een kantoor en ceremoniële taken'. Maar de Verenigde Staten konden hem ook voordragen voor een zetel in het Internationale Gerechtshof in Den Haag. Hij bleef alles als fooien afwijzen.

'De publicrelationsstrijd verliep niet goed,' gaf Albright later toe. 'Bij de VN speelde de zo zwaar aangevallen secretaris-generaal de rol van underdog tegen een boeman die al zo lang zijn verdiende loon niet had gehad. De internationale pers bekritiseerde ons scherp, net als onze tegenstanders in eigen land.'

De functionarissen van Operatie Oriënt Express in het Witte Huis moesten veel moeite doen om ervoor te zorgen dat Clinton zich niet liet ompraten. 'Er werd grote druk op ons uitgeoefend om toch om te gaan, vooral door Chirac en Nelson Mandela die de president talloze keren belden om te lobbyen voor Boutros-Ghali,' vertelde het lid van de Nationale Veiligheidsraad Sheehan aan Linda Fasulo, auteur van *An Insider's Guide to the UN*. 'In de vijf jaar dat ik in het Witte Huis heb gewerkt, heb ik nooit zoveel druk gevoeld als toen. Het was zwaar.' Om te voorkomen dat de president toegaf, zo schreef zijn collega Clarke, renden Sheehan en hij 'naar het Oval Office als we hoorden dat een staatshoofd met de president telefoneerde.'

Anthony Lake, de adviseur nationale veiligheid, bepleitte een beleidswijziging. 'Op een dag had ik slaande ruzie met Tony Lake in de studeerkamer van mijn appartement in het Waldorf Hotel in New York,' schreef Albright in haar memoires. 'Tony zei dat hij nooit zeker had geweten of de beslissing om ons te verzetten tegen Boutros-Ghali de juiste was geweest en dat ik er alleen voor stond. Ik sprak hem tegen en zei dat we de juiste keuze hadden gemaakt, ook al hadden we het nu moeilijk, maar dat we naar een andere baan uit moesten kijken als we niet tegen een beetje kritiek konden.' De ruzie liep zo hoog op dat Sheehan, Clarke en Elaine Shocas, het hoofd van Albrights staf, de kamer uitgingen.

Volgens Albright zou de strijd veel eenvoudiger zijn geweest als die alleen maar gegaan zou zijn tussen Boutros-Ghali en Annan. Maar ze kon Annans naam nu niet naar voren brengen uit angst dat iedereen zich tegen hem zou keren omdat de Amerikanen achter hem stonden. 'We werden er door de logica van onze eigen strategie van weerhouden,' schreef ze, 'om de keuze in aantrekkelijker termen te formuleren, zoals de charismatische Kofi Annan tegen de aristocratische Boutros-Ghali.'

Voor Kofi was dit een nare en zware tijd. Boutros-Ghali, die wist dat Annan nauwe banden had met Amerikaanse functionarissen, nam aan dat hij hun keus was om hem op te volgen. Begin 1996 vertelde hij zelfs aan een medewerker dat Annan verklaard had dat hij kandidaat was. Toen Kofi dit hoorde, had hij een privégesprek met Boutros om de zaak op te helderen. De twee mannen zijn het echter niet eens over wat er toen precies is gezegd. 'Ik zei tegen hem,' herinnert Annan zich, '"mijnheer de secretaris-generaal, Boutros, ik ben geen kandidaat," omdat ik op dat moment eerlijk gezegd ook geen kandidaat was.' In zijn memoires scheef Boutros-Ghali dat hij iets heel anders had gehoord. 'Hij was naar mijn kantoor gekomen om te verklaren dat hij nooit naar voren zou stappen om zichzelf tot kandidaat secretaris-generaal uit te roepen.'

Die herinnering verklaart de bittere toon die af en toe te horen is als Boutros-Ghali over zijn opvolger praat. 'Dit is gebruikelijk in het politieke leven,' zei hij kortgeleden in Parijs tegen me, 'dat je verraden wordt door je naaste medewerker. Je weet wie de trap opkomt en klaarstaat om je baan over te nemen.' Wie er ook gelijk heeft, Boutros-Ghali en zijn medewerkers bejegenden Annan nu als tegenkandidaat. Ze nodigden hem niet meer uit voor vergaderingen en beschouwden hem als tegenstander.

Maar wat kon Kofi Annan hieraan doen. Het leed volgens hem geen enkele twijfel dat Madeleine Albright haar veto uit zou spreken over een tweede termijn voor Boutros-Ghali. Toen de geruchten sterker werden, zei hij tegen Albright en andere ambassadeurs die bij hem informeerden dat als Boutros-Ghali werd afgewezen en 'de lidstaten wilden dat ik zou dienen, ik dat in overweging zou nemen.' Als Kofi tot secretaris-generaal zou worden gekozen, dan zou dat de kroon zijn op een leven lang hard werken en veel meer dan wat hij in de verste verte maar had kunnen dromen als scholier in Ghana die op Mfantsipim de zesde klas niet eens haalde en die zijn beginjaren bij de VN gewoon op kantoor als ambtenaar had doorgebracht. Die sprong was zo ongelooflijk groot dat zijn zelfvertrouwen eronder leed. De kans was per slot van rekening niet meer dan uiterst klein. Hij zei tegen zichzelf dat hij het hele idee niet erg serieus moest nemen.

Maar hij nam het toch serieus genoeg om zich op de mogelijkheid voor te bereiden. Kofi was vriendelijk en aardig en nooit aanmatigend, maar hij liet het ook niet allemaal maar gebeuren. Zijn collega's beschouwden hem niet als overmatig ambitieus, maar hij had de mogelijkheden die op zijn pad kwamen wel altijd aangegrepen.

De Amerikanen waren, volgens Annan, 'enigszins verrast dat ik niet direct de wereld rond ging vliegen om campagne te voeren.' Maar hij begreep dat hij alleen in de grootst mogelijke stilte voor zichzelf op kon komen. Een openlijke verkiezingsstrijd zou opgevat worden als ongepast, zeker als veel Afrikaanse landen Boutros-Ghali steunden. Theodore C. 'Ted' Sorensen, de naaste medewerker en schrijver van de toespraken van president John F. Kennedy, nodigde Kofi uit om zijn strategie te bespreken. Kofi nam de uitnodiging aan. Hij en zijn persoonlijk assistent Shashi Tharoor ontmoetten Sorensen vier keer – in diens advocatenkantoor, in het bureau van de missie van Ghana in het VN-gebouw en twee keer in restaurants in de buurt. Eén keer was Nane erbij aanwezig. Sorensens vrouw Gillian, die zelf bij de VN werkte, was er een paar keer bij en Fred Eckhard was aanwezig bij de laatste ontmoeting. Achteraf zegt Annan dat hij van Sorensen meer heeft geleerd over het vervullen van de functie dan over het voeren van campagne.

Het was natuurlijk niet eenvoudig om een campagnestrategie uit te denken die geen campagne mocht zijn. Ze spraken af dat Annan iedere gelegenheid aan moest grijpen om te laten merken dat hij Frans sprak. En Kofi moest de Ghanese president Jerry Rawlings vragen om een Ghanese diplomaat te sturen om de campagne te leiden als die eenmaal openlijk gevoerd ging worden. Kofi en Tharoor vroegen Sorensen om enkele documenten te redigeren die Kofi had geschreven. Sorensen vroeg Annan: 'Wat voor lijken liggen er in jouw kast?' 'Geen enkel,' antwoordde Kofi.

Nooit nam Madeleine Albright of een van haar medewerkers deel aan deze besprekingen. Ze hadden geen enkel contact met Sorensen, die zelf met het idee van de ontmoetingen gekomen was. Sommige deelnemers vroegen zich soms wel eens af of ze niet overbodig waren. Als de regering van de VS Kofi Annan steunde, dan was dat vermoedelijk wel genoeg voor de overwinning. Maar door de bijeenkomsten steeg Kofi's zelfvertrouwen en kwam het onbereikbare doel steeds dichterbij.

Als de heimelijke campagne voor Annan een heimelijke campagneleider had, dan was dat wel Shashi Tharoor, die Annans zaak persoonlijk bij ambassadeurs bepleitte. Ambassadeur Razali Ismail van Maleisië, voorzitter van de Algemene Vergadering, het hoogste bestuursorgaan van de VN, wilde de toezegging dat Annan niet de gewoonte van Boutros-Ghali voort zou zetten om de ambassadeurs in New York te passeren en rechtstreeks met de staatshoofden in hun eigen land te praten. Tharoor verzekerde hem dat Annan de ambassadeurs nooit zou negeren. Bij de Amerikaanse VN-missie sprak Tharoor met Cameron Hume, een jonge medewerker van de Buitenlandse Dienst die *The United Nations, Iran, and Iraq* had geschreven, een wetenschappelijk boek dat goed ontvangen was. Albright zelf sprak natuurlijk rechtstreeks met Annan.

De verkiezing van een nieuwe secretaris-generaal vond niet eerder plaats dan na de herverkiezing van Clinton tot president van de VS in november. Boutros-Ghali had, gesterkt door talloze steunbetuigingen, zichzelf ervan overtuigd dat 'als Clinton eenmaal gekozen was, hij de aanval van Amerika op mij weg zou laten ebben.' Dat geloof zegt iets over zijn naïviteit wat de Amerikaanse politiek betreft. Ook begreep hij niet waarom Madeleine Albright, die kort daarna minister van Buitenlandse Zaken zou worden, zo vasthoudend was. De secretaris-generaal maakte Albright kwaad door leden van het Congres te bellen en hun steun te vragen. Ze werd nog bozer toen senator Paul Simon, een Democraat uit Illinois, een verklaring uitgaf waarin hij de campagne tegen Boutros-Ghali belachelijk maakte en een blunder noemde. Albrights kantoor deed de telefoontjes van de secretaris-generaal af als 'grove bemoeienis met de binnenlandse politiek en het normaal functioneren van de Amerikaanse buitenlandse politiek'.

Volgens het Handvest van de Verenigde Naties nomineren de vijftien leden van de Veiligheidsraad iemand als secretaris-generaal die dan de instemming moet krijgen van de Algemene Vergadering, die bestaat uit alle lidstaten van de VN (185 in 1996). De Algemene Vergadering had tot nu toe altijd de Veiligheidsraad in diens keuze gevolgd. Op 19 november 1996 vergaderde de Veiligheidsraad achter gesloten deuren om te stemmen over een resolutie van Egypte om Boutros-Ghali voor een tweede termijn van vijf jaar te benoemen. Alle leden van de raad stemden voor, behalve Madeleine Albright. De uitslag 14-1 was beschamend voor Albright en voor de Verenigde Staten. Zelfs Groot-Brittannië, de nauwste bondgenoot van de VS in de VN, had geen steun verleend aan haar kruistocht tegen Boutros-Ghali. Maar de uitslag had voor het lot van Boutros-Ghali geen gevolg, wel voor zijn trots. De Verenigde Staten, Groot-Brittannië, Frankrijk, Rusland en China hebben immers het vetorecht in de Veiligheidsraad. Die ene tegenstem van Albright betekende dat de secretaris-generaal geen tweede termijn kreeg.

Maar de strijd was daarmee nog niet gestreden. Boutros-Ghali trok zijn kandidatuur na deze stemming niet in; hij hoopte dat de Amerikanen door internationale druk hun verzet op zouden geven. Albright besefte natuurlijk heel goed dat ze alleen stond. 'Ja, we kregen een dreun,' schreef ze, 'maar we stonden nog – en we hadden laten zien dat de herverkiezing van de president ons vaste voornemen een nieuwe secretaris-generaal te kiezen niet had aangetast. Als Boutros-Ghali dacht dat we op het laatste moment toe zouden geven, dan dacht hij dat fout. Bovendien was een groot deel van de internationale steun die hij kreeg, flinterdun.'

Twee weken lang bazuinden Afrikaanse regeringen rond dat Boutros-Ghali hun kandidaat was, terwijl Albright dreigde dat de VS een nieuwe kandidaat van buiten Afrika zouden gaan zoeken als de koppige steun voor Boutros-Ghali aanhield. 'Dat is geen dreigement,' zei ze. 'Dat is een feit.' Uiteindelijk gaven de Afrikanen toe. President Paul Biya van Kameroen, voorzitter van de Organisatie van Afrikaanse Eenheid, schreef de Afrikaanse staatshoofden een brief waarin hij erop aandrong om meer kandidaten te noemen. 'De impasse is doorbroken,' zei Albright.

Nu traden vier kandidaten naar voren. Ivoorkust nomineerde minister van Buitenlandse Zaken Amara Essy die eerder voorzitter van de Algemene Vergadering van de VN was geweest. Niger nomineerde Hamid Algabid, een voormalige premier en nu secretaris-generaal van de Islamitische Conferentie. Mauritanië nomineerde Ahmedou Ould Abdallah, een diplomaat die hoofd van de VN-missie in Burundi was geweest. En Ghana nomineerde Kofi Annan. Voorafgaand aan de officiële nominatie stuurde president Rawlings de ervaren diplomaat en toekomstige minister van Buitenlandse Zaken Victor Gbeho op pad om voor Annan te lobbyen.

De vijftien ambassadeurs van de Veiligheidsraad vergaderden achter gesloten deuren in een klein zaaltje om te praten over de vier Afrikaanse kandidaten. De Italiaan Paolo Fulci, voorzitter van de raad, vergeleek de vergadering met die van de kardinalen in de Sixtijnse Kapel als er een nieuwe paus moet worden gekozen. Maar hij wees ook op een groot verschil: 'Als je hier naar het plafond staart, zie je geen fresco's van Michelangelo om je te inspireren.'

De ambassadeurs gaven anoniem op briefjes aan welke van de kandidaten ze per se zouden steunen en welke zeker niet. In de eerste ronde kreeg Kofi Annan twaalf steunbetuigingen en twee afkeuringen. Essy had elf steunbetuigingen en vier afkeuringen. De andere twee bleven ver achter.

De tweede ronde verliep ingewikkelder. De vijf permanente leden van de raad, die vetorecht hadden, gebruikten rode briefjes voor hun stem, de andere tien leden witte. Annan had in deze ronde tien stemmen voor, maar een rode stem tegen, Essy had zeven stemmen voor en twee rode tegen. De andere twee kandidaten hadden eveneens twee rode stemmen tegen. Het was duidelijk dat Frankrijk zijn veto gebruikte tegen Annan, terwijl de Verenigde Staten en Groot-Brittannië hun veto gebruikten tegen iedereen behalve Annan. Aan het einde van de dag zei Fulci tegen de verslaggevers, verwijzend naar de pausverkiezing, dat 'de rook zwart was'.

Drie dagen lang verliepen de stemmingen op deze manier. Frankrijk sprak geen veto uit tegen Annan omdat die uit Brits Afrika kwam en hij beheerste het Frans voldoende om aan hun taaleis te voldoen. Maar de Fransen waren geïrriteerd door het koppige vasthouden van de Amerikanen aan het verdwijnen van Boutros-Ghali en wilden dat laten merken door tegen de keuze van de Amerikanen voor diens opvolger te stemmen.

Op de derde dag haalde de Franse regering de Russische minister van Buitenlandse Zaken Jevgeni Primakov over om zijn ambassadeur bij de VN, Sergej Lavrov, zich te laten onthouden van stemming. Dat zou de meerderheid van Annan aanmerkelijk verkleinen waardoor de Veiligheidsraad vermoedelijk zou besluiten kandidaten van buiten Afrika te zoeken. Toen de Amerikanen hiervan hoorden, gaven ze hun ambassadeur in Moskou de opdracht om de Russische president Jeltsin op te sporen en hem over te halen zijn minister te passeren. De ambassadeur vond Jeltsin en die liet zich overhalen. Primakov werd gepasseerd en de door de Fransen opgezette dreiging verdween. Frankrijk was nu in een totaal geïsoleerde positie terechtgekomen. Bij de zevende stemming stemde zelfs Egypte, dat gehoopt had dat het de kandidatuur voor Egyptenaar Boutros-Ghali nieuw leven in kon blazen, voor Annan. Kofi had nu veertien steunbetuigingen en een rood briefje van Frankrijk. 'Het is weer veertien tegen één,' kwam een medewerker Boutros-Ghali vertellen, 'maar die ene is niet dezelfde.' Hij verwees naar de stemming ruim twee weken eerder waarin de VS alleen hadden gestaan.

Frankrijk wilde echter niet dezelfde rol spelen als Madeleine Albright door de keuze van veertien ambassadeurs koste wat kost tegen te houden. Ook wilde het land niet de schuld krijgen van heel Afrika als de Veiligheidsraad buiten dat continent naar een kandidaat op zoek ging. Bovendien hadden de Franse diplomaten niets tegen Kofi Annan persoonlijk; toen hij ondersecretaris-generaal verantwoordelijk voor vredeshandhaving was, hadden ze uitstekend met hem samengewerkt. De Fransen zeiden nu tegen de Amerikanen dat ze op Annan zouden stemmen onder één voorwaarde: dat Annan beloofde dat een Franse burger hem op zou volgen als hoofd vredeshandhaving. Cameron Hume vroeg Shashi Tharoor of Annan dit wilde beloven. Tharoor bracht het verzoek over en Annan gaf zijn woord. Albrights medewerker Jamie Rubin noemt die belofte 'het laatste stukje van de puzzel... waardoor Frankrijk het dreigement van een veto in kon trekken.'

Op 13 december trokken Essy en de twee andere kandidaten hun nominatie in. De ambassadeurs van Indonesië en Botswana stelden toen de Veiligheidsraad voor om Annan bij acclamatie te kiezen. Iedereen wachtte op de reactie van de Franse ambassadeur Alain Dejammet. Hij stelde hen niet teleur en stemde in. 'Kofi Annan is een uitstekende keus,' zei Dejammet later tegen verslaggevers. 'Hij is Afrikaan, hij spreekt Frans en hij is zich volledig bewust van de plaats die Frankrijk in Afrika en in de Verenigde Naties heeft.' Enkele uren later, om zes uur 's avonds, nam de Veiligheidsraad unaniem een resolutie aan waarin de verkiezing van Kofi Annan als de zevende secretaris-generaal van de Verenigde Naties werd aanbevolen. Op verzoek van Frankrijk en Egypte werd een tweede resolutie aangenomen waarin Boutros-Ghali eervol voor zijn diensten werd bedankt. Ook deze resolutie werd per acclamatie aangenomen.

De verkiezing van Annan was net zozeer tot tevredenheid van de Amerikaanse journalisten als van Madeleine Albright en haar medesamenzweerders. Boutros-Ghali was geen goede communicator en de pers had het in zijn termijn moeilijk gehad. Hij praatte het liefst privé met enkele favorieten en verder met niemand. Hij hield zelden persconferenties. Zijn woordvoerders konden niet in zijn plaats het woord doen omdat Boutros-Ghali hun nooit liet weten wat hij dacht of van plan was.

'Ik begon hem de sfinx te noemen,' vertelde Josh Friedman, in die tijd VN-correspondent voor *Newsweek*, kortgeleden. 'Ik heb hem nooit gesproken. In die hele periode versloeg ik de VN en ik heb de man nooit ontmoet of een hand gegeven. Het was erg moeilijk om mijn werk te doen.'

Op de dag dat Annan werd gekozen, nam Friedman de lift naar diens kantoor en praatte een halfuur met hem. 'Vanaf dat moment,' aldus Friedman, 'was ik in de ban van die man. Iemand die zoveel gaf om ieder ander mens – iedereen had volgens hem wel iets goeds. En ik denk dat veel verslaggevers er zo over dachten.'

Nane Annan was aan het lunchen in een restaurant aan Tenth Avenue toen ze het nieuws hoorde dat Kofi tot secretaris-generaal was gekozen. 'Ik was zo blij voor hem,' vertelde ze een paar jaar later. 'Ik moest wel tien minuten blijven zitten. Ik had het gevoel dat ik me in het oog van de storm bevond.' Ze wist dat ze al gauw bij iedere stap zou worden vergezeld door bewakers. Ze besloot daarom, nu het nog kon, een wandeling te gaan maken door Manhattan, van het restaurant in West Side naar het VN-gebouw in East. Een vrouw zag dat ze een VN-tas droeg en vroeg haar of ze het Internationale Vrouwencongres van de VN in Beijing had bezocht dat een jaar eerder was gehouden. Nane antwoordde van niet. Even later had ze de neiging om toch iets opvallends te doen. Om die VN-tas te verklaren moest ze misschien uitschreeuwen: 'Mijn man is zojuist gekozen tot secretaris-generaal van de Verenigde Naties.' Maar ze deed het niet.

9

De nieuwe secretaris-generaal

Kofi Annan trad op 2 januari 1997 in functie. Hij was de zevende secretaris-generaal van de Verenigde Naties in tweeënvijftig jaar, de eerste zwarte Afrikaan op die plaats en de eerste die uit de organisatie zelf afkomstig was.

Kofi Annan had onder vier voorgangers gediend: Sithu U Thant uit Birma, Kurt Waldheim uit Oostenrijk, Javier Pérez de Cuéllar uit Peru en Boutros Boutros-Ghali uit Egypte. Hij had inmiddels wel begrepen wat de beperkingen zijn van een functie die de uitstraling heeft van een wereldstaatsman maar dan zonder enige militaire of politieke macht. Zijn voorgangers hadden er onoverkomelijke problemen mee gehad en waren er keer op keer gefrustreerd door geraakt. Waldheim had de reputatie van de functie ernstig bezoedeld toen het Joods Wereldcongres met onthullingen over zijn naziverleden kwam. Alleen de tweede secretaris-generaal, de Zweed Dag Hammarskjöld, een intellectueel en een dichter die vlak voordat Annan bij de VN kwam, omkwam bij een vliegtuigongeluk, kon beschouwd worden als een historische figuur van internationale naam en faam. Maar Annan dacht niet lang na over de problemen van de baan of de moeilijkheid om Hammarskjöld na te volgen. De functie was opwindend en eervol genoeg voor de achtenvijftig jaar oude Kofi Annan en hij begon eraan met een aanstekelijk plezier dat bijna iedereen die hij tegenkwam of die voor hem werkte, voor hem innam.

Marrack Goulding, die nog een halfjaar ondersecretaris-generaal bleef voordat hij hoofd van St. Anthony's College van de universiteit van Oxford zou worden, had zijn twijfels over zijn opvolger als hoofd vredeshandhaving die nu secretaris-generaal was geworden. 'Hij is een erg aardige man die graag ziet dat iedereen die zijn kantoor verlaat, tevreden is,' zei Goulding kortgeleden. 'Maar dat kan nu eenmaal niet als je de secretaris-generaal bent van de Verenigde Naties. Ik heb soms het idee dat hij te aardig is voor de baan.'

Maar, zo ging Goulding verder, 'daarin verschilde hij hemelsbreed van zijn voorganger. Hij had niet het intellectuele vermogen van Boutros-Ghali maar hij was veel beleefder, veel aardiger. Kofi leek als een frisse wind, er kwam een nieuwe sfeer in de VN.'

De nieuwe secretaris-generaal had dertig jaar lang binnen de organisatie van de VN gewerkt en kende de meeste medewerkers in New York, sommigen als vrienden en velen in ieder geval van gezicht. Vooral die laatsten waren ronduit verbijsterd als hij hen aansprak en naar hun werk vroeg, en daarna ook nog hoe het met man of vrouw en kinderen ging. Als hij 's avonds laat nog een medewerker zag overwerken, dan ging hij erheen en zei hij dat hij of zij de boeken moest sluiten en naar huis en gezin moest gaan.

Hij geloofde dat de VN-organisatie haar werk het best deed als de activiteiten transparant waren en de beweegredenen voor die activiteiten duidelijk werden gemaakt aan de pers. Zijn woordvoerder Fred Eckhard vertelde aan het UN Oral History Project van Yale University dat hij aardig was tegen journalisten en dat die hem mogen. De nieuwe secretaris-generaal kwam iedere morgen door de deuren van het VN-secretariaat binnenlopen en hield dan even halt om vragen te beantwoorden van het groepje verslaggevers dat daar gewoonlijk staat.

In tegenstelling tot Boutros-Ghali nam Annan beslissingen nooit alleen of met een klein clubje vertrouwelingen. Hij begon met het organiseren van wekelijkse 'kabinetsvergaderingen' waarin de hoofden van de departementen rapport uitbrachten en samen met de secretaris-generaal bespraken wat de mogelijkheden waren. Annan luisterde altijd aandachtig naar alle gezichtspunten voordat hij besliste wat er gedaan moest worden of welke taken hij kon delegeren.

Zijn kalmte en het ontbreken van enige vorm van aanstellerij sprak ook buitenstaanders aan. Toen hij eens in Washington op bezoek was, zei senator Jesse Helms, de Republikeinse voorzitter van de senaatscommissie voor Buitenlandse Zaken: 'Weet u, ik heb mijn staf gevraagd om uw achtergronden na te gaan en te proberen iemand op te sporen die u niet mag, maar ze konden niemand vinden. Iedereen mag u, en ik mag u ook.' Helms en Buitenlandse Zaken werkten binnen korte tijd een overeenkomst uit waarmee het Congres een groot deel van de miljard dollar, die in het verleden als een vorm van straf niet aan de VN was uitbetaald, kon overmaken. (Met een beeldspraak uit de sportwereld zei Albrights woordvoerder Jamie Rubin in 1997 tegen me: 'We hebben Boutros-Ghali geruild voor Kofi Annan en een miljard dollar bijbetaald. En was het dat niet waard?' Jammer genoeg betekende een Republikeinse poging om een anti-abortuswet te koppelen aan de toewijzing van het geld dat de betaling lange tijd werd opgehouden; de VN ontvingen het pas in 2000, het laatste jaar van de regering-Clinton.)

Ondanks alle complimenten wist Annan dat de VN gehavend en verzwakt waren. De drie grote crises uit de termijn van Boutros-Ghali – Somalië, Rwanda en Bosnië – hadden een zware tol geëist. De VN hadden gefaald door Amerikaans of Europees gestuntel, verwarring en cynisme. Maar in alle gevallen waren de omstandigheden te ingewikkeld om buitenstaanders uit te kunnen leggen wat er nu eigenlijk precies was gebeurd. Het was makkelijker om de VN de schuld te geven. Medewerkers noemden hun baas altijd 'de SG'. Kofi hield van het grapje dat die letters voor *scape goat* stonden, 'zondebok'.

Annan was tijdens alle drie deze crises hoofd vredeshandhaving geweest. Hij begreep dus heel goed welke enorme problemen zij hadden veroorzaakt. Niet alleen waren de VN erdoor vernederd maar ook waren de grootmachten, en dan vooral de Verenigde Staten, nu vastbesloten zich nooit meer in een dergelijke crisis te storten, althans niet via de VN. Als de grootmachten uit de drie crises hun lessen hadden geleerd en de VN erop hadden voorbereid dat nieuwe crises op andere manieren aangepakt zouden worden, dan zou men kunnen zeggen dat Somalië, Rwanda en Bosnië de VN hadden versterkt doordat ze nu beter waren voorbereid. Maar de les die was geleerd, was anders: de grootmachten hadden geleerd crises te vermijden.

Ook de campagne van Madeleine Albright tegen Boutros-Ghali had de VN geen goed gedaan. Iedere klap die hij kreeg, was een schok voor de organisatie geweest. De samenzweerders vonden zelf dat ze tegen Boutros-Ghali waren opgetreden om de VN te redden. Maar het viel niet mee om buitenstaanders ervan te overtuigen dat verwerping van de leider niet ook verwerping van de instelling zelf is.

Kofi wist natuurlijk dat hij buiten de VN nauwelijks bekend was. 'Mensen twijfelden,' vertelde hij. 'Sommigen twijfelden en waren wantrouwig... Ook al had ik vredesoperaties geleid, mijn naam lag niet op ieders lippen. Er heerste het gevoel dat iedereen die in een bureaucratisch orgaan werkt, zelf ook een bureaucraat is, en kan zo'n bureaucraat ooit stijgen tot een dergelijke baan en het goed doen, of krijgen we een besluiteloze, bange bureaucraat aan het hoofd van de organisatie?'

Sommigen vermoedden dat deze 'besluiteloze, bange bureaucraat' een slippendrager van de Verenigde Staten zou zijn. Hij was immers nooit aan de macht gekomen als Madeleine Albright en haar samenzweerders niet iedereen in de Veiligheidsraad hadden getrotseerd om Boutros-Ghali weg te krijgen. Iedereen wist inmiddels dat Kofi Annan haar eerste keuze was geweest als vervanger van Boutros-Ghali. En als hij een slippendrager was, dan was hij dat ook nog eens van een Amerikaanse regering die niet wilde dat de VN en de secretaris-generaal erg veel uit zouden richten. Dat idee betekende geen versterking van de VN.

De zwakte van de VN bleek het duidelijkst in Afrika. In 1996 waren vijftien van de vierenvijftig landen die samen Afrika vormen, in bloedige oorlogen verwikkeld. Meer dan de helft van alle oorlogsslachtoffers ter wereld viel in Afrika. Door het geweld waren er meer dan acht miljoen mensen op de vlucht. De Hogecommissaris voor de Vluchtelingen, de Japanse Sadako Ogata, en haar medewerkers konden de ellende een beetje verlichten, maar de VN konden een oorlog meestal niet voorkomen of beëindigen.

De nasleep van het drama in Rwanda werd door de VN net zo slecht afgewikkeld als ze waren omgegaan met de genocide zelf. Terwijl de Veiligheidsraad eind 1996 ruzie maakte over het veto tegen Boutros-Ghali en de verkiezing van Annan, brak er in Afrika alweer een volgende afschuwelijke crisis uit. Tijdens de burgeroorlog waren meer dan 1,2 miljoen Hutu's gevlucht naar vluchtelingenkampen van de VN in het oosten van Zaïre. Onder de vluchtelingen bevonden zich ook gedeserteerde Rwandese soldaten en velen van hen hadden bloed van Tutsi's aan hun handen. Maar de meesten waren onschuldige burgers die op de vlucht waren geslagen voor het optrekkende leger van Paul Kagame. En dat leger maakte zich op om de bewoners van de kampen in Zaïre naar Rwanda terug te jagen.

Midden november besloot de Veiligheidsraad om een troepenmacht onder Canadees bevel naar de kampen te sturen om die tegen Kagames leger te beschermen. Maar nog voordat de troepen op weg waren, vielen Kagame en zijn mannen de kampen aan waardoor enkele honderdduizenden Hutu's terug naar Rwanda moesten vluchten. En toen kreeg het drama een merkwaardige draai.

De Verenigde Staten, die herkenningsvliegtuigen hadden ingezet, meldden dat bijna alle vluchtelingen weer in Rwanda waren en dat de troepenmacht dus niet meer nodig was. Die visie van de Amerikanen werd echter vertroebeld door hun bewondering voor Kagame, die geen bemoeienis van buiten wilde en beweerde dat die ook niet nodig was. Correspondent buitenland van de *New York Times*, Howard W. French, denkt dat de regering-Clinton een groot schuldgevoel had omdat ze het bloedbad van de Tutsi's in Rwanda niet had kunnen voorkomen en dat ze daarom de ogen sloot voor het afslachten van de Hutu's door de Tutsi's in Zaïre.

Hogecommissaris Ogata beoordeelde de situatie heel anders dan de Amerikanen. Zij en haar staf schatten dat er nog zo'n zevenhonderdduizend Hutu's in Zaïre waren die steeds verder naar het westen, dus van Rwanda af, moesten vluchten. Maar de Veiligheidsraad en de Canadezen luisterden naar de Amerikanen en de tussenkomst werd afgeblazen.

Op het moment dat Annan zijn functie aanvaardde, trok een leger onder bevel van opstandeling Laurent Kabila dat vooral bestond uit soldaten van Kagame, door Zaïre. Kabila was van plan om de Zaïrese dictator Mobutu Sese Seko te verdrijven, maar onderweg vermoordden zijn Tutsi-soldaten duizenden Hutu-vluchtelingen. In mei nam Kabila de macht in Zaïre over; de VN konden niets anders doen dan een onderzoekscommissie naar het land, dat nu weer Congo heette, sturen om de waarheid over de moordpartijen te achterhalen. Maar Kabila belemmerde en vertraagde het onderzoek. De onderzoekers bereikten zo goed als niets en werden na een jaar door Annan teruggeroepen.

Maar hoewel hij aan het hoofd stond van een zwakke organisatie, ontdekte Annan dat dat niet gold voor zijn stem. Hij bracht rapporten uit en hield opmerkelijk openhartige toespraken. In april 1997, toen hij ruim drie maanden in functie was, stuurde hij een rapport over de conflicten in Afrika naar de Veiligheidsraad en de Algemene Vergadering waarin hij de Afrikanen opriep op te houden met al hun ellende op het kolonialisme te schuiven. 'Nu meer dan ooit,' schreef hij, 'moet Afrika naar zichzelf kijken.' Hij klaagde dat de winnaars van een conflict in Afrika vaak een houding aannamen van de *winner takes all* en weigerden rijkdom, steun en macht te delen met landgenoten van een andere stam. 'In extreme gevallen kunnen rivaliserende gemeenschappen het idee hebben dat hun veiligheid, misschien zelfs hun voortbestaan, alleen verzekerd kan worden door volledige controle over de staatsmacht. In dergelijke gevallen is een binnenlands conflict onvermijdelijk.'

Twee maanden later was Annan nog openhartiger toen hij de jaarlijkse topontmoeting van de Organisatie van Afrikaanse Eenheid (OAU) toesprak in Harare, Zimbabwe. Als 'een zoon van Afrika' zei Annan tegen de verzamelde staatshoofden – de meesten van hen dictators en door een militaire staatsgreep aan de macht gekomen – dat 'Afrika staatsgrepen tegen gekozen regeringen en machtsgrepen door militaire klieken, die soms voor belangen van een deel van de bevolking opkomen en soms alleen voor hun eigenbelang, niet langer kan tolereren en als voldongen feiten kan aannemen. Als de democratie,' zo vervolgde hij, 'overweldigd is, laten we dan alles in het werk stellen om die te herstellen ten behoeve van de rechtmatige eigenaar – het volk.'

Na de toespraak zei Salim Ahmed Salim uit Tanzania, secretaris-generaal van de OAU en een oude vriend, tegen Kofi Annan: 'Dat was een scherpe speech. Jij bent de enige die zo'n speech kan geven en hier weg kan komen zonder gelyncht te worden.' Ze moesten beiden lachen.

In juli 1997 nam Annan een van zijn belangrijkste besluiten. Hij benoemde Richard Butler, de Australische ambassadeur bij de VN, tot voorzitter van de United Nations Special Commission (UNSCOM), de speciale commissie die in Irak massavernietigingswapens moest opsporen en vernietigen. Volgens de resolutie van de Veiligheidsraad waarmee een einde was gemaakt aan de Tweede Golfoorlog, werden de economische sancties tegen het land niet opgeheven zolang niet alle massavernietigingswapens waren vernietigd. Rolf Ekéus, een Zweedse diplomaat, was sinds haar oprichting voorzitter van de commissie geweest, maar hij was benoemd tot ambassadeur in de Verenigde Staten. Hij stelde Butler voor als zijn opvolger en Annan ging akkoord.

In de zes jaar dat Ekéus de commissie had geleid, hadden de Irakezen gelogen en bedrogen, bewijzen verborgen, inspecteurs lastiggevallen en onzin uitgekraamd. Maar Ekéus en zijn mannen waren er toch in geslaagd al Saddam Hoesseins programma's voor massavernietigingswapens uit te schakelen. Hierbij kregen ze hulp van Saddams schoonzoon Hoessein Kamel Hassan die aan het hoofd van alle Iraakse wapenprogramma's had gestaan voordat hij in augustus 1995 naar Jordanië overliep en in geheime ontmoetingen alles wat hij wist aan Ekéus vertelde. Toen Butler zijn taak overnam, waren zo goed als alle wapens vernietigd. Er waren nog enkele zaken op te lossen. De Irakezen konden niet alle papieren overleggen waaruit bleek dat hun bewering klopte dat ze al hun chemische en biologische wapens en de grondstoffen daarvoor hadden vernietigd. Achteraf weten we dat de Irakezen de waarheid vertelden.

Maar Ekéus en Butler konden dat toen niet weten. Hoewel de Irakezen niet langer logen, vielen ze de inspecteurs nog steeds lastig. Ze bedrogen en misleidden hen alsof ze die wapens nog steeds verborgen hielden. Waarom is niet helemaal duidelijk. De meest gehoorde theorie is dat de opschepper Saddam Hoessein hiermee probeerde zijn militaire zwakte te verbergen en de wereld te laten denken dat hij over een geheime macht beschikte. De Amerikaanse inspecteur David Kay heeft geopperd dat inhalige Iraakse geleerden die zich verrijkten aan zogenaamde wapenprojecten, Saddam Hoessein in de waan hadden gebracht dat hij meer wapens had dan in werkelijkheid het geval was. Belangrijker is misschien wel dat de regeringen van George H.W. Bush en Clinton hadden verklaard dat zij nooit voor het opheffen van de sancties zouden stemmen zolang Saddam Hoessein aan de macht was. De Irakezen hadden er dus niets aan om met de inspecteurs mee te werken.

Butler schreef een boek over Irak, *The Greatest Threat: Iraq, Weapons of Mass Destruction, and the Growing Crisis of Global Security*, dat twee jaar voordat George W. Bush in maart 2003 het bevel gaf Irak binnen te vallen, verscheen. Achteraf, nu we weten dat Irak geen massavernietigingswapens meer had, blijkt dit boek zo onjuist en misleidend dat de lezer er triest van kan worden. Butlers koppige overtuiging – waardoor anderen zoveel onjuiste conclusies hebben getrokken – was op zo goed als niets gebaseerd, behalve dan op zijn afkeer van de aanmatigende houding van de Irakezen en zijn afschuw van wat hij beschouwde als regelrechte leugens. Veel van zijn conclusies zijn gebaseerd op wat de Amerikaanse inlichtingendiensten en Iraakse bannelingen hem hadden ingefluisterd.

In het begin had Annan geen problemen met Butler. De Australiër had tegen hem gezegd: 'Ik aanvaard de baan omdat *u* me hebt gevraagd. Ik bedoelde dit serieus,' schrijft Butler. 'Ik was Kofi Annan als secretaris-generaal zeer toegewijd en ik wilde dat hij dat wist. Ik wist dat ik in ruil hiervoor zijn steun zou krijgen als ik die nodig had.'

'Richard begon goed,' aldus Annan, 'maar na enige tijd begon ik me zorgen te maken; hij werkte niet samen met de Veiligheidsraad zoals Ekéus en anderen hadden gedaan. Hij had de indruk dat hij het wel alleen met de Verenigde Staten en Groot-Brittannië afkon. Ik moest hem erop wijzen dat we een raad van vijftien leden hebben en dat hij met hen allemaal te maken had en niet met een of twee lidstaten. Anders krijg je moeilijkheden en komt het programma in de problemen.'

De vijfenvijftig jaar oude Butler was een agressieve en ondiplomatieke diplomaat. Volgens Scott Ritter, een Amerikaanse inspecteur, 'wilde [Butler] de indruk wekken dat hij nog steeds die rauwe rugbyspeler was die hij vroeger was geweest.' Medewerkers van Annan beschouwden hem als een cowboy, een dikdoener en een opschepper die voor de Verenigde Staten de kolen uit het vuur haalde. Butler erkende dat hij een agressieve hoofdinspecteur was die direct en duidelijk voor zijn mening uitkwam. Volgens hem waardeerden veel mensen die directheid omdat ze daardoor complexe problemen als de ontwapening van Irak beter begrepen. En hij ontkent 'dat hij orders van de Verenigde Staten ontving.' Maar de harde en sceptische manier waarop hij Irak behandelde, paste wel precies bij de benadering van de Amerikaanse minister van Buitenlandse Zaken Madeleine Albright.

UNSCOM rapporteerde aan de Veiligheidsraad, niet aan de secretaris-generaal, en Butler handelde dan ook onafhankelijk van Annan die technisch gezien niet zijn opdrachtgever was. Volgens Butler waren het Annans medewerkers, niet Annan zelf, die deze constructie onjuist vonden. 'Hoezeer we ook van mening verschilden – en dat verschil werd behoorlijk groot,' schrijft Butler, 'Kofi Annan behandelde mij altijd hoffelijk, en hij is hoe dan ook een veel groter mens dan sommigen in zijn omgeving.'

Het had hoe dan ook geen enkele zin de secretaris-generaal te irriteren, maar dat is precies wat Butler ging doen. 'Toen hij zijn verslagen indiende,' vertelde Annan, 'waren enkele van de beweringen die hij daarin deed echt zeer vreemd... Er stond zo veel op het spel dat je het niet alleen aan hem en zijn inschatting kon overlaten. Nogal wat leden van de Veiligheidsraad betwijfelden wat er in zijn verslagen stond. Van enkele andere leden kreeg ik het gevoel dat hij overdreef. Hij kwam met zulke enorme aantallen, zulke geweldige hoeveelheden.'

We moeten Annans vooruitziende blik niet al te zeer overdrijven. Ook hij besefte niet dat Irak niet meer over massavernietigingswapens beschikte, maar hij maakte zich zorgen over het overdrijven van de aanwijzingen door Butler. En hij maakte zich zorgen om diens grove gedrag. Als Ghanees die onder de vlag van het Britse koloniale rijk was geboren, had Annan het sterke gevoel dat derdewereldlanden recht hadden op respect. De Tweede Golfoorlog was inmiddels zo lang geleden dat diplomaten Iraks soevereiniteit weer met respect moesten behandelen. Volgens Annan was Butlers houding ten aanzien van dat aspect onvoldoende. Butler dacht echter dat Annan onder de invloed was gekomen van Irak en drie permanente leden van de Veiligheidsraad – Rusland, Frankrijk en China – die in de ogen van Butler de leugens van Irak napraatten.

Er werd voortdurend geruzied door Butler en de Irakezen en er deden zich talloze incidenten voor als de Irakezen een inspectie weigerden. Butler had vaak te maken met Tariq Aziz, de plaatsvervangend premier die optrad als hoofdonderhandelaar en voornaamste woordvoerder van Irak. Aziz was Annans belangrijkste contactpersoon geweest toen hij in 1990 had onderhandeld over de VN-medewerkers die door Saddam Hoessein gegijzeld werden gehouden. Butler vond Aziz onuitstaanbaar. Volgens Butler was de Irakees beledigend, bedreigend en 'compleet humorloos'. Butler schrijft in zijn boek: 'Zijn houding was altijd zeer uit de hoogte. "Hoe durft u mij die vraag te stellen?" klonk altijd in zijn stem door.'

Eind oktober 1997 lokte Irak een crisis uit toen Aziz de Veiligheidsraad meedeelde dat het land niet langer Amerikaanse leden van inspectieteams toe zou laten. Annan probeerde de spanning te verminderen door een team van drie onderhandelaars naar Bagdad te sturen. Butler was teleurgesteld. Hij beschouwde dit als een aanslag op de onafhankelijkheid van Butler en UNSCOM. Belangrijker was nog dat het sturen van afgezanten duidelijk maakte dat Annan tevreden zou zijn als er een diplomatieke oplossing zou worden bereikt over het voortdurende conflict om de inspecties en de sancties.

'De beslissing van de secretaris-generaal om afgezanten te sturen,' schrijft Butler, 'werd door Irak gezien als een bevestiging van het feit dat Annan vastbesloten was een diplomatieke oplossing te vinden voor Iraks opstandigheid, zonder dat het land tot ontwapening werd verplicht. Iraks nieuwe beleid van toenemend verzet tegen, en uiteindelijk de vernietiging van UNSCOM werd erdoor versterkt.'

Annans afgezanten boekten geen enkel succes. Daarop riep Butler alle inspecteurs terug en dreigden de Verenigde Staten met militaire acties. Op verzoek van de Amerikanen begonnen de Russen zich er eindelijk mee te bemoeien; zij zetten de Irakezen onder druk om hun bezwaren tegen de Amerikaanse inspecteurs te laten varen. Butler zond zijn inspecteurs terug naar Irak waar ze hun werk voortzetten – maar niet langer dan drie maanden.

In het nieuwe jaar ontstond een nieuwe crisis toen Aziz verklaarde dat acht paleizen en bouwwerken 'presidentiële locaties' waren die door Saddam Hoessein werden gebruikt en daarom door de inspecteurs niet mochten worden bezocht. Weer dreigde president Clinton met bombardementen, en weer trok Butler zijn inspecteurs terug. Allerlei diplomatieke delegaties vlogen naar en van Bagdad. Volgens de *New York Times* belde de Franse president Jacques Chirac de Russische president Boris Jeltsin en zei, vrij weergegeven: 'Weet je, Boris, jij en ik proberen te voorkomen dat daar een oorlog uitbreekt terwijl Bill toe wil slaan. Misschien kunnen jij en ik hier een rol in gaan spelen.' Bij aanvang van de crisis zei Kofi Annan, die continu met vele partijen vergaderde, dat hij erbuiten wilde blijven. 'Met zo veel koks,' zei een van zijn medewerkers, 'wacht hij af tot hij misschien kan helpen. Hij wil niet nog een kok zijn die in de soep roert.'

De Amerikanen hielden vol dat alleen inspecties zonder enige beperking hen gerust konden stellen. Tijdens een openbaar debat aan de Ohio State University dat door CNN werd uitgezonden, probeerden minister van Buitenlandse Zaken Madeleine Albright, minister van Defensie William S. Cohen en de adviseur nationale veiligheid Sandy Berger uit te leggen waarom de Verenigde Staten Irak moesten bombarderen als aan hun eisen niet tegemoet gekomen werd. Hun optreden voor een vijandig publiek was zwak. Demonstranten onderbraken hen twintig keer in negentig minuten. Dit pr-fiasco betekende echter geen verzwakking van de besluitvaardigheid van de regering-Clinton, althans niet in het openbaar.

Kofi Annan besloot ten slotte om zelf naar Bagdad te gaan om een einde aan de crisis te maken. 'Ik beschouwde het als de heilige plicht van de secretaris-generaal,' vertelde hij me kortgeleden, 'om al het mogelijke te doen om een oorlog en het gebruik van geweld te voorkomen.' De uitdrukking 'de heilige plicht', die hij eerder had gebruikt om zijn bezoek te verklaren, is belangrijk omdat deze de controversiële visie op de rol van secretaris-generaal weerspiegelt zoals die voor het eerst werd omschreven door Dag Hammarskjöld. Nergens in het Handvest van de Verenigde Naties staat dat de secretaris-generaal de heilige plicht heeft om een oorlog te voorkomen.

In het Handvest wordt de secretaris-generaal beschreven als 'de hoofdfunctionaris van de administratie' van de VN. Critici, zoals de Amerikaanse ambassadeur John R. Bolton, staan erop dat dat tevens de grens is van het gezag van de secretaris-generaal. Deze is in hun ogen niet meer dan een bureaucraat die door de leden van de VN, en dan vooral door de VS en de andere vier permanente leden van de Veiligheidsraad, wordt betaald. Maar in het Handvest staat ook dat 'de secretaris-generaal iedere zaak onder de aandacht van de Veiligheidsraad mag brengen die naar zijn mening een bedreiging vormt van de internationale vrede en veiligheid.' Die verantwoordelijkheid is uitgegroeid tot een ingewikkeld systeem waarin de secretaris-generaal en zijn staf talloze rapporten schrijven over internationale crises met aanbevelingen voor acties. Deze rapporten worden gewoonlijk aangehaald in resoluties van de Veiligheidsraad die de secretaris-generaal oproepen om de wensen van de raad uit te voeren. Door dit systeem is de secretaris-generaal zowel administratief als uitvoerend hoofd van de VN.

Maar Hammarskjöld ging verder. Tijdens zijn eerste persconferentie in 1953 kreeg hij de vraag voorgelegd in hoeverre een secretaris-generaal zich mocht mengen in 'kritieke situaties waar de vrede bij betrokken was'. Hammarskjöld antwoordde dat het Handvest hem 'een redelijk goed ontwikkeld recht van inmenging gaf maar', zo vervolgde hij, 'ik denk dat het recht van inmenging van de secretaris-generaal in zekere zin, informeel, verder gaat dan zoals het in het Handvest is omschreven, vooropgesteld dat hij de juiste procedures in acht neemt, zijn benadering met tact kiest en zich niet zo gedraagt dat dat gedrag als het ware zijn eigen doel bestrijdt.'

Hammarskjöld demonstreerde deze houding toen hij in 1955, ondanks Amerikaanse bedenkingen, naar China vloog om premier Tsjoe En-lai te verzoeken om vijftien Amerikaanse piloten vrij te laten die waren neergeschoten en als spionnen tot gevangenisstraf waren veroordeeld. Hij deed dit terwijl er in de Verenigde Staten druk gesproken werd over het voeren van oorlog. Als rechtvaardiging van zijn actie noemde Hammarskjöld onder andere de 'filosofie' achter het Handvest. In de preambule tot het Handvest staat, in de bewoording van de Amerikaanse dichter Archibald MacLeish: 'Wij, de volken van de Verenigde Naties, vastbesloten komende geslachten te behoeden voor de gesel van de oorlog...' De secretaris-generaal, die door alle lidstaten van de wereld is gekozen, is de enige functionaris van de VN die een positie bekleedt waarin hij die vastbeslotenheid kan overwegen en kan uitvoeren. Hammarskjöld en Tsjoe En-lai ontmoetten elkaar vier keer in bijeenkomsten die drie tot vijf uur duurden. Enkele maanden na deze opmerkelijke reis werden de Amerikanen vrijgelaten. Deze vlucht naar China maakte van Hammarskjöld in het VN-hoofdkwartier aan First Avenue een held.

Terwijl de Irak-crisis in 1998 in hevigheid toenam, voerde Annan overleg met allerlei medewerkers, diplomaten en vertegenwoordigers van kerkelijke en andere groeperingen die opkomen voor de mensenrechten. Hij werd getroffen door het idee dat binnenkort veel mensen zouden kunnen sterven om iets onbenulligs. 'We hadden hier een situatie,' zegt hij, 'waarin de voornaamste reden voor militair ingrijpen het feit was dat Saddam Hoessein weigerde zijn paleizen open te stellen. Ik was ervan overtuigd dat het mogelijk moest zijn hem over te halen die paleizen open te stellen en te laten inspecteren om te voorkomen dat ze verwoest werden en dat zijn volk aan gevaar werd blootgesteld.' Dit soort redeneringen was te veel voor Butler die, net als de Amerikaanse en de Britse regering, van mening was dat Irak geen recht had om voorwaarden voor de inspecties te stellen.

Aziz stelde voor dat Annan naar Bagdad kwam om met Saddam te praten. Nadat hij overleg had gevoerd met leiders uit het Midden-Oosten en de Franse president Chirac, nodigde Annan alle vijftien ambassadeurs van de Veiligheidsraad uit voor een informele bijeenkomst in de kleine vergaderzaal naast zijn kantoor in het hoofdgebouw van de VN. Hier vertelde hij hun dat hij van plan was om naar Bagdad te vliegen maar dat hij van de Veiligheidsraad wilde weten wat die vond dat hij daar zeker moest zien te bereiken.

‘Ik besloot zelf te gaan,’ vertelde Annan aan het UN Oral History Project van Yale University, ‘omdat de inzet zo enorm hoog was en omdat de zaak al een tijd voortwoekerde. De zaak waar we hier mee te maken hadden was de vrede zelf, de zaak rond de massavernietigingswapens... Ik maakte me zorgen dat, als er gebombardeerd zou gaan worden zonder dat ik deze poging had ondernomen, dat dan het einde zou betekenen van de inspecties, terwijl het ook invloed zou kunnen hebben, een negatieve invloed, op de pogingen die we deden om het Iraakse volk te beschermen.’

De Amerikaanse ambassadeur Bill Richardson, die door president Clinton was aangewezen als opvolger van Madeleine Albright bij de VN, protesteerde, net als de Britse ambassadeur John Weston. Maar Annan vroeg geen toestemming aan de leden van de Veiligheidsraad. ‘Ik wilde precies weten wat zij wilden weten, en wat wij wilden weten,’ zei hij. ‘Verder vroeg ik niet om instructies of orders. Volgens mij was het belangrijk dat je, als je een gesprek gaat voeren met president Saddam Hoessein en terugkomt met voorstellen die de Veiligheidsraad kan aanvaarden en waar de raad mee kan werken, een ruw idee of ruwe ideeën moet hebben over waar de Veiligheidsraad naartoe wil en wat de raad zou accepteren als oplossing voor de crisis.’ Later zei hij tegen minister van Buitenlandse Zaken Madeleine Albright dat hij hoe dan ook naar Bagdad zou gaan, ook als de Verenigde Staten tegen waren. Hij waarschuwde haar zelfs dat de VS aan geloofwaardigheid zouden inboeten als zij de secretaris-generaal van de VN zouden proberen tegen te houden die ging proberen tot een vreedzame oplossing te komen.

Op de morgen van zondag 15 februari vloog minister Albright met een C-20 van de Amerikaanse luchtmacht naar New York om een geheim gesprek te voeren met Kofi Annan in zijn officiële residentie aan Sutton Place bij de East River. Zij en Sandy Berger hadden besloten, ondanks hun eerdere bezwaren, om Annans onderneming te steunen. 'Natuurlijk,' vertelde Annan later, 'liet ze merken dat ze niet enthousiast waren maar hadden besloten zich bij de meerderheid aan te sluiten omdat de anderen dachten dat de reis nuttig zou kunnen zijn.' Maar ze gaf Annan een vel papier met daarop de 'richtlijnen' – de maatregelen die volgens de Verenigde Staten opgenomen moesten worden in welke overeenkomst met Saddam Hoessein dan ook. De inspecteurs moesten toegang hebben tot alle gebouwen. UNSCOM moest de 'operationele controle' houden op alle inspecties. De Irakezen moesten volledig met de inspecteurs meewerken. De resoluties van de Veiligheidsraad mochten niet worden afgezwakt in een overeenkomst tussen Saddam en Annan. Iedere overeenkomst moest op papier zijn gesteld en ondertekend; mondeling gegeven toezeggingen waren niet voldoende. 'Met de Amerikaanse "richtlijnen" had ik geen probleem,' zei Annan.

Tijdens de laatste bijeenkomst met de leden van de Veiligheidsraad werd Annan bestookt met talloze suggesties voor de bewoording van aanvaardbare voorwaarden in een overeenkomst. 'Toen deze discussie afgleed naar aanwijzingen over de kleinste details in de tekst, die in conversaties in Bagdad natuurlijk nooit letterlijk zouden worden gebruikt,' aldus de Russische ambassadeur Sergej Lavrov, 'deed zich een van de heel zeldzame keren voor dat ik zag dat hij zijn geduld verloor, maar dan nog op een zeer waardige manier. Je zag het niet aan zijn gezicht. Hij stond gewoon op en zei: "Dank u zeer, geachte collega's, ik denk dat ik de bedoeling van het gezelschap begrijp. Ik vertrek morgen, tot ziens."'

De Britse ambassadeur Weston sprak nog even met Annan voor diens vertrek naar Bagdad. Er waren geen geschreven instructies, maar Weston gaf hem een mondelinge samenvatting van waar de Veiligheidsraad het over eens was. Deze kwam dicht in de buurt van de 'richtlijnen' van minister Albright. Annan had nu echt genoeg van alle adviezen en zei beleefd tegen Weston dat hij niet als boodschapper van de Veiligheidsraad naar Bagdad vloog, maar als onderhandelaar van de VN; hij had ruimte nodig om te onderhandelen.

De volgende dag belde president Clinton Annan. 'Ik wil net zozeer een diplomatieke oplossing als jij,' zei Clinton tegen hem, 'maar die moet goed verankerd, integer zijn.' Een ervaren medewerker vatte de bedoeling van Clintons boodschap als volgt samen: 'Kofi, hou mij niet tegen. Hou de Irakezen tegen.' De president verbaasde zich erover dat de hele wereld probeerde die dictator tevreden te stellen terwijl die toch de VN-resoluties aan zijn laars had gelapt. Annan moest druk op Saddam uitoefenen, niet op de Verenigde Staten. Saddam moet aan het einde van de ontmoeting niet het idee hebben dat hij een grote overwinning had behaald. Annan antwoordde dat hij begreep wat de Amerikanen wilden.

Nog voordat hij New York verliet, vroeg een verslaggever hem of hij wel meedogenloos genoeg was om met Saddam Hoessein te onderhandelen. 'Ik weet niet of dat wat vereist is om tot een oplossing te komen, wel meedogenloosheid is,' reageerde Annan.

Annan vloog met de Concorde van Air France naar Parijs en had daar een onderhoud met president Chirac. Chirac en zijn medewerkers vertelden dat Saddam Hoessein goed geïnformeerd was en ze waarschuwden de secretaris-generaal hem niet te onderschatten. Chirac vond het goed dat het presidentiële vliegtuig werd gebruikt, een driemotorige Falcon 900, om Annan en zijn medewerkers naar Bagdad te brengen en weer terug.

Op vrijdagavond 20 februari kwam de secretaris-generaal in Bagdad aan. De Irakezen wilden ogenblikkelijk met de onderhandelingen beginnen maar Annan wilde eerst slapen. De volgende morgen begonnen de gesprekken in het ministerie van Buitenlandse Zaken. Annan had assistentie van Hans Corel, hoofd van de juridische afdeling van de VN, en drie naaste medewerkers: Lakhdar Brahimi, Shashi Tharoor en Rolf Knuttson. Tariq Aziz werd vergezeld door de minister van Buitenlandse Zaken, de minister van Olie en enkele anderen. Een groot deel van de tijd vergaderden Annan en Aziz echter samen.

Ze werden het eens over een *memorandum of understanding*, maar konden op twee punten niet tot overeenstemming komen: of de paleizen en andere presidentiële plaatsen vaker dan één keer geïnspecteerd mochten worden, en of de inspecties van die plaatsen anders moesten worden genoemd. Tariq Aziz wilde het 'bezoeken' noemen maar Annan vond dat te vrijblijvend. 'Mensen zouden kunnen denken dat je ons uitnodigt voor de thee of zoiets.' En Annan stond erop dat de inspecteurs het recht hadden om dezelfde plekken meer dan eens te bezoeken.

Annan luisterde naar veel boos gepraat over het eerbiedigen van de soevereiniteit van Irak. 'Ze bleven maar zeggen dat de waardigheid en de soevereiniteit van Irak gerespecteerd moesten worden,' vertelde hij aan het Yale-project, 'en dat de paleizen gebouwen zijn waarin ook werd gewerkt en dat ze niet kunnen toestaan dat inspecteurs binnenvallen en hun werk komen verstoren en zo hun gezag en leiderschap in hun eigen land miskennen.'

De secretaris-generaal hoorde ook aan hoe de Irakezen tekeergingen tegen de zware voorwaarden van de resolutie die een einde had gemaakt aan de Tweede Golfoorlog, maar waardoor Irak nog steeds moest leven onder sancties en inspecties. 'Jullie moeten die resolutie wel aanvaarden,' zei Annan tegen Aziz en de andere Irakezen. 'Als jullie licht willen zien aan het einde van de tunnel, dan moeten jullie je neerleggen bij de voorwaarden tot ontwapening en het ontwapeningsverdrag uitvoeren; dan zullen jullie dat licht aan het einde van de tunnel zien, dan zullen onze sancties worden opgeschort of opgeheven, want de resolutie is duidelijk: ontwapen en de sancties worden opgeheven.' Maar Annan werd gezegd dat de Irakezen 'het idee hebben dat de resoluties te ingewikkeld zijn en dat er zoveel eisen in staan dat degenen die niet willen dat de sancties worden opgeheven, altijd wel een excuus kunnen vinden om te zeggen dat er niet aan is voldaan.'

Om twee uur 's nachts beëindigde Annan de besprekingen voor die dag. Aziz stelde voor elkaar de volgende morgen opnieuw te ontmoeten, maar Annan weigerde. Voor die zondagmiddag stond een gesprek met Saddam Hoessein op het programma en Annan wilde de laatste onenigheden met de Iraakse president zelf oplossen.

Terwijl haar man in Bagdad onderhandelde, bezocht Nane St. Patrick's Cathedral aan Fifth Avenue in New York om te bidden voor het succes van diens missie. 'Hij is iemand die niet van tevoren bedenkt dat iets kan mislukken,' vertelde ze aan James Bone van de Londense *Times*. 'Ik ben wat bijgeloviger. In dit geval was het zo belangrijk dat ik deel uit wilde maken van die steunmuur waarop hij leunde. Daar maakte een bezoek aan de kathedraal en even bidden deel van uit.'

Op zondag 22 februari werden Annan en zijn medewerkers met de auto naar het dichtbijgelegen presidentiële paleis van Saddam Hoessein op de oever van de Tigris gebracht. Annan was blij te zien dat de Iraakse leider hen ontving in een pak en niet in zijn gebruikelijke militaire uniform. Na enige tijd verlieten de medewerkers van beide mannen het vertrek en waren Saddam Hoessein en Kofi Annan alleen. Maar al gauw excuseerde

Saddam zich. Tegen Kofi zei hij dat hij moest bidden. 'Dat was de eerste keer dat ik met iemand in vergadering was die wegliep om te gaan bidden,' vertelde Annan. Toen Saddam terugkwam, bood hij de secretaris-generaal een sigaar aan en rookten en kletsten beiden wat.

Annan probeerde een beroep te doen op het ego van de Iraakse dictator. 'U bent een bouwer,' zei hij. 'U heeft het moderne Irak opgebouwd. Het was vernietigd en u heeft het herbouwd. Wilt u het weer vernietigen? ...Als we tot een overeenkomst kunnen komen die militair ingrijpen voorkomt en u gehoorzaamt eraan, dan is iedereen gered.'

De secretaris-generaal waarschuwde de president ook voor de gevolgen als de gesprekken niets op zouden leveren. 'Deze keer, kan ik u zeggen, zult u de klappen ontvangen, en hard ook,' zei Annan. 'Alle wederopbouw die u heeft bewerkstelligd, zal verloren gaan en u zult opnieuw moeten beginnen. Denk eens aan het lijden van uw volk.'

De ontmoeting duurde drie uur en Annan was uitgeput. Aan zijn vriend William Shawcross vertelde hij later: 'Ik moest echt al mijn innerlijke reserves aanspreken – creativiteit en uithoudingsvermogen en bijna spirituele moed – om hem echt bij de zaak te betrekken. Het was heel erg uitputtend.'

Shawcross vroeg hem hoe het was om met een bloeddorstige tiran als Saddam Hoessein om te gaan. 'Saddam is erg rustig en beleefd,' antwoordde Annan. 'Je zou niet denken dat hij in staat was tot wat hij heeft gedaan... Hij lijkt op iemands oom. Maar als je zijn rust en zachte stem met zwakheid verwart, dan heb je een probleem.' Nane's oom Raoul Wallenberg heeft ooit gezegd: 'Om goed te doen moet men wel eens zaken doen met de duivel,' herinnerde Annan zich en vervolgde: 'Die kwaden kun je volgens mij nog aanraken, op een of andere manier nog bereiken... Uiteindelijk is het enige dwangmiddel dat ik heb de rede, overtuigingskracht. Ik kan geen beroep doen op een land- of luchtmacht.'

Tijdens de ontmoeting maakte Saddam Hoessein talloze aantekeningen op een geel notitieblok. Uiteindelijk werden hij en de secretaris-generaal het eens over de problemen van het voorgestelde memorandum of understanding. In het memorandum zouden de woorden 'inspecties' en 'bezoeken' niet voorkomen; in plaats daarvan werd 'entree' tot de presidentiële gebouwen gebruikt. Er zouden 'aanvangs- en vervolgentrees' komen – meer dan één dus. Annan was het ermee eens dat diplomaten de inspecteurs moesten vergezellen. Saddam, die wilde benadrukken hoe gevoelig de inspecties lagen, eiste dat die diplomaten ambassadeurs zouden zijn. Annan aanvaardde echter alleen 'hoge diplomaten'. Ten slotte werden de medewerkers weer in het vertrek geroepen en kondigde Annan aan: 'We hebben een overeenkomst, we hebben een tekst.' Hij en Saddam dronken sinaasappelsap, gaven elkaar een hand en namen afscheid van elkaar.

De secretaris-generaal liet leden van de Veiligheidsraad weten dat een overeenkomst bereikt was, maar ook dat hij de volledige tekst niet vrij wilde geven voordat juristen van beide partijen hun goedkeuring hadden gegeven en hij en Tariq Aziz haar hadden getekend. Hij was bang dat de Amerikanen en anderen veranderingen van hem zouden eisen als ze de tekst al vóór ondertekening konden inzien.

De Amerikaanse minister van Buitenlandse Zaken Albright was hiermee echter niet tevreden. Ze belde heel vroeg in de morgen en eiste dat Kofi Annan wakker werd gemaakt. Hij was in een diepe slaap. 'En in Irak – ik was erbij – om vier uur 's morgens schrééuwde Madeleine Albright tegen hem door de telefoon, ze schreeuwde echt tegen hem,' vertelde Fred Eckhard het UN Oral History Project van Yale. Ze wilde een kopie van de ontwerpovereenkomst. Er waren in Washington vragen aan haar en aan haar stafleden gesteld waarop ze geen antwoord hadden kunnen geven. Ze wilde er zeker van zijn dat hij een overeenkomst zou sluiten waar de Amerikanen mee konden leven. Annan herinnert zich dat hij haar vertelde: 'We zitten midden in de onderhandelingen en het document kan nog veranderen. Als ik het document eenmaal heb, zal ik het haar en de andere veertien leden van de Veiligheidsraad tegelijkertijd toesturen.' Na afloop van het telefoongesprek zei de geërgerde secretaris-generaal tegen een van zijn stafleden dat Madeleine wel eens misbruik maakte van vriendschappen.

Het gerucht ging dat hij midden in het gesprek heeft opgehangen. Maar toen hem enkele jaren later door Lynne Duke van de *Washington Post* hiernaar werd gevraagd, antwoordde hij: 'Ik hang niet midden in een gesprek met iemand op. Dat is mijn stijl niet.'

Het memorandum of understanding werd op maandag 23 februari getekend door de secretaris-generaal en Tariq Aziz; Amerikaanse bombardementen op Irak waren hiermee voorkomen. Annan vloog terug naar

Parijs en van daar naar New York waar Nane hem op het vliegveld verwelkomde. Toen hij met haar het VN-hoofdgebouw binnenstapte, werd hij door honderden medewerkers met gejuich en applaus verwelkomd. Het was de verwelkoming van een held zoals Dag Hammarskjöld die veertig jaar eerder had gekregen.

Annan bood de Veiligheidsraad tijdens een besloten vergadering het memorandum of understanding aan. Daarin beloofde Irak om alle relevante VN-resoluties te aanvaarden en medewerking te verlenen aan de VN-wapeninspecteurs. De VN beloofden op hun beurt dat hun inspecteurs de veiligheid, soevereiniteit en waardigheid van Irak zouden respecteren. Butler en UNSCOM behielden het recht om de presidentiële gebouwen te inspecteren, maar deze 'entrees' zouden worden uitgevoerd door speciale inspectieteams waarvan ook hoge diplomaten deel uitmaakten. 'Of de bedreiging van de internationale vrede en veiligheid nu voor altijd is afgewend,' zei Annan tegen de Veiligheidsraad, 'ligt in handen van de Iraakse delegatie.'

Butler en zijn inspecteurs waren echter boos vanwege het memorandum en, misschien belangrijker nog, vanwege de rol van de secretaris-generaal in de crisis. Ze hadden het gevoel dat Annan hen en de Irakezen behandelde alsof ze gelijkwaardige tegenstanders waren. Maar in hun visie waren zij en de Irakezen niet gelijkwaardig – UNSCOM was door de Veiligheidsraad in het leven geroepen als een hoger gezag om een einde te maken aan het bedrog van Irak en om de massavernietigingswapens van dat land te vernietigen. Charles Duelfer, Butlers Amerikaanse plaatsvervanger, zei dat hij geschokt was toen hij bij de vergadering van de Veiligheidsraad Annan de inspecteurs 'cowboys' hoorde noemen. Butler schreef in zijn memoires: 'Ik had geen enkele illusie over wat er was gebeurd – het mandaat van UNSCOM was, althans gedeeltelijk, in Bagdad verkwanseld.' Maar Butler besloot toch, nadat Annan hem ervan had verzekerd dat zijn macht er niet door was afgenomen, de overeenkomst in het openbaar te steunen.

De Verenigde Staten waren voorzichtig. De Amerikaanse ambassadeur Bill Richardson noemde de overeenkomst een stap in de goede richting maar vond dat er nog wel wat opheldering nodig was. 'Wij zijn van mening dat gauw moet worden getest of zij werkt,' zei hij tegen de pers. Enkele Republikeinen waren echter veel sceptischer. De aanvoerder van de Republikeinen in de Senaat, Trent Lott uit Mississippi, beschuldigde Annan ervan dat hij Saddam Hoessein zijn zin had gegeven. 'Kofi Annan heeft ons echt in de uitverkoop gedaan,' zei de afgevaardigde van New York, Gerald Solomon. Toch sloten de Verenigde Staten zich aan bij de andere veertien leden van de Veiligheidsraad en keurden de overeenkomst goed; ze feliciteerden Annan met het succes van zijn missie.

Na deze vergadering met de Veiligheidsraad kwam Annan uitgeput bij de pers. Hier werd hem onder andere gevraagd of hij de Iraakse president wel kon vertrouwen. 'Vertrouw ik Saddam Hoessein?' antwoordde hij. 'Ik geloof dat ik wel zaken met hem kan doen. Volgens mij was hij serieus toen hij de overeenkomst aanging. Ik denk dat hij beseft wat dit voor zijn volk betekent.' Toen Madeleine Albright, die Saddam ooit 'de slechtste mens sinds Hitler' noemde, de opmerking over het doen van zaken met Saddam hoorde, 'kromp ze ineen'.

Annans triomf duurde echter niet lang. Het memorandum verbeterde de verhouding tussen Butler, nog steeds de hoofdinspecteur, en plaatsvervangend premier Tariq Aziz niet. Tijdens een harde confrontatie in Bagdad zes maanden later eiste Aziz van Butler dat die zou verklaren dat er in Irak helemaal geen massavernietigingswapens waren. Butler weigerde. Terwijl hij een kopje en lepeltje optilde, zei een boze Aziz met een stem vol minachting: 'Jullie moeten verifiëren, verifiëren en verifiëren, wat wij u ook vertellen,' zo begon Aziz zijn tegenstrever belachelijk te maken. 'Dit is een kopje thee. Ja, het lijkt op een kopje thee, maar we gaan dat verifiëren. Dit is een lepeltje. Ja, het lijkt op een lepeltje, maar we gaan dat verifiëren.' Aziz bleef erbij dat Irak 'geen verboden wapens bezit,' maar Butler zag dat als 'de zwartste leugen'.

Eind oktober 1998 kondigde Irak aan dat het geen VN-inspecteurs of waarnemers bij militaire oefeningen meer zou toelaten. De Verenigde Staten en Groot-Brittannië bereidden zich voor op het bombarderen van Irak. Annan schreef Saddam Hoessein een brief waarin hij aandrong op het wijzigen van het beleid. Terwijl de Amerikaanse en Britse bommenwerpers al onderweg waren, maakte Tariq Aziz bekend dat de regering was teruggekomen op haar besluit en dat de inspecties weer toegestaan zouden worden. De VS en Groot-Brittannië braken de luchtaanval af.

De wapenstilstand duurde maar een paar weken. Toen de Irakezen de wapeninspecties weer begonnen tegen te werken, gaf Butler al zijn inspecteurs opdracht Irak te verlaten. Het memorandum of understanding dat Saddam Hoessein en Kofi Annan overeengekomen waren, had geen enkele waarde meer. Tijdens een officieel bezoek aan Noord-Afrika zei de secretaris-generaal tegen zijn vriend Shawcross: 'Niet alleen is die verscheurd, maar zelfs mensen in de Veiligheidsraad die nog enige sympathie voor hem voelden, hebben nu genoeg van hem.' Shawcross vroeg Annan naar de opmerking waardoor Madeleine Albright 'ineengekrompen' was. Bewezen de laatste gebeurtenissen niet dat je met Saddam Hoessein geen zaken kon doen? 'Ze bewijzen dat je hem niet kunt geloven,' antwoordde Annan. 'Ik gebruikte die uitdrukking omdat ik hem zover had gekregen dat hij van mening veranderd was. Ik bedoelde niet dat hij daarmee een man van eer was geworden. Je kunt hem niet vertrouwen.'

De secretaris-generaal hoopte nog steeds dat de Amerikanen Irak niet zouden bombarderen. Hij was bang dat het Iraakse volk daar veel meer onder zou lijden dan Saddam. Maar president Clinton kon deze keer niet overgehaald worden om er vanaf te zien. Midden december bombardeerden Amerikaanse en Britse vliegtuigen in de operatie Desert Fox militaire installaties en vermeende wapenopslagplaatsen.

Terug in New York gaf de secretaris-generaal een treurige verklaring af. 'Dit is een trieste dag voor de Verenigde Naties en voor de wereld... Het is ook voor mij persoonlijk een droevige dag. Dit hele jaar lang heb ik alles gedaan wat in mijn macht lag om ervoor te zorgen dat de resoluties van de Veiligheidsraad vreedzaam werden uitgevoerd en dat het gebruik van geweld werd vermeden.'

'Dit is geen makkelijk of pijnloos proces geweest,' zo vervolgde hij. 'Er waren geduld, vastberadenheid en de wil om vrede te bereiken voor nodig, zelfs toen alles erop wees dat het oorlog zou worden. Hoe afschrikwekkend de taak ook was, de Verenigde Naties moeten hun uiterste best blijven doen zolang er hoop op vrede bestaat. Het spijt mij geweldig dat vandaag is gebleken dat al onze pogingen ontoereikend zijn geweest.' In de verklaring werd niemand beschuldigd – niet de inspecteurs, en ook niet de Irakezen of de Amerikanen.

Ondanks de mislukking van Kofi Annans missie naar Bagdad werd zijn leiderschap van de VN hierdoor toch op verscheidene manieren bevestigd. Het belangrijkste was misschien wel dat gebleken was dat hij onafhankelijk van Washington opereerde. Hij was dan wel door Madeleine Albright en haar samenzweerders persoonlijk uitgekozen om Boutros-Ghali op te volgen, maar Annan weigerde te doen alsof hij in haar macht was. Hij beschouwde haar als een vriendin en vroeg haar vaak om raad. Toch weigerde hij zijn reis naar Bagdad af te zeggen toen zij haar afschuw erover uitsprak en hij weigerde haar eerder informatie te verstrekken over wat er in Bagdad was bereikt dan de andere leden van de Veiligheidsraad.

De missie liet ook zien dat hij bereid was risico's te nemen en ten behoeve van de vrede grenzen te overschrijden. Hij was geen hypocriete leider. Hij vloog niet zomaar naar Bagdad. Hij luisterde naar de adviezen en vragen van talloze diplomaten en medewerkers voordat hij vertrok. Hij probeerde zich zorgvuldig voor te bereiden op wat hij ging doen. Toen hij naar Bagdad vertrok, wist hij alleen niet hoe het zou gaan aflopen.

Ook liet hij zien dat hij dacht en voelde met de gevoeligheid van een inwoner van een derdewereldland. Hij kende en mocht Amerikanen en Europeanen. Hij was per slot van rekening met een Europese getrouwd. Maar hij was Afrikaan en hoewel hij de conventionele gedachtegang van de Amerikanen en anderen uit de geïndustrialiseerde wereld begreep, ging hij er niet helemaal in mee. Hij begreep waarom diplomaten als Madeleine Albright en Richard Butler Saddam Hoessein en zijn kliek beschouwden als het kwaad. Maar hij vond ook dat de Albrights en de Butlers overdreven en dat je een regering niet moet kleineren, hoe slecht die zich ook gedragen heeft, als je wilt dat ze doet wat je wenst zonder dat je daarvoor geweld hoeft te gebruiken.

Sommige critici, vooral in de Verenigde Staten, beschouwden hem als een softie, een eitje dat makkelijk door mensen als Saddam Hoessein overdonderd kon worden. Naar hun mening was Annan een lichtgewicht die probeerde met de zwaargewichten mee te doen.

Maar dat was niet de overheersende visie. Uiteindelijk faalde hij in Irak, maar hij faalde met waardigheid, morele moed en voor iedereen zichtbaar. Hij praatte openlijk met journalisten over zijn gesprek met Saddam Hoessein. Hij legde zijn standpunt openlijk uit. Zo zorgde hij ervoor dat hij een secretaris-generaal werd die door iedereen aardig werd gevonden en vertrouwd werd.

10

Interventies: Kosovo en Oost-Timor

In 1998 genoot de secretaris-generaal nog steeds van alle eer die hij ontving voor zijn missie naar Bagdad. Hij hield enkele toespraken waaruit bleek welke waarden hij nastreefde en hoe hij dacht. De eerste hield hij in Kigali, de hoofdstad van Rwanda; deze weerspiegelde vooral zijn eerlijkheid en moed. De tweede sprak hij in Groot-Brittannië uit. Deze was veel belangrijker omdat hij hierin uiteenzette welke nieuwe wegen de VN-vredeshandhavers moesten bewandelen in een wereld waarin steeds meer conflicten oplaaiden.

In mei begon Annan aan een tour langs acht Afrikaanse landen. En weer achtervolgde hem het schrikbeeld van de Rwandese massaslachtingen. Nog voor hij in Kigali aankwam, was zijn relatie met het land weer voorpaginanieuws. Terwijl hij aan het begin van zijn rondreis in Nairobi verbleef, ontving hij vanuit New York het nieuws dat er een artikel van Philip Gourevitch was verschenen waarin hij ervan werd beschuldigd dat hij als hoofd vredeshandhaving niet aan de alarmbel had getrokken toen hij hoorde van het plan van de Hutu's om de Tutsi's uit te roeien. De beschuldiging kwam nu eens niet van een of ander rechts blaadje dat bol stond van de minachting voor de VN. De *New Yorker* is een prestigieus weekblad waarvan de politieke oriëntatie zich over het algemeen links of in het midden bevindt. De aanval kwam onverwachts en was zeer persoonlijk.

'Het deed pijn en ik was verrast,' vertelde hij me jaren later. 'En bovendien was het naar mijn mening niet helemaal eerlijk; het was niet juist om het hoofd vredeshandhaving de schuld te geven van wat er gebeurde, zeker niet als je beseft dat het hoofd vredeshandhaving op dit terrein nauwelijks enige autonomie bezat. Naar mijn idee werden de rollen van de Veiligheidsraad en van de secretaris-generaal [in het artikel] erg ondergewaardeerd.' Hij had ook het gevoel dat Gourevitch de in die tijd gerechtvaardigde angst van de VN niet begreep dat alle landen hun blauwhelmen zouden terugroepen als ze dachten dat het werkelijk gevaarlijk werd.

'Maar dat soort analyse ontbreekt in het artikel,' zei hij. Daarna probeerde hij wat onzeker en in een poging om van iedereen het beste te geloven, te begrijpen welk motief Gourevitch had om dit te schrijven. 'Maar natuurlijk,' zei hij, 'zie ik ook wel in dat Philip zoiets zou schrijven om de aandacht te krijgen en het geweten van de wereld wakker te schudden. Maar ik weet het niet...'

De publicatie van het artikel weerhield Annan er niet van om enkele dagen later openlijk zijn mening te geven in een toespraak voor het Rwandese parlement in Kigali. Toen hij aankwam bij de 'uitbarsting van verschrikking' waarin honderdduizenden Tutsi's werden vermoord, erkende de secretaris-generaal dat 'de wereld Rwanda in de steek had gelaten op dat moment van het kwaad' en dat 'de internationale gemeenschap en de Verenigde Naties de politieke wil niet op hadden kunnen brengen om [dat kwaad] tegen te gaan.' Maar hij maakte de Tutsi-leiders van het land ziedend door ook te stellen dat 'het een verschrikking was die van binnenuit kwam'.

Zijn woorden hadden betrekking op de moorddadige verhoudingen tussen de Tutsi-minderheid en de Hutu-meerderheid in zowel Rwanda als Burundi, die al zo lang bestonden. Annans woorden waren echter in tegenspraak met die van de nieuwe Tutsi-leiders die juist buitenstaanders verantwoordelijk stelden voor de slachtingen – de Duitse en de Belgische bestuurders omdat die in de koloniale periode de volkeren zo hadden verdeeld, en de VN omdat die de moordpartijen in 1994 niet hadden kunnen verhinderen.

Annan irriteerde de Tutsi-leiders verder door tegen de parlementsleden te zeggen: 'Jullie moeten je kinderen leren dat de weg terug van genocide geplaveid moet zijn met tolerantie, vergeving en begrip.' Dit was nog geen twee weken nadat een VN-functionaris de Rwandese regering had veroordeeld vanwege het executeren van tweeëntwintig mensen op beschuldiging van genocide.

Voordat Annan zijn speech gaf, las minister van Buitenlandse Zaken Anastase Gasana een lange en beledigende lijst voor van punten die hij tegen de VN had. Hij hekelde de VN zelfs omdat de Volkerenbond, de voorganger van de VN, de Duitse koloniën Rwanda en Burundi als mandaatgebieden aan België had toegewezen. Om de secretaris-generaal nog meer te beledigen bleven de president, de vice-president en de premier van Rwanda weg van een receptie die ter ere van Annan werd gehouden. Met zijn bezoek maakte Annan geen vrienden onder de Tutsi's, maar hij toonde wel hoe waarheidlievend hij was, zelfs als hij daarmee woede opwekte.

In juni pakte de secretaris-generaal het heikele probleem aan van interventie in een opmerkelijke lezing voor de Ditchley Foundation in Ditchley Park bij Oxford in Engeland. Ditchley is een prestigieuze stichting die zich toelegt op de bestudering van internationale aangelegenheden; volgens enkelen van Annans medewerkers zullen de principes die Annan daar heeft uitgesproken, zijn belangrijkste erfenis blijken te zijn.

In de lezing zei Annan dat hij geloofde in het recht van interventie in binnenlandse aangelegenheden van een soeverein land om het lijden van de bevolking te verlichten. Hij ventileerde zijn mening terwijl het Handvest van de Verenigde Naties de VN verbiedt om tussenbeide te komen 'in aangelegenheden die behoren tot de binnenlandse jurisdictie van iedere staat'.

Annan vertelde de aanwezigen dat de Veiligheidsraad volgens het Handvest de 'doorslaggevende plicht heeft om de internationale vrede en veiligheid te handhaven' en dat 'zelfs nationale soevereiniteit opzijgeschoven kan worden als die in de weg staat' van deze doorslaggevende plicht. De VN hebben bijvoorbeeld het recht om tussenbeide te komen in burgeroorlogen waardoor vluchtelingen in andere landen terechtkomen en daar een bedreiging vormen voor de internationale vrede.

Maar Annan ging in zijn lezing veel verder. Volgens hem is het Handvest geschreven in naam van 'de volken van de Verenigde Naties', niet van regeringen. Een van de doelstellingen van het Handvest was dan ook om 'opnieuw ons vertrouwen te bevestigen in de fundamentele rechten van de mens, in de waarde en de gelijkwaardigheid van de menselijke persoon.' 'Het Handvest beschermt de soevereiniteit van volkeren,' zei Annan. 'Het was nooit bedoeld als een vrijbrief voor regeringen om de rechten van de mens en de menselijke waardigheid met voeten te treden. Soevereiniteit betekent ook verantwoordelijkheid, niet alleen macht.' Het Handvest, aldus Annan, staat dus interventie toe om mensen te redden die in hun eigen soevereine staat gevaar lopen.

De secretaris-generaal prefereerde vreedzame interventies, zoals door regionale organisaties die een regering ertoe over zouden kunnen halen haar beleid te wijzigen. Maar hij erkende dat militair ingrijpen noodzakelijk kan zijn. Hij haalde drie militaire interventies aan die door de wereld met instemming verwelkomd waren: de interventie van India in 1971 die een einde maakte aan de onderdrukking van Oost-Pakistan (het huidige Bangladesh) door West-Pakistan, de Vietnamese interventie die een einde maakte aan de genocide door de Rode Khmer in Cambodja, en de Tanzaniaanse interventie in 1979 in Oeganda waardoor er een einde kwam aan de vreselijke dictatuur van Idi Amin.

Maar in al deze gevallen, ging Annan verder, waren de interventies unilateraal geweest, dat wil zeggen dat de invallers 'geen mandaat hadden van wie dan ook om te doen wat ze deden'. Dat, zei hij, schiep 'een ongemakkelijk precedent'. Retorisch vroeg hij: 'Kunnen we ons echt permitteren om iedere staat te laten oordelen over zijn eigen recht, of plicht, om zich te bemoeien met de interne aangelegenheden van een andere staat?' Zo'n soort principe van de chaos, zei hij, zou Adolf Hitler een legitieme reden hebben verschaft om Tsjechoslowakije binnen te vallen.

Volgens Annan was 'de enige instelling die competent genoeg is om die rol op zich te nemen, de Veiligheidsraad van de Verenigde Naties. Het Handvest geeft de raad duidelijk de verantwoordelijkheid voor het handhaven van de internationale vrede en veiligheid. Ik betoog daarom dat alleen de raad het gezag heeft om te besluiten dat een situatie in een land zo ernstig is dat gewapende interventie gerechtvaardigd is.'

Het is gemakkelijker om theorieën over interventie te formuleren dan uit te voeren. Dat geldt zeker voor een secretaris-generaal van de VN. Barbara Crossette, VN-verslaggever voor de *New York Times*, omschreef dat eens als volgt: 'Hij bevindt zich dan wel aan de top van de werelddiplomatie, maar de troon waarop hij zit is niet meer dan een lege doos.' Hij heeft geen eigen leger en geen politieke macht, hij heeft alleen morele kracht. Dat wapen is niet te verwaarlozen maar heeft zijn beperkingen. Met twee crises in 1999 – die in Kosovo en Oost-Timor – kon de bruikbaarheid van Annans doctrine zoals hij die in de Ditchley-lezing had uiteengezet, worden beproefd.

Aan het einde van de jaren negentig ontwikkelde de crisis in Kosovo zich tot een goed voorbeeld van de onmacht van de VN. Minister van Buitenlandse Zaken Madeleine Albright was de architect van het Amerikaanse beleid ten aanzien van de opstandige Servische provincie. President Clinton keurde het goed, maar hij werd afgeleid door het Lewinsky-schandaal. Hij slaagde erin aan de macht te blijven, maar pas na een impeachementprocedure in het Huis van Afgevaardigden en de daarop volgende procedure in de Senaat. Albright deed haar uiterste best de Kosovo-crisis uit handen van de VN te houden. Ze beweerde dat ze geen keus had: de Russische leiders hadden gedreigd een veto uit te spreken over iedere resolutie van de Veiligheidsraad waarin militair geweld tegen Servië werd goedgekeurd.

Maar er waren ook andere factoren. Volgens velen, vooral in de VS, roken de VN naar incompetentie, inefficiëntie en onmacht, en Albright had geen zin in gebekvecht met het Congres over een VN-oorlog. Bovendien was de Veiligheidsraad niet meer zo eensgezind als in 1990 toen de Amerikaanse ambassadeur Thomas Pickering unanieme en bijna unanieme resoluties wist te smeden waarin de agressie van Irak veroordeeld werd. Die eensgezindheid verdween geleidelijk aan in de verwarring die veroorzaakt werd door het beleid van de regering-Clinton ten aanzien van Bosnië, en door de schade die werd aangericht door Albrights campagne om van secretaris-generaal Boutros Boutros-Ghali af te komen. Zelfs zonder de dreiging van een Russisch veto vonden de VS de werking van de Veiligheidsraad moeizaam en traag.

Kosovo is een autonome regio van Servië met zo'n twee miljoen inwoners en een oppervlak van nog geen derde van Nederland. De streek neemt een bijzondere plaats in in de geschiedenis van Servië, aangezien de Turken hier in 1389 de Serven versloegen en daarna de rest van Servië onder de voet liepen. In de bijna vijf eeuwen durende Turkse bezetting vonden talloze opstanden en verzetsdaden van de Serven plaats. Daardoor heeft Kosovo een grote betekenis voor het Servische nationalisme.

Maar aan het einde van de jaren negentig was ongeveer negentig procent van de inwoners van Kosovo van Albanese afkomst en niet van Servische. De Verenigde Staten hadden de Servische president Slobodan Milošević keer op keer gewaarschuwd deze Albanezen niet te verdrijven. Maar Milošević negeerde de dreigementen en Servische eenheden van soldaten en politieagenten en paramilitaire milities begonnen in 1998 met hun weerzinwekkende 'etnische zuiveringen'. Ze bestormden dorpen van Albanezen, brandden de huizen plat, doodden vele dorpelingen en verdreven anderen over de grenzen van Albanië, Macedonië en Montenegro. Milošević vond deze wrede acties noodzakelijk, zei hij, in de jacht op guerrillastrijders van het Kosovo Bevrijdingsleger.

In datzelfde jaar lieten de Britten een ontwerpresolutie rondgaan in de Veiligheidsraad waarin het gebruik van geweld tegen Milošević werd goedgekeurd. De Britten wilden hiermee goedkeuring afdwingen voor een eventuele actie van de NAVO. Toen Albright dit hoorde, belde ze onmiddellijk de Britse minister van Buitenlandse Zaken Robin Cook om hem te vertellen 'dat hij nieuwe advocaten nodig had'. Ze wilde geen precedent dat voor een actie van de NAVO de goedkeuring nodig was van de VN, waarmee China en Rusland immers een vetorecht kregen op NAVO-acties. Bovendien, schreef ze later, 'als de resolutie niet zou worden aangenomen, dan zou dat worden beschouwd als een overwinning van Milošević en dan zou het nog moeilijker zijn om de NAVO op te laten treden.' De Britten trokken hun ontwerpresolutie in.

Maar de Veiligheidsraad veroordeelde de wreedheden van de Serviërs wel en vroeg de secretaris-generaal om te rapporteren wat er precies aan de gang was. In een rapport aan de raad schreef Annan: 'Ik ben woedend door de verslagen van massamoorden op burgers in Kosovo die doen denken aan de wreedheden die in Bosnië en Herzegovina zijn begaan.' Hij beschuldigde de Servische veiligheidstroepen van het gebruik van 'terreur en geweld tegen burgers om mensen te dwingen hun huis of de plaats waar ze naartoe zijn gevlucht, te verlaten.' De Serviërs beweerden dat zij alleen maar probeerden gewone Albanezen te scheiden van guerrillastrijders, maar Annan verwierp deze verklaring als een smoesje voor de etnische zuivering.

Een zestal ministers van Buitenlandse Zaken ontmoette elkaar in een viproom op het vliegveld Heathrow bij Londen om te bespreken wat ze nu zouden gaan doen. De Duitse minister Klaus Kinkel probeerde Ivan Ivanov van Rusland over te halen om een VN-resolutie te steunen waarin militaire aanvallen op Servië werden goedgekeurd. Ivanov weigerde. Hij beweerde dat militaire actie onnodig was omdat Milošević had beloofd om zijn troepen uit Kosovo terug te trekken. Albright wuifde dat weg. 'Milošević is een pathologische leugenaar,' zei ze. Ivanov gaf later in gesprekken met Albright toe dat Rusland in de Veiligheidsraad zijn veto uit zou spreken, maar verder niet veel tegen eventuele NAVO-acties zou ondernemen.

Amerika probeerde verscheidene keren Milošević over te halen om zich uit Kosovo terug te trekken. Albright was er in het begin van overtuigd dat alleen al het dreigement van bombardementen voldoende zou zijn om ervoor te zorgen dat Milošević zich terug zou trekken, maar hierin vergiste zij zich. Richard Holbrooke vloog naar Belgrado om te proberen of hij zijn triomf met de Dayton-akkoorden kon herhalen door Milošević over te halen zich neer te leggen bij het onvermijdelijke. Generaal Wesley K. Clark, opperbevelhebber van de NAVO, probeerde Milošević ervan te overtuigen dat het dreigement om te bombarderen geen loos dreigement was. 'Je bent een oorlogsmisdadiger als je Servië zo bedreigt,' antwoordde Milošević. Alle pogingen om een politieke oplossing te bereiken, faalden.

Op 24 maart 1999 begon de NAVO met het bombarderen van militaire en strategische doelen in Kosovo en elders in Servië. Voor de eerste keer kregen de Serviërs in Belgrado te maken met de gevolgen van een oorlog die door Milošević was aangesticht. Tegenstanders van Albright noemden het conflict 'Madeleines oorlog'. Het bombarderen duurde tweeënzeventig dagen, veel langer dan zij had gedacht. Uiteindelijk zwichtte Milošević. 'Als dit Madeleines oorlog was,' zei Joschka Fischer, de nieuwe Duitse minister van Buitenlandse Zaken, 'dan is dit Madeleines overwinning.' Maar die overwinning was pas behaald nadat een groot deel van Kosovo was verwoest, een miljoen mensen op de vlucht was geslagen en duizenden waren gedood.

De bombardementen betekenden een groot dilemma voor Kofi Annan. Toen het bombarderen begon, kon hij niet ontkennen dat ook hij vond dat ingrijpen noodzakelijk was. In de Ditchley-lezing had hij zelfs gewaarschuwd dat Kosovo zich ontwikkelde tot 'wat wel eens de grootste uitdaging voor Europa zou kunnen worden sinds in 1995 de Dayton-akkoorden werden gesloten.' Albright had voordat de bombardementen begonnen met Annan gebeld. Hij zei haar dat de Veiligheidsraad eerst geraadpleegd moest worden voordat de NAVO geweld kon gebruiken. 'Daar zijn we het niet mee eens,' antwoordde zij. 'Jij bent secretaris-generaal van de Verenigde Naties en ik ben de minister van Buitenlandse Zaken van de Verenigde Staten. Zo zit dat. Als we dit voor de raad moeten brengen, dan zullen de Russen een veto uitspreken en zullen er mensen blijven sterven.'

Annan hield geen persconferentie op de dag dat de bombardementen begonnen, maar gaf een zorgvuldig geformuleerde persverklaring uit. 'Het spijt mij verschrikkelijk,' schreef hij hierin, 'dat ondanks alle pogingen die de internationale gemeenschap heeft ondernomen, de Joegoslavische autoriteiten een politieke overeenkomst waardoor een einde zou komen aan het bloedvergieten in Kosovo en waardoor een rechtvaardige vrede zou ontstaan voor de mensen die daar wonen, af zijn blijven wijzen. Het is erg tragisch dat de diplomatie heeft gefaald, maar er zijn nu eenmaal momenten waarin het gebruik van geweld gerechtvaardigd kan zijn om vrede te stichten.' Maar hij bleef erbij dat de NAVO niet in actie had moeten komen zonder goedkeuring van de Veiligheidsraad.

Ondanks dit misnoegen over het gebrek aan inzet door de Veiligheidsraad, werd zijn verklaring over het algemeen beschouwd als bijval. 'De secretaris-generaal steunt impliciet de aanvallen' luidde een kop in de *New York Times*. 'Hij steunde ons,' zei James P. Rubin, de assistent van de minister van Buitenlandse Zaken, een paar jaar later, 'omdat het het enige juiste was om te doen.'

Maar minder dan twee maanden later hield Annan een toespraak in Den Haag waarin hij zijn frustratie liet merken dat de NAVO-leden niet eerst om toestemming van de Veiligheidsraad hadden gevraagd om Servië te bombarderen. Hij erkende dat het moeilijk zou zijn geweest om die steun te krijgen, maar ook dat die met geduld en diplomatie bereikt had kunnen worden.

'Wat volgens mij het meest zorgelijk is,' zei hij, 'is dat naties niet in staat zijn geweest hun nationale belangen met elkaar te verzoenen, terwijl vaardige en vooruitziende diplomatie eensgezindheid mogelijk had gemaakt.'

Hoewel dit een verwijt was aan de hele raad, inclusief de Russen vanwege hun koppigheid, was het toch het meest gericht tot de Verenigde Staten voor het gebrek aan geduld en visie om de onderhandelingen voort te zetten. Hij sprak ook een waarschuwing uit: 'Als de Veiligheidsraad niet meer de belangrijke positie in kan nemen als de enige instelling die het gebruik van geweld kan autoriseren, dan komen we op de gevaarlijke weg naar anarchie.'

De Amerikanen lieten de VN niet alleen buiten de beslissing om Servië te bombarderen, maar ook buiten de vredesonderhandelingen. Albright was bang dat Milošević veel minder toe zou geven als ze het aan de VN over zou laten om te onderhandelen over het beëindigen van de bombardementen.

Tijdens een bezoek aan het hoofdkwartier van de Europese Unie in Brussel kreeg Annan een telefoontje van Albright die hem waarschuwde om niet naar Belgrado te gaan zoals hij naar Bagdad was geweest. Hij verzekerde haar dat hij dat niet zou doen. Maar in zijn pogingen om de VN bij de gang van zaken betrokken te houden, benoemde hij twee afgezanten – de voormalige Zweedse premier Carl Bildt en de minister van Buitenlandse Zaken van Slowakije Eduard Kukan – om te proberen een vreedzaam einde aan de crisis te maken. De Verenigde Staten en Groot-Brittannië protesteerden. Zij waren bang dat Milošević de afgezanten zo zou manipuleren dat de NAVO verdeeld zou raken. Bovendien had Bildt zich al openlijk tegen de bombardementen uitgesproken.

Op weg naar een ontmoeting met de Russische president Boris Jeltsin in Moskou gaf Annan een verklaring uit waarin hij zei te betreuren dat 'ook nu weer onschuldige burgers de prijs betalen voor een onopgelost politiek conflict'. Albright protesteerde tegen deze verklaring met haar onuitgesproken kritiek op de bombardementen. Annan reageerde hierop met de opmerking dat hij 'niet in dienst was van de regering van de VS' en als secretaris-generaal van de VN 'ruimte nodig had om te manoeuvreren'.

Later schreef Jeltsin een brief aan Clinton waarin hij voorstelde dat Kofi Annan en de voormalige Russische premier Viktor Tsjernomyrdin samen naar Belgrado zouden vliegen om te proberen een overeenkomst met Milošević te bereiken. Maar Clinton sloeg dit af: hij zou nooit toestaan dat de VN onderhandelden namens de NAVO. Albright stelde toen voor om in plaats van Kofi Annan de Finse president Martti Ahtisaari te sturen. De Russen aanvaardden dit voorstel en Tsjernomyrdin en Ahtisaari onderhandelden een maand lang met Milošević.

Volgens een gedetailleerd overzicht van de ingezette diplomatie van Blaine Harden van de *New York Times* stond Albright erop 'dat de Verenigde Naties op de achtergrond moesten worden gehouden en uit Belgrado... Ze wantrouwde de VN omdat ze het idee had dat hun onderhandelaars in het verleden door Milošević voor schut waren gezet.'

Harden schreef dat de minister Annan had weten over te halen om de rol van Bildt en Kukan, zijn afgezanten, te beperken tot het uitwerken van een vredesverdrag nadat dit was getekend. 'Ze was bang dat dit soort afgezanten het werk van de heren Tsjernomyrdin en Ahtisaari zou bemoeilijken en mogelijk zou doen mislukken,' schreef Harden.

Nadat Milošević had gecapituleerd en de vredesvoorstellen van Tsjernomyrdin en Ahtisaari had aanvaard, waarmee een einde kwam aan de bombardementen, nam de Veiligheidsraad een resolutie aan waarin een vredesmacht werd geautoriseerd. Maar blauwhelmen kwamen er niet. De NAVO – niet de VN – zond vredeshandhavers uit om in Kosovo te patrouilleren en de VN werden verantwoordelijk voor het bestuur.

Minister Albright was teleurgesteld in Annans keuze voor de VN-bestuurder – Bernard Kouchner, de Franse minister van Gezondheid en oprichter van Artsen zonder Grenzen. Ze had vernomen dat de minister 'moeilijk' was. Nadat Kouchner dit van Annan had gehoord, ging hij met een bosje bloemen bij Albright op bezoek. 'Ik hoorde dat je me niet mag,' zei hij tegen de minister. Hij wist haar helemaal voor zich te winnen. 'Ik was onder de indruk van zijn vaste overtuiging, medemenselijkheid, kennis en toewijding,' schreef ze in haar memoires. 'Later heb ik de secretaris-generaal gebeld om hem te zeggen dat hij gelijk had.'

Gedurende de hele Kosovo-crisis was Albright geïrriteerd door wat zij beschouwde als Annans gewauwel en bemoeizucht, maar op vele anderen maakte hij een totaal andere indruk. Zij vonden hem een bescheiden maar vastberaden, redelijk, integer en vredelievend mens. 'Ik weet dat sommigen me ervan hebben beschuldigd dat ik diplomatie heb gebruikt,' zei hij tegen Barbara Crossette. 'Dat is mijn baan, daar word ik voor betaald.'

Minister Albright had er geen bezwaar tegen dat de VN en Kofi Annan in hetzelfde jaar de crisis in Oost-Timor trachtten te bezweren. Ze hield zich daar zelfs zo ver van dat ze Oost-Timor niet eens in haar memoires noemt. Toch beheerste het vreselijke nieuws over dat land een maand lang de Amerikaanse krantenkoppen, maar nu waren er geen Amerikanen die van Washington eisten dat er werd ingegrepen. Deze keer keken ze naar de Verenigde Naties. Als Kosovo Madeleines oorlog was, dan was Oost-Timor Kofi's crisis, en zo wilde Madeleine het graag.

Maar achter de schermen behoorden de Verenigde Staten tot de landen die iedere mogelijke actie van de VN afremden. Oost-Timor werd door Indonesië beschouwd als een provincie en Indonesië is strategisch gelegen in de Stille Oceaan; bovendien heeft het de op drie na grootste bevolking ter wereld. De Verenigde Staten hadden geen enkel belang bij het creëren van onrust, chaos en anarchie in Indonesië. Niemand in Washington wilde Indonesië behandelen zoals Servië behandeld was. Die factor maakte het wel moeilijk om Annans Ditchley-formule op de crisis in Oost-Timor toe te passen.

Het grootste deel van de Zuidoost-Aziatische archipel was natuurlijk eeuwenlang een Nederlandse kolonie geweest, maar het oosten van het eiland Timor was drie eeuwen lang Portugees geweest. Daardoor waren de bewoners grotendeels katholiek en niet islamitisch en spraken ze een andere taal, Tetum, dan de meeste Indonesiërs die Bahasa Indonesia spreken. Toen de Anjerrevolutie in 1974 een einde had gemaakt aan de fascistische dictatuur in Portugal, kregen alle koloniën van de nieuwe, linkse regering het recht onafhankelijk te worden, ook Oost-Timor.

Maar president Soeharto van Indonesië had zijn zinnen gezet op wat hij als een onlosmakelijk deel van de Indonesische archipel beschouwde en dus van Indonesië. De Verenigde Staten hadden daar geen moeite mee. Soeharto werd als een bevriend staatshoofd gezien en het land als een bolwerk tegen het communisme. Tijdens een bezoek aan Jakarta op 6 december 1975 had de Amerikaanse president Ford van Soeharto te horen gekregen dat er in Oost-Timor, dat net de onafhankelijkheid had uitgeroepen, een chaotische situatie aan het ontstaan was. Soeharto zei ook: 'We willen dat u het begrijpt als wij het noodzakelijk achten om snelle of drastische maatregelen te nemen.' Ford antwoordde: 'We zullen dat begrijpen en u hierbij geen strobreed in de weg leggen.' De volgende dag vielen Indonesische troepen Oost-Timor binnen en bezetten het land. Volgens schattingen van de CIA hebben in de vijfentwintig jaar dat de bezetting heeft geduurd, honderdduizend tot tweehonderdvijftigduizend

Oost-Timorezen het leven verloren – een enorm aantal op een bevolking van nog geen miljoen.

Portugal en de Verenigde Naties hebben de Indonesische bezetting van Oost-Timor nooit goedgekeurd, maar er kon weinig aan worden gedaan. Toch haalde Annan Indonesië en Portugal in 1997 over om onder voorzitterschap van een probleemoplosser van de VN, Jamshed Marker uit Pakistan, gesprekken over de bezetting te beginnen. Annan speelde hier een actieve rol en had talloze ontmoetingen met de ministers van Buitenlandse Zaken van Indonesië en Portugal.

Met de onderhandelingen werd echter niets bereikt totdat dictator Soeharto in 1998 werd afgezet en werd opgevolgd door de zwakke president B.J. Habibie. Waarom is niet duidelijk, maar Habibie besloot om de VN een referendum te laten organiseren in Oost-Timor. Misschien dacht hij wel dat de Oost-Timorezen ervoor zouden stemmen dat hun deel van het eiland Timor voor altijd deel zou uitmaken van Indonesië als ze maar veel autonomie kregen.

Habibie nodigde de VN uit om mensen naar Oost-Timor te sturen om voor 30 augustus van dat jaar een referendum te organiseren; hij weigerde VN-militairen echter de toegang tot wat hij beschouwde als een territorium van het soevereine Indonesië. In plaats daarvan stuurde hij secretaris-generaal Annan een memorandum waarin hij beloofde dat het Indonesische leger vrede en veiligheid kon garanderen en met eventuele oproerkraaiers af zou rekenen. Het was vermoedelijk erg naïef van Annan om dit te aanvaarden, maar hij kon niet anders. De Veiligheidsraad was niet van zins blauwhelmen naar Indonesië te sturen als de president die niet wilde. Annan vertelde de Veiligheidsraad dat de overeenkomst tussen Indonesië en Portugal over een referendum in Oost-Timor 'een historische gelegenheid biedt voor de bevolking van Oost-Timor om de toekomst van het gebied vorm te geven.'

Nog voor het referendum plaatsvond, zwierven er milities onder toezicht van het Indonesische leger door de straten om de Oost-Timorezen te intimideren en zo te dwingen tegen onafhankelijkheid te stemmen. Als de kiezers vóór onafhankelijkheid zouden stemmen, zo waarschuwden de milities, dan zou Oost-Timor in 'een zee van bloed' veranderen. Annan zei dat hij geschokt was door de wanorde en deed een beroep op het Indonesische leger om de toezegging van de regering dat de orde

De hele familie Annan in 1944 of 1945 toen Kofi (linksonder) zes jaar oud was.

Kofi (bovenste rij, tweede van links) als leerling van de middelbare school in Ghana begin jaren vijftig.

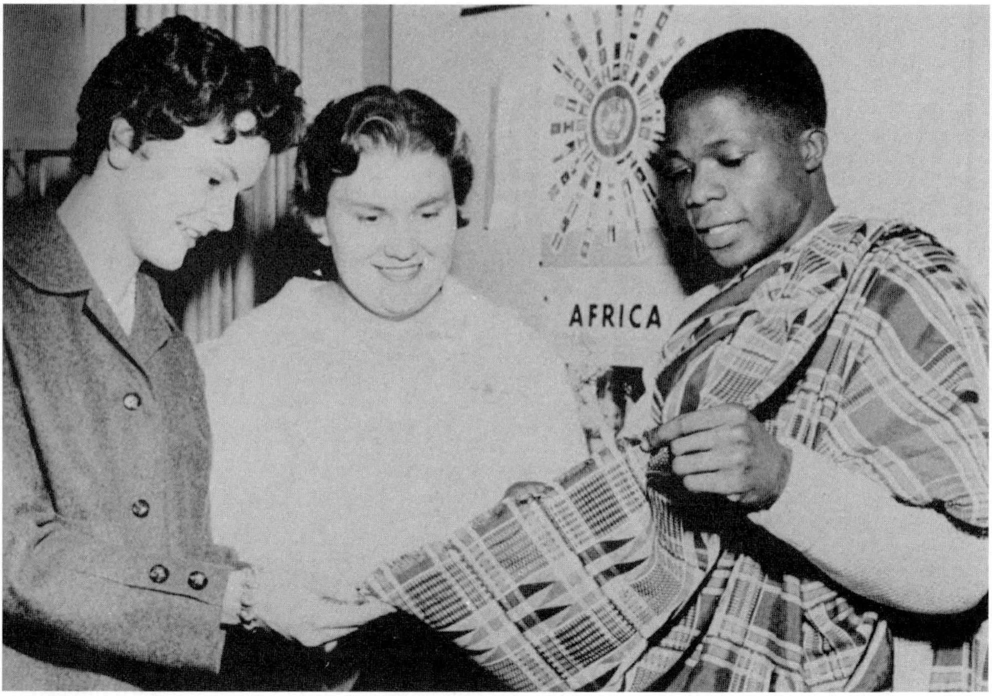

Op Macalester College laat Kofi op de Internationale Studentendag van 1959 zijn *kente*-kleed aan zijn medestudenten zien.

Kofi loopt in het Carleton Stadion van Macalester College een schoolrecord op de zestig yards sprint dat twaalf jaar in de boeken zou blijven staan.

De foto van Kofi in het jaarboek van 1960 van Macalester College.

Met medestudenten van MIT als *Sloan Fellow* tijdens een bezoek aan Zambia om de koperindustrie te bestuderen.

Kofi en Nane op weg naar hun huwelijk in New York, 1984.

Secretaris-generaal Annan in overleg met zijn woordvoerder Fred Eckhard op weg van Namibië naar Angola, maart 1997.

De secretaris-generaal in 1999.

Kofi Annan en zijn vrouw Nane in gesprek met Rudolph W. Giuliani, de burgemeester van New York, na het ceremoniële werpen van de eerste bal van de derde wedstrijd in de World Series van 1999 in het Yankee Stadium.

Kofi Annan en zijn vrouw Nane op bezoek bij teruggekeerde vluchtelingen in Timboektoe, Mali, in 1998.

Bij een gletsjer in Noorwegen, 2001.

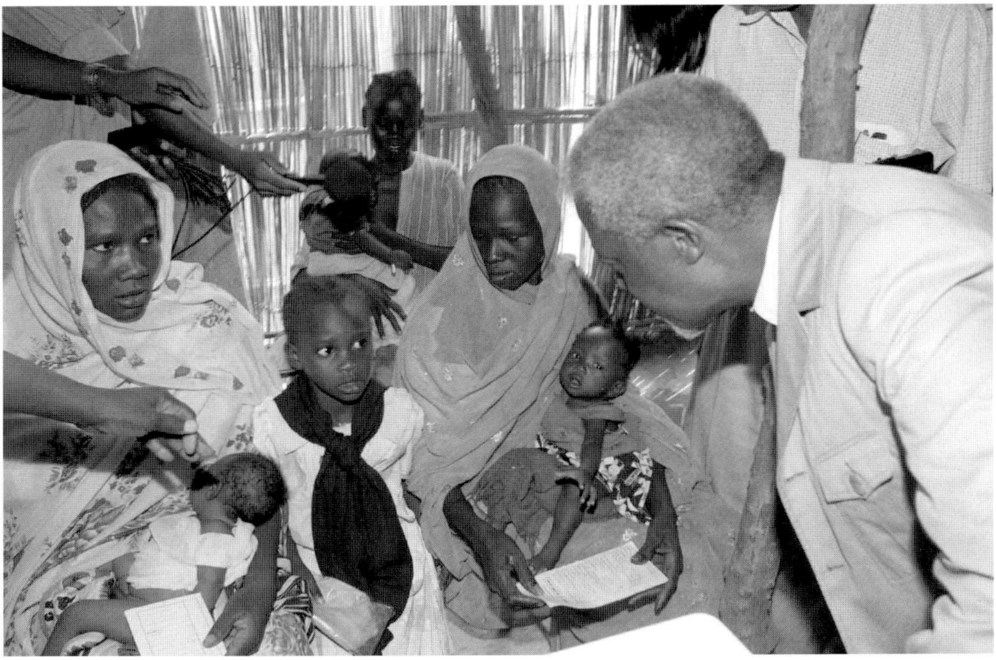

De secretaris-generaal in een kliniek in een vluchtelingenkamp in Soedan, 2002.

Vissen in Montana, 2002.

Op het strand in
Mozambique, 2002.

De secretaris-generaal
in Finland, 2003.

Kofi Annan dansend met vrolijke Soedanese en andere gasten ter gelegenheid van de inauguratie van de Soedanese overgangsregering van nationale eenheid in Khartoem, 2005.

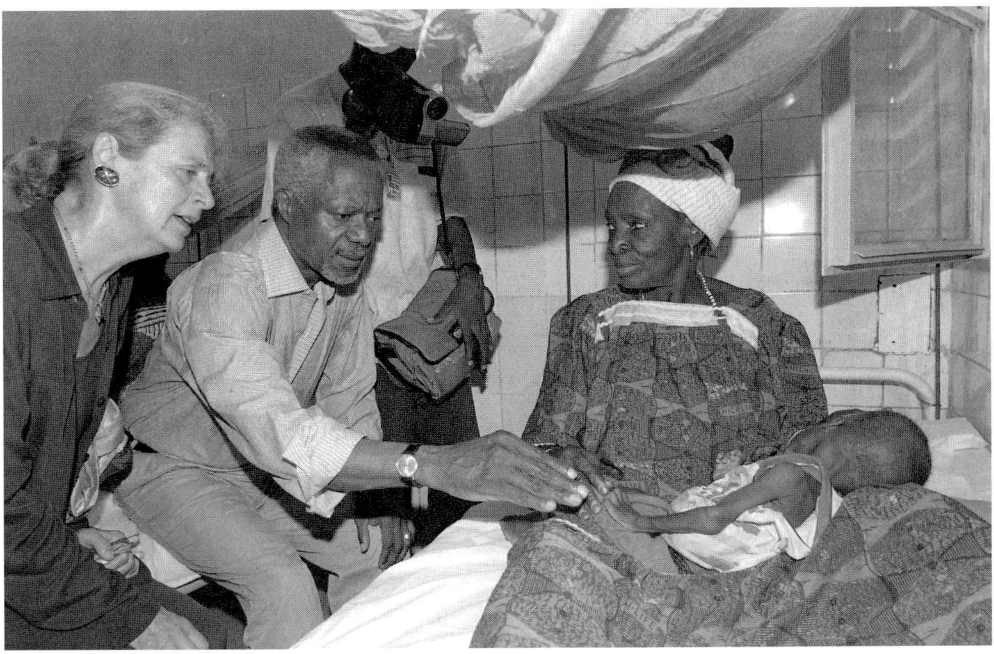

Kofi Annan en zijn vrouw Nane op bezoek in de kinderafdeling van het Zinder Ziekenhuis, Niger, augustus 2005.

Secretaris-generaal Annan neemt de geloofsbrieven in ontvangst van John Bolton, de nieuwe ambassadeur van de VS bij de VN, in het VN-hoofdkwartier op 2 augustus 2005.

De secretaris-generaal ontvangt de Amerikaanse president George W. Bush in het hoofdkwartier van de VN aan de vooravond van de wereldtop van 2005.

In 2005 legt Annan een krans ter nagedachtenis aan de secretaris-generaal van de VN Dag Hammarskjöld en zijn medewerkers, die het leven verloren bij een vliegtuigongeluk in het huidige Zambia (toen Noord-Rhodesië) op weg naar een vredesmissie in Congo (nu de Democratische Republiek Congo) op 19 september 1961.

Annan tijdens de ceremonie ter viering van de zestigste verjaardag van de Verenigde Naties op 25 oktober 2005 in het VN-hoofdkwartier.

De secretaris-generaal ontmoet de voormalige Zuid-Afrikaanse president Nelson Mandela in Houghton, Johannesburg, Zuid-Afrika, in maart 2006.

Annan in gesprek met de auteur Stanley Meisler tijdens een reis naar Afrika in 2002.

gehandhaafd zou worden, na te komen.

De dag van het referendum zelf verliep rustig; de milities probeerden niet om de stemming te verhinderen. Drie dagen later maakte Kofi Annan bekend dat de Oost-Timorese bevolking met 78,5 procent tegen 21,5 procent van de stemmen de autonomie had verworpen en gekozen had voor onafhankelijkheid. De milities waren razend. Bendes vermoordden honderden Oost-Timorese burgers en joegen er tienduizenden de grens met het Indonesische West-Timor over; ze verwoestten gebouwen, telefoonkabels, krachtcentrales en andere bouwwerken. Het was een campagne van de verschroeide aarde op zijn ergst. Indonesische militairen deden niets om de milities tegen te houden maar moedigden die zelfs aan. Tientallen Timorezen vluchtten het VN-terrein op.

Annan was voortdurend aan de telefoon met Habibie om hem erop te wijzen dat de crisis volledig uit de hand liep. Habibie beloofde elke keer dat het leger de orde zou herstellen. Maar het was duidelijk dat hij geen enkele macht had over het leger. De opperbevelhebber in Jakarta leek ook alle controle over de troepen op Oost-Timor kwijt te zijn. Premier John Howard van Australië bood aan om Australische troepen naar het eiland te sturen, maar zowel China als de Verenigde Staten zouden een dergelijke interventie niet steunen als Indonesië niet zelf akkoord ging. En Habibie weigerde.

Annan gaf Indonesië openlijk de kans zelf de orde te herstellen. 'Een onderdeel van de overeenkomst is,' zei hij tijdens een persconferentie, 'dat de Indonesische regering rust en orde verzekert... Ik sta met de regering in contact en wij allemaal, de hele internationale gemeenschap, dringen erop aan om de overeenkomst na te komen.' Ook stelde hij dat het nog geen tijd was om een VN-macht van vredeshandhavers te sturen.

Er werd die dagen herhaaldelijk om tussenkomst gevraagd. De Veiligheidsraad stuurde de VN-ambassadeurs van Namibië, Maleisië, Slovenië, Groot-Brittannië en Nederland naar Jakarta om met Habibie te praten. De Portugese ambassadeur Antonio Monteiro beschuldigde de raad van het gebruik van vertragingstactieken. Minister Albright waarschuwde Indonesië dat het moorden en het geweld moesten stoppen, anders 'zou de internationale gemeenschap dat probleem oplossen.' Maar ze beweerde ook dat de Verenigde Staten niet wilden dat de VN een vredesmacht naar Oost-Timor zouden sturen zonder toestemming van Indonesië.

Annan kondigde aan dat hij de Indonesiërs nog achtenveertig uur gaf om een einde te maken aan het geweld. Zo niet, zei hij, 'dan zal de internationale gemeenschap moeten overwegen welke andere maatregelen genomen kunnen worden om Indonesië te helpen zijn verplichtingen na te komen.' Hij drong er keer op keer bij Habibie op aan de aangeboden hulp te accepteren. De deadline ging voorbij, maar Indonesië gaf geen krimp. De secretaris-generaal liet merken hoe geërgerd hij was met wat hij beschouwde als de ongeïnteresseerde reactie van de VS op het oorspronkelijke geweld. Hij zei op een persconferentie dat de Amerikanen en anderen nu eindelijk druk op Habibie uitoefenden om hem te laten vragen om een vredesmacht. 'Ik had gewild dat die druk eerder gekomen was,' zei Annan.

Daarop sprak de secretaris-generaal zijn zwaarste dreigement uit: 'Ik dring er bij de Indonesische regering op aan om de hulp [van de internationale gemeenschap] zonder verdere vertraging te aanvaarden. Indien zij dat niet doet, kan het haar verantwoordelijkheid niet ontlopen voor wat, volgens de verslagen die ons bereiken, misdaden tegen de menselijkheid kunnen worden genoemd.' Omdat Annan regelmatig met Habibie moest bellen en omdat er twaalf uur tijdsverschil zit tussen Jakarta en New York, sliep hij een week lang niet meer dan twee of drie uur per nacht.

Op 12 september, bijna twee weken na het referendum, gaf Habibie eindelijk toe: hij vroeg Annan om een vredesmacht naar Oost-Timor te sturen. Op de Indonesische televisie zei hij in het Engels: 'Te veel mensen hebben sinds het begin van de onlusten hun leven, hun huis of hun veiligheid verloren. We kunnen niet langer wachten. We moeten het lijden en rouwen onmiddellijk stoppen.' Daarna probeerde hij in het Indonesisch de vernedering voor zijn eigen leger te verzachten door de rol van de vredesmacht te minimaliseren. 'Ik heb besloten om de internationale vredeshandhaving uit te nodigen om ons te helpen, om op een opbouwende manier samen te werken met het Indonesische leger om de veiligheid in de roerige provincie terug te brengen,' zei hij.

Annan belde weer met Habibie, deze keer om hem te feliciteren met zijn tv-toespraak. Het werd een emotioneel gesprek. De secretaris-generaal complimenteerde hem met zijn moed. De Indonesische president noemde Annan een goede vriend van Indonesië. 'Dat God u zegene in uw werk en mij in mijn pogingen om vrede en mensenrechten en de snelweg naar democratie in Indonesië en de hele regio te brengen,' zei Habibie tegen Annan.

De Veiligheidsraad zond achtduizend militairen, vooral Australiërs, naar Oost-Timor. Toen de eerste eenheden iets meer dan drie weken na het referendum arriveerden, troffen ze een verwoest land aan. Aan de andere kant van de grens waren grote vluchtelingenkampen vol hongerige Oost-Timorezen. Veel goed opgeleide Timorezen waren gedood. Annan rapporteerde al gauw aan de Veiligheidsraad: 'Het openbaar bestuur functioneert niet meer. Het gerechtelijk apparaat bestaat niet meer. Onmisbare diensten als de water- en de elektriciteitsvoorziening staan op instorten.'

De VN namen het bestuur van Oost-Timor op zich en bereidden het land voor op totale onafhankelijkheid. Nadat de internationale troepenmacht onder bevel van Australië eind oktober het land had verlaten, nam een vredesleger van 9150 militairen en 1650 politieagenten de taak van vredeshandhaving over. Sérgio Vieira de Mello, een Braziliaan gespecialiseerd in vluchtelingenproblemen, bestuurde het land namens de VN. In mei 2002 kozen de Oost-Timorezen een nieuwe regering en werd het land volledig onafhankelijk; enkele maanden later werd het als soevereine staat lid van de VN. Maar tot mei 2005 bleef een kleine vredesmacht achter om toezicht te houden.

Annan kijkt op de crisis in Oost-Timor terug als een gematigd succesverhaal voor de VN. Tijdens een persconferentie eind 1999 zei hij: 'Het spijt mij vreselijk dat we het zinloze bloedvergieten in augustus en september niet hebben kunnen voorkomen. Maar als we naar de vooruitzichten kijken en die vergelijken met die van twee jaar geleden [toen Oost-Timor wreed door Indonesië werd onderdrukt], dan zien we dat Oost-Timor een voorbeeld is waar tijd en geduldige diplomatie... hoop hebben gebracht in een hopeloze situatie.'

Dit was een nogal optimistische beoordeling van een crisis die pas ten einde kwam toen het te laat was om een uitbarsting van afschuwelijke verwoestingen te voorkomen. Maar hij had wel gelijk. Geen enkele regering, ook niet de Australische, was bereid het op te nemen tegen het Indonesische leger vanwege de levens van Oost-Timorezen. Habibie overhalen om een referendum te laten houden en buitenlandse troepen uit te nodigen om de wreedheden te stoppen, was een buitengewoon succes voor de diplomatie. En het verbaasde alle VN-kenners dat hij de Veiligheidsraad binnen enkele dagen tot actie had kunnen bewegen.

Men zou kunnen zeggen dat de Ditchley-formule tijdens de crisis in Oost-Timor echt bleek te werken. De Veiligheidsraad kwam tussenbeide in een soeverein land om de bevolking te bevrijden van onderdrukkers. Maar dat gebeurde pas nadat de onderdrukker zelf hiervoor toestemming gaf. Oost-Timor demonstreerde eigenlijk enkele tekortkomingen van de formule. De Veiligheidsraad overhalen om geweld te gebruiken is buitengewoon moeilijk gebleken. Een regering overhalen om interventie van buiten toe te staan, is minstens zo moeilijk. Met inzicht en geduld kreeg Annan beide voor elkaar.

In de derde wereld heerste echter ook het gevoel dat Annan en de VN niet verder mochten gaan dan in Oost-Timor was gebeurd. Annan herhaalde zijn mening over interventie in zijn toespraak bij de opening van de Algemene Vergadering in 1999, toevallig op dezelfde dag dat de Australische troepen aan land gingen in Oost-Timor. 'Niets in het Handvest,' zei de secretaris-generaal, 'sluit de erkenning uit dat er grensoverschrijdende rechten bestaan.'

Maar hierop kwam een scherpe reactie van de Algerijnse president Abdelaziz Bouteflika die namens de Organisatie van Afrikaanse Eenheid sprak. 'Inmenging kan zich alleen voordoen met toestemming van de desbetreffende staat,' zei Bouteflika. 'We ontkennen niet dat de publieke opinie van het noordelijk halfrond het recht heeft het schenden van mensenrechten te veroordelen waar zich dat ook maar voordoet. Bovendien ontkennen we niet dat de Verenigde Naties het recht en de plicht hebben om lijdende mensen te helpen. Maar we blijven extreem gevoelig voor het ondermijnen van onze soevereiniteit, niet alleen omdat soevereiniteit ons laatste verdedigingsmiddel is tegen de regels in een wereld van ongelijkheid, maar ook omdat wij niet deelnemen aan het besluitvormingsproces van de Veiligheidsraad.'

Deze negatieve opmerkingen verrasten Kofi Annan niet. Met niet meer dan morele overtuigingskracht als wapen was het voor de secretaris-generaal altijd makkelijker principes te construeren dan ze uit te voeren.

11

De Nobelprijs voor de Vrede

Toen Kofi Annans missie naar Saddam Hoessein in 1998 als een mislukking beschouwd moest worden, kregen politici – en vooral Amerikaanse – de neiging om het belang van de VN te bagatelliseren. Gedurende het grootste deel van de jaren negentig hadden de VN een belangrijke rol gespeeld in de grote crises van die tijd – Irak, Somalië, Bosnië en Rwanda. Op de voorpagina's van de kranten stonden verhalen over ingrijpende – en soms onbegrijpelijke – beslissingen van de Veiligheidsraad. Maar bij het naderen van het nieuwe millennium bleek dat de VN aan de zijlijn terecht waren gekomen. De Amerikaanse minister van Buitenlandse Zaken Madeleine Albright passeerde zowel de secretaris-generaal als de Veiligheidsraad in de Kosovo-crisis. De VN hadden wel de hoofdrol in de onafhankelijkheidsstrijd van Oost-Timor gespeeld, maar de crisis in dat landje werd niet van wereldbelang beschouwd vergeleken met de eerder genoemde crises.

Dat de VN minder belangrijk werden, werd nog eens onderstreept in een artikel van Judith Miller in de *New York Times* in maart 1999. 'In een wereld waarin van Angola tot Kosovo conflicten woeden,' schreef ze, 'is de Veiligheidsraad van de Verenigde Naties, de kern van de wereldorganisatie, steeds meer aan de zijlijn komen te staan.' 'De Veiligheidsraad doet steeds meer dingen,' had David Malone, de Australiër die aan het hoofd stond van de International Peace Academy in New York, tegen Miller gezegd, 'maar de dingen die de raad doet, lijken er steeds minder toe te doen.'

Maar terwijl het beeld van de Verenigde Naties steeds meer van zijn glans verloor, nam de status van hun secretaris-generaal toe. Het was een merkwaardig en moeilijk te verklaren verschijnsel. De reputatie van Kofi Annan als moreel sterke staatsman groeide juist in de jaren waarin hij aan het hoofd stond van een organisatie die in die tijd uit het nieuws bleef. Misschien kwam dat wel doordat buitenstaanders, die minder gehinderd werden door zorgen over wereldcrises, Annan in die jaren het best konden beoordelen en ongehinderd hun bewondering konden uiten over zijn eerlijkheid en ontwapenende hartelijkheid.

In de laatste twee maanden van 1999 demonstreerde hij dat hij een voorstander was van een openhartige VN. In november verscheen zijn eigen rapport over de val van Srebrenica en de vreselijke massamoorden die daarop waren gevolgd. Een maand later aanvaardde hij een rapport over de moordpartijen in Rwanda dat geschreven was door een commissie die hij daar zelf voor had ingesteld. In die commissie zaten de voormalige Zweedse premier Ingvar Carlsson, de voormalige Zuid-Koreaanse minister van Buitenlandse Zaken Han Sung-Joo, en de gepensioneerde Nigeriaanse luitenant-generaal Rufus M. Kupolati.

Beide rapporten waren opmerkelijke documenten voor een organisatie die zich vaak voorstaat op geheimhouding en met diplomaten die vinden dat diplomatie in het duister plaats moet vinden om echt tot bloei te kunnen komen. De rapporten staan vol geheime telegrammen, afwegingen uit besloten besprekingen, verslagen van telefoongesprekken en andere geheimen. In beide rapporten krijgen zowel VN-functionarissen als regeringen van landen die in de Veiligheidsraad zitting hadden, de schuld. Door het ene rapport zelf te schrijven en het andere te aanvaarden, probeerde Kofi Annan openheid in de VN-organisatie te brengen.

Op grond van beide rapporten en de discussies die rond Srebrenica en Rwanda waren gevoerd, vroeg de secretaris-generaal aan Lakhdar Brahimi om voorzitter te worden van een commissie die de toekomst van de vredeshandhaving door de VN moest bestuderen. Brahimi, voormalig minister van Buitenlandse zaken van Algerije, is een probleemoplosser binnen de VN met het kaliber van legendarische figuren als Ralph Bunche en

Brian Urquhart, die bereid waren iedere VN-opdracht op zich te nemen, hoe moeilijk en ingewikkeld die ook was. Brahimi had al aan het hoofd gestaan van VN-operaties in Haïti en Zuid-Afrika en had zich namens de VN ook bemoeid met de politiek van Zaïre, Liberia, Nigeria en Jemen. Nadat de Amerikanen de Taliban in Afghanistan hadden verjaagd, zou hij ook VN-operaties in dat land leiden en hij zou Amerikaanse en Iraakse politici helpen bij het samenstellen van een regering voor Irak nadat de Amerikanen Irak waren binnengevallen.

Het rapport van de commissie-Brahimi dat in augustus 2000 verscheen, maakte een einde aan enkele heilige huisjes van de vredeshandhaving. Volgens de commissie 'zouden instemming van de lokale partijen, onpartijdigheid, en gebruik van geweld alleen ter zelfverdediging de basisprincipes van de vredeshandhaving moeten blijven.' Maar, zo vervolgde de commissie, de VN-vredeshandhavers moeten niet beide partijen gelijk blijven behandelen als een van hen de voorwaarden van het vredesverdrag schendt. Dat maakt de VN op zijn best zinloos, en op zijn slechtst kan dat 'uitlopen op samenwerking met het kwaad. Geen enkel falen veroorzaakte in de jaren negentig meer schade aan de statuur en de geloofwaardigheid van de vredeshandhavers van de Verenigde Naties,' aldus de commissie, 'dan het weigeren om onderscheid te maken tussen dader en slachtoffer.'

Bovendien, zo schreef de commissie, moeten de blauwhelmen sterk genoeg zijn om zich tegen aanvallen te kunnen verdedigen. VN-soldaten en politiemensen 'die getuige zijn van het gebruik van geweld tegen burgers, moeten het gezag hebben om er een einde aan te maken, voor zover zij dat kunnen, ter ondersteuning van de grondprincipes van de Verenigde Naties.' Kortom, vredeshandhavers hebben de plicht om burgers te beschermen, of hun optreden nu van tevoren geautoriseerd is door de resolutie van de Veiligheidsraad waarin zij worden uitgezonden of niet.

Om deze taken goed uit te kunnen voeren, aldus de commissie-Brahimi, 'zijn meer troepen nodig die beter uitgerust zijn en die dus meer geld kosten, maar die geloofwaardig kunnen zijn als afschrikkingsmacht.' In ingewikkelde operaties zouden de blauwhelmen 'over een inlichtingendienst te velde en andere uitrusting dienen te beschikken om een effectieve verdediging te vormen tegen gewelddadige tegenstanders.'

Sommige aanbevelingen van de commissie waren moeilijk uitvoerbaar. Dat betrof bijvoorbeeld de vermaning aan het VN-secretariaat dat het 'de Veiligheidsraad moet laten weten wat hij moet weten, niet wat hij wil horen.' Alles bij elkaar wilden Brahimi en zijn commissie een sterkere en meer professionele afdeling vredeshandhaving. De secretaris-generaal onderschreef de meeste aanbevelingen.

Het aantal vredeshandhavers groeide ook daadwerkelijk. Toen Annan in 1997 secretaris-generaal werd, heerste er binnen de VN weinig enthousiasme voor vredeshandhaving. De missies in Bosnië, Somalië en Rwanda waren voorbij en werden door buitenstaanders over het algemeen veroordeeld. Maar onder Annan vond een gestage en grotendeels onopgemerkte toename plaats van de vredeshandhaving. Toen hij aan zijn laatste jaar, 2006, als secretaris-generaal begon, was het aantal soldaten en politiemensen dat betrokken was bij vredesoperaties, gestegen tot zeventigduizend, bijna net zoveel als de recordaantallen uit begin jaren negentig. Er liepen begin 2006 achttien missies.

Maar de groei van het aantal blauwhelmen ging gepaard met een uitbarsting van seksschandalen: blauwhelmen werden beschuldigd van verkrachting, seks met kinderen niet ouder dan twaalf en het inhuren van prostituees. De schandalen die zich in Congo en elders afspeelden, duidden niet op een toename van het professionalisme.

Annan probeerde het imago van de VN op een meer persoonlijke manier te veranderen. Hij stortte zich in het uitgaansleven van New York. Zijn voorganger Boutros-Ghali was een workaholic die zelden aan het nachtleven deelnam. Maar Kofi en Nane accepteerden uitnodigingen om wel drie keer per week op een dinertje of bij een andere gelegenheid te verschijnen, als hij tenminste in de stad was. William H. Luers, de voormalige directeur van het Metropolitan Museum of Art, noemde Annan eens 'de huidige sociale ster van de New Yorkse society'. De secretaris-generaal zei dat hij die uitnodigingen accepteerde omdat de stad zo levendig was dat 'je voor ieder onderwerp – je zegt maar welk – iemand kunt vinden om erover te praten of om er meer over te weten te komen.' Kofi en Nane weigerden wel iedere uitnodiging voor weekeinden. Die tijd was bestemd voor lange wandelingen samen en uitjes naar het theater, de bioscoop of een concertzaal.

Het eervolste hoogtepunt voor een beroemdheid is het werpen van de eerste bal bij een honkbalwedstrijd. Kofi werd gevraagd om in oktober

1999 de eerste bal te werpen in de wedstrijd tussen de Atlanta Braves en de New York Yankees tijdens de World Series in het Yankee Stadium. Hij had de sport aan Macalester of elders nooit gespeeld en de bal kwam halverwege de slagman op de grond.

Hij kreeg in deze tijd veel lof. ‘Ik vond Kofi een van de beste politieke dieren ter wereld,’ aldus de Amerikaanse ambassadeur Bill Richardson. ‘Zijn vermogen om te manoeuvreren is ongelooflijk goed. Na een ontmoeting met hem vertrek je altijd met het idee dat je je mening hebt kunnen geven. Dat is ongelooflijk knap.’ Richard Holbrooke, de opvolger van Richardson als ambassadeur toen Clinton president werd, beschreef Annan als de beste secretaris-generaal in de geschiedenis van de VN.

De betwiste overwinning van de Republikeinen tijdens de presidentsverkiezingen van 2000 zou uiteindelijk leiden tot een verslechtering van de verhouding tussen Annan en Washington. Onder de Democratische regering waren ze natuurlijk ook al niet hartelijk geweest. Clinton en zijn medewerkers hadden de VN schaamteloos gemanipuleerd en de organisatie tot zondebok bestempeld voor het debacle in Somalië en de onmacht in Bosnië, en ze hadden de Veiligheidsraad ervan weerhouden het drama in Rwanda te voorkomen. Bovendien had minister Albright Annan tijdens de Kosovo-crisis laatdunkend behandeld, ook al had ze ervoor gezorgd dat hij werd gekozen, en duidelijk gemaakt dat zij hem te soft vond om met de grote mannen te onderhandelen.

Maar Albright en andere medewerkers van Clinton geloofden in de VN en wilden dat die effectief waren – althans op een manier waardoor de VS er beter van werden. De nieuwe Amerikaanse president George W. Bush had zich echter omringd met neoconservatieve ideologen die niet in de VN geloofden. Ze beschouwden de organisatie een belediging voor de nationale soevereiniteit en behandelde haar met grote minachting.

In de tijd dat de Republikeinen niet aan de macht waren, had John R. Bolton, adjunct-directeur van het American Enterprise Institute en voormalig onderminister van Buitenlandse Zaken, zich opgeworpen tot de voornaamste Republikeinse zegsman over VN-aangelegenheden. Toen Annan de Senaat in 1999 bekritiseerde voor het verwerpen van het Comprehensive Test Ban Treaty (het ‘Verdrag inzake een algeheel verbod op kernproeven’) zei Bolton: ‘Ik denk dat als hij op deze weg doorgaat, dat uiteindelijk zal leiden tot oorlog, althans met de Republikeinse partij.’

Boltons visie op de macht van de secretaris-generaal was zo bekrompen dat hij Annan hekelde omdat die het had gewaagd leden van de Veiligheidsraad te bekritiseren op grond van de rapporten over Srebrenica en Rwanda. Bolton zei tegen de *New York Times*: 'Dit is een groeiend en ernstig probleem, de onrechtmatigheid van het geven van commentaar door de secretaris-generaal op het optreden van lidstaten van de VN... Het probleem is of een internationale ambtenaar het recht heeft of gegeven kan worden om het optreden van de regeringen te bekritiseren... Alle internationale functionarissen van de VN-organisatie zijn in dienst van de lidstaten... Zij hebben geen enkel recht om op te treden buiten een zeer beperkt terrein van verantwoordelijkheid. En hij wijkt hier heel ver vanaf.'

Maar toen Bush in januari 2001 president werd, werd Colin Powell minister van Buitenlandse Zaken, en hij was juist voorstander van de VN en hij kende Annan goed. Bush benoemde een ervaren diplomaat, John Negroponte, tot ambassadeur bij de VN. De secretaris-generaal had met geen van deze mannen moeite en de Verenigde Staten steunden zijn herverkiezing in 2001. Deze keer was er geen enkele oppositie. Enkele Aziatische ambassadeurs vonden dat het na tien jaar leiderschap van Afrikanen eens tijd werd voor een Aziaat maar er werd geen Aziatische kandidaat naar voren geschoven. De Aziaten hadden besloten dat ze wel tot 2007 konden wachten. Annan was zo populair dat het unanieme besluit van de Veiligheidsraad om hem met een tweede termijn te belonen, al zes maanden voor afloop van zijn eerste termijn werd bekendgemaakt.

Op de morgen van 11 september 2001 was Annan nog in zijn huis aan Sutton Place toen de twee vliegtuigen het World Trade Center invlogen; de twee torens stortten in en een afschuwelijk menselijk drama was het gevolg. Annan spoedde zich naar het VN-hoofdgebouw om in zijn kantoor op de achtendertigste verdieping met zijn medewerkers te vergaderen en een verklaring op te stellen. De daaropvolgende maanden volgde de secretaris-generaal nauwgezet de opstelling van de VS.

'Er kan geen enkele twijfel over bestaan,' stond er in zijn verklaring van die dag zelf, 'dat deze daden moedwillige terroristische aanslagen zijn, die zorgvuldig zijn gepland en gecoördineerd – en ik veroordeel ze dan ook met heel mijn hart. Terrorisme moet zo hard mogelijk worden bestreden, waar het zich ook voordoet.' De volgende avond zei hij tijdens een spoedvergadering van de Veiligheidsraad: 'Een terroristische aanval op één land is een aanval op de mensheid als geheel. Alle naties moeten samenwerken om de misdadigers te identificeren en voor de rechter te brengen.' In vervolg hierop nam de Veiligheidsraad een resolutie aan waarin de aanvallen unaniem worden veroordeeld en waarin beloofd wordt dat de raad bereid is 'om alle noodzakelijke stappen te ondernemen om terroristische aanvallen te beantwoorden... en om tegen alle vormen van terrorisme te strijden.' Tegen de traditie in stonden de vijftien ambassadeurs van de Veiligheidsraad op toen zij unaniem voor de resolutie stemden.

Het belangrijkste was echter dat Annan de mening van de Amerikanen onderschreef dat zij volgens het Handvest van de Verenigde Naties 'het inherente recht hebben op... zelfverdediging' om de jacht te openen op Osama bin Laden en zijn terroristen van Al-Qaida en om de Talibanregering van Afghanistan die hen beschermde, ten val te brengen. Voor zelfverdediging is geen goedkeuring van de Veiligheidsraad nodig. Als ze worden aangevallen, dan hebben de Verenigde Staten volgens het Handvest alleen de plicht de Veiligheidsraad in te lichten dat ze van dat recht gebruik gaan maken. Dus toen de Verenigde Staten bombardementen gingen uitvoeren op Afghanistan, betwistte Annan hun dat recht niet, maar riep hij op tot meer hulp voor de Afghaanse burgers 'die niet verantwoordelijk gehouden kunnen worden voor de daden van het Taliban-regime.'

Op 24 september sprak de secretaris-generaal de Algemene Vergadering toe. Ieder jaar rond die tijd komt er een hele processie van presidenten, premiers, koningen, prinsen en ministers van Buitenlandse Zaken naar New York voor wat wel eufemistisch 'het plenaire debat' van de Algemene Vergadering wordt genoemd. Maar in plaats van met elkaar in debat te gaan, zetten de leiders van de wereld een voor een hun nationale beleidsstandpunten uiteen in drie weken van aanhoudende verveling. Om de veiligheidsproblemen van de overwerkte en rouwende New Yorkse politie wat te verminderen, werd deze jaarlijkse toesprakenronde in 2001 zeven weken uitgesteld.

Dus toen Annan de Algemene Vergadering toesprak, was de zaal slechts half gevuld met alleen de ambassadeurs. Maar de toespraak trok toch de aandacht omdat hij als onderwerp het terrorisme had gekozen. 'Dertien dagen geleden, op een dag die niemand van ons ooit zal vergeten, werden ons gastland en onze gaststad,' zei hij, 'getroffen door een aanval die zo weloverwogen, zo harteloos, kwaadaardig en vernietigend was dat we nog steeds niet helemaal de gruwelijkheid ervan kunnen bevatten. Dit was geen aanval gericht tegen één stad of één land maar tegen ons allemaal.' Hij zei dat de terroristen alles waar de VN voor stonden, hadden geraakt: 'vrede, vrijheid, tolerantie, mensenrechten en het hele idee van een verenigde familie van alle mensen.'

Volgens de secretaris-generaal kon terrorisme alleen worden overwonnen als alle naties ter wereld er samen tegen zouden optreden. 'Deze organisatie is het aangewezen forum waarin zo'n universele coalitie kan worden gesmeed,' zei hij. 'Alleen zij kan wereldwijd legitimiteit verschaffen aan de langdurige strijd tegen terrorisme.'

Daarna riep hij op tot een vereniging van alle naties. Hij zei dat 'alle sociale krachten – staten, de privésector, onderwijs- en onderzoeksinstellingen en de burgermaatschappij in al haar vormen – hun inspanningen moeten verenigen om specifieke, haalbare doelen te verwezenlijken.' En ze moeten dat doen onder aanvoering van de VN. 'De Verenigde Naties moeten naar al die verschillende partners luisteren,' zei hij. 'Zij moeten hen leiden, zij moeten hen voortdrijven.'

De toespraak over terrorisme was er één in een reeks die de secretaris-generaal gedurende zijn twee termijnen gaf over verschillende onderwerpen die de hele wereld aangaan, zoals interventie, mensenrechten, aids, onderontwikkeling, ontwapening en het milieu. Ze waren grotendeels geschreven door Edward Mortimer, directeur communicatie van de VN en voormalig columnist buitenlandse aangelegenheden van de *Financial Times* in Londen.

Volgens Fred Eckhard begon het proces van het schrijven van zo'n speech met een opmerking van een van Annans medewerkers: 'We hebben het idee dat dit het juiste moment is dat u een stevige positie inneemt over onderwerp X.' '*All right*,' antwoordde de secretaris-generaal dan, 'dit zijn de belangrijke dingen die ik hierover naar voren zou willen brengen.' Mortimer en zijn ploegje schrijvers gingen dan VN-specialisten raadplegen, lieten hen voorlopige versies lezen en kwamen dan 'terug bij de secretaris-generaal met een bijna afgerond concept en de secretaris-generaal verfijnde dat dan bijna altijd nog.' Als hij op reis was, verfijnde Annan het concept nog meer. Hij 'snuffelde dan aan de politieke omgeving daar,' vertelde Eckhard aan het Oral History Project van Yale, 'en las de toespraak dan de avond voordat hij hem gaf, nog één keer door en zette nog wat puntjes op de i op grond van wat hij van de politieke omgeving ter plaatse oppikte... Aan de toespraken gingen dus ik weet niet hoeveel concepten vooraf.'

De directheid van de ideeën sprak veel van Annans bewonderaars aan, maar de toespraken verontrustten ook sommigen van zijn critici. Een wetenschapper die de VN al lange tijd volgt, Edward C. Luck, directeur van het Center on International Organization van Columbia University, wuift Annan alle lof toe voor het aansnijden van grote problemen 'op een serieuze en sobere wijze', maar verwijt de secretaris-generaal dat hij dan niet verdergaat met zijn ideeën en ze niet aan het werk van de VN koppelt. Wat terrorisme betreft bijvoorbeeld deed Annan volgens Luck 'ongeveer een maand lang moedige, scherpe en wijze uitspraken' maar had hij het er daarna niet meer over. Luck omschrijft de toespraken als 'tijdelijk enthousiasme' waaraan 'uitgewerkte oplossingen' voor het opgeworpen probleem ontbreken.

Lucks analyse is niet geheel onjuist. Kofi Annan is geen intellectueel die genoegen schept in de gestrengheid van het academisch denken. Hij beschouwde het geven van deze toespraken als het luiden van noodklokken, niet als pogingen om praktische oplossingen aan te dragen voor praktische problemen. Hij wist hoe moeilijk het zou zijn om de VN te veranderen. Zijn oproep voor de Ditchley Foundation om interventie om levens te redden, werd voor de VN pas aanvaardbaar wanneer de interventie plaatsvond met goedkeuring van de desbetreffende natie. Die speech was voor Annan slechts een uitvoerbare eerste stap. Meer aandacht voor het onderwerp zou alleen maar meer tegenstand opwekken. Tijdens een persconferentie in Oslo in december zei hij dat zijn oproep om de VN te gebruiken als een grote ketel voor internationale samenwerking tegen het terrorisme, niet ten doel had gehad om het terrorisme dan meteen door iedereen tegelijk te laten bestrijden. Hij voorzag een veel langere strijd. 'Volgens mij leggen de Verenigde Naties het fundament voor een langdurige strijd tegen terroristen,' zei hij. Hij luidde de noodklok om iedereen erop te wijzen dat internationale samenwerking tegen het terrorisme noodzakelijk was, en die noodzaak zou volgens hem blijvend zijn.

Begin oktober 2001 deden geruchten de ronde dat het Nobelprijscomité in Oslo Kofi Annan op het oog zou hebben als een van de voornaamste kandidaten voor de Nobelprijs voor de Vrede. Maar Kofi's medewerkers hadden die geruchten in 1999 en 2000 ook al gehoord. Dit jaar leek de prijs echter dichterbij dan ooit. Bij een Scandinavisch opinieonderzoek was hij uitgeroepen tot de meest bewonderde staatsman ter wereld.

Op vrijdag 12 oktober, de dag van de bekendmaking, wilde Eckhard al vroeg in de ochtend aanwezig zijn in de residentie van de secretaris-generaal aan Sutton Place voor het geval dat de geruchten deze keer waar bleken. Hij arriveerde om vijf uur 's morgens; er stonden al tv-camera's op het trottoir. Een verslaggever van de Noorse televisie bereikte hem op zijn mobiel juist voordat hij het gebouw binnen zou gaan. Hij vertelde Fred dat de verslaggevers hadden begrepen dat Annan de prijs zou krijgen en hij vroeg nu al om een reactie van de secretaris-generaal. 'Laten we wachten tot het officieel is,' zei Eckhard; de verslaggever zei dat hij terug zou bellen.

In het huis was het donker en stil. Lamin Sise, een oude vriend en adviseur van Kofi, stond met een bewaker in de hal. Toen Eckhard hun vertelde over het telefoontje uit Noorwegen, nam de bewaker de telefoon en belde de secretaris-generaal. 'Het was geweldig om zo wakker te worden gemaakt,' vertelde Annan later aan verslaggevers. 'Gezien het werk wat wij doen gaat een telefoontje dat je zo vroeg in de morgen krijgt, meestal over iets rampzaligs.'

Ongeveer een kwartier later verschenen Annan en zijn vrouw. Weer ging Eckhards mobiel. Het was de Noorse televisie weer. 'Hier, luister naar de aankondiging,' zei de Noorse verslaggever. Fred hoorde het Noors maar verstond er niets van. Hij hoorde echter wel de naam 'Kofi Annan' met een Noorse tongval. De verslaggever legde hem uit dat de prijs naar de secretaris-generaal en de VN samen ging. 'Sir,' zei Eckhard tegen Annan, 'u deelt de prijs met de VN.' 'In een organisatie die nauwelijks méér kan worden dan haar leden haar toestaan,' aldus het Nobelprijscomité in zijn lofrede voor Annan, 'heeft hij duidelijk gemaakt dat soevereiniteit geen schild mag zijn waarachter lidstaten hun misdaden kunnen verbergen.'

'Ik had hem wel willen omhelzen,' zei Eckhard kortgeleden. 'Ik maakte het gebaar maar hield me in. Ik zei tegen mezelf: "Dat kun je niet doen, hij is de secretaris-generaal." Er werd niet gesprongen en gedanst van vreugde, maar Nane en hij waren gelukkig. Het moet het hoogtepunt uit zijn carrière zijn geweest.'

Annan ging in overhemd zonder stropdas naar buiten om met de verslaggevers te praten. Iemand vroeg hem of de prijs hem of de VN op een of andere manier zou veranderen. 'Ik denk dat jullie me nu lang genoeg kennen,' antwoordde hij. 'Ik verander niet. Ik hoop echter dat de prijs de organisatie zal veranderen in die zin, dat we allemaal nieuwe energie krijgen om ons werk nog beter voort te kunnen zetten.'

Toen hij die ochtend in het VN-hoofdkwartier aankwam, stonden er tientallen medewerkers in de hal om hem te begroeten en toe te juichen. 'De wereld is een rommelige plek,' zei hij, 'en jammer genoeg, hoe rommeliger die wordt, hoe meer werk wij te doen hebben... Dus, goede vrienden, laat me jullie allemaal feliciteren. Laat ik zeggen dat als de VN ooit iets hebben bereikt, dan is dat dankzij het werk dat jullie verrichten en door jullie toewijding, en we kijken uit naar nog vele jaren van dit soort werk. Wie weet, als jullie zo doorgaan, dan zien sommigen van jullie misschien nóg wel eens een Nobelprijs.' Op deze met een glimlach gemaakte opmerking volgden gejuich en applaus. 'Als jullie die volgende Nobelprijs willen krijgen,' ging hij verder, 'dan denk ik dat we beter aan het werk kunnen.' Hij wandelde onder veel applaus, geroep en gelach naar de lift.

In de daaropvolgende weken was Kofi erg populair. Voordat hij in december naar Oslo zou vliegen, nam hij een uitnodiging aan om mee te doen aan een aflevering van de Amerikaanse *Sesamstraat*. De scène waarin Kofi optrad en die in februari zou worden uitgezonden, begon met muppets die tegen elkaar schreeuwen. 'Volgens mij is het mijn beurt,' schreeuwt er een. 'En ik dan?' roept Koekiemonster. 'Nee! Ik! Ik!' schreeuwt Elmo. 'Nee, Elmo,' zegt een andere muppet, 'nu is het mijn beurt.' Dan komt Kofi. 'Is er een probleem waarmee ik jullie kan helpen?' vraagt hij. 'Hangt ervan af,' antwoordt Elmo. 'Wie ben jij?' 'Ik heet Kofi Annan. Ik ben de secretaris-generaal van de Verenigde Naties.' Het blijkt dat ze ruziën over wie het Alfabetliedje mag zingen. 'Dat is toch niet moeilijk,' zegt Kofi dan. 'Jullie kunnen het Alfabetliedje ook samen zingen.' En dan zingt hij het liedje samen met de muppets.

Daarop beginnen de muppets te duwen en te dringen en op de secretaris-generaal te klimmen om elkaar te feliciteren. 'Ik weet het,' zegt Koekiemonster dan. 'Laten we dit op de Verenigde Natiesmanier doen.' 'Ja,' zegt Elmo, 'groepsomhelzing!' De muppets en Kofi Annan omhelzen elkaar allemaal en de scène heeft een happy end. De secretaris-generaal acteerde zelfverzekerd en scheen het nog leuk te vinden ook. Nane, die net een kinderboek had geschreven en geïllustreerd met als titel *The United Nations: Come along with me!*, stond achter de camera's te lachen en te buigen naar haar echtgenoot.

Op zaterdag 8 december arriveerden Kofi en Nane in Oslo voor vier dagen van festiviteiten – zoals een fakkeloptocht, een diner met als gastheer koning Harald van Noorwegen, de uitreiking van de Nobelprijs in het gemeentehuis van Oslo, een bal dat geopend werd door Kofi en Nane en een concert met onder anderen Paul McCartney – maar ook van VN-zaken, zoals een congres van donorlanden die financiële hulp toezegden voor Oost-Timor. 'Het is bijna onfatsoenlijk,' zei Annan tijdens een persconferentie, 'om een prijs voor de vrede in ontvangst te nemen als nog zoveel mensen in verschillende delen van de wereld geen vrede en veiligheid hebben, met name op mijn eigen continent Afrika en in het Midden-Oosten. Maar,' vervolgde hij, 'volgens mij is dit tekenend voor de wereld waarin wij leven. Goed en kwaad bestaan jammer genoeg zij aan zij en daarom leven wij met conflicten. Wat belangrijk is, is dat we de hoop niet verliezen en dat we de moed hebben om te blijven werken aan het beëindigen ervan.'

Annan haalde de krantenkoppen met zijn commentaar op geruchten dat de regering-Bush van plan was Irak binnen te vallen voor de veronderstelde maar onbewezen band met de terroristen van 11 september. 'Iedere poging of ieder besluit om Irak nu aan te vallen zou onverstandig zijn en... kan leiden tot een enorme escalatie van geweld in de regio,' zei hij, 'en ik hoop dat het niet zal gebeuren... Iedere poging om militaire actie in een ander deel van de wereld [dan Afghanistan] te ondernemen zou iets zijn dat eerst in de Veiligheidsraad moet worden besproken. De raad heeft een dergelijke actie niet goedgekeurd.'

Op zondagavond vergezelden Kofi, met een versierd keppeltje op, en Nane de Noorse minister van Buitenlandse Zaken Jan Petersen en zijn vrouw naar de synagoge van Oslo voor de ceremonie van het aansteken van de eerste kaars van Chanoeka. De dienst werd onder andere bijgewoond door familieleden van de drie Israëlische soldaten en een Israëlische zakenman die bij de Israëlisch-Libanese grens door Hezbollahstrijders waren ontvoerd. Een vader hield een boze toespraak waarin hij van de VN eiste dat die druk op Hezbollah zouden uitoefenen om de Israëliërs te laten gaan of als ze dood waren, zoals hij dacht, de lichamen vrij te geven. Na de dienst had Annan een ontmoeting met de familieleden en verzekerde hij hun dat hij zou doen wat hij kon om hen te helpen. Door zijn serieuze toon en troostende woorden leken ze wat minder boos te worden. Ten slotte bedankten zij hem voor zijn hulp en wensten ze hem vele mazzeltof, gelukwensen, met zijn Nobelprijs.

De ontmoeting in de synagoge was een uiting van een van de meest complexe problemen waar Annan in zijn tijd mee te maken heeft gehad. Veel Israëliërs en Amerikaanse joden beschouwden hem als anti-joods vanwege het VN-beleid. Zij haatten het feit dat de VN, in hun visie, een neutrale waarnemer bleef, terwijl Palestijnse terroristen Israëlische burgers doodden. Ze hadden de teleurstelling over de resolutie van de Algemene Vergadering van de VN uit 1975, waarin zionisme gelijkgesteld werd met racisme, nog steeds niet verwerkt. Die resolutie was al onder Boutros-Ghali ingetrokken, maar critici bleven maar wijzen op al die keren dat landen in Afrika en het Midden-Oosten zich gezamenlijk tegen Israël keerden.

In Annans jaren heeft Israël zijn positie binnen de VN echter alleen maar versterkt. Tientallen jaren lang hadden de Arabische landen kunnen voorkomen dat Israël lid kon worden van de Veiligheidsraad en andere instellingen van de VN door het land te weigeren in hun regionale groep. Steun van een dergelijke groep is nodig als een land zich voor een VN-instelling kandidaat wil stellen, maar Israël moest het zonder zo'n groep doen. Totdat het land zich in 2000 kon aansluiten bij de groep 'West-Europa en andere landen'; nu kan het land in de toekomst wel tijdelijk lid worden van de Veiligheidsraad. In 2004 organiseerde Annan een VN-congres over antisemitisme en erkende dat 'het verleden van de VN wat betreft antisemitisme soms niet heeft voldaan aan onze idealen.' Op 27 januari 2006, de dag van de bevrijding van Auschwitz door de geallieerden aan het einde van de Tweede Wereldoorlog, werd door de VN de holocaust herdacht. Annan, die hierbij bekendmaakte dat dit vanaf nu jaarlijks zou gebeuren, aarzelde niet om de Iraanse president Mahmoud Ahmadinejad te veroordelen voor diens recente ontkenningen van de holocaust. 'Het ontkennen van de holocaust is iets dat bekrompen fanatiekelingen doen,' zei Annan tijdens een op video opgenomen toespraak voor de Algemene Vergadering. 'We moeten hun valse beweringen verwerpen waar ze ook, wanneer ze ook en door wie ze ook worden gemaakt.'

Maar de kritiek hield daarmee niet op. In een documentaire uit 2005, *Broken Promises: The United Nations at 60*, verteld door de acteur Ron Silver, werd de manier waarop Israël behandeld was een van de belangrijkste 'gebroken beloften' van de organisatie genoemd. Dit soort aanvallen maakte Annan verdrietig. Geen enkele secretaris-generaal had meer dan hij geprobeerd de verschrikkingen van de holocaust te doorgronden. Met Nanes band met Raoul Wallenberg in gedachte bezochten Kofi Annan en zijn vrouw iedere herdenkingsbijeenkomst die ze maar konden bijwonen. Het was dan ook geen toeval dat hij de enige buitenlandse staatsman was die gevraagd werd een toespraak te houden bij de opening van een nieuwe vleugel van het Yad Vashem Museum ter herdenking van de holocaust in Jeruzalem.

'Ik heb mijn best gedaan om een vreedzame oplossing te vinden voor het conflict in het Midden-Oosten,' zei hij in 2002 tegen een interviewer in een tv-documentaire. 'Ik heb geprobeerd totaal eerlijk te zijn als ik me uitsprak over iets wat verkeerd was, wie het ook deed. Ik denk dat we het er wel over eens kunnen zijn dat geen van beide partijen totaal schone handen heeft. Als je dat zegt, dan krijg je natuurlijk moeilijkheden.'

Toen we elkaar rond dezelfde tijd spraken, toonde hij minder geduld met dit soort kritiek. Hij wees erop dat hij als secretaris-generaal de verantwoordelijkheid had om ook voor de Palestijnen op te komen en de verplichtingen na te komen die hem door resoluties van de Veiligheidsraad waren opgelegd. Ondanks dat, zei hij, 'heb ik het hol van de leeuw van de Arabische Liga betreden en openlijk zelfmoordaanslagen aan de kaak gesteld. Ik begrijp en heb ook gezegd dat Israël het recht heeft zichzelf te verdedigen. Maar hier ligt wel een probleem van proportionaliteit. Ik kan honderd keer mijn steun voor Israël uitspreken, maar als ik het land één keer bekritiseer, dan word ik door alle Joodse organisaties in Israël en de Verenigde Staten aangevallen.'

Het is geen verrassing dat Kofi Annan bij het in ontvangst nemen van zijn Nobelprijs een mooie lezing wilde houden over alles waar hij voor stond. Maar het schrijven daarvan was niet eenvoudig. Om enkele ideeën te bespreken lunchte hij met de belangrijkste schrijver van zijn toespraken Edward Mortimer en met Ted Sorensen, de man die veel van de bekendste toespraken van president John F. Kennedy heeft geschreven. Kofi wilde beginnen met het beeld van de *global village*, de 'wereld als dorp', en hoe het zou zijn als de wereld echt een dorp zou zijn met duizend inwoners: het gemiddelde inkomen zou zesduizend dollar per jaar bedragen maar de helft van alle inwoners zou niet meer dan twee dollar per dag verdienen. Dat idee was een jaar eerder met succes gebruikt in het Millennium Report van de VN over economische ontwikkeling. Mortimer begon enkele keren aan een concepttoespraak met dit beeld, maar het leek niet te werken. Toen de deadline naderbij kwam, nam Kofi's hoofd van de staf, Iqbal Riza, Nader Mousavizadeh mee, een medewerker van Mortimer en voormalig redacteur van de *New Republic*.

'Ik ging zitten om mijn concept weer een keer te herschrijven,' vertelde Mortimer kortgeleden, 'terwijl Nader een geheel nieuw concept schreef op basis van het weinige dat hij had gehoord. Ik las zijn versie en wist direct dat die beter was dan de mijne – al kon ik hem er nog wel toe overhalen om een of twee punten uit mijn verhaal over te nemen.' Riza keurde het laatste concept goed en stuurde het naar de secretaris-generaal, die zijn goedkeuring gaf, maar toch nog om commentaar van Sorensen en anderen vroeg. Sorensen stelde nog een alinea voor die Annan aanvaardde, ook al waren de twee schrijvers het daar niet mee eens.

Toen Annan en Mortimer al in Oslo waren, stelde Riza nog een zin voor de lezing voor: 'We hebben het derde millennium door een brandende ingang betreden.' Mortimer veranderde dit in: 'We hebben het derde millennium door een poort van vuur betreden.' En dat werd de meeste geciteerde zin uit de speech.

'Het was dus hoofdzakelijk Naders werk,' zei Mortimer over de toespraak. 'Maar dat was niet ongebruikelijk. Hij behoorde tot mijn team – hij was de jongste, maar ook de meest welbespraakte.' Nader, een Deen, verliet kort daarop de VN om toe te treden tot de staf van de internationale investeringsbank Goldman Sachs.

Annan sprak zijn Nobelprijslezing in het stadhuis van Oslo uit op de middag van maandag 10 december 2001, nadat hij zijn penning en certificaat in ontvangst had genomen van Gunnar Berge, de voorzitter van het

Nobelprijscomité. Hij sneed enkele onderwerpen aan die hij ook al in zijn toespraak voor Ditchley had behandeld, maar nu in bloemrijkere taal en met minder zorgen om de beperkingen waartoe de VN hem verplichtten.

Nadat hij de vernietiging van het World Trade Center had beschreven als een poort van vuur, vervolgde de secretaris-generaal: 'Als we vandaag, na de verschrikking van 11 september, beter zien en verder zien – dan zullen we beseffen dat de mensheid ondeelbaar is. Nieuwe bedreigingen maken geen onderscheid meer tussen rassen, naties of regio's. Een nieuwe onveiligheid is iedere geest binnengedrongen, ongeacht rijkdom of status. Een dieper bewustzijn van de banden die ons allen binden – in voor- en tegenspoed – heeft jong en oud in zijn greep.'

Daarna ging hij over op zijn favoriete onderwerp: interventie en soevereiniteit. 'In de eenentwintigste eeuw,' zei hij, 'zal volgens mij de missie van de Verenigde Naties bepaald worden door een nieuw, dieper bewustzijn van de heiligheid en waardigheid van ieder menselijk leven, ongeacht ras en religie. Dat zal van ons vereisen dat we over het raamwerk van staten heen kijken en onder het oppervlak van naties en gemeenschappen.'

'In deze nieuwe eeuw,' sprak hij verder, 'moeten we beginnen te begrijpen dat vrede niet alleen tot staten en volkeren behoort, maar ook tot ieder lid van die gemeenschappen. De soevereiniteit van staten mag niet langer worden gebruikt als dekmantel voor grove overtredingen van de mensenrechten.'

De secretaris-generaal stond niet stil bij de beperkingen van de VN om die dekmantel te verwijderen. In plaats daarvan ging hij in zeer idealistische termen in op de noodzaak dat mensen hun onderlinge verschillen begrijpen en aanvaarden. 'Het idee dat er één volk zou zijn dat de waarheid in pacht heeft, één antwoord op alles wat fout gaat in de wereld, of één oplossing voor de behoeften van de mensheid,' zei hij, 'heeft in het verleden voor onmetelijk leed gezorgd – zeker in de vorige eeuw... Ieder van ons heeft het recht trots te zijn op zijn geloof of erfenis. Maar het idee dat dat wat het onze is noodzakelijkerwijs botst met dat wat het hunne is, is zowel verkeerd als gevaarlijk. Het heeft geleid tot eindeloze vijandelijkheden en conflicten, en de mens geleid tot het plegen van de grootste misdaden in naam van een hogere macht.'

'Zo hoeft het niet te zijn,' ging hij door. 'Mensen met verschillende religies en culturen leven bijna overal ter wereld naast elkaar, en de identiteit van de meesten van ons overlapt die van anderen. We kunnen houden van wat we zijn zonder te haten wat – en wie – we niet zijn... Dat is echter niet mogelijk zonder vrijheid van godsdienst, van meningsuiting, van vergadering en van gelijkheid voor de wet. De les van de afgelopen eeuw is dat waar de waardigheid van het individu vertrapt of bedreigd werd, ...maar al te vaak het conflict is gevolgd waarin onschuldige burgers de prijs betaalden.'

De secretaris-generaal voegde hieraan toe – en richtte zo de aandacht weer op interventie zonder dat met zoveel woorden te zeggen – dat 'als staten de wet overschrijden en de rechten van hun individuele burgers geweld aandoen, ze niet alleen een bedreiging vormen voor hun eigen volk maar ook voor hun buren, en zelfs voor de wereld.'

In een persoonlijke noot wees Annan erop dat het Nobelprijscomité precies veertig jaar eerder de Nobelprijs voor de Vrede voor het eerst had toegekend aan een secretaris-generaal van de VN, aan Dag Hammarskjöld, die gestorven was tijdens een poging om vrede te bewerkstelligen in Congo, en voor de eerste keer aan een Afrikaan, *chief* Albert J. Lutuli van Zuid-Afrika, de leider van het vreedzame verzet tegen apartheid. 'Voor mij, als jonge Afrikaan die enkele maanden later zijn carrière zou beginnen bij de Verenigde Naties,' zei Annan, 'zetten deze mannen een maatstaf waarnaar ik mijn hele werkzame leven heb getracht te leven.'

12

Intermezzo in Wenen en Afrika

De opmerkelijkste karaktertrek van Kofi Annan is zonder twijfel zijn persoonlijke charme waardoor de meeste mensen hem aardig vinden. Zelfs critici die hem zwak, verward of eigenwijs vinden, mogen hem vaak ook. Dit is een moeilijke kant om in een politieke biografie te beschrijven. Om deze zo moeilijk grijpbare karaktertrek enigszins te belichten kan als intermezzo in dit boek een verslag dienen van een reis die ik in de zomer van 2002 met hem maakte. Een halfjaar eerder had hij de Nobelprijs ontvangen en hij was nog steeds trots, genoot van de verering, deed niets controversieels en was weinig in het nieuws. Het was een goede periode om hem aan het werk te zien en om te proberen te begrijpen hoe hij mensen in zijn greep kreeg.

Vlak voordat het vliegtuig op 2 juli vanuit New York vertrok, verwelkomde Kofi me met een Afrikaanse uitdrukking. Verwijzend naar de tijd dat ik de VN volgde als verslaggever van de *Los Angeles Times*, legde hij een hand op mijn schouder en zei: 'Het is goed een oude strijder terug te zien.'

De reis zou Annan, vierenzestig jaar oud, naar Afrika brengen en hij had me uitgenodigd om mee te gaan, maar eerst zou er een belangrijke tussenlanding worden gemaakt in Wenen. Ik had tien jaar in Afrika gezeten, eerst op een beurs van de Ford Foundation, daarna als medewerker van het Peace Corps en nog later als verslaggever buitenland. De secretaris-generaal zou in Afrika drie landen aandoen – Zuid-Afrika, Soedan en Nigeria – waar ik in dertig jaar niet was geweest. En hoewel ik Annan vaak had gezien toen hij nog hoofd was van het departement Vredesoperaties, had ik hem niet meer gesproken sinds zijn verkiezing tot secretaris-generaal in 1996.

Het bezoek aan de oude keizerstad Wenen, de eerste plaats die we aandeden, deed de meeste stof opwaaien omdat hij hier de Iraakse minister van Buitenlandse Zaken, Naji Sabri, ontmoette. In Wenen zijn verscheidene VN-instellingen gevestigd, en Annan en Sabri vergaderden achter gesloten deuren in het plaatselijke VN-hoofdkwartier, een modernistische doolhof van gebouwen. Tijdens twee dagen van formele besprekingen probeerde Annan de minister vruchteloos over te halen om de terugkeer van de VN-wapeninspecteurs naar Irak te accepteren.

Tijdens een pauze in de besprekingen ging de secretaris-generaal terug naar zijn suite in het Bristol Hotel om de kanselier van Oostenrijk te ontvangen, waarna hij een stevige wandeling van veertig minuten maakte door het park en de winkelbuurt bij het hotel. Het was een warme dag en de overhemden van zijn bodyguards onder hun jasjes vol wapens en andere uitrusting waren nat van het zweet. Maar Kofi zag er verfrist en tevreden uit. Hij vertelde me dat hij zojuist had gebeld met Nanes ouders in Zweden en na zijn begroeting had verteld dat hij telefoneerde terwijl hij door Wenen wandelde. 'O, goed,' zei zijn schoonmoeder, 'ik maakte me al zorgen en wilde Nane al gaan bellen om haar te vertellen dat je buiten adem was.'

Op de avond voordat de besprekingen zouden worden afgerond, nodigde de secretaris-generaal Evelyn Leopold van Reuters, Carola Hoyas van de Londense *Financial Times*, Richard Roth en Liz Neisloss van CNN en mij in zijn suite uit voor een halfuurtje champagne, hapjes en een informeel praatje. Het halfuur werd drie uur. Annan ontving ons, samen met zijn woordvoerder Fred Eckhard, in een elegante zitkamer; aan de muur hingen vorstelijke portretten, mogelijk van leden van het Habsburgse keizershuis. Uit die avond bleek dat hij niet veel veranderd was. Hij had nog steeds geen pretenties en sprak in zinnen die zo duidelijk en eenvoudig waren dat ze, op zijn ingehouden manier uitgesproken, wel poëzie leken. Hij kwam over als intelligent, bedachtzaam, politiek bewust en openhartig. Hij leek oprecht geïnteresseerd in wat ik had gedaan sinds de laatste keer dat we elkaar hadden gesproken.

Hij vertelde ons dat hij op zijn reizen altijd ook met de leiders van de oppositie sprak. Van de VN wordt immers verwacht dat zij democratie aanmoedigen. Interessanter was dat hij juist leiders probeerde te spreken die zich al hadden teruggetrokken of waren afgezet. Hij had kort daarvoor een ontmoeting gehad met de voormalige bondskanselier Helmut Kohl in Berlijn; de oude man had hem met tranen in zijn ogen geprobeerd uit te leggen waarom hij de namen van degenen die zoveel smeergeld hadden gestort op geheime bankrekeningen van zijn partij de CDU, niet had genoemd terwijl hij wist dat dat zijn ondergang betekende. Annan zei dat hij van voormalige leiders wilde leren en als zij vergissingen hadden gemaakt, dan vooral van die vergissingen. Hij had Lyndon B. Johnson ooit na diens presidentschap ontmoet en zich erover verbaasd hoe gebroken de man leek. 'Dat laat zien dat mensen machtige beslissingen kunnen nemen,' aldus Annan, 'maar dat ze later gewone, kwetsbare, menselijke wezens blijken te zijn.'

Volgens hem was het Witte Huis oprecht verbaasd door de wereldwijde afwijzing van de recente Amerikaanse beslissing om zich terug te trekken uit het verdrag waarop het Internationaal Strafhof in Den Haag is gestoeld. 'Amerikanen willen dat iedereen hen mag,' zei hij. 'Ze houden er niet van om geïsoleerd te worden. De Fransen zijn anders. Die vinden het helemaal niet erg om alleen te staan. Als dat gebeurt, dan hebben ze zelfs nog meer het idee dat ze gelijk hebben.'

Toen Eckhard met een schaal met hapjes rondging, vroeg Roth: 'Krijgt een woordvoerder vijftien procent extra salaris als hij dit erbij doet?' 'Nee,' antwoordde Kofi, 'ik bereid hem vast voor op zijn volgende baan.' Waarna hij in lachen uitbarstte. Ik denk dat niet alle bazen hiermee weggekomen zouden zijn, maar uit de mond van Kofi klonk het als een grapje en Fred nam het ook zo op.

Op de tweede en laatste dag van de besprekingen maakte Annan het de minister volstrekt duidelijk dat hij hem niet meer wilde spreken voordat de Iraakse regering de inspecteurs weer zou toelaten. Hij was kordaat, maar volgens zijn medewerkers ontbrak in zijn woorden weer iedere irritatie, dreiging of boosheid. Volgens hem kon alleen rustig en redelijk overleg een einde maken aan de koppigheid van de Irakezen die koste wat kost niet aan de eis van de Amerikanen, namelijk dat de wapeninspecteurs weer toegelaten moesten worden, wilden voldoen. Hij wist natuurlijk wel dat enkele Amerikaanse critici vonden dat hij al veel te veel tijd en prestige had verspild aan overleg met de Irakezen. Sommigen beschuldigden hem al van concessiepolitiek.

Toen de bespreking ten einde was, sprak de secretaris-generaal met tientallen verslaggevers in de hal van het vergadercentrum onder de vlaggen van de toen honderdnegenentachtig lidstaten van de VN. Hij kreeg natuurlijk de vraag of de Irakezen nee hadden gezegd tegen de wapeninspecties. 'Nou, ze hebben nog geen ja gezegd,' antwoordde hij. In een poging de zaak van zijn beste kant te laten zien, zei hij: 'We zijn heel ver gekomen... Nu moeten ze thuis verslag uit gaan brengen.' Maar openhartig als altijd kon hij zijn teleurstelling toch ook niet verbergen. 'Ik had liever gezien dat we verder waren opgeschoten,' zei hij. 'Ik kan de zaak niet forceren, ik moet hun hun eigen proces gunnen.'

De Iraakse minister van Buitenlandse Zaken Sabri kwam enkele minuten later in een agressieve bui ook de hal in. Op de vraag of hij zich bezorgd voelde over Washingtons dreigement om Irak binnen te vallen, zei hij: 'We horen een heleboel onzin... De Verenigde Staten vallen ons al elf jaar aan.' Hij beschuldigde de Veiligheidsraad ervan onder aanvoering van de Verenigde Staten de internationale wetten aangaande de menselijkheid te overtreden door te weigeren de sancties tegen Irak op te heffen. 'We weigeren te aanvaarden,' zei hij, 'dat wij die wrede maatregelen maar moeten accepteren terwijl de Veiligheidsraad zijn verplichtingen niet nakomt... Wij zijn de slachtoffers van onwettige acties die door de Veiligheidsraad onder leiding van de Verenigde Staten zijn opgelegd.'

In het licht van de crisis over de wapeninspecties en de op handen zijnde Amerikaanse invasie van Irak waren de vruchteloze besprekingen in Wenen belangrijk, maar de tocht door Afrika beloofde toch spannender en leuker te worden. We vlogen in een comfortabele, gecharterde Boeing 737 met een afgescheiden deel voor de secretaris-generaal en heel veel ruimte voor de rest van ons: adviseurs, stafmedewerkers, bodyguards en verslaggevers, in totaal vijftien mensen. De VN hadden geen budget voor dat soort luxevervoer, maar zowel de Zwitserse als de Noorse regering heeft een fonds om een vliegtuig voor de secretaris-generaal te charteren als een commerciële vlucht te lastig is. Aangezien commerciële vluchten tussen Afrikaanse landen onregelmatig en onzeker zijn, hadden de Zwitserse en de Noorse regering besloten deze rondreis te betalen. Een steward vertrouwde ons toe dat de laatste cliënt die het vliegtuig had gehuurd, de rapper Doctor Dre was geweest.

De afstanden in Afrika zijn zo groot dat we op weg naar Zuid-Afrika tussenlandingen moesten maken om bij te tanken. In Libreville, de hoofdstad van Gabon, ging premier Jean-François Ntoutoume-Emane ons voor langs een erewacht van vrouwelijke soldaten met blauwe uniformpetten en goudomrande capes. Tijdens een receptie op het vliegveld dromden lokale VN-medewerkers om Annan heen om hem te vertellen over de grote sociale problemen in Libreville. Gabon is een rijk land door de verkoop van hardhout en de oliereserves, maar juist daardoor geven ouders in de buurlanden geld aan mensensmokkelaars om hun kinderen de grens over te krijgen in de hoop op een beter leven. Er verblijven zo'n vijftien- tot twintigduizend buitenlandse kinderen illegaal in Libreville, van wie de meesten in grote armoede door de straten zwerven. Je kunt zelfs tijdens een korte tussenstop de hardheid die in grote delen van Afrika heerst, niet ontlopen.

Nadat het vliegtuig weer was opgestegen, nodigde Annan me in zijn gedeelte uit. Vroeger had hij onder journalisten de naam dat hij zo openhartig was. Als een vraag hem in verlegenheid bracht of een beetje scherp was geformuleerd, glimlachte hij en schitterden z'n ogen terwijl hij nadacht over de problemen die hij zou kunnen krijgen als hij volkomen eerlijk antwoord gaf. Maar hij deed dat dan toch maar. Hij lachte toen ik hem aan die manier van antwoorden herinnerde. 'In die tijd lette je goed op me,' zei hij. Maar als secretaris-generaal kon hij niet meer zo openhartig zijn. 'Woorden zijn machtig,' zei hij. 'Ze verwoesten, ze kunnen ontbranden, ze kunnen moeilijkheden veroorzaken. Dus gezien de situatie waarin ik me vaak bevind, kan ik niet altijd zeggen wat ik denk.' Het valt echter te betwijfelen of er een staatsman is die net zo eerlijk is als hij.

We spraken vooral over Afrika. Annan, een man van gemiddelde lengte met grijs, bijna wit haar en een kort baardje, was openhartig, charmant en belangstellend, kenmerken die hij vermoedelijk al bezat toen hij in 1959 als eenentwintig jaar oude student uit Ghana naar Macalester College in het koude Minnesota kwam. Gezien vanuit de positie van een internationale functionaris was de steeds slechter wordende situatie in Afrika een vreselijk drama. 'Er zijn momenten dat ik echt boos word,' vertelde hij me. 'Er zijn momenten dat ik gefrustreerd en uitgeput ben. Neem nu mijn eigen land, Ghana, dat in dezelfde tijd onafhankelijk werd als Maleisië. Ik geloof dat we in die tijd ook ongeveer dezelfde financiële reserves bij de Centrale Bank hadden. En kijk nu eens naar het verschil – hoe het nu met Maleisië gaat en hoe met ons.' Opgegeven had hij het nog niet. 'Ik voel me zeer betrokken bij wat er in Afrika gebeurt,' zei hij. 'Volgens mij heeft Afrika mogelijkheden genoeg. Het is nog geen verloren zaak. Met veel inspanningen en hard werken kunnen we de situatie op het continent nog de goede kant op krijgen.'

We arriveerden in Durban, een Zuid-Afrikaanse industriestad aan de Indische Oceaan, voor een topconferentie van de Organisatie van Afrikaanse Eenheid, de OAU. Zuid-Afrika is vanuit verschillende hoeken bekeken het grote succes van het werelddeel. De overgang die in het afgelopen decennium heeft plaatsgevonden, van een racistische, ondemocratische, tirannieke staat naar een multi-etnische samenleving, is betrekkelijk probleemloos verlopen. Het land heeft zeker enorme problemen – armoede, aids, misdaad, geïsoleerde uitbarstingen van racisme – maar de wrede, vernederende en beschamende tekens van de apartheid zijn verdwenen: de bordjes 'slegs vir blanke' en 'vir nie-blanke' op bankjes in het park, bij drinkfonteintjes en in liften, taxi's voor blanken en voor niet-blanken, de 'thuislanden', de wetgeving waardoor Afrikaanse niet-blanken verplicht waren te wonen in townships aan de rand van 'blanke steden', de gevangenissen voor politieke gevangenen, de reisbeperkingen voor niet-blanken enzovoort.

Toen ik voor het laatst in Durban was, in 1967, was het ondenkbaar dat de zwarte leiders van Afrika daar ooit zouden vergaderen. Nu waren er delegaties van drieënvijftig Afrikaanse landen samengekomen en heersten er hoop en vriendschap: ik zag geen enkel teken van rassendiscriminatie. Blanke, zwarte en Aziatische obers, allemaal evenveel de baas, bedienden de tafels in het restaurant van ons hotel. Een blanke officier dirigeerde de militaire kapel die bij de festiviteiten van het congres speelde. De meeste musici waren zwart maar om redenen die ik niet kon raden was de hele tubasectie blank.

De OAU, die in 1963 is opgericht en nooit meer is geweest dan een schouwtoneel van opgeblazen retoriek, hief zichzelf tijdens het vier dagen durende congres op om heropgericht te worden als de Afrikaanse Unie, de AU, enigszins gemodelleerd naar de Europese Unie. In zijn eerste jaar als secretaris-generaal, in 1997, had Annan een top van de OAU bezocht en de leiders opgeroepen niemand toe te laten die met een geweer aan de macht was gekomen. Hij was algemeen berispt voor deze schaamteloze toespraak.

Maar zijn mede-Afrikanen gaven uiteindelijk toch aan zijn oproep gehoor, in principe tenminste. Op papier is de AU sterk en democratisch. Volgens haar handvest wordt lidmaatschap geweigerd aan dictators die door staatsgrepen of op andere ongrondwettelijke manieren aan de macht gekomen zijn. De AU heeft bovendien het recht om in een land op te treden om oorlogsmisdaden, genocide en misdaden tegen de menselijkheid te stoppen. Maar, waarschuwde Annan de Afrikaanse leiders in een afgewogen toespraak, 'we moeten niet denken dat onze unie, als die eenmaal is uitgeroepen, zonder verdere inspanning werkelijkheid wordt.'

Annan en de Afrikaanse staatshoofden verbleven in het Hilton Hotel naast het International Convention Center, de plaats waar de top gehouden werd. Het hotel was een grote heksenketel. Zoeloekrijgers in schapen- en gazellenvellen met leeuwen- en luipaardenstaarten dansten voor het hotel; hun plastic identiteitskaarten van het congres slingerden op hun blote bovenlijven heen en neer. In de lobby speelde een Afrikaanse pianist met een toeristische safarihoed op en met één voet stampend op de vloer, de mooiste Zuid-Afrikaanse en Amerikaanse jazz. Bewakers namen de hele tijd liften in beslag zodat hun bazen snel van de ene op de andere verdieping konden komen om andere delegatieleiders te ontmoeten. Gedelegeerden die geen president, premier of koning waren, moesten soms wel twintig minuten of meer op een lift wachten.

Waarom besteedde de secretaris-generaal zoveel tijd aan deze saaie en chaotische topontmoeting? Omdat hij bij dergelijke congressen, en vooral buiten de officiële bijeenkomsten om, kennis kon maken met de leiders, naar hun problemen kon luisteren en hen de juiste richting kon opsturen. De meeste leiders maakten wel een afspraak om met hem te praten. Sommigen, zoals president Olusegun Obasanjo van Nigeria, kwamen praten over de situatie in Afrika of in hun eigen land. Anderen, zoals de presidenten Paul Kagame van Rwanda en Laurent Kabila van Congo, kwamen ruziemaken over de oorzaken van het bloedige conflict tussen hun landen.

President Kumba Yala van Guinee-Bissau in driedelig pak en met een lange, rode, gebreide muts op zijn hoofd, en president Yahya Jammeh van Gambia in een glanzend witte, wijde mantel en met een islamitische muts op, verschenen om tegen elkaar te gaan schelden. Hun landjes zijn klein, geen van beide heeft meer dan anderhalf miljoen inwoners. Maar Yala beschuldigde Jammeh ervan dat die dissidenten in Gambia opleidde en naar Guinee-Bissau terugstuurde om zijn bewind omver te werpen.

Nadat Jammeh de beschuldiging had ontkend, stelde Annan voor dat Yala een voorstel van Jammeh aanvaardde om onderzoekers naar Gambia te sturen om de bewering te controleren. Beide presidenten beloofden binnen enkele uren terug te komen om een memorandum of understanding te ondertekenen waarin het onderzoek werd goedgekeurd. Eenmaal buiten het kantoor van de secretaris-generaal en voor de camera's van de persfotografen omhelsden ze elkaar. Maar geen van beiden kwam opdagen om het memorandum te ondertekenen. 'Afrika is in moeilijkheden zolang dergelijke mannen het voor het zeggen hebben,' mompelde een Afrikaanse medewerker van Annan.

De secretaris-generaal is een vriendelijke en genereuze man die opkomt voor de belangen van zijn vrienden en gasten. Toen Nelson Mandela in zijn gebloemde overhemd en met wandelstok Annan in het Hilton bezocht, besloot de laatste om ook de drie journalisten uit te nodigen die hem op deze reis vergezelden – Carola Hoyas, zijn vriend William Shawcross en mij.

Het is merkwaardig dat zelfs de meest ervaren verslaggevers iets bijzonders, iets heiligs voelen in aanwezigheid van Mandela. Hij had achtentwintig jaar in de gevangenis gezeten en was nu het symbool van de strijd tegen apartheid. Hij predikte na zijn vrijlating verzoening, hielp bij het vormen van een democratische regering voor zijn land, was de eerste president van Zuid-Afrika die door algemene verkiezingen was gekozen en deed aan het einde van zijn termijn afstand van zijn macht om plaats te maken voor een opvolger, een zeldzame daad in Afrika. Niemand in Afrika, niemand ter wereld zelfs, kan op zo'n verleden bogen.

Ik moet verlamd hebben gestaan van ontzag. Nadat hij even met Shawcross had gepraat over diens vader, de voormalige Britse procureurgeneraal Hartley Shawcross, die toen bijna honderd jaar was, wendde Mandela zich naar mij en vroeg plagend: 'Waarom kijk je zo boos?' Toen barstte hij in lachen uit. Ik kon alleen maar met hem mee lachen. Toen we de suite verlieten en Mandela en Annan babbelend achterlieten, zei Shawcross terwijl hij naar achteren wees: 'Er zijn maar twee mensen van echt groot moreel kaliber in deze wereld, en beiden zijn Afrikanen met grijs haar.'

De volgende plaats waar we landden was de Soedanese hoofdstad Khartoem. In dit land, waar in de zesenveertig jaar van de onafhankelijkheid bijna continu een burgeroorlog aan de gang is, moedigde Annan het toen nog zo veelbelovende vredesproces aan. De inwoners van het zuiden, die het christendom en een natuurgodsdienst aanhangen, verzetten zich al die tijd tegen de dominerende regering van vooral moslims uit het noorden. De oorlog werd in het zuiden uitgevochten en de regering besteedde een groot deel van de inkomsten van het land voor de aanschaf van wapens en munitie. De vredesbesprekingen die in Kenia werden gevoerd, gingen in de richting van een federale staat van zuid en noord.

Toen de secretaris-generaal op het vliegveld de vraag van een Soedanese verslaggever kreeg voorgelegd wat hij van de oorlog vond, antwoordde hij veelzeggend: 'Van Ghana tot Soedan hebben we niet voor onafhankelijkheid gevochten om er honger voor terug te krijgen. Degenen onder ons die voor de onafhankelijkheid hebben gevochten, wij allemaal schreeuwden maar één woord: vrijheid. Nu lijden er veel meer mensen honger dan ooit tevoren. Waar is nu onze vrijheid? Is een hongerig mens vrij?'

Ik probeerde te analyseren waarom de woorden van de secretaris-generaal zo vaak zo welsprekend klonken. Hij praat meestal in korte zinnen die sprankelend helder zijn en nooit haperen door een grammaticaal foutje. Zijn afgewogen woorden zijn licht muzikaal. Zijn woordgebruik is subtiel en zorgvuldig. Hij gedraagt zich nooit onnatuurlijk. En, wat het belangrijkste is, er hangt een air van ernst om hem heen die nooit nagemaakt kan zijn.

Voor de eerste keer tijdens de reis was Annan wat korzelig tegen VN-medewerkers. Hij zou de volgende morgen een nabijgelegen kamp voor oorlogsvluchtelingen bezoeken maar zijn vertegenwoordigers in Khartoem vertelden hem dat het een *showcase*-kamp was. 'En waarom ga ik er dan heen?' vroeg hij. Toen hij hoorde dat de Soedanese regering het kamp hiervoor speciaal had uitgezocht, zei de secretaris-generaal dat hoewel hij een gast was van de Soedanezen, 'dat niet betekent dat de regering mij kan bevelen wat ik moet doen.'

Maar het was te laat om de route nog te veranderen en de volgende ochtend vertrokken we naar het vluchtelingenkamp Dar es Salaam ('Huis van Vrede'). Khartoem ligt op de plaats waar de Witte en de Blauwe Nijl samenkomen om als de Nijl verder te stromen, en de stad lijkt wel een oase met hier en daar wat bomen en struiken. Af en toe voel je een briesje in dit woestijnachtige gebied waar de zon altijd schijnt en het overdag ruim veertig graden wordt. We staken de brug over naar de stad Omdurman. Tijdens de vijftien kilometer lange rit wierpen onze auto's grote stofwolken op.

Het kamp is in 1988 door de regering gebouwd om gezinnen uit het zuiden van het land, op de vlucht voor het oorlogsgeweld, in onder te brengen. De zuiderlingen zagen er heel anders uit dan de noorderlingen in Khartoem en Omdurman. Ze waren donker, sommigen van hen zelfs diepzwart. Velen droegen een broek en overhemd, niet de lange *djellaba* en de tulband die de islamitische mannen uit het noorden gewoonlijk dragen. In het kamp stond een kale katholieke kerk en geen moskee.

Demonstrerende vluchtelingen droegen borden met daarop in het Engels kreten als 'Stop de oorlog', 'We willen ontwikkeling' en 'Nee tegen oorlog. Ja tegen vrede'. Leiders van de vluchtelingen, die verschillende volkeren vertegenwoordigden, spraken de secretaris-generaal aan en smeekten om vrede; en allemaal besloten ze hun bede met de strijdkreet '*sawa sawa*'. Iemand vertelde ons dat dat zoiets betekent als 'we zijn allemaal samen'.

De secretaris-generaal bezichtigde een kliniek die vlekkeloos schoon, ruim, netjes en niet overbevolkt was; daarna sprak hij met een paar meisjes van de basisschool die lieten zien wat voor schoolspullen ze hadden: een schoolbank met een houten tafeltje en een ijzeren zitting, een paar boeken, een leren zweep en een zweep van touw. Later liep hij tot voor het altaar in de kerk waarop slechts een klein kruisbeeld, twee kandelaars en kunstbloemen stonden. Hij zei tegen de vluchtelingen: 'Overal waar ik ben geweest, had ik het gevoel dat mensen vrede wilden. Volgens mij zijn de leiders jullie die schuldig, en jullie zijn het jullie zelf schuldig, en als we allemaal samenwerken en de vijandigheden van het verleden achter ons laten, dan zouden we toch vrede in dit land moeten kunnen krijgen. *Sawa sawa.*'

In mijn tijd als verslaggever in Afrika maakte ik graag reisjes naar Khartoem omdat er zoveel overblijfselen zijn uit de romantische, negentiende-eeuwse Britse tijd. In de jaren tachtig van die negentiende eeuw veroverden de volgelingen van de opstandige fundamentalistische moslimleider die de Mahdi werd genoemd, Soedan en staken generaal Charles Gordon, de Britse gouverneur-generaal en held, op de trap voor zijn paleis in Khartoem met een speer dood. De Mahdi zelf overleed enkele maanden later, vermoedelijk aan pokken of tyfus. De Britten konden pas tien jaar later wraak nemen. In 1898 versloeg een Brits expeditieleger onder bevel van generaal Herbert Kitchener de volgelingen van de Mahdi in de slag van Omdurman. De geschiedenis wordt verhaald in een van mijn favoriete films, *The Four Feathers* (en dan niet de mislukte remake uit 2002 maar de oorspronkelijke versie uit 1939 met Ralph Richardson).

Ik gebruikte mijn terugkeer naar Khartoem om het overdadig versierde graf van de Mahdi in Omdurman te bezoeken en het museumpje in de buurt te bezichtigen waar vlaggen van de Mahdi, kleden van zijn volgelingen en Britse Gatling-geweren te bezichtigen zijn, evenals de vaak geciteerde brief van de Mahdi aan Gordon waarin hij eist dat die zich overgeeft. Verleden en heden vielen enkele uren later samen toen Saddick al-Mahdi, een kleinzoon van de Mahdi, eerst een bespreking had met de secretaris-generaal in diens suite in het Khartoum Hilton en daarna een ontmoeting met mij en andere journalisten in de bar van het hotel.

Terwijl we vruchtensap dronken (het nuttigen van alcohol is in openbare gelegenheden in Soedan verboden), praatte Saddick, gehuld in djellaba en tulband, over zijn politieke carrière. Hij was premier geweest totdat militairen hem in 1989 via een staatsgreep aan de kant zetten en zes maanden in de gevangenis opsloten. De officieren, islamitische fundamentalisten, vonden dat hij te zacht was geweest met het zuiden. Bovendien was hij niet bereid om de zuiderlingen met geweld tot de islam te bekeren. 'Ze zeiden dat wij, de erfgenamen van de Mahdi, de Mahdi verraadden,' zei Saddick tegen ons. 'Maar,' zo ging hij verder, 'de militaire regering beseft nu wel dat haar wrede pogingen om het zuiden te onderwerpen, gefaald hebben.' Tijdens het hele bezoek aan Soedan heb ik de naam Darfur geen enkele keer gehoord.

Gordons oude paleis is nu het presidentiële paleis en we vormden het gevolg van de secretaris-generaal voor een ceremonieel diner. Terwijl Annan privé converseerde met president Omar Hassan Ahmad al-Bashir, de generaal die de staatsgreep tegen de kleinzoon van de Mahdi had geleid, zocht ik vruchteloos naar de oude buitentrap waarop Gordon met een speer zou zijn gedood. Een bediende legde me uit dat de trap is gesneuveld bij de laatste uitbreiding van het paleis. Hij nam me mee naar een vertrek een verdieping lager en liet me een binnenmuur zien die nu op de plaats van de trap stond. Hoog tegen de muur kon ik de plaquette ontwaren met Gordons naam en de datum van zijn dood.

Terwijl we naar de dinertafels in de tuin van het paleis wandelden, gebaarde de secretaris-generaal dat ik naast hem moest komen lopen en stelde me voor aan president Bashir die me welkom heette in Khartoem. Ik vertelde hem dat ik de stad dertig jaar eerder al eens had bezocht en dat ik zag hoeveel er was veranderd. 'Ja,' zei hij, 'we hebben veel verbeterd.' Ik was daar niet zo zeker van maar beaamde het toch maar.

De laatste stad die we aandeden, was Abuja, in het midden van Nigeria. Het is een nieuw gebouwde hoofdstad, net als Brasília in Brazilië, met enorme nieuwe bouwwerken en brede boulevards en zonder alle drukte en chaos van de havenstad Lagos, de voormalige lawaaiige hoofdstad ruim vijfhonderd kilometer naar het zuidwesten. 'Lagos is heel opwindend, ik vind het er heerlijk,' vertelde Kofi's dochter Ama Annan me. 'Hier gebeurt niets.' De toen drieëndertig jaar oude Ama, die een rode, gebloemde Nigeriaanse jurk droeg, en haar broer Kojo, negenentwintig, met een kapsel als Michael Jordan, werkten in Lagos en waren naar Abuja gekomen om hun vader te ontmoeten. Hij had die avond niets officieels op het programma en dineerde met zijn beide kinderen.

Annan was naar Nigeria gegaan als teken van steun aan de ontluikende democratie in Afrika's dichtstbevolkte land. President Olusegun Obasanjo nodigde de secretaris-generaal en zijn gevolg uit voor het ontbijt in Aso Rock, de uitgestrekte, op een vesting lijkende presidentiële residentie die generaal Sani Abacha, de paranoïde tiran die Nigeria van 1993 tot 1998 regeerde, had laten bouwen. De laatste keer dat ik Obasanjo had ontmoet, was hij nog een jonge kolonel die het bevel voerde over de Derde Commandodivisie van de Marine die in 1969 de slag had gewonnen waarmee een einde kwam aan de burgeroorlog. Nu was hij gezet en zevenenzestig jaar oud. Hij droeg een dikke, loshangende deken van de Yoruba. Hij was democratisch tot president gekozen en stond aan het hoofd van een van de weinige burgerregeringen in de geschiedenis van het onafhankelijke Nigeria.

Obasanjo zat aan het hoofd van een lange marmeren tafel met aan zijn linkerkant een tiental leden van zijn regering en aan zijn rechter de secretaris-generaal en diens gevolg. Het ontbijt was deels Brits met roerei, worstjes en gebakken bonen, en deels Nigeriaans met *akara's* (pikante hapjes van zwartoogbonen), *ogi* (maïspap), gebakken banaan, gebakken yam en runderstoofschotel. Obasanjo legde met beide handen gebarend de problemen van Afrika en Nigeria uit. Annan benadrukte weer de noodzaak van democratie in Afrika. 'In Azië,' zei hij, 'ging Indonesië ten onder omdat er geen democratische basis aanwezig was; het was gebouwd op drijfzand.'

Er gingen veel onderwerpen over de ontbijttafel. Het opmerkelijkste werd aangesneden door de vrouwelijke minister van Jeugdzaken die voorstelde dat Annan meer vrouwen op hoge posten in de VN zou benoemen. Ze deed ook een suggestie. De Nigeriaanse Agbani Darego, de Miss World van 2001, zou een geweldige goodwillambassadeur voor de VN zijn. 'Ze is heel intelligent en heel mooi, en ze is ook nog mijn nichtje,' aldus de glimlachende minister.

Kofi's zoon Kojo kwam ongeveer een uur te laat aan het ontbijt. Hij excuseerde zich met de schaapachtige glimlach van een jongeman die zojuist van het nachtleven in de stad genoten had. Zijn vader zei niets, maar keek boos voor zich uit. President Obasanjo vroeg Kojo om 's avonds bij het diner aanwezig te zijn; de president wilde enkele zaken met hem bespreken.

Tijdens zijn verblijf in Abuja ontmoette Annan vertegenwoordigers van ngo's – niet-gouvernementele organisaties, zoals vrouwenverenigingen, verenigingen ter bescherming van burgerrechten, vakbonden, particuliere hulporganisaties en andere groepen. De woorden van sommige van hen lieten ons een glimpje zien van wat Afrikanen buiten de officiële instanties vinden van de Afrikaanse secretaris-generaal. 'Laat me u feliciteren, mijnheer,' zei een Nigeriaan, 'als de hoogste ambtenaar in onze turbulente wereld.' 'Wij zwarten zijn trots op u,' zei een ander, 'en waar u ook mee bezig bent, ga alstublieft zo door.'

Tijdens de afsluitende persconferentie vroeg een Nigeriaanse verslaggever de secretaris-generaal of hij Obasanjo's pogingen om bij de verkiezingen van 2003 opnieuw gekozen te worden, steunde. Annan lachte en antwoordde dat hij geen kandidaat in de race had. 'Ik reis niet de wereld rond om opwinding te veroorzaken,' zei hij.

Op weg naar New York landden we op Santa Maria, een van de eilanden van de Portugese Azoren. Internationale hoogwaardigheidsbekleders landen hier vaak als ze in een ander vliegtuig dan een jumbo de Atlantische Oceaan oversteken. In de kleine viproom vonden we een gastenboek – een register met de namen en complimenten van staatshoofden als Obasanjo en Fidel Castro.

De meest bloemrijke opmerking kwam van Hugo Chávez, de president van Venezuela, die in het Spaans een groet bracht aan het 'warme, aardige, geweldige, gastvrije volk van de Azoren, dat een Iberische erfenis deelt' met het Venezolaanse volk. Hij prees de bewoners van de Azoren als 'Latijns, Atlantisch en Caribisch' net als hijzelf, en sloot zich aan bij hun wens voor 'wereldwijde vrede en gerechtigheid'. Daarop volgden in zwierig handschrift zijn naam en zijn titel: 'President van de Boliviaanse Republiek Venezuela.'

Op aandrang van een Portugese functionaris pakte de secretaris-generaal een pen. Er is nauwelijks een internationaal staatsman te vinden die minder flamboyant is dan Chávez. Kofi Annan tekende het register en voegde aan zijn naam in kleine lettertjes 'UN' toe, meer niet.

13

Confrontatie met de Amerikaanse moloch

Enkele weken na de reis werd Kofi Annan volledig in beslag genomen door de ophanden zijnde inval in Irak. De Irak-crisis zou uiteindelijk zijn volledige twee termijnen bepalen. Hij was de secretaris-generaal die op zijn eigen stille wijze geprobeerd heeft de Amerikaanse moloch te stoppen. Volgens sommige critici is hij niet tot het uiterste gegaan, maar de macht van een secretaris-generaal is beperkt. Hij kan alleen morele druk uitoefenen. Kofi wist de invloedrijke mannen op de achtergrond van president George W. Bush toch zo te irriteren dat zij hem gingen kleineren. En sommigen van hen kregen de behoefte om hem een toontje lager te laten zingen.

Annan ging geen harde woordenstrijd aan met het Witte Huis om de regering-Bush over te halen Irak niet binnen te vallen. In plaats daarvan probeerde hij de Amerikanen steeds meer bij de VN-procedures te betrekken. Hij predikte keer op keer dat een beslissing over het voeren van een oorlog door de Veiligheidsraad als geheel genomen moest worden en bij voorkeur unaniem. Omdat zowel Frankrijk als Rusland tegen een invasie was, zou er een resolutie aangenomen kunnen worden die niet naar oorlog zou leiden. Annan wilde dat de Amerikanen in gesprek bleven en dat de inspecteurs bleven inspecteren totdat de Amerikanen gas terugnamen. Maar dat gebeurde niet.

Er was nooit veel kans dat de invasie van Irak kon worden tegengehouden. De leidende haviken in het Witte Huis, zoals vicepresident Dick Cheney, wilden de beslissing helemaal niet aan de Verenigde Naties voorleggen. Als ze daartoe zouden worden gedwongen, dan zouden ze de VN alleen willen zien als een orgaan dat hun gelijk gaf. In hun ogen hadden de VN hier slechts één functie: de oorlog goedkeuren. De vredeslobby, waarvan de secretaris-generaal deel uitmaakte, hoopte dat de VN voor voldoende diplomatieke mist en verwarring konden zorgen om de oorlog tegen te houden. Het werd alleen gehoopt, vruchteloos naar later bleek.

Nu weten we dat president Bush al maanden voordat hij in overleg trad met de VN, vast van plan was een oorlog tegen Irak te beginnen. Waarom is echter nog niet duidelijk. Hij vertrouwde de Palestijnse leider Mohammed Abbas toe dat God het hem had bevolen. Tegen anderen zei hij dat hij de moordaanslag op zijn vader wilde wreken die tijdens diens reis door het Midden-Oosten in 1993 was gepleegd (en mislukt). Misschien wilde hij wel afmaken waar zijn vader met de Tweede Golfoorlog aan begonnen was. Of misschien had hij echt wel het idee dat Saddam Hoessein en Irak een bedreiging voor de Verenigde Staten vormden.

In zijn toespraken gaf de president vier redenen: dat Saddam Hoessein massavernietigingswapens bezat, dat Saddam Hoessein te maken had met de Al-Qaida-terroristen die het World Trade Center hadden verwoest, dat Saddam Hoessein een duivelse tiran was, en dat als hij weg was, in Irak en het hele Midden-Oosten democratie mogelijk was. Alleen de eerste reden ging de VN formeel aan omdat het bezit van massavernietigingswapens tegen talloze resoluties van de Veiligheidsraad in ging.

De hele maand augustus 2002 had het team dat de president adviseerde over buitenlands beleid, luidruchtig onenigheid over het al dan niet voorleggen van de zaak Irak aan de VN. De enige echte oppositie tegen een inval was afkomstig van oudere Republikeinen van buiten het Witte Huis die nog onder de vader van Bush hadden gediend. Op televisie en in een ingezonden brief in de *Wall Street Journal* waarschuwde Brent Scowcroft, voormalig adviseur nationale veiligheid, dat een invasie 'de hele regio in een puinhoop kan veranderen en zo een einde kan maken aan de oorlog tegen het terrorisme.' Lawrence Eagleburger, voormalig minister van Buitenlandse Zaken, zei hetzelfde tijdens besloten bijeenkomsten in Washington.

Minister van Buitenlandse Zaken Colin Powell belde Scowcroft om hem te bedanken voor zijn verzet tegen de inval. Maar Powell ging tijdens het overleg in het Witte Huis niet zo ver als Scowcroft. Zijn positie was onduidelijk. Hij stond erop dat het Witte Huis naar de VN zou gaan om goedkeuring voor de inval te krijgen. Zonder dat zouden ze niet alleen door de hele wereld veroordeeld worden, maar ook zouden ze de positie van bondgenoot premier Tony Blair van Groot-Brittannië ondermijnen. Ze liepen zelfs het risico dat die zijn steun introk. Maar Todd S. Purdum schreef in zijn boek *A Time of Our Choosing* dat Powell tegen zijn collega's ook zei: 'Als je ermee naar de Verenigde Naties gaat, dan neem je het mee naar een pad dat zich splitst. Er kan dan immers ook nog een vreedzame oplossing komen.' Ofwel, terwijl nieuwe VN-inspecties in Irak noodzakelijk waren om voor de invasie goedkeuring van de VN te krijgen, konden ze ook leiden tot ontwapening en vrede.

Het idee van een vreedzame weg vonden Powells collega's echter geen bevredigende uitkomst. Vicepresident Cheney hield enkele dagen later zelfs een toespraak waarin hij de inspecties verwierp. 'Terugkeer van de inspecteurs,' zei hij tijdens een bijeenkomst van veteranen, 'zou geen enkele garantie bieden dat hij [Saddam] zich bij de VN-resoluties neerlegt.' Maar Bush aanvaardde het advies van Powell en Blair en zou van de VN een resolutie vragen die zeker tot nieuwe inspecties zou leiden.

Kofi Annan hoorde al dat wapengekletter in Washington met angst en enige hoop aan. Toen president Bush een jaar en een dag na de verwoesting van het World Trade Center voor de Algemene Vergadering van de VN verscheen, had de secretaris-generaal het gevoel dat het waarschijnlijker was dat er wél oorlog uit zou breken dan niet. 'Ik dacht dat we er heel dicht bij waren,' vertelde hij, 'maar ik hoopte dat hij nog kon worden afgewend als we maar alles deden om die inval te voorkomen.'

Volgens het gebruikelijke protocol sprak de secretaris-generaal tijdens de openingsbijeenkomst de Algemene Vergadering toe waarna de president van de Verenigde Staten aan het woord kwam. Maar het was niet gebruikelijk dat Annans toespraak al een dag eerder aan de pers werd vrijgegeven en al in de ochtendkranten stond voordat hij hem had uitgesproken. Toesprakenschrijver Edward Mortimer was degene geweest die dit had voorgesteld zodat de speech niet genegeerd zou worden door de verslaggevers, die veel meer aandacht zouden hebben voor de woorden van

Bush. 'We discussieerden erover,' zei Annan, 'en ik stond aan de kant die vond dat de boodschap belangrijk was en dat die bekend moest worden gemaakt... Er bestond onder de pers de neiging om zich op de woorden van de president te richten als die op dezelfde dag aan de beurt was... zodat de boodschap [van de secretaris-generaal] deels verloren ging.' Maar medewerkers van het Witte Huis beschouwden die vroege bekendmaking van de toespraak als een poging om de president naar het tweede plan te verwijzen; in hun ogen was het de eerste van een serie irritaties die de secretaris-generaal zou veroorzaken.

Het Witte Huis was met een deel van Annans boodschap wel gelukkig. Bij zijn oproep voor de terugkeer van de inspecteurs zei hij tegen de Algemene Vergadering: 'Ik dring er bij Irak op aan om aan alle verplichtingen te voldoen – ten behoeve van het eigen volk en ten behoeve van de wereldorde. Als Irak zich blijft verzetten, moet de Veiligheidsraad zijn verantwoordelijkheid nemen.' Maar ook waarschuwde hij tegen zelfstandig optreden van één enkele staat. 'Ik sta vandaag voor u,' zei hij, 'als multilateralist – uit gewoonte, uit principe, vanwege het Handvest en als taak... De keuze om de multilaterale weg te volgen of af te wijzen moet voor welke staat dan ook – groot of klein – niet gebaseerd zijn op de makkelijkste politieke weg. Die keuze heeft gevolgen die veel verder reiken dan de directe context.'

Toen kwam hij op zijn favoriete onderwerp. 'Iedere staat die wordt aangevallen,' zei hij, 'behoudt het recht op zelfverdediging... Maar als staten besluiten geweld te gebruiken om grotere bedreigingen van de internationale vrede en veiligheid het hoofd te bieden, dan vervangt niets de unieke legitimiteit die alleen de Verenigde Naties kunnen verlenen.' President Bush maakte een paar minuten later duidelijk dat hij deze theorie alleen accepteerde zolang de VN hun 'unieke legitimiteit' verleenden aan wat de Verenigde Staten wilden gaan doen.

De toespraak van Bush was uitermate duidelijk. Eerst schilderde hij een levendig portret van een Irak dat vol massavernietigingswapens zou zitten. In dat portret was geen plaats voor twijfel: 'De geschiedenis, de logica en de feiten leiden tot maar één conclusie: Saddam Hoesseins regime is een groot en groeiend gevaar. Iets anders denken is hopen tegen beter weten in.'

'Irak heeft een decennium van VN-eisen beantwoord met een decennium van minachting,' vervolgde hij om de grootse uitdaging te gaan schilderen. 'De hele wereld staat nu voor een test, en de Verenigde Naties staan voor een moeilijk en beslissend moment. Worden de resoluties van de Veiligheidsraad gerespecteerd en nagekomen of zonder gevolgen terzijde geschoven? Zullen de Verenigde Naties het doel dienen waarvoor de organisatie is gegrondvest, of zullen ze er in de toekomst niet meer toe doen?'

Daarop bood Bush aan om samen te werken. 'Mijn land zal met de Veiligheidsraad samenwerken om deze gemeenschappelijke uitdaging aan te gaan,' zei hij. 'Als het regime in Irak ons weer tart, moet de wereld weloverwogen en resoluut Irak ter verantwoording roepen. Wij zullen met de Veiligheidsraad van de Verenigde Naties samenwerken aan de noodzakelijke resoluties.'

Daarna volgde een indrukwekkend dreigement uit de mond van de president. 'Maar aan het doel van de Verenigde Staten hoeft niet getwijfeld te worden,' zei hij. 'De resoluties van de Veiligheidsraad zullen uitgevoerd worden – aan de gerechtvaardigde eisen om vrede en veiligheid zal tegemoet gekomen worden – of actie wordt onvermijdelijk. Een regime dat zijn legitimiteit verliest, verliest ook zijn macht.' Kortom, als de VN te machteloos of te laf zijn om op te treden, zullen de Verenigde Staten dat zelf wel doen.

Uit de toespraak bleek overduidelijk dat de Verenigde Staten klaar waren om een oorlog te beginnen, maar Annan zag toch nog twee signalen die op de gehoopte vrede konden duiden. Het eerste was de belofte van Amerika om met de Veiligheidsraad samen te werken om nieuwe resoluties op te stellen. Het tweede was dat Bush, in tegenstelling tot Cheney, voortzetting van de inspecties als een manier om Saddam Hoessein te ontwapenen, niet helemaal had verworpen.

Hoewel de meeste diplomaten en analisten zich op de woorden van de president richtten, werd de toespraak van de secretaris-generaal door de Amerikaanse haviken niet genegeerd. Zij vonden al dat gepraat over legitimiteit van de VN volstrekt nutteloos. Michael Ramirez, de conservatieve politiek cartoonist van de *Los Angeles Times*, maakte een nogal botte tekening met Bush als Winston Churchill en Annan als Neville Chamberlain.

In de ogen van de haviken was het echter nog erger dat Annan in de daaropvolgende dagen Naji Sabri, de Iraakse minister van Buitenlandse

Zaken, over kon halen om Iraks beleid te wijzigen en de terugkeer van de VN-inspecteurs toe te staan. Sabri was aanwezig geweest bij de openingstoespraak en hij had de toespraak van Bush gehoord. Annan, die Sabri nog maar twee maanden eerder in Wenen niet had kunnen overtuigen, slaagde deze keer wel. In New York proefde de minister de oorlogszuchtige sfeer.

Maar Sabri, zo herinnert Annan zich, 'zat in een moeilijke hoek – hij zat hier, maar zijn opdrachtgevers zaten in Bagdad.' Na enig heen-en-weergepraat met Bagdad kwam Sabri met 'een van die brieven met zoveel mitsen en maren en in een dergelijke bewoording gegoten dat je er alles in kon lezen.' Annan begreep het probleem. Hij zei tegen Sabri: 'We hebben een duidelijke brief nodig waarin de inspecteurs worden uitgenodigd terug te keren om hun werk te doen, zonder voorbehoud of voorwaarden.'

De brief die dan uiteindelijk op tafel kwam, was gericht aan Annan en ondertekend door Sabri, en leek duidelijk. 'Het verheugt mij u te informeren over de beslissing van de regering van Irak,' stond erin, 'om de terugkeer van de VN-wapeninspecteurs onvoorwaardelijk toe te staan.'

'Irak,' zo ging de brief verder, 'wil iedere twijfel wegnemen dat Irak nog steeds over massavernietigingswapens beschikt.' Irak was 'klaar om de praktische maatregelen te bespreken die noodzakelijk zijn voor de onmiddellijke hervatting van de inspecties.' Alles wat Irak vroeg, aldus de brief, was dat de lidstaten van de VN 'de soevereiniteit, territoriale integriteit en politieke onafhankelijkheid van Irak' zouden respecteren.

Een vergenoegde en glimlachende secretaris-generaal verscheen op maandag 16 september, vier dagen na de toespraken, voor de camera's en microfoons van de pers. 'Er is in dit gebouw sinds donderdag heel veel gebeurd,' zei hij tegen de verslaggevers. Eerst gaf hij Bush zijn deel van de eer. 'Volgens mij heeft de toespraak van de president de internationale gemeenschap wakker geschud,' zei hij.

Daarna deelde hij mee dat de Irakezen de terugkeer van de inspecteurs 'onvoorwaardelijk' hadden geaccepteerd. Hij bedankte de Arabische Liga voor de hulp bij het overhalen van Irak en zei dat hij de brief nu aan de Veiligheidsraad zou overhandigen.

Ondanks de eer die Annan Bush gaf, was het Witte Huis woedend. De eenvoudigste aanleiding om ten oorlog te trekken was een keiharde weigering van Saddam Hoessein om de inspecteurs weer toe te laten. Maar die weg was nu door de secretaris-generaal afgesloten. Hij had de Irakezen overgehaald toe te geven en hen zelfs geholpen bij het schrijven van de brief. Een regeringsfunctionaris zei laatdunkend tegen de *New York Times*: 'De secretaris-generaal hoopte duidelijk dat hij zijn verhaal het eerste kwijt kon.' John D. Negroponte, de Amerikaanse ambassadeur, bracht het ongenoegen van het Witte Huis over aan Kofi Annan.

Het Witte Huis beweerde dat de brief helemaal niet zo 'onvoorwaardelijk' was als Annan beweerde. Woordvoerder Scott McClellan zei tegen verslaggevers: 'Dit is een tactische stap van Irak in de hoop daarmee een heftige actie van de Veiligheidsraad te voorkomen. Als zodanig is het een tactiek die zal falen.'

Condoleezza Rice, adviseur nationale veiligheid (en later minister van Buitenlandse Zaken), belde de secretaris-generaal. Ze hekelde hem omdat hij zo'n drukte maakte om die brief. Zij vond die niet bepaald belangrijk. Volgens haar was het de gebruikelijke Iraakse holle retoriek die uit zou lopen op het weigeren van medewerking. Annan antwoordde dat iedereen er bij Irak op had aangedrongen om de inspecteurs terug te laten keren om hun werk te doen, en dat het daarom belangrijk is dat ze terug zouden gaan nu de Irakezen hun medewerking hadden toegezegd.

Sommige functionarissen uit de regering-Bush vonden dat Annan de taak van de secretaris-generaal had opgerekt door de Irakezen te helpen met het schrijven van de brief. 'Hij heeft zijn grenzen overschreden,' aldus een Amerikaanse diplomaat. Maar Annan was van mening dat hij volgens het Handvest van de Verenigde Naties handelde. 'Volgens mij is het mijn taak als secretaris-generaal,' zei hij, 'om er wanneer ik maar kan voor te zorgen dat VN-resoluties worden uitgevoerd.'

Kofi Annan is geen strijdlustige, koppige of vreselijk onafhankelijke persoonlijkheid. Maar hij is moreel zeer integer, hij heeft een groot plichtsbesef ten aanzien van de Verenigde Naties en het Handvest, en hij heeft een grote behoefte aan geduld en overleg voordat actie wordt ondernomen. Door deze karaktertrekken stond hij tijdens de crisis om, en de oorlog tegen Irak vaak recht tegenover het Witte Huis van Bush.

Er zat een patroon in de onvrede van het Witte Huis met Annan. De heftigste aanvallen – die weerspiegelden wat het Witte Huis echt vond – verschenen in het nieuws als uitspraken van 'hoge functionarissen van het Witte Huis' of 'hoge regeringsfunctionarissen' of vergelijkbare anonieme bronnen. Ambassadeur Negroponte rapporteerde daarna dat zijn bazen zich bezorgd maakten. Daarop volgde een telefoontje van Condoleezza Rice of minister Powell. Ze waren nooit kwaad, maar maakten Annan beleefd maar absoluut duidelijk dat hij het Witte Huis had geërgerd.

President Bush zelf uitte nooit enig ongenoegen tegen Annan. 'Ik moet zeggen dat... als de president en ik het oneens waren,' vertelde de secretaris-generaal, 'hij het altijd netjes deed. Hij zei dan: "Kijk, dit gaat er gebeuren. Kofi, jij moet doen wat jij moet doen, en ik moet doen wat ik moet doen." Maar ik weet niet zeker of iedereen rond de president dat wel begreep.'

Powell en Annan spraken elkaar vaak. Annan bewonderde Powell en was enigszins gerustgesteld toen president Bush hem tot minister van Buitenlandse Zaken benoemde. Hij was dan ook diep teleurgesteld toen hij begon te beseffen dat het Irak-beleid werd bepaald door vicepresident Cheney en minister van Defensie Donald Rumsfeld, en niet door Powell. Iedere keer als Annan het misnoegen van het Witte Huis opriep, kreeg Powell problemen. De extremisten binnen het Witte Huis schaarden Powell en de VN onder dezelfde ideologische vlag en gaven Powell de schuld van alles wat Annan in hun ogen verkeerd deed. Dat gaf Powell een extra reden om te proberen Annan over te halen niet van het Amerikaanse pad af te wijken.

De Veiligheidsraad had twee maanden nodig om een resolutie op te stellen die door alle leden aangenomen kon worden. Aangezien de Amerikanen er niet aan twijfelden dat Irak vol massavernietigingswapens stond, wilden ze een resolutie die Saddam Hoessein zo zou uitdagen dat oorlog onvermijdelijk werd. Vicepresident Cheney kwam met de formulering. In zijn voorstel werd van Saddam Hoessein geëist dat hij een gedetailleerd overzicht gaf van alle wapentuig in het land. Als hij ontkende dat hij massavernietigingswapens bezat, dan loog hij – aanleiding voor een oorlog. Als hij wel massavernietigingswapens bezat, dan gaf hij toe – aanleiding voor een oorlog.

Het was aan minister van Buitenlandse Zaken Powell om deze en andere extreme ideeën aan de Veiligheidsraad voor te leggen; hij wist dat hij ze daar nooit aangenomen kon krijgen zonder ze af te zwakken. In deze gespannen periode sprak hij bijna dagelijks met Annan. De secretaris-generaal was Powell gaan beschouwen als een trouw lid van het team-Bush, maar toch afwijkend. 'Hij behoorde duidelijk tot die groep,' aldus Annan. 'En hij is een eerbiedwaardige soldaat en heer. Als je lid bent van een team, dan is het moeilijk te bepalen in hoeverre je afstand kunt nemen van dat team. Maar volgens mij behoorde hij niet tot dezelfde categorie als diegenen die rechtstreeks op oorlog afstevenden.'

Powell onderhandelde vooral met de Franse minister van Buitenlandse Zaken Dominique de Villepin, een lange, knappe diplomaat met een grote bos zilvergrijs haar. De zevenenveertig jaar oude De Villepin, een lieveling van president Chirac, was zestien jaar jonger dan Powell en had ergens in zijn diplomatieke carrière tijd kunnen vinden om geschiedkundige boeken en gedichten te schrijven. Hij had eerder in Washington gezeten als persattaché. Daardoor kende hij veel Amerikaanse verslaggevers goed en sprak hij uitstekend Engels. De Villepin stond erop, net als de meeste andere leden van de Veiligheidsraad, dat de resolutie geen oorlog uit mocht lokken, hoe Saddam Hoessein ook reageerde. Als hij de VN zou blijven tarten, dan zou de Veiligheidsraad opnieuw bijeen moeten komen, aldus De Villepin, om in een volgende resolutie te bepalen wat eraan moest worden gedaan.

Volgens Clare Short, voormalig lid van het kabinet van de Britse premier Tony Blair, luisterde de Britse geheime dienst in deze tijd het kantoor van Kofi Annan af. De secretaris-generaal spreekt zo zacht dat hij vaak moeilijk te verstaan is als zijn stem met een gewone bandrecorder is opgenomen. Maar als de Britten over apparatuur beschikten die gevoelig genoeg was om de conversatie in zijn kantoor op te pikken, dan hebben ze gehoord dat hij lobbyde voor een resolutie die de steun van alle vijftien leden van de Veiligheidsraad had.

Volgens Annan moest een zo belangrijke resolutie unaniem worden aangenomen om effectief te kunnen zijn. Maar zijn campagne voor een unanieme acceptatie betekende tevens een versterking van de positie van de landen die helemaal geen resolutie in Amerikaanse stijl wilden; die zou immers Saddam Hoessein tot een standpunt dwingen dat uitsluitend op een oorlog uit kon lopen. Alleen een gematigde resolutie zou unaniem kunnen worden aangenomen. Annans oppositie tegen een harde Amerikaanse resolutie weerspiegelde zijn verzet tegen de Amerikaanse aanvalslust. Hoewel zijn verklaringen in het openbaar altijd gematigd waren en in bedekte termen gesteld, gelooft Annan dat iedereen, ook de regering-Bush, die hem via de Britten afluisterde, wist wat zijn standpunt was. 'Ik heb nooit enige steun aan de oorlog gegeven,' zei hij. 'Ik geloofde niet dat het verstandig was om het land binnen te vallen.'

De stemming voor Veiligheidsraad-resolutie 1441 was unaniem. Zelfs Syrië, dat Irak zo lang had gesteund, stemde voor. Annan speelde hierin een belangrijke rol. Hij had een telefoongesprek gevoerd met de Syrische president Bashar al-Assad en hem gezegd dat Saddam Hoessein zich door een unanieme uitslag over zou kunnen laten halen om zich bij de resolutie neer te leggen. Toegeven door Irak, zei Annan, bood nog een kans om oorlog te vermijden. Assad aanvaardde dat argument en gaf zijn ambassadeur opdracht om voor de resolutie te stemmen, tot verrassing van alle andere leden van de raad.

De resolutie was een knap compromis dat door Powell en De Villepin was bedacht. Er was één groot nadeel aan verbonden. 'Voor sommige leden was het lood om oud ijzer,' zoals Annan het uitdrukte. 'Beide kanten hadden het idee dat de resolutie hun positie weerspiegelde of hun het recht gaf te doen wat ze wilden doen.' Maar toen de resolutie was aangenomen, dacht Annan 'dat we een kans hadden om de oorlog te voorkomen, of op zijn minst uit te stellen.'

Resolutie 1441, aangenomen op 8 november 2002, stelde vast dat Irak alle vorige resoluties over ontwapening 'materieel overtreden' had, maar gaf het regime van Saddam Hoessein 'een laatste gelegenheid toe te geven'. Van Irak werd geëist dat het de inspecteurs 'onmiddellijk, ongehinderd, onvoorwaardelijk en zonder enige beperking op alle plaatsen' toeliet. De 'val' van Cheney was er nog wel, maar hij was zo goed als onschadelijk gemaakt. Irak moest binnen dertig dagen een gedetailleerde verklaring afleggen. Maar liegen in die verklaring was onvoldoende voor sancties, en zeker voor oorlog. Loog Irak in de verklaring en kregen de inspecteurs niet de volledige medewerking, dan was het land 'in materiële overtreding' van resolutie 1441. Dan zouden de inspecteurs de zaak aan de Veiligheidsraad voorleggen 'ter beoordeling'. De resolutie zei niet wat er dan zou gebeuren maar waarschuwde Irak voor de ernstige gevolgen als het land haar naast zich neerlegde.

Annans hoop op vrede was gebaseerd op het ontbreken in de resolutie van een directe aanleiding tot oorlog. Uit de bewoording bleek dat oorlog alleen zou volgen nadat de Veiligheidsraad een rapport van de inspecteurs had ontvangen over Iraakse overtredingen van de resolutie. Volgens Kofi moest er dan eerst nog een nieuwe resolutie volgen. Volgens hem zou een tweede resolutie 'geleid hebben tot discussie en debat, tot inschatting en herinschatting van waar we staan en van wat de inspecteurs wel of niet hebben bereikt. Als je in dat soort beoordeling van de blote feiten verzeild bent geraakt, dan loop je nog wel eens weg van de rand van de afgrond.'

Zogauw de resolutie was aangenomen, was Annans rol in de crisis zo goed als uitgespeeld. Nu was hij niet meer dan een commentator die de Amerikaanse opmars naar een oorlog wel kon veroordelen maar niet kon tegenhouden. Aan zijn commentaren werd nauwelijks aandacht besteed, zelfs niet door het Witte Huis. De regering-Bush richtte haar vergif nu op de Fransen en de inspecteurs. De Villepin probeerde de meerderheid van de Veiligheidsraad achter zich te verenigen tegen oorlog. En de inspecteurs vonden geen enkele aanwijzing die een oorlog rechtvaardigde.

De Amerikanen zouden veel minder problemen met de Veiligheidsraad hebben gehad als de Australische diplomaat Richard Butler nog hoofdinspecteur was geweest. Butlers visie kwam overeen met die van het Witte Huis. Hij zag zijn werk als inspecteur ongeveer als dat van een politiecommissaris of aanklager. Iedere keer als de Irakezen ontkenden dat ze massavernietigingswapens bezaten, dan wist hij dat ze logen. Ondanks het ontbreken van enig bewijs, twijfelde hij nooit. In 2000 had hij *The Greatest Threat* geschreven, een boek waarin zonder enige terughoudendheid staat: 'Saddam is weer bezig met de ontwikkeling van kernwapens. (Volgens Iraakse overlopers heeft hij ze al.) Ook heeft hij het bereik van zijn raketten vergroot en chemische en biologische wapens vervaardigd.' Het zou Butler niet veel tijd hebben gekost om met voldoende aanwijzingen en toespelingen te komen om Irak te kunnen beschuldigen van het materieel overtreden van resolutie 1441.

Maar de nieuwe hoofdinspecteur was Hans Blix, voormalige minister van Buitenlandse Zaken van Zweden en voormalig directeur-generaal van het Internationale Agentschap Voor Atoomenergie, het IAEA. Blix zag zichzelf als een rechter die de aanwijzingen moest beoordelen, niet als politiecommissaris of aanklager. Irak was volgens hem niet eerder schuldig of onschuldig dan nadat zijn inspecteurs voldoende bewijzen hadden gevonden voor het een of voor het ander. Als directeur-generaal van het IAEA had hij zelf aan het hoofd gestaan van Butlers inspecteurs van kernwapens en geconcludeerd dat Irak niet langer een nucleaire bedreiging vormde.

Nog vóór resolutie 1441 was aangenomen, hadden Blix en de Egyptenaar Mohammed el-Baradei, zijn opvolger bij het IAEA (en in 2005 samen met het Agentschap winnaar van de Nobelprijs voor de Vrede), Washington bezocht om over de inspecties te praten. Bush en Condoleezza Rice ontvingen hen beleefd, maar vicepresident Cheney waarschuwde hen dat de inspecties niet eeuwig door konden gaan en verklaarde dat de Verenigde Staten 'klaar stonden om geen geloof meer aan de inspecties te hechten maar te gaan ontwapenen.' Blix legde dit uit dat, als de inspecteurs geen massavernietigingswapens vonden, 'de Verenigde Staten klaar stonden om te zeggen dat de inspecties zinloos waren en dat ze op andere manieren gingen ontwapenen.' Cheney vond Blix niet hard genoeg om de inspecties op de juiste wijze uit te voeren. De Amerikaanse geheime dienst begon nu Blix' gesprekken en acties in de gaten te houden.

Terwijl de weken voorbijgingen, rapporteerden de inspecteurs dat Irak meewerkte maar dat ze niets van enig belang vonden. Ze hadden onenigheid met het regime over langeafstandsraketten. De Irakezen lieten de inspecteurs nieuwe raketten zien waarvan ze overtuigd waren dat ze daarmee niet de door de VN gestelde beperking op het bereik zouden overtreden. Blix oordeelde echter dat dat wel het geval was en beval dat ze werden vernietigd. Verdere bewijzen tegen Irak waren echter indirect en vaag. De Irakezen beweerden dat ze al hun chemische en biologische wapens hadden vernietigd. Maar de hoeveelheid chemische en biologische stoffen die ze oorspronkelijk hadden gehad, was groter dan de hoeveelheid die ze hadden vernietigd. Iraakse geleerden hielden vol dat dat een fout was in de boekhouding. Dat bleek later ook juist te zijn, maar de inspecteurs waren er argwanend door geworden. Blix vertelde de Veiligheidsraad dat de onvolledige boeken niet genoeg bewijs vormden om Irak ervan te beschuldigen dat het land chemische en biologische massavernietigingswapens bezat.

Annans verhouding met Blix en El-Baradei was heel anders dan die met Butler was geweest. De Australiër ging volstrekt onafhankelijk van de secretaris-generaal zijn gang; bovendien konden ze persoonlijk slecht met elkaar overweg. Annan beschouwde Butler als een olifant die door Irak stampte zonder enige rekening te houden met wat de Irakezen vonden, en dan overdreef wat hij zag. Annan sprak echter vaak met Blix en El-Baradei. Zijn visie op massavernietigingswapens week af van die van het Witte Huis en van Butler. Toen resolutie 1441 werd aangenomen, vroeg een verslaggever hem of hij dacht dat Irak massavernietigingswapens bezat. 'Die vraag kan ik echt niet beantwoorden,' had Annan toen geantwoord, 'tot de inspecteurs terug zijn.'

Annan hield zijn persconferentie ter gelegenheid van het nieuwe jaar 2003 op 14 januari. Hij begon met een treurig makende verklaring: 'We beginnen het jaar met angst – angst voor oorlog in Irak, voor de nucleaire proliferatie op het Koreaanse schiereiland, en voor het eindeloos lijkende geweld in het Midden-Oosten. Zelfs Ivoorkust zit gevangen in de neerwaartse spiraal van conflict.'

'En toch,' vervolgde hij, 'blijf ik optimist. De bedreigingen van vandaag zijn niet de eerste waarmee we te maken hebben. Bovendien ben ik van mening dat we de laatste tien jaar geleerd hebben er beter mee om te gaan.'

Hij zette de successen op een rijtje: het einde aan de oorlog in Bosnië, de wederopbouw van Kosovo, de onafhankelijkheid van Oost-Timor, het einde van de verschrikkingen in Sierra Leone, het einde aan de strijd tussen Ethiopië en Somalië. Vooruitkijkend zei hij: 'We zijn vlak bij de hereniging van Cyprus, het einde van een lange burgeroorlog in Soedan en vrede in de Democratische Republiek Congo.'

'Ik blijf erbij,' concludeerde hij, 'dat vrede mogelijk is – in Irak, in Korea, en zelfs tussen Israël en de Palestijnen – als staten samen geduldig en krachtdadig aan al deze problemen werken.'

De verklaring bevatte echter een grote zwakke plek. Annan klonk alsof hij geloofde dat de dreiging van een oorlog in Irak de zoveelste VN-crisis was in een lange reeks. Maar dit was iets heel anders. De Irak-crisis was een monster geworden dat alles opvrat wat in de weg stond en een bedreiging voor de naam van de secretaris-generaal en die van de Verenigde Naties zelf. George Bush en het oorlogszuchtige kringetje om hem heen hadden een monsterlijke situatie geschapen die niet als enige andere crisis afgedaan kon worden.

Toen het Witte Huis het zat was dat Hans Blix en zijn inspecteurs niet vonden wat het nodig had, besloot de Amerikaanse regering om de zelf verzamelde bewijzen aan de Veiligheidsraad en de hele wereld voor te leggen. Colin Powell, de man in de regering-Bush met het meeste prestige van allemaal, kreeg deze cruciale opdracht. Hij is een zoon van West-Indische immigranten en opgegroeid in de armoede van de Bronx, en zijn levensverhaal heeft ontwapenende en romantische trekjes. Hij heeft niet de militaire academie West Point doorlopen, maar is afgestudeerd binnen het Trainingskorps Reserveofficieren aan het City College van New York. Tijdens de Tweede Golfoorlog, die door de vader van de huidige president Bush was gevoerd, was hij voorzitter van de gezamenlijke Chefs van Staven. Toch kwam hij op anderen over als iemand die een hekel had aan oorlog en alleen aan vrede werkte. Daardoor dachten Kofi Annan en vele anderen dat hij niet echt behoorde tot het kringetje haviken rond Bush.

Powells presentatie voor de VN op 5 februari 2003 werd aangekondigd als zijn Adlai Stevenson-speech. Dit was een verwijzing naar een dramatische episode tijdens de Cuba-crisis in 1963 toen ambassadeur Stevenson de ambassadeur van de Sovjet-Unie in de Veiligheidsraad confronteerde met foto's die aantoonden dat de Russen nucleaire raketten op Cuba hadden geplaatst. Die presentatie met foto's wordt vaak beschouwd als het beste dat Stevenson ooit bij de VN heeft gedaan. Hij heeft echter ook een zeer vernederend moment bij de VN meegemaakt, namelijk toen hij tijdens het Varkensbaai-incident in 1961 foto's liet zien en erbij vertelde dat geen van de neergehaalde vliegtuigen op de foto's Amerikaans waren. Washington, dat de Amerikaanse steun aan de invasie van Cuba wilde verbergen, had Stevenson nooit de waarheid verteld en hem misleid: hij loog tegen heel de wereld, en dat kwam natuurlijk uit. Uiteindelijk zou het optreden van Powell meer lijken op Stevensons vernedering in 1961 dan op Stevensons mooiste moment in 1963.

Powell gebruikte in het geheim genomen bandopnamen van gesprekken tussen Irakezen, satellietfoto's, opvallende schermen met als kop 'Irak: niet bereid te ontwapenen', en een indrukwekkende hoeveelheid gegevens om te bewijzen dat 'Saddam Hoessein en zijn regime geen enkele poging hebben gedaan om meer massavernietigingswapens te laten zien.' Zijn beweringen, benadrukte hij, 'zijn geen aannames. Wat wij u hier geven, zijn feiten en conclusies op basis van grondige vergaring van inlichtingen.' Hans Blix, de hoofdinspecteur, schreef later dat Powells presentatie 'gegeven werd met de bravoure van een man die tijdens zijn lange en aanzienlijke militaire carrière veel meer mogelijkheden moet hebben gehad dan ambassadeurs om PowerPoint te gebruiken om een veeleisend publiek voor te lichten.'

Blix geloofde enkele van de beweringen niet, andere waren al eens door de inspecteurs gecontroleerd en onwaar bevonden. Sommige beweringen verdienden nader onderzoek door zijn team. Volgens Blix werd er niets sensationeels gezegd en was er al helemaal geen hard bewijs. Begin april 2004 moest Powell openlijk toegeven dat niets van wat hij had beweerd, waar was geweest. Na de herverkiezing van president Bush trad hij dan ook af en werd hij als minister vervangen door Condoleezza Rice.

De weken voor de presentatie van Colin Powell had Kofi Annan vaak met hem gepraat, maar Powell had hem niet over de details ingelicht. Terwijl hij luisterde dacht Annan hetzelfde als Blix. Annan had uiteindelijk nogal wat met Blix en El-Baradei gesproken en wist hoe weinig aanwijzingen er waren gevonden. Bovendien had hij tijdens de besprekingen in Wenen met verscheidene Iraakse wetenschappers gesproken en naar hun standpunt geluisterd dat Irak helemaal niets te verbergen had. Ondanks Powells bewering dat hij niets dan feiten presenteerde, wist Annan dat het hier aannames betrof die op vage aanwijzingen gebaseerd waren.

Maar Annan besefte tegelijkertijd dat de presentatie indrukwekkend zou klinken voor hen die minder over de inspecties wisten dan hij. 'Ik kan niet zeggen dat hij erg overtuigend was,' aldus Annan, 'maar hij hield een sterke voordracht.' Het was per slot van rekening Colin Powell die de presentatie hield en hij gebruikte heel zijn prestige om zijn woorden en bewijzen kracht bij te zetten. Dat op zich was voor Annan al een slecht voorteken. 'Ik kreeg het idee,' vertelde hij, 'dat... een meer of minder definitieve beslissing genomen moest zijn om de oorlog te beginnen, en dat alleen het publiek en de internationale gemeenschap nog overtuigd moesten worden.' Wat de invloed op de Veiligheidsraad betreft nam Annan aan dat het Witte Huis hoopte dat de toespraak 'enkele leden van de raad over had gehaald om de actie te steunen.' De aanwijzingen in Powells presentatie waren dan misschien zwak, maar dat woog voor sommigen misschien minder zwaar dan het feit dat een zo prestigieus man de voordracht had gehouden. Het leed nauwelijks nog twijfel of Bush ging een oorlog beginnen.

De regering-Bush probeerde de Veiligheidsraad alsnog een tweede resolutie te laten aannemen. Daarin moest Saddam Hoessein veroordeeld worden omdat hij de wapens niet had ingeleverd of vernietigd waardoor een oorlog tegen Irak gerechtvaardigd was. Maar dit bleek moeilijk, vooral omdat de Fransen protesteerden en een campagne binnen de Veiligheidsraad begonnen om dit Amerikaanse resolutievoorstel tegen te houden. Op dat punt richtte de boosheid van het Witte Huis zich meer op president Chirac en zijn minister van Buitenlandse Zaken De Villepin dan op Annan en Blix.

Frankrijk, dat uit was op meer tijd voor de wapeninspecties, bleek een geduchte tegenstander omdat het de wereldopinie achter zich had. Diplomaten en VN-functionarissen applaudisseerden toen De Villepin voor de Veiligheidsraad sprak: 'In deze tempel van de Verenigde Naties zijn wij de bewakers van een ideaal, de bewakers van een geweten. Deze zware verantwoordelijkheid en immense eer... moeten ons ertoe leiden dat wij prioriteit geven aan vrede door ontwapening.'

Aangezien Frankrijk een van de vijf permanente leden van de Veiligheidsraad is, heeft het vetorecht en president Chirac zwoer dat hij dat zou gebruiken tegen iedere resolutie die een oorlog zou rechtvaardigen. De Amerikanen waren woedend en werden nog kwader toen De Villepin naar Afrika reisde om Angola, Kameroen en Guinee over te halen om met Frankrijk tegen de Amerikaanse resolutie te stemmen. Het Witte Huis beschouwde De Villepins strooptocht als oneerlijk en achterbaks, ook al oefende het zelf grote druk uit op de andere leden van de Veiligheidsraad.

De secretaris-generaal had in al dit gedoe ook een rol. Chili en Mexico waren bang voor economische maatregelen als ze de Amerikanen trotseerden. Achter gesloten deuren drong Annan er bij de Mexicaanse ambassadeur Adolfo Aguilar Zinser en de Chileense ambassadeur Juan Gabriel Valdés op aan om zich te blijven verzetten tegen de resolutie. Het is niet bekend of de Amerikaanse geheime dienst hiervan op de hoogte was. Zou dit wel het geval zijn, dan had het Witte Huis des te meer reden voor zijn verachting voor Annan.

Ondanks het Franse dreigement om het vetorecht te gebruiken, besloten de Verenigde Staten met steun van Groot-Brittannië en Spanje de resolutie in te dienen. Zonder dat er sprake is van een veto moet een resolutie de stemmen krijgen van negen van de vijftien leden van de Veiligheidsraad. Het Witte Huis hoopte dat de resolutie toch minstens negen stemmen zou krijgen. Mocht de resolutie worden verworpen door het Franse veto, dan kon het Witte Huis tenminste nog de morele overwinning claimen en beweren dat de raad alleen door Franse onbuigzaamheid zijn zin niet had gekregen. Maar midden maart begon de regering-Bush in te zien dat de resolutie zelfs geen negen stemmen zou halen.

Daarop trokken de Verenigde Staten de resolutie in en besloten om de oorlog zonder deze resolutie te beginnen. Het Witte Huis beweerde dat het dat kon doen op grond van een hele reeks andere resoluties, waaronder 1441. Kofi Annan zei tegen verslaggevers voor de deuren van de Veiligheidsraad: 'Als deze actie plaats gaat vinden zonder steun van de raad, dan is de rechtmatigheid betwijfelbaar en zal de steun ervoor afnemen.' Een week eerder had hij tijdens een persconferentie in Nederland gezegd: 'Als de Verenigde Staten en andere landen buiten de raad om militaire actie willen ondernemen, dan zou dat niet in overeenstemming zijn met het Handvest.' Beide vermaningen werden door het Witte Huis genegeerd.

Op 17 maart 2003, om acht uur 's avonds, zei president Bush in een tv-toespraak: 'De Veiligheidsraad van de Verenigde Naties is zijn verplichtingen niet nagekomen, en dus zullen we de onze na moeten komen... Al die tientallen jaren van bedrog en wreedheid zijn nu ten einde. Saddam Hoessein en zijn zoons moeten Irak binnen achtenveertig uur verlaten. Als ze dat weigeren, dan begint er een militair conflict op een door ons te kiezen moment.'

Saddam Hoessein noch zijn zoons verlieten het land en twee dagen later begonnen de bombardementen: de oorlog was begonnen.

Secretaris-generaal Annan legde een droevige en gelaten verklaring af. 'Ondanks alle inspanningen van de internationale gemeenschap en de Verenigde Naties,' zei hij, 'is er voor de derde keer binnen een kwart eeuw een oorlog tegen Irak uitgebroken. Misschien dat als we iets langer hadden volgehouden, Irak op vredige wijze ontwapend had kunnen worden. En als dat niet het geval zou zijn geweest, dan had de wereld actie kunnen ondernemen om het probleem op te lossen na een gemeenschappelijke beslissing waardoor die grotere rechtmatigheid zou hebben en bredere steun dan nu het geval is.'

Het protest dat in deze woorden doorklinkt, is subtiel en genuanceerd. Zijn woorden klonken zelfs minder heftig dan zijn vermaningen vóór het begin van de oorlog. Hij zag blijkbaar weinig heil in het roepen van verwijten nu de oorlog eenmaal was begonnen.

Er zijn critici die vonden dat hij anders had moeten reageren – dat hij tekeer had moeten gaan tegen deze oorlog met alle morele kracht die hij bezat. Zo verklaarde Marrack Goulding, de man die Annan ruim tien jaar eerder was opgevolgd als hoofd vredeshandhaving, dat Annan de oorlog onmiddellijk illegaal had moeten verklaren. 'Ik vergelijk hem met Dag Hammarskjöld,' aldus Goulding. 'Hammarskjöld zou luid en duidelijk hebben gezegd: "Dit is een overtreding van het Handvest. Het Handvest vereist dat partijen hun meningsverschillen op vredige wijze oplossen. Alleen de Veiligheidsraad kan militair optreden autoriseren."'

Brian Urquhart, de voormalige ondersecretaris-generaal en de biograaf van Dag Hammarskjöld, is het met Goulding eens. 'Dag Hammarskjöld zou een andere verklaring hebben afgelegd en dat zou juist zijn geweest,' aldus Urquhart. Als voorbeeld noemt hij de crisis om het Suezkanaal in 1956 toen Hammarskjöld Groot-Brittannië en Frankrijk veroordeelde.

Maar in die crisis had de secretaris-generaal de steun van het Witte Huis dat beide landen eveneens veroordeelde. In de Irak-crisis moest Kofi Annan de Verenigde Staten veroordelen, niet Groot-Brittannië en Frankrijk. Hij zou zeker de hele VN-organisatie in gevaar hebben gebracht als hij te felle woorden had gebruikt tegen het land dat de Verenigde Naties huisvest, tweeëntwintig procent van de begroting bijdraagt, een nog hoger percentage betaalt van de kosten van vredeshandhaving en als enig overgebleven supermacht een enorme macht uitstraalt.

Hoe dan ook, een heftige uitbarsting zou ook niet hebben gepast bij het karakter van Kofi Annan. 'Volgens mij is het achteraf makkelijk om dat te zeggen voor iemand die aan de zijlijn staat en er vrijblijvend over kan praten,' aldus Annan. '...Natuurlijk zijn er mensen die zeggen dat ik een toespraak vol veroordelingen had moeten houden, maar ik heb genoeg gezegd en zeker zoveel dat iedereen weet wat mijn standpunt in deze zaak was. Ik denk niet dat iemand binnen deze organisatie enige twijfel had dat ik tegen de oorlog was... Ik heb dat heel duidelijk gemaakt.'

Maar toen de oorlog begon, was de secretaris-generaal bezorgd om de splitsing die zich binnen de VN had voorgedaan door het conflict tussen de Verenigde Staten en Frankrijk. Hij legde dat uit. ‘De kloof was al zo breed... Ik maakte me daar zorgen om. Als een organisatie in twee delen uiteenvalt en je probeert die delen weer bij elkaar te brengen, dan is dat niet het moment om een heftige toespraak te houden die de kloof alleen maar zal verbreden.’

‘Maar,’ ging hij verder, ‘ook al heb ik geen oordeel uitgesproken of verklaring afgelegd, niemand kan zeggen dat hij of zij niet wist wat mijn standpunt was. Het VN-bureau wist het, en volgens mij ieder ander ook.’

14

Melancholie en relevantie

Enkele dagen na de invasie van Irak onder aanvoering van de Amerikanen schreef Richard A. Perle, een Amerikaanse defensiespecialist en een goeroe van het neoconservatisme, een commentaar in de Britse krant de *Guardian*. 'Saddam Hoesseins schrikbewind is bijna ten einde,' schreef Perle. 'Hij zal snel verdwijnen, maar niet hij alleen; als ironisch afscheid zal hij de VN met zich meenemen.' Perle hield een kleine slag om de arm. Hij bedoelde niet echt 'de hele VN'. 'Goede werken' zouden zeker blijven. Dat gold ook voor die jammerende 'kletskous' in New York met al die vervelende toespraken. Wat moest sterven was 'het liberale bedrog' dat er 'veiligheid is door internationaal recht dat wordt opgelegd door internationale instellingen.' Kortom: de kern van de VN zou verdwijnen. De koppenmaker van de *Guardian* begreep precies wat de kern van Perles stuk was. De kop boven het commentaar luidde: 'God zij dank voor de dood van de VN.'

Begin 2003 was er een sombere sfeer op de VN neergedaald. Die was voor het eerst merkbaar toen minister Powell zijn presentatie voor de Veiligheidsraad hield. Veel van de diplomaten en internationale functionarissen geloofden hem niet. Velen verloren hun vertrouwen in een man die ze ooit enorm hadden bewonderd – een man van grote morele kracht en innerlijke rust, zoals de secretaris-generaal zelf die bezat. Powell had hun illusies aan scherven geslagen. Maar hoe ze nu over Powell dachten, deed er niet meer toe. Door diens voordracht waren ze zich gaan realiseren dat president George W. Bush uit was op oorlog en dat niemand hem kon tegenhouden, zeker de VN niet. Toen de oorlog uitbrak, vergrootte Bush dat sombere gevoel door hen triomfantelijk in het gezicht te slaan. Hij had wel op moeten treden, zei hij, omdat de VN hun verantwoordelijkheid niet hadden genomen. Hij had er al maanden eerder voor gewaarschuwd: de VN waren irrelevant geworden.

Ondanks deze bewering van Bush zou men ook kunnen zeggen dat de invasie van Irak de relevantie van de VN juist heeft aangetoond. Bush was onder politieke druk gedwongen om naar de VN te gaan en daar zijn bewijzen te presenteren om legitiem oorlog te mogen voeren. Doordat zijn argumenten zo zwak waren, had de publieke opinie zich juist tegen hem gekeerd. Overal ter wereld verstopten demonstranten de straten van de grote steden, ook die van Londen en Madrid, de hoofdsteden van landen die de inval steunden. Zonder de VN waar Bush' argumenten waren besproken, zouden de demonstraties verwarrend en doelloos zijn geweest. Hij had zijn oorlog ook kunnen beginnen zonder iemand erover in te lichten. De VN hadden echter aan het licht gebracht dat zijn argumenten vals waren. Om de oorlog te beginnen, moest hij de Veiligheidsraad trotseren. De VN had hem in een bijna-isolement gedrongen.

Claire Tréan van *Le Monde* in Parijs gebruikte een dergelijk argument in een nieuwe analyse. De enorme druk die de Verenigde Staten hadden uitgeoefend, had in de Veiligheidsraad geen enkele stem meer opgeleverd. Een meerderheid van de leden van de Veiligheidsraad en van de VN als geheel was tegen deze oorlog en dat bleven ze, aldus Tréan, 'in naam van de verdediging van hun principes.' Op de lange termijn zou dit morele standpunt in het voordeel van de VN werken.

Maar deze wijze van redeneren was op dat moment niet erg bevredigend en niet van belang in het licht van de feiten. Bush was een niet-geautoriseerde en niet te rechtvaardigen oorlog begonnen en de VN en Kofi Annan waren te zwak geweest om hem tegen te houden.

Tijdens het laatste jaar van zijn functie als secretaris-generaal vroeg ik Annan of het waar was dat Condoleezza Rice, toen nog adviseur nationale veiligheid, hem kort na de invasie had gebeld en had beloofd dat de VN een grote rol zouden spelen in de wederopbouw van Irak.

'Niet alleen Condi Rice,' antwoordde hij, 'maar zij allemaal. Ze gebruikten daarbij termen als "vitale rol voor de VN", "centrale rol voor de VN", "grote rol voor de VN". En zelfs vandaag nog horen we van een centrale rol voor de VN in Irak.'

Maar welk eufemisme ze ook gebruikten, de Amerikanen bedoelden altijd dat de VN een ondergeschikte rol zouden gaan spelen. Het Witte Huis van Bush zag alleen maar een Amerikaanse overwinning voor zich, een Amerikaanse bezetting, Amerikaanse roem, een Amerikaanse triomf. Ze wilden hooguit dat de VN zouden dienen als voorwendsel, als zoenoffer voor hen die een Amerikaanse bezetting konden accepteren als de VN aanwezig waren om de Amerikanen te helpen. In die visie was geen plaats voor een vitale rol van de VN.

'Volgens mij werd er na de oorlog,' vertelde Annan, 'een kans gemist om de internationale gemeenschap weer op één lijn te krijgen.' Volgens Annan hadden de Verenigde Staten kunnen zeggen: 'Laten we onze ruzie van voor de oorlog vergeten. Laten we onze geschillen opzijzetten. Er is nu een moeilijke situatie in Irak en dat is een belangrijk land in het Midden-Oosten. Deze regio heeft groot economisch potentieel en we moeten allemaal samenwerken om de situatie te stabiliseren en het land weer op gang te helpen.'

'Maar,' vervolgde hij, 'samenwerken zou natuurlijk niet alleen betekenen dat de lasten werden gedeeld, maar ook de besluitvorming... Ik geloof niet dat de stemming in Washington daar al klaar voor was. Zij hadden het idee dat ze die oorlog hadden gewonnen, zij waren in een overwinningsroes. Er heerste een zekere overmoed: wij hebben de strijd gewonnen. De secretaris-generaal van de VN heeft ons niet gesteund, waarom zouden we dan de VN nog uitnodigen?'

In het licht van deze minachting door Amerika moest Annan besluiten hoeveel hulp de VN aan de bezetting konden leveren. Dan moest hij echter eerst de gedemoraliseerde stemming in zijn organisatie zien te verdrijven. Zijn directe medewerkers waren net als hij tegen de oorlog geweest. Dat gold voor bijna iedereen die in het VN-secretariaat werkte. Maar, zoals Edward Mortimer, Annans hoofd toesprakenschrijver het uitdrukte met het beeld van rouwende mensen in het Midden-Oosten voor ogen, 'zij zagen geen nut in het verscheuren van hun kleren.' Nu nog openlijk protesteren tegen Bush en zijn Witte Huis zou zinloos zijn. VN-functionarissen wilden aantonen dat zij wel degelijk relevant waren en in Irak behulpzaam konden zijn en zelfs onmisbaar waren, maar ze wilden dat alleen doen als ze niet konden worden aangezien voor sukkels die door de VS gestuurd werden.

Onder de hogere medewerkers kwamen twee gezichtspunten tot ontwikkeling. Zij die op het terrein van de directe hulp werkzaam waren, wilden dat de VN zo snel mogelijk naar Irak terug zouden keren. Tijdens het olie-voor-voedselprogramma vóór de oorlog waren de VN-hulpdiensten voor veel Iraakse gezinnen de voornaamste bron van voedsel geweest. Hier was door de oorlog een einde aan gekomen. Zodra medewerkers van ambassades en hulpverleners van particuliere instellingen na de val van de stad terugkeerden naar Bagdad, wilde ook de staf van de VN-hulpverlening teruggaan.

Maar anderen vonden dat men hiermee zeer voorzichtig moest zijn. Er moest worden gewacht tot Irak en vooral Bagdad weer veilig waren. Dit gezichtspunt was enigszins politiek gekleurd. De Verenigde Staten wilden dat de Verenigde Naties terugkeerden als teken dat alles weer normaal was en als gebaar van goede wil. De VN-medewerkers schonken de regering-Bush die bevrediging en dat voorwendsel echter niet van harte – ook al wisten ze dat de secretaris-generaal graag wilde laten zien hoe relevant de VN nog waren.

Kofi Annan leed echter zelf ook aan neerslachtigheid. Veel van zijn stafleden vonden dat hij erg afwezig leek. Vaak sprak hij niet als hij niet zelf rechtstreeks werd aangesproken. 'Als hij naar de conferentiezaal kwam,' vertelde zijn woordvoerder Fred Eckhard, 'dan leek het wel alsof hij er niet helemaal bij was. Hij leek geestelijk op. Het was alsof zijn ziel naar elders was gereisd om raad te vragen.' Annan kreeg last van aanvallen van laryngitis.

Annans neerslachtige stemming was te begrijpen. 'Het leek het einde van de Verenigde Naties,' aldus Eckhard. 'De Verenigde Staten hadden niemand meer nodig. Ze hoefden hun ideeën niet meer aan anderen voor te leggen. De Verenigde Staten en hun vrienden zouden de werkelijke wereldorganisatie worden. Dat was ook iets om depressief van te worden. En niemand zou hierdoor zo depressief kunnen zijn als het hoofd van de VN.'

Iqbal Riza, het hoofd van Annans staf, zorgde op de kalender voor meer vrije tijd voor Kofi en Nane en voor meer rustpauzes op een werkdag. De staf zag een geleidelijke verbetering, maar de secretaris-generaal moest nu enkele belangrijke besluiten nemen terwijl hij tegen zijn neerslachtigheid streed.

De geestestoestand van de secretaris-generaal ontging de meeste verslaggevers. Ik kan tenminste geen enkel Amerikaans artikel vinden waarin het wordt vermeld, tot een profielschets in het tijdschrift *New York* van twee jaar later. De secretaris-generaal had zijn stemming voldoende in de hand om met de meeste mensen normaal om te gaan. Catherine Bertini, ondersecretaris-generaal management, hoorde geruchten over depressiviteit maar merkte er zelf niets van. 'Als ik me in hetzelfde vertrek bevond,' vertelde ze, 'dan was hij altijd op welk onderwerp dan ook zeer geconcentreerd. Als ik hem een of ander memorandum liet zien, dan richtte hij zich daar echt op en hoefde hij niet op het onderwerp te worden gewezen.'

De leden van de Veiligheidsraad ruzieden intussen enkele maanden lang over een resolutie. Tegenstanders van de invasie, zoals Frankrijk, wilden het avontuur van Bush niet achteraf goedkeuren. Op hetzelfde moment sloten de Fransen ook hun ogen niet voor de realiteit – Irak was onder aanvoering van Amerika bezet en Bush zou zijn troepen niet op korte termijn terugtrekken. De ambassadeurs discussieerden ook over de rol van de VN, terwijl ze heel goed wisten dat, ongeacht de inhoud van de resolutie, de VN geen grotere rol zouden spelen dan de grootste bezettingsmacht toestond.

Het woord 'vitaal' kwam keer op keer terug, ook al ontdeden politici en diplomaten het woord totaal van zijn betekenis. Op 8 april ontmoetten Bush en de Britse premier Blair elkaar in Noord-Ierland waar ze beloofden dat 'de Verenigde Naties een vitale rol zullen gaan spelen in de wederopbouw van Irak.' Maar in de daaropvolgende persconferentie schetste Bush slechts een vaag beeld van wat hem voor ogen stond.

'Ik zie een vitale rol voor me als organisatie die mensen kan helpen om vrij te leven,' zei Bush. 'Dat is een vitale rol. Dat betekent voedsel, dat betekent medicijnen, dat betekent hulp. Dat betekent een plaats waar mensen hun bijdrage kunnen leveren. Dat betekent, weet je, dat de organisatie meewerkt aan de vooruitgang die in Irak wordt geboekt. Dat is wat het betekent.'

Minister van Buitenlandse Zaken Powell zei tegen Annan dat de Amerikanen blij zouden zijn als de Verenigde Naties Sérgio Vieira de Mello zouden benoemen tot hoofd van de VN-missie in Irak. Vieira de Mello, een vijfenvijftig jaar oude Braziliaan, was op dat moment minder dan een jaar Hogecommissaris voor de Mensenrechten. Hij had in Parijs aan de Sorbonne gestudeerd en sprak vijf talen vloeiend. Hij behoorde tot die klasse van eerbiedwaardige, efficiënte en toegewijde internationale functionarissen die altijd klaarstonden om waar dan ook naartoe te gaan; het was een groep die de Verenigde Naties al meer dan zestig jaar trouw diende. Vieira de Mello was voor het vluchtelingenwerk eerder uitgezonden naar Cambodja, Libanon, Cyprus, Bangladesh en andere landen en had aan het hoofd gestaan van VN-missies in Kosovo en Oost-Timor. Maar hij twijfelde over Irak.

'Eerst wilde Sérgio niet,' aldus Annan, 'en wilde ik niet dat hij ging. Ik herinner me dat ik in verschillende gesprekken met minister van Buitenlandse Zaken Colin Powell heb gezegd dat hij al een baan had, en als Hogecommissaris voor de Mensenrechten een belangrijke baan... en dat ik hem niet kon missen. Bovendien wilde ik niet de indruk wekken dat die baan zo onbelangrijk is dat je de man er zomaar weg kon halen.' En het was helemaal niet duidelijk, vertelde Sérgio aan zijn vriend Steven Erlanger, verslaggever buitenland van de *New York Times*, wat de Veiligheidsraad van hem in Irak verwachtte. 'Het mandaat, voor zover ik kan beoordelen, ziet er niet goed uit,' e-mailde hij aan Erlanger. Dat vergrootte zijn twijfel.

Vieira de Mello gaf na verloop van tijd toch toe aan de Amerikaanse druk en deelde Annan mee dat hij gereed was om ernaartoe te gaan als de opdracht maar niet langer dan vier maanden zou duren. 'Hij was een van onze beste mensen,' vertelde Annan. 'Hij heeft zoveel missies voor ons opgezet... Dus toen het voorstel kwam om de missie daar in vier maanden op te zetten en dan terug te komen, heb ik ja gezegd. Maar ik was er niet helemaal gelukkig mee om hem uit zijn [mensenrechten]baan te halen.'

Sérgio verzocht Annan om Nadia Younes, een zevenenvijftig jaar oude Egyptische, tot hoofd van zijn staf te benoemen, hetgeen gebeurde. Nadia, een niet op haar mond gevallen, messcherpe, kettingrokende VN-functionaris, was het grootste deel van Annans bewind diens chef van het protocol geweest. De afgelopen acht maanden had ze gediend als uitvoerend directeur van de WHO in Genève. Een van de grappen die over haar in het VN-hoofdkwartier de ronde deed, was hoe ze toch haar nicotineverslaving voor de Wereldgezondheidsorganisatie verborgen wist te houden. Annan was van plan om haar na afloop van haar werk in Irak te benoemen tot ondersecretaris-generaal in New York.

Onder druk van de Verenigde Staten nam de Veiligheidsraad eind mei resolutie 1483 aan waarin de Verenigde Staten en hun bondgenoten werden erkend als de bezettingsmacht van Irak en waarin de 'vitale rol' van de VN beschreven werd op het gebied van hulp, wederopbouw en, het belangrijkste, 'het herstel en de vestiging van nationale en lokale instellingen van vertegenwoordigend bestuur'. Met andere woorden, de VN kregen een rol om Irak op weg te helpen naar democratie. In de resolutie werd Vieira de Mello gemachtigd de bezettingsmacht te helpen bij het samenstellen van een Iraaks interim-bestuur dat Irak zou besturen tot er verkiezingen werden gehouden en het land zijn soevereiniteit terugkreeg. Met resolutie 1483 gaven de Veiligheidsraad en de VN de bezetting een legitiem tintje.

Tijdens de persconferentie waarin Annan Vieira de Mello introduceerde als het hoofd van de nieuwe VN-missie in Irak, kreeg hij een venijnige vraag: legitimeerde de resolutie niet 'de gevolgen van een illegale oorlog' en bewees zij niet alweer dat de VN 'niet in staat zijn om een unilaterale actie van een sterke staat tegen te houden?' De secretaris-generaal antwoordde: 'Ik denk niet dat de resolutie... de geschiedenis van het nabije verleden zal veranderen.' Kortom, zij legitimeerde de Amerikaanse invasie niet. Wat de resolutie wel deed, aldus Annan, was de VN 'een solide en legale basis geven voor onze operaties in Irak, en ik denk... dat als we onze acties op die basis baseren, we in staat zullen zijn invloed uit te oefenen.'

Voordat Vieira de Mello naar Bagdad vertrok, e-mailde hij Erlanger dat hij zich nog steeds bezorgd maakte om zijn benoeming, 'maar het is slechts voor vier maanden. Het beste, mijn vriend,' besloot hij, 'en bid voor me.'

L. Paul Bremer III bestuurde Irak alsof hij een onderkoning van Amerika was. Hij was het hoofd van de *Coalition Provisional Authority*, het voorlopig gezag van de coalitie, een zwaarwichtige naam voor de niet-militaire tak van de Amerikaanse bezettingsmacht. Hij verlangde niet erg naar samenwerking met Vieira de Mello. Volgens George Packers verslag van de bezetting, *The Assasins' Gate: America in Iraq*, begon Bremer iedere keer als iemand over de VN begon met zijn ogen te rollen. Praten over de VN vond hij tijdverspilling. In zijn eigen verslag over die tijd, *My Year in Iraq*, legt hij uit dat hij bang was dat de VN hem voor de voeten zouden lopen. Toen Vieira de Mello een week na Annans verklaring over zijn benoeming Bremer belde, zei die tegen een staflid: '*Damn*, ik had nooit gedacht dat de VN dit zo gauw voor elkaar zouden krijgen.'

Maar Vieira de Mello pakte Bremer helemaal in. 'Ik mocht hem onmiddellijk,' schreef Bremer. De VN-functionaris beloofde mee te werken en verzekerde de Amerikaan ervan dat ze prima zouden samenwerken. 'Het was een opluchting om dat te horen,' schreef Bremer in zijn verslag. 'Het laatste wat we konden gebruiken in dit zeer gecompliceerde politieke menuet dat we aan het dansen waren, was dat de Irakezen het idee kregen dat ze de VN tegen de coalitie konden uitspelen.'

Vieira de Mello hielp Bremer bij het samenstellen van een Regeringsraad die zou dienen als een Iraakse schaduwregering totdat er verkiezingen werden gehouden. Bremer kon voor advies over de Iraakse politiek alleen een beroep doen op Koerden en verbannen Irakezen. De machtigste sjiitische geestelijke, grootayatollah Ali al-Sistani, weigerde met Bremer of een andere vertegenwoordiger van de coalitie te praten, maar Vieira de Mello wilde hij wel ontmoeten. VN-officials konden ook binnendringen in de door ruzie verscheurde soennitische gebieden om daar met geestelijke en politieke leiders te praten. In de VN-staf zaten nogal wat Arabieren die de Iraakse politiek begrepen en die het Iraakse Arabisch konden verstaan. Vieira de Mello zei tegen Packer dat de VN verantwoordelijk waren voor het selecteren van ongeveer de helft van de leden van de Regeringsraad.

Nadat de Regeringsraad was geïnstalleerd, zag Bremer niet in wat de VN verder nog konden betekenen. Vieira de Mello merkte dat zijn relatie met de onderkoning bekoelde en kreeg nog maar weinig te doen. Annan, die met Nane op vakantie was op een eilandje voor de Noorse kust, belde op 18 augustus met Vieira de Mello. Binnen ruim een maand zou de opdracht voltooid zijn. De secretaris-generaal zei dat hij nog graag in Europa met Sérgio wilde praten voordat de Annans naar New York terug zouden keren. Hij zou de volgende dag bellen om een ontmoetingsplaats af te spreken.

Kofi hoefde echter niet meer te bellen. Sérgio zat op 19 augustus 's middags met verscheidene gasten en medewerkers in zijn kantoor toen een man een zelfmoordaanslag pleegde door in een vrachtwagen met een bom van vijfhonderd kilo de oprit van het VN-hoofdkwartier in het Canal Hotel af te jakkeren. De bom ontplofte en Sérgio's kantoor stortte twee verdiepingen naar beneden. Hij zat gevangen onder een enorme berg puin. Hij leefde nog en praatte zacht met VN-medewerkers terwijl Amerikaanse soldaten de stukken beton weghaalden. Tegen de tijd dat ze hem hadden bereikt, was hij overleden. Nadia en twintig anderen kwamen eveneens om. Toen Bremer president Bush belde om hem het nieuws te vertellen, zei de president: 'Ik hoop dat de VN op dezelfde weg blijven.' Volgens Bremer had Vieira de Mello vlak voordat hij overleed hetzelfde idee. Volgens Bremer had een Amerikaanse soldaat hem Sérgio's laatste woorden verteld: 'Laten de VN zich niet terugtrekken.' Kofi Annan droeg direct het zijne bij aan deze dramatische afloop.

Een dag na de bomaanslag sprak de secretaris-generaal alle VN-medewerkers toe door middel van een videoboodschap. 'Op welke wijze kunnen we onze overleden collega's bedanken voor hun leven waarmee ze hebben betaald?' zei Annan. 'Alleen door te zweren door te gaan, iedere dag weer, om het werk af te maken waaraan zij waren begonnen. Laat me deze boodschap dus richten aan jullie allemaal, beste collega's, maar ook aan het volk van Irak. We laten ons niet afschrikken. We gaan door met wat we kunnen om te helpen bij het opbouwen van een betere toekomst van het Iraakse volk.'

Deze verklaring met deze uitdagende houding – die leek op de macho-uitspraken die zo vaak uit het Witte Huis van president Bush te horen waren – ging rechtstreeks in tegen een pleidooi van het VN-Stafberaad, de bond van VN-werknemers.

Zo gauw het nieuws van de aanslag New York had bereikt, had de Commissie voor Veiligheid en Onafhankelijkheid van Internationale Werknemers van het Stafberaad een verklaring uitgegeven waarin de secretaris-generaal werd verzocht om 'alle operaties in Irak op te schorten en de staf terug te trekken totdat maatregelen zijn genomen om de veiligheid te verbeteren.' De commissie vroeg ook om 'een volledig onderzoek om te bepalen waarom er geen afdoende veiligheidsmaatregelen genomen waren om een dergelijke verschrikkelijke daad te voorkomen.'

Nu is duidelijk dat het Stafberaad gelijk had en de secretaris-generaal een vergissing beging. Annan zou die vergissing later inzien en herstellen, maar voordat dat gebeurde was er iets van het vertrouwen verdwenen dat de staf in hun held – de eerste secretaris-generaal uit eigen gelederen – had.

Kofi Annan was in volledige vertwijfeling toen hij moest bepalen hoe de toekomst van de VN er na de aanslag uit moest gaan zien. De dood van Vieira de Mello veroorzaakte bij hem afwisselend shock, schuldgevoel, spijt en woede. Toen hij tweeëneenhalf jaar later met mij over Sérgio sprak, klonk in zijn stem bij vlagen nog steeds woede door. 'Het was heel moeilijk,' zei hij. 'Hier heb je iemand – en niet alleen hij maar ook Nadia en al die anderen –, ik had een dag eerder nog met hem gesproken... en de volgende dag is hij er niet meer. In dat soort situaties kun je het niet helpen dat je een gevoel van schuld hebt, een gevoel van twijfel, een gevoel van onzekerheid. Ging hij omdat ik het hem had gevraagd? Zou hij het anders ook gedaan hebben? Hij was immers een heel loyaal iemand en een heel goede internationale functionaris.'

'En wat natuurlijk ook heel moeilijk was,' ging hij door, 'is dat je je afvraagt waarom hij moest sterven en waarvoor hij dan gestorven is. Kijk nou eens. Ik had alles gedaan om een oorlog te voorkomen en die oorlog nooit gesteund, en uiteindelijk had ik toch het idee dat we moesten helpen Irak op het juiste spoor te krijgen omdat anders de hele regio in gevaar zou komen. Daarom heb ik het mandaat dat de Veiligheidsraad ons gegeven had, heel ernstig genomen en heb ik enkelen van onze beste mensen gestuurd, en het waren ook nog vrienden. En die worden gedood terwijl ze probeerden de nasleep van een oorlog die ik niet heb gesteund, te verzachten, dan kun je je misschien mijn moedeloosheid en depressiviteit voorstellen. Het was moeilijk.'

Hij moest twee krachten in evenwicht houden: aan de ene kant zijn woede op de Verenigde Staten voor het creëren van een catastrofe waarin zijn vrienden omkwamen, en aan de andere kant zijn hoop dat hij de relevantie van de Verenigde Naties aan kon tonen door de rommel die de catastrofe teweeg had gebracht, op te ruimen. Maar voor veel van de internationale ambtenaren leek wat hij deed wel erg op kruipen voor de VS.

Op 22 september, een maand na de dood van Sérgio en de anderen, werd er op vijftig meter van het Canal Hotel waar nog steeds het hoofdkwartier van de VN-missie gevestigd was, weer een zelfmoordaanslag met een autobom gepleegd. Het doel was waarschijnlijk om zo veel mogelijk VN-medewerkers te treffen die op dat moment naar hun werk gingen; een VN-bewaker en twee Iraakse politiemannen kwamen om. Hierop begonnen de VN-beveiligers en -beleidsmakers er bij de secretaris-generaal op aan te dringen om de VN uit Irak terug te trekken, maar hij weigerde. Wel reduceerde hij het aantal stafleden in Irak en benoemde hij een onderzoekscommissie onder leiding van de voormalige Finse president Martti Ahtisaari om de bomaanslagen en de veiligheid van de VN in Irak te onderzoeken.

De staf van de VN was kwaad op de secretaris-generaal omdat hij weigerde de staf in zijn geheel terug te trekken. En ze werden nog kwader toen medewerkers terugkeerden met huiveringwekkende verhalen over collega's die zich uit angst in hun hotelkamers verstopten. Bovendien had men het gevoel dat Annan het gevaar alleen maar opzocht om president George W. Bush van dienst te zijn. Sommigen gingen echt in verzet: van nu af aan zouden ze weigeren om naar Irak te gaan.

Ghassan Salamé, de in Libanon geboren politiek adviseur van Sérgio, had de aanslag van 19 augustus overleefd en had nog met Sérgio gesproken toen die onder het puin lag. Na zijn terugkeer in New York vertelde hij aan Colum Lynch van de *Washington Post*: 'Wat doen wij daar? Als onze rol een hoofdrol is, dan neem je risico's, ook als de risico's groot zijn. Als onze rol slechts een bijrol is en de risico's zijn groot, dan moet je die niet nemen. Wat mij betreft ga ik niet terug naar Bagdad.'

Het rapport van de onderzoekscommissie dat op 20 oktober verscheen, was vernietigend. Gesteld werd dat management en staf van de VN in Bagdad niet de standaardveiligheidsmaatregelen hadden genomen waardoor het hoofdkwartier kwetsbaar was. De VN hadden zich gedragen alsof ze dachten dat terroristen en rebellen de vlag van de VN altijd zouden respecteren. Het Amerikaanse leger had het Canal Hotel beveiligd door soldaten op het dak te zetten, een vrachtwagen op de oprit en antiluchteenheden voor het hotel, maar de VN-staf voelde zich niet plezierig met de bezettingsmacht zo dicht bij de ingang en had de Verenigde Staten gevraagd de bewaking weg te halen.

In het rapport stond niet wie besloten had om de Amerikaanse beveiliging weg te sturen, maar het was wel kenmerkend voor Sérgio Vieira de Mello om alles af te wijzen dat de VN van het dagelijks leven zou scheiden. Dat ene grote voordeel dat de VN hadden boven de VS was nu juist dat VN-medewerkers overal in Irak ongehinderd konden komen en met iedereen konden praten. Sérgio, aldus het rapport, weigerde zelfs naar een ander kantoor te verhuizen toen bewakers hem hadden gezegd dat hij te dicht bij de oprit zat.

De haast waarmee volgens het rapport sommige VN-instellingen na de invasie naar Irak wilden terugkeren was zo groot geweest, dat de VN niet eens wisten hoeveel niet-Iraakse stafleden er eigenlijk in het land waren. Sommigen waren Irak binnengekomen zonder zich te melden bij het hoofdkwartier in het Canal Hotel. Toen Bush in maart aankondigde dat hij een oorlog zou beginnen, hadden de VN driehonderdzevenentachtig stafleden van verschillende nationaliteiten uit het land teruggetrokken. In juni, toen de terugkeer begonnen was, zeiden VN-veiligheidsbeambten dat zij in Bagdad de veiligheid van niet meer dan tweehonderd mensen konden garanderen. Maar op het moment van de bomaanslag waarbij Sérgio omkwam, bevonden zich naar schatting van de VN zo'n driehonderdvijftig buitenlandse stafleden in de stad. Volgens het rapport noemen onafhankelijke bronnen veel hogere aantallen, tot vijfhonderdvijftig stafleden in Bagdad en negenhonderd in heel Irak.

Toen hij het grimmige rapport eenmaal had gelezen, trok Annan alle niet-Iraakse VN-medewerkers uit het land terug. Hij noemde het een tijdelijke opschorting van de werkzaamheden. Maar ondanks continue verzoeken en zelfs beledigingen van Washington over de lafheid van de VN, heeft de secretaris-generaal nooit meer iemand naar het land gestuurd. Hij leek zich nu neer te leggen bij de rol voor de VN van buitenstaander in Irak. Van tijd tot tijd liet hij een beperkt aantal stafleden naar Irak gaan voor kortdurende opdrachten en het organiseren van de verkiezingen. En dat gebeurde alleen als duidelijk was dat de Verenigde Staten bijzondere hulp van de VN nodig hadden, en hard nodig ook. Zoals Annan het uitdrukte: 'We besloten om alleen nog maar die dingen te doen die alleen de VN konden doen – als wij het niet deden, kon niemand het.'

Eind 2003 had Bremer, de Amerikaanse burgerbaas in Irak, zich in de politieke nesten gewerkt. De oorzaak zal deels te vinden zijn in zijn persoonlijkheid en zijn stijl van management. Bremer, die graag in een pak met daaronder militaire kisten liep, gedroeg zich als de Britse onderkoning in koloniaal India. Hij had de neiging om Irakezen te behandelen als onhandelbare kinderen. Hij stelde graag onbenullige regeltjes op en dwong de Iraakse leiders om die na te volgen. Hij praatte liever dan dat hij luisterde. 'Bremers ijzeren wet van de Iraakse politiek,' schrijft hij, is 'dat nooit twee van de drie bevolkingsgroepen [sjiieten, soennieten en Koerden] zich op hetzelfde moment rustig zullen houden.' En 'Bremers eerste levensles in Irak is dat als je goed nieuws lijkt te krijgen, dat gewoonlijk betekent dat je niet goed geïnformeerd bent.'

Midden november zette Bremer de Regeringsraad onder druk om zijn nieuwste plan voor de politieke toekomst van Irak te aanvaarden. Eind juni 2004 zouden de Verenigde Staten de soevereiniteit van Irak overdragen. Via een aantal deelverkiezingen binnen de bestaande bevolkingsgroepen in het hele land zou een interim-parlement gekozen moeten worden om Irak te besturen tot de algemene verkiezingen van begin 2005. Het parlement dat dan gekozen werd, moest een nieuwe grondwet opstellen.

Maar grootayatollah Ali al-Sistani, de belangrijkste geestelijk leider van de grootste bevolkingsgroep, de sjiieten, vond het geen goed plan en Bremer had geen enkele mogelijkheid om de grootayatollah te dwingen het Amerikaanse schema te aanvaarden. Al-Sistani wilde niet eens met Bremer praten; de onderkoning communiceerde met hem door Iraakse afgezanten naar hem toe te sturen. Zoals zoveel Irakezen vermoedde Al-Sistani dat die verwarrende deelverkiezingen door de Verenigde Staten zouden worden gebruikt om de samenstelling van het interim-parlement te beïnvloeden. Hij eiste directe verkiezingen voordat de soevereiniteit op 30 juni zou worden overgedragen, en hij stuurde tegelijkertijd tienduizenden demonstranten de straat op om die eis kracht bij te zetten. Bremer beweerde echter dat het veel te laat was om nu nog algemene verkiezingen te organiseren die al in juni plaats moesten hebben, maar de grootayatollah vertrouwde Bremer niet. Via een afgezant verklaarde Al-Sistani dat hij eerst de mening van de Verenigde Naties over deze verkiezingen wilde horen.

De bemoeienis van de grootayatollah demonstreerde de echte relevantie van de VN. Ondanks de mislukte operaties in Srebrenica en Rwanda hadden de als onpartijdig beschouwde VN, en zeker onder leiding van de algemeen bewonderde secretaris-generaal, een morele kracht die in een door crises geteisterde wereld door niets of niemand werd geëvenaard. Bremer stond hier in zijn verslag natuurlijk niet bij stil. Hij zat in de politieke nesten en had de VN nodig om hem daaruit te helpen. Daarom schreven hij en de Iraakse Regeringsraad brieven aan de secretaris-generaal met het verzoek om hulp.

Annan verzocht de brievenschrijvers hem op 19 januari 2004 te ontmoeten in New York waar ze in een zaal in de kelder van het VN-hoofdgebouw vergaderden. Bremer arriveerde samen met verscheidene leden van de Iraakse Regeringsraad, met Robert Blackwill die voor de nationale veiligheidsraad in het Witte Huis de Iraakse politiek ter plaatse volgde, en met Jeremy Greenstock, een voormalige Britse ambassadeur bij de VN die nu Groot-Brittannië in Irak vertegenwoordigde. Volgens zijn eigen verslag zei Bremer tegen Annan dat hij en het voorlopig gezag van de coalitie 'de gelegenheid verwelkomden om de oude vriendschapsband met de VN te herstellen.' Hij beloofde al het mogelijke te doen om de VN-vertegenwoordigers in Irak 'afdoende veiligheid' te bieden. Ook zei hij tegen de secretaris-generaal dat grootayatollah Al-Sistani volgens hem ook democratie in Irak wilde.

Bremer, die de reputatie had Irak te besturen met dictatoriale orders, was nu zo overbeleefd dat het bijna kruiperig was. Hoofd communicatie van de VN, Edward Mortimer, die naast enkele andere medewerkers van Annan de vergadering bijwoonde, vertelde: 'De ironie van het moment kon je gewoon niet ontgaan.' En hij vervolgde: 'Bedenk wel dat dit mensen waren die de VN opzij hadden geduwd toen ze Irak binnenvielen en ze daarna met tegenzin in Irak toe hadden moeten laten in een slecht omschreven adviserende en ondergeschikte rol, waarvoor Vieira de Mello en anderen met hun leven hadden betaald. En hier zaten ze dan en smeekten ze ons om terug te komen omdat Al-Sistani had gezegd dat hij niet kon geloven dat er vóór 30 juni geen verkiezingen konden worden gehouden, behalve als iemand van de VN hem dat persoonlijk kwam vertellen.'

Annan zei tegen Bremer en de anderen dat hij zou overwegen om een technisch team naar Irak te sturen om de haalbaarheid van de verkiezingen te onderzoeken. Maar hij moest dan wel zelf overtuigd zijn van het nut en de veiligheid. Binnen de VN heerste erg veel argwaan. Een ambassadeur van de Veiligheidsraad zei tegen de *Washington Post* dat de Verenigde Staten 'een zondebok moesten vinden om de schuld te geven voor het geval dit fout af zou lopen.' Tijdens een persconferentie op dezelfde dag werd Annan gevraagd waarom hij bereid was 'Amerika's kastanjes uit het vuur te halen'. Hierop antwoordde hij: 'Volgens mij krijg ik de gelegenheid om weer eens te verklaren dat de stabiliteit van Irak een zaak is van iedereen.'

Uiteindelijk stuurde hij behalve een technisch team ook Lakhdar Brahimi. De toen zeventig jaar oude Brahimi had net een twee jaar durende opdracht als hoofd van de VN-missie in Afghanistan achter de rug. Hij had indruk op de Amerikanen gemaakt met de manier waarop hij de Afghanen in de richting van vrije verkiezingen had geleid en de Amerikanen zelf hadden gevraagd of hij naar Irak kon komen. Annan ging hiermee alleen akkoord nadat hij ervan verzekerd was dat Brahimi een centrale rol kon spelen in de overdracht van de soevereiniteit aan de Irakezen.

Niet ieder lid van de regering-Bush was echter gelukkig met het idee dat Brahimi naar Irak zou gaan. Zowel vicepresident Dick Cheney als minister van Defensie Donald Rumsfeld hadden bezwaren omdat Brahimi zich fel tegen de inval in Irak had verzet. Maar het zou natuurlijk heel moeilijk zijn om een VN-functionaris te vinden met een andere mening. Condoleezza Rice, adviseur nationale veiligheid, wees op het nuttige werk dat hij in Afghanistan had verricht. Ze dacht dat hij ook in Irak goed werk kon doen als hij grootayatollah Al-Sistani ervan kon overtuigen dat het onmogelijk was om vóór 30 juni verkiezingen te houden en hij met alternatieven kwam. 'Maar we moeten er wel op voorbereid zijn,' zei Bremer tijdens een vergadering op het Witte Huis, 'dat het tot een botsing met Al-Sistani kan komen als de VN een geloofwaardig alternatief voorschotelen dat overeenkomt met onze doelen en agenda maar Al-Sistani dit toch verwerpt.' Ondanks de bezwaren van Cheney en Rumsfeld keurde het Witte Huis de uitzending van Brahimi goed.

Enkele dagen later ontmoetten Bremer en Brahimi elkaar. 'Het Iraakse volk wil zijn soevereiniteit terug,' zei Bremer tegen Brahimi. 'En we moeten laten zien dat we niet met ons laten sollen door grootayatollah Al-Sistani.' Volgens Bremer antwoordde Brahimi dat hij vond dat de regering van Irak niet moest worden geleid door 'mensen met zwarte tulbanden'. 'Zoals Rice al had gezegd,' schreef Bremer in zijn memoires, 'was Brahimi een bedachtzame man. Ik mocht hem en had er het volste vertrouwen in dat we goed zouden kunnen samenwerken.'

Later kondigde Annan aan dat hij besloten had een team verkiezingsspecialisten naar Irak te sturen maar de naam van Brahimi noemde hij niet. Diens vertrek naar Irak kwam voor velen als een verrassing, zelfs voor het team zelf. Ze wisten niet dat hij met hen mee zou gaan totdat hij begin februari vlak voor vertrek van de vlucht naar Bagdad in de vertrekhal in Parijs verscheen. Brahimi had zich tegen zijn uitzending verzet, maar na zware druk van het Witte Huis, waaronder dringende verzoeken van president Bush zelf tijdens twee ontmoetingen, toch toegegeven.

'De Brahimi-missie was een diplomatiek wonder,' schreef Jim Hoagland, columnist buitenland van de *Washington Post*. 'Annan heeft onder enorme druk van zijn staf gestaan om zich niet meer bij Irak te laten betrekken zolang de bezetting voortduurt. Zijn bereidheid om het risico te lopen dat onlosmakelijk met de uitzending van Brahimi en de anderen is verbonden, toont de betrokkenheid van de secretaris-generaal bij Irak en zijn zorg om de relatie tussen de VN en Washington.'

In de daaropvolgende vier maanden bracht Brahimi drie keer een lang bezoek aan Irak en toonde al gauw aan dat werken in naam van de VN grote voordelen heeft. Hij ging onmiddellijk in overleg met grootayatollah Al-Sistani en kon hem ervan overtuigen dat er echt onvoldoende tijd was om nog voor 30 juni algemene verkiezingen te organiseren. Maar hij was het met de grootayatollah eens dat deelverkiezingen binnen de bevolkingsgroepen geen enkele zin hadden. Daarop liet Bremer dat plan varen. In plaats daarvan stelde Brahimi na overleg met de Irakezen zelf voor dat hij een voorlopige regering samen zou stellen op basis van voorstellen van invloedrijke Irakezen, die hij nu eerst wilde ontmoeten. Die voorlopige regering zou het land moeten besturen (natuurlijk onder toezicht van het door Amerikanen aangevoerde leger) tot de verkiezingen die dan in december 2004 gehouden zouden worden. Bremer en de grootayatollah sloten zich bij dit plan aan.

Net als Kofi Annan was Lakhdar Brahimi een luisteraar. Hij vertelde de Veiligheidsraad dat hij 'onder anderen politici, burgerlijke en geestelijke leiders, vrouwengroeperingen, academici, intellectuelen, zaken- en kooplieden' had aangehoord. Hij was naar Mosul, Basra en andere steden geweest, maar veel Irakezen waren hem in Bagdad komen opzoeken. 'We voelden ons deemoedig,' zei hij, 'door de vele Irakezen die de gevaren van reizen in het huidige Irak, en zelfs alleen al in Bagdad, hadden getrotseerd om met ons te praten.' Hij zei dat de Irakezen hem hadden verteld dat ze een waarnemende regering wilden 'die bestond uit eerlijke en technisch geschikte mensen'. Het moest mogelijk zijn om eind mei een lijst te hebben van gekwalificeerde personen die 'representatief [zou zijn] voor Iraks diversiteit', aldus Brahimi. 'De Verenigde Naties kunnen de Iraakse bevolking zeker helpen in dat proces, zoals ook is verzocht, door met zo veel mogelijk van hen te praten en vast te stellen waar punten van overeenstemming bereikt kunnen worden.'

Het belang van de VN-missie bleek uit Bremers angst dat Brahimi in wanhoop zou opgeven. Dat deed hij ook bijna naar aanleiding van de slag om Falluja. Op 31 maart hadden militanten in de soennitische stad Falluja vier Amerikaanse werknemers van een particulier beveiligingsbedrijf gedood en aan een brug opgehangen. De afschuwelijke tv-beelden zijn over de hele wereld uitgezonden. President Bush nam zijn machohouding weer aan en sprak dreigend: 'Ik wil dat er koppen rollen', en een Amerikaanse divisie mariniers kreeg het bevel de stad aan te vallen. Bij deze wraakoefening zouden ongetwijfeld talloze burgers omkomen en Brahimi was ziedend. Hij was ook al kwaad vanwege de Amerikaanse pogingen om een opstand van Moqtada al-Sadr en zijn *mahdi*-leger in sjiitisch gebied te onderdrukken. Bremer had alvast overhaast Al-Sadrs krant gesloten en zijn plaatsvervanger gearresteerd.

Toen Brahimi boos wilde vertrekken, drong Bremer erop aan dat hij bleef en vroeg hij minister van Buitenlandse Zaken Powell om hetzelfde bij Kofi Annan te bepleiten. Brahimi werd uitgenodigd voor een militaire briefing over beide opstanden. Hij luisterde vooral, maar hij vertelde Bremer ook dat veel Irakezen zich verzetten tegen het onderdrukken van Al-Sadr; hij maakte zich echter meer zorgen om het bloedvergieten in Falluja. Aan het einde van de bijeenkomst zei Brahimi, die constant telefonisch contact had gehad met Annan, dat hij zou blijven, 'voor nu althans'.

Terwijl mariniers in het centrum van Falluja vochten, dreigden verscheidene leden van de Regeringsraad met aftreden. Weer ging Brahimi aarzelen. Bremer kon wel een regering in elkaar flansen zonder steun van Brahimi en de Regeringsraad, maar hij wist dat die niet geloofwaardig zou zijn. Daardoor was het erg moeilijk om de soevereiniteit op 30 juni over te dragen, zoals gepland was. 'Het verliezen van de steun van zowel de Regeringsraad als de VN zou ook het verliezen van de datum van 30 juni betekenen – met geen enkel duidelijk vooruitzicht dat een geloofwaardig politiek proces weer op gang kon worden gebracht en zeker geen idee hoelang dat wel kon gaan duren,' schreef Bremer.

Nadat hij het probleem met Washington had besproken, riep Bremer de Amerikaanse commandanten in Irak bij zich en zei: 'Brahimi heeft de zenuwen over Falluja en gaat zijn biezen pakken als we niet voorzichtig zijn.' Onder deze bedreiging van de VN beëindigden de militairen de aanval op Falluja, en ook de sjiitische opstand ging voorbij zonder dat Al-Sadr werd gearresteerd.

Uiteindelijk kreeg Brahimi niet de voorlopige regering zoals hij die voor zich had gezien. Hij had een regering gewild die vooral bestond uit technocraten onder leiding van Hoessein al-Shahristani als premier, een sjiitische atoomgeleerde die onder Saddam Hoessein jarenlang gevangen gezeten had. Maar Brahimi drukte zijn mening niet door. Hij besprak zijn keuze voor de ministers met een team dat bestond uit Bremer, Blackwill en drie leden van de Regeringsraad.

De Amerikanen wisten weinig van Al-Shahristani. Toen Bremer zijn naam noemde in een telefoongesprek met Washington, zei president Bush: 'Het is belangrijk om daar iemand te hebben die bereid is om op te staan en het Amerikaanse volk te bedanken voor de offers die het heeft gebracht om Irak te bevrijden... Ik wil iemand die dankbaar is. Wil Al-Shahristani de baan? Steunt hij ons?' Bremer en Blackwill dineerden daarop met Al-Shahristani en concludeerden dat hij niet aan de eisen van de president voldeed. Ze duwden dan ook Ayad Allawi naar voren, een sjiitische politicus met één groot nadeel: hij en zijn verboden politieke partij waren jarenlang financieel gesteund door de CIA.

Volgens Bremer was Brahimi los van hen ook tot de conclusie gekomen dat Al-Shahristani niet geschikt was en dacht hij inmiddels ook dat Allawi een kandidaat was die in heel Irak op steun zou kunnen rekenen. Later zei Brahimi tegen de Veiligheidsraad dat Al-Shahristani 'uit bijna alle hoeken weerstand had opgeroepen.' Toen had hij de Amerikanen en de Irakezen van het selectieteam meegedeeld dat 'we klaar staan om de zich ontwikkelende consensus over dr. Ayad Allawi als premier te eerbiedigen en dat we klaar staan om met hem aan het selecteren van een kabinet te gaan werken.'

Volgens Brahimi's woordvoerder Ahmad Fawzi, een Egyptische VN-functionaris met een lange ervaring als tv-verslaggever in Europa, werd Allawi uitgekozen via het proces van eliminatie. Alle kandidaten, verklaarde Fawzi, werden wel door een paar van de vele facties in Irak afgewezen, maar Allawi door de minste.

Toen Brahimi begin juni de keuze van Allawi en de eenendertig andere leden van het kabinet bekendmaakte, zei hij tegen verslaggevers: 'De hele groep is een compromis dat tussen de hoofdrolspelers – de Regeringsraad, een heleboel Irakezen en de Amerikanen – is gesloten.' Hij zei ook dat de pers een vergissing maakte als men dacht dat hij de kabinetsleden stuk voor stuk had uitgezocht. Nadat hij met enkele duizenden Irakezen gesproken had, had hij met twee Amerikanen en drie Iraakse politici de kandidatenlijst ingekort.

'Het is waar,' zei hij, 'dat ik onder grote druk heb gestaan... Ik zeg wel eens, en ik weet zeker dat hij het niet erg vindt dat ik dat zeg, dat Bremer de dictator van Irak is. Hij gaat over het geld, het is zijn handtekening. Er gebeurt niets in dit land zonder zijn toestemming... Ik wil jullie eraan herinneren dat de Amerikanen dit land regeren en dus heeft hun gezichtspunt wel degelijk meegewogen. Of dr. Allawi hun keuze was of dat ze gemanipuleerd hebben om hem op die plaats te krijgen, dat moet je aan hen vragen. Het punt is dat er verscheidene kandidaten waren en dat de grootste gemene deler dr. Allawi was; hij is nu de premier.'

De Brahimi-missie heeft een aantal belangrijke dingen bereikt. Zij heeft de politieke impasse doorbroken en het verslagen Irak op de route naar soevereiniteit en uiteindelijk verkiezingen gezet. Brahimi's boosheid was een belangrijk middel om Bremer te dwingen de militaire commandanten te bevelen te stoppen met de aanval op Falluja. Zo goed als ieder kabinetslid was door Brahimi uitgekozen. En toch, zo zei Fawzi, 'was de missie geen VN-triomf. Het was een oefening in frustratie.' De duidelijke Amerikaanse voorkeur voor Allawi liet de indruk na dat de VN door de VS gemanipuleerd waren om de bezetting op die manier te legitimeren. 'We werden gezien,' aldus Fawzi, 'als degenen die door de Amerikanen werden gebruikt om hun rotzooi op te ruimen.'

Dat versterkte jammer genoeg het idee van de Amerikaanse neoconservatieven dat er voor de VN maar één doel bestaat: te dienen als instrument van het Amerikaanse beleid. Een andere regering in het Witte Huis had mogelijk een andere les uit de Irak-ervaring geleerd. Die zou bijvoorbeeld tot de conclusie kunnen zijn gekomen dat de VN blijkbaar over een, door hun morele kracht, neutraal leiderschap en wereldwijde statuur vormgegeven, innerlijke kracht beschikken die respect afdwingt. Het Amerikaanse buitenlandse beleid had daar rekening mee moeten houden en kon er niet zonder meer gebruik van maken. Maar een dergelijke conclusie paste niet in het Witte Huis van Bush.

In de loop van 2004 verviel de regering-Bush weer in haar gebruikelijke verachting voor Kofi Annan en de VN. De verhoudingen verslechterden zelfs en in de ogen van het Witte Huis werd de secretaris-generaal nu meer dan alleen hinderlijk. Men ging hem zelfs als een gevaarlijke tegenstander beschouwen.

In september kreeg een volhardende verslaggever van de BBC, Owen Bennett-Jones, het voor elkaar om Annan precies te laten zeggen wat hij vond van de rechtmatigheid van Bush' inval in Irak. Tot op dat moment had de secretaris-generaal de invasie altijd beschreven als een daad die 'niet in overeenstemming was met het Handvest van de Verenigde Naties.' Die zinsnede duidde er wel op dat hij de inval onrechtmatig vond, maar zei het niet met zoveel woorden. Bennett-Jones bracht hem zover dat hij het wel zei. Uit de letterlijke weergave van het gesprek blijkt hoe hij dat deed.

Bennett-Jones: Verontrust het u dat de Verenigde Staten een niet te beteugelen, unilaterale supermacht aan het worden is?

Annan: Kijk, ik denk dat we het afgelopen jaar allemaal een heleboel pijnlijke lessen hebben geleerd. Ik bedoel sinds de oorlog in Irak. Volgens mij zijn er lessen geweest voor de Verenigde Staten en zijn er lessen geweest voor de VN en andere lidstaten en ik denk dat uiteindelijk iedereen concludeert dat het het beste is om samen te werken met onze bondgenoten en via de VN enkele van deze zaken op te lossen. En ik hoop dat we in lange tijd niet nogmaals een Irak-achtige operatie zullen zien.

Bennett-Jones: Uitgevoerd zonder VN-goedkeuring – of zonder een duidelijker VN-goedkeuring?

Annan: Zonder VN-goedkeuring en met veel meer steun van de internationale gemeenschap.

Bennett-Jones: Ik wilde u dat nog vragen – denkt u dat de resolutie die over Irak werd aangenomen voordat de oorlog uitbrak, rechtmatig toestemming gaf aan dat wat gedaan werd?

Annan: Wel, ik ben een van de mensen die geloven dat er een tweede motie aangenomen had moeten worden omdat de Veiligheidsraad aangaf dat als Irak niet toegaf, er consequenties zouden volgen. Maar toen was het ook aan de Veiligheidsraad om in te stemmen met of te bepalen wat die consequenties dan moesten zijn.

Bennett-Jones: U vindt dus dat er voor de oorlog uitbrak, geen rechtmatige toestemming bestond?

Annan: Ik heb duidelijk gezegd dat het niet in overeenstemming was met de Veiligheidsraad – met het Handvest van de Verenigde Naties.

Bennett-Jones: Het was onrechtmatig?

Annan: Ja, als u wilt.

Bennett-Jones: Het was onrechtmatig?

Annan: Ja, ik heb aangegeven dat het niet in overeenstemming was met het VN-Handvest; vanuit ons gezichtspunt en vanuit het gezichtspunt van het Handvest was het onrechtmatig.

Na het interview vroeg Annan aan zijn woordvoerder, Fred Eckhard: 'Wat vind je?'

'"Onrechtmatig" gaat problemen opleveren,' antwoordde Eckhard.

'Het is eigenlijk precies wat ik al die tijd al had willen zeggen.'

'Maar u heeft het nog nooit zo direct gezegd.'

Eckhard had gelijk. Bush en zijn medewerkers, die midden in zijn herverkiezingscampagne zaten, waren woedend. Zij lazen natuurlijk niet de letterlijke weergave van het interview om te bepalen hoe het woord 'onrechtmatig' aan de mond van de secretaris-generaal, die nooit wenst te huichelen, was ontlokt. Wat Bush' medewerkers betreft had Annan nu verklaard dat de invasie in Irak onrechtmatig was, en dat zou hij dan op dit moment hebben gedaan om de kandidaat van de Democraten, John F. Kerry, te helpen om Bush te verslaan.

Randy Scheunemann, een voormalig medewerker van de minister van Defensie Donald Rumsfeld, zei tegen de BBC: 'Ik vind het schandelijk van de secretaris-generaal, die ten slotte voor de lidstaten werkt, om te proberen zijn mening voorrang te geven boven die van de lidstaten. Om dat eenenvijftig dagen vóór de Amerikaanse verkiezingen te doen, riekt naar politieke bemoeienis.'

In oktober probeerden Amerikaanse troepen nogmaals om de stad Falluja in te nemen. Annan en hoge medewerkers als Brahimi en Kieran Prendergast, de Britse ondersecretaris-generaal voor politieke aangelegenheden, maakten zich hier erg kwaad om. Brahimi was degene geweest die er zes maanden eerder voor had gezorgd dat die aanval afgebroken werd, maar toen hadden hij en de VN politieke steun van de Amerikanen. Nu konden de VN alleen een beroep doen op redelijkheid en gezond verstand.

Annan belde Prendergast om over Falluja te praten. Hij hield dat weekeinde met andere VN-officials een vergadering in het Whitney Conference Center op het terrein van de Greentree Foundation in Manhasset, New York, het voormalige woonhuis van de eigenaar van de niet meer bestaande *New York Herald Tribune*, John Hay Whitney. Prendergast stelde voor dat Annan Colin Powell en de Britse minister van Buitenlandse Zaken Jack Straw zou bellen om uit te leggen dat hij bezwaren tegen de aanval had. Maar Annan zei dat hij van plan was brieven te schrijven. Prendergast vermoedt dat de secretaris-generaal het idee had dat zijn bezwaren te ingewikkeld waren voor een telefoontje. Iemand zou wel eens de hoorn op de haak kunnen gooien voordat hij de kans had gehad om al zijn redenen om de aanval te veroordelen, te laten horen. Met hulp van enkele medewerkers schreef Annan op 31 oktober brieven aan president Bush, premier Blair en de Iraakse premier Allawi waarin hij vroeg om stopzetting van de aanval op Falluja.

Annan schreef dat hij zich zorgen maakte 'om de negatieve invloed die die grote militaire aanvallen... vermoedelijk zullen hebben op de mogelijkheid tot stimulering van een bredere participatie van Irakezen aan het politieke proces, waaronder de verkiezingen.'

Hij begreep de noodzaak van het herstellen van de veiligheid, schreef Annan, maar 'het probleem van de onveiligheid kan alleen worden aangepakt via de dialoog en een alomvattend politiek proces.' Hij waarschuwde dat 'het dreigende of werkelijke gebruik van geweld niet alleen het risico met zich meebrengt dat het gevoel van vervreemding van bepaalde gemeenschappen toeneemt, maar onder de Iraakse bevolking ook het idee zal versterken dat de militaire bezetting blijvend is.' Kortom, aldus Annan, een aanval op Falluja zou niet alleen de soennieten in dat deel van Irak verder van de Amerikanen vervreemden, maar ook onrust oproepen bij sjiieten elders in Irak die zich dan ook tegen de Amerikanen zouden kunnen keren.

Niemand binnen de VN was het met deze redenatie oneens, maar velen waren verrast dat deze ideeën van de secretaris-generaal nu op schrift stonden. Iqbal Riza, op dat moment het hoofd van Annans staf, zei dat 'er zoveel andere manieren waren om dit te doen', waaronder telefoontjes. De brieven werden tijdens het weekeinde opgesteld en verzonden. Toen Riza op zondagavond terugkwam in New York, 'was het te laat om ze tegen te houden.'

Annan nam aan dat zijn brieven door Bush, Blair en Allawi als privé en vertrouwelijk behandeld zouden worden en hun weg naar de pers nooit zouden vinden, maar Maggie Farley van de *Los Angeles Times* kreeg een kopie in handen en schreef er een week later een artikel over.

De reactie op Farley's primeur was snel en luidruchtig. De *Washington Post* wist te melden dat regeringsfunctionarissen van Bush zichzelf 'razend' noemden. Weer vermoedden ze beïnvloeding van de verkiezingen. Hoewel Farleys artikel na de verkiezingen in de krant stond, waren de brieven al voor de verkiezingen geschreven.

Toen de woordvoerder van Buitenlandse Zaken Richard Boucher naar de brief werd gevraagd, antwoordde hij: 'Eerlijk gezegd verschillen we van mening. De Iraakse regering heeft heel duidelijk gemaakt dat zij een strategie heeft voor het aanpakken van de problemen in plaatsen als Falluja... Die strategie bestaat uit het benaderen van lokale politieke leiders, herstel van de heerschappij door de Iraakse regering en militair optreden waar dat nodig is, waarbij Iraakse en coalitietroepen samen optrekken.' Minister van Buitenlandse Zaken Powell, die van zijn collega's nog steeds te horen kreeg dat hij Annan te veel in bescherming nam, belde de secretaris-generaal om zich te beklagen over de timing van de brieven, zo vlak voor de Amerikaanse verkiezingen. John C. Danforth, de Amerikaanse ambassadeur bij de VN, kwam naar Annans kantoor om zich eveneens over het tijdstip van verzending te beklagen.

De Britten en de Irakezen leverden hooghartig commentaar. Emyr Jones Parry, de Britse ambassadeur bij de VN, zei: 'Het is makkelijk voor hen die niet in Irak zijn om de grote bezorgdheid te onderschatten die de

Irakezen om hun veiligheid hebben. Het kan nu eenmaal niet zo zijn dat een grote regio als Falluja ongestoord als basis voor terrorisme kan dienen.'

De Iraakse premier Allawi maakte Annans pleidooi om het veiligheidsprobleem Falluja via dialoog en het politieke proces op te lossen, belachelijk. 'Ik weet niet onder welke druk van de rellen hij staat,' zei Allawi laatdunkend. 'Als hij de opstandelingen kan laten stoppen met verwoesten en het vermoorden van Irakezen, dan is hij welkom – we zullen dan alles doen wat hij maar wil.'

Annan verdedigt zowel de inhoud van de brieven als zijn recht om zich te uiten. 'Ik was heel bezorgd,' zei hij, 'over de burgerslachtoffers, maar ook dat de aanval leek op het schoppen tegen een wespennest. De terroristen in Falluja zouden zich over heel Irak verspreiden en dan zou het nog moeilijker worden om hen te vinden en onder controle te krijgen.'

Omdat het de VN waren die de verkiezingen in januari in Irak zouden organiseren, was Annan van mening dat hij het volste recht had om over Falluja te zeggen wat hij wilde; militaire aanvallen zouden veel stemmers er immers toe kunnen brengen om thuis te blijven. 'We waren bezorgd,' zei hij, 'dat de aanval een negatief effect zou hebben op de verkiezingen en op het politieke proces... en dat bleek ook zo te zijn. De soennieten hebben de verkiezingen geboycot.' Bush, Blair en Allawi namen niet de moeite om Annans brief te beantwoorden.

In het Witte Huis was het nu vrij schieten op Annan. De Amerikanen waren niet alleen ziedend op Annan vanwege het feit dat hij de inval onrechtmatig had genoemd en vanwege zijn brief over Falluja, ook stuurde hij nu slechts vijfendertig VN-functionarissen naar Irak om de verkiezingen in januari te regelen. Als reden voor dat kleine aantal noemde hij het gebrek aan veiligheid. De regering-Bush, die al van tevoren een zondebok leek te zoeken, beschuldigde de VN ervan dat ze bewust hun taak aan het verknoeien waren. Een Amerikaanse functionaris die net uit een vergadering in het Witte Huis kwam, zei tegen Warren Hoge, de VN-verslaggever van de *New York Times*: 'We zijn kwader dan kwaad. We hebben de herverkiezing gewonnen en Kofi's termijn is in 2006 afgelopen. Hoewel we hem hebben gevraagd de rol van de VN in Irak te omschrijven, maakt hij een lange neus naar ons.' Toen de verkiezingen in januari, ondanks alle zorgen van het Witte Huis, probleemloos verlopen waren, feliciteerde president Bush in zijn *State of the Union* het Iraakse volk en de Amerikaanse militairen, maar niet Kofi Annan en de VN.

In deze tijd had de secretaris-generaal met nog veel meer zaken te maken dan alleen Irak: Darfur, Zuid-Soedan, Cyprus, Congo, hiv/aids, Ivoorkust, om er maar enkele te noemen. Maar Irak wierp zijn sombere schaduw over alle andere problemen en Annans beslissingen over Irak waren belangrijker dan alle andere die hij moest nemen. Hier kan hij enkele verkeerde keuzes hebben gemaakt. Misschien had hij de Amerikaanse inval wel heftiger moeten veroordelen. Misschien had hij die brief over Falluja niet moeten versturen. Hij had in ieder geval de VN-staf eerder uit Irak terug moeten trekken dan hij heeft gedaan. Maar hij nam al zijn beslissingen eerlijk, moreel verantwoord, trouw aan de universele geest van de Verenigde Naties, en met een diepe afkeer van bloedvergieten. Dat kan hem niet worden verweten.

15

Olie-voor-voedsel en Kojo

Terwijl zijn vliegtuig op 24 november 2004 op weg was naar Ouagadougou, de hoofdstad van Burkina Faso, voor de jaarlijkse top van de Francophonie, de associatie van Franssprekende landen, deelde de secretaris-generaal aan zijn stafmedewerkers mee dat hij het bezoek wilde afzeggen. Hij had net deelgenomen aan een twee dagen durende internationale conferentie in Sjarm el-Sjeik in Egypte, over de toekomst van Irak. Hij was moe, had geen eetlust en wilde niemand zien. Zijn medewerkers konden hem overhalen om toch een tussenlanding in Ouagadougou te maken en er even een paar handen te schudden. Ze wilden niet dat president Blaise Compaoré van Burkino Faso zich beledigd zou voelen. Een van de officials die hem op het vliegveld verwelkomde, noemde hem 'vermoeid, gedeprimeerd, afwezig'. Annan nam deel aan het officiële diner dat door president Compaoré werd aangeboden en vertrok de volgende morgen al voor de dag aanbrak. In New York deelde zijn woordvoerder Fred Eckhard mee dat de secretaris-generaal zijn bezoek had ingekort vanwege 'dringende zaken hier'. Ibrahima Fall, de VN-functionaris die aan het hoofd stond van de missie in het Afrikaanse merengebied, las Annans toespraak aan de top van de Francophonie voor.

Volgens Philippe Bolopion, die zes maanden later in het Franse weekblad *Le Journal du Dimanche* verslag deed van het verkorte bezoek aan Ouagadougou, werd de Franse president Jacques Chirac onmiddellijk van het incident op de hoogte gesteld. Hij belde direct op om Annans moraal op te vijzelen. 'Je moet weer tot jezelf komen,' zei Chirac.

Het ongebruikelijke gedrag van de secretaris-generaal op deze reis markeerde het begin van een nieuwe periode van zwaarmoedigheid of depressiviteit. Er was maandenlang aanhoudend op hem ingebeukt. Zelfs toen hij probeerde mee te werken met de Amerikaanse bezetting van Irak, kon hij nooit goedmaken wat de Amerikanen als zijn zwaarste misdaad beschouwden – hij had zich verzet tegen de invasie. Terwijl hij probeerde de relatie met de machtigste lidstaat van de VN te verbeteren, dreigde een nieuw probleem – het olie-voor-voedselschandaal. En om die zaak nog erger te maken stond zijn zoon Kojo daar middenin; het leek alsof de zoon probeerde rijk te worden door misbruik te maken van zijn vaders positie en invloed.

Niet iedereen realiseerde zich dat, maar de moeilijkheden met het olie-voor-voedselprogramma werden door tegenstanders van Kofi Annan uitvergroot en gemanipuleerd om hem te straffen voor zijn verzet tegen de Irak-oorlog. De druk die op hem werd uitgeoefend, was enorm. 'Ze vielen zijn integriteit aan, zijn karakter, zijn reputatie en zijn vaderschap,' aldus zijn voormalige medewerker Iqbal Riza. Zijn oude vriendin Julia Preiswerk zei: 'Enkele jaren geleden was hij bevorderd tot zwarte paus en nu maakten ze een gewone misdadiger van hem.' Annan zelf zei tijdens een persconferentie eind 2004: 'Het was zonder twijfel een bijzonder moeilijk jaar en ik ben blij dat dit annus horribilis bijna afgelopen is.'

Veel vrienden en collega's maakten zich zorgen om de terugslag in zijn gezondheid. Van een vriend kreeg hij de naam van een arts die gespecialiseerd is in depressiviteit. Annan ging schor praten en verloor af en toe zijn stem. 'Mensen zeiden dat de secretaris-generaal zo passief was,' vertelde Riza. 'Hij moet zijn rug rechten en weer besluitvaardiger worden.' Een diplomaat vertelde aan Meryl Gordon van het tijdschrift *New York*: 'Er gingen weken voorbij waarin Kofi er zorgelijk, geërgerd en niet geconcentreerd uitzag.' En nadat ze Annan begin 2005 had geïnterviewd, zei ze zelf: 'De algehele indruk die hij achterliet was die van een man temidden van chaos, die niet verder dan een uur vooruit keek.'

Fred Eckhard maakte zich minder zorgen dan tijdens de eerste aanval van zwaarmoedigheid. Hij herinnerde aan de toespraak van de secretaris-generaal over zijn dagen aan het MIT toen hij zich zo alleen voelde tussen al die strebers (zie hoofdstuk 2). Kofi had toen een wandeling langs de Charles gemaakt om na te denken over wat hij daar eigenlijk deed en besloten om op zijn eigen manier door te gaan. 'Ik stelde me nu zo voor dat hij in gedachten wandelingen langs de Charles maakte,' vertelde Eckhard, 'en daar de kracht vandaan zou halen om door te gaan. De zaken om hem heen deprimeerden hem, zeker, maar dat was te verwachten. Ik had het gevoel dat hij het aankon.'

Eckhard had gelijk. Na enkele maanden was Annan zijn depressie te boven. Toen ik hem eind 2005 interviewde, vond ik dat hij zijn concentratie, zijn zelfvertrouwen, zijn bedachtzaamheid, zijn snelle geest, zijn begrip voor een stortvloed aan zaken, zijn nauwkeurige en duidelijke taalgebruik, zijn aanstekelijke gevoel voor humor en zijn abnormale vermogen om goed naar anderen te luisteren, volledig had hervonden. Wat leek te ontbreken was dat heerlijke gevoel van plezier dat uit hem en zijn werk sprak. Het Witte Huis, het olie-voor-voedselprogramma en Kojo hadden dat uit hem geslagen.

Over het falen van olie-voor-voedsel is zo veel onzin verteld dat alle aspecten van het programma eerst eens zorgvuldig en op eerlijke wijze bekeken moeten worden voordat een oordeel kan worden geveld. De details zijn niet echt ingewikkeld, maar al die wilde beschuldigingen en overdrijvingen over het programma hebben vertroebeld waar het om gaat en het schandaal ziet er nu veel complexer uit dan het in werkelijkheid is. In de verslagen in de pers zijn de details meestal genegeerd en werd de hele zaak samengevat onder de naam 'VN-schandaal' en 'diefstal van miljarden dollars'. De secretaris-generaal benoemde in 2004 een commissie onder leiding van het voormalige hoofd van de Federal Reserve (de FED) Paul Volcker om de zaak te onderzoeken. Deze commissie haalde alle feiten boven water, maar deed daar wel anderhalf jaar over, en in die lange tijd werd Kofi Annan er keer op keer mee geconfronteerd.

Het olie-voor-voedselprogramma kwam voort uit een Amerikaans voorstel van vóór de inval om de sancties tegen Irak te verzachten. Die sancties waren in 1990, kort na de Iraakse bezetting van Koeweit, ingesteld en werden, nadat de Irakezen uit Koeweit waren verdreven, gehandhaafd. Het waren vermoedelijk de zwaarste sancties die ooit tegen een verslagen land waren getroffen sinds die waarmee Duitsland na de Eerste

Wereldoorlog te maken kreeg. Volgens de VN-resoluties zouden de sancties worden opgeheven zo gauw de VN-inspecteurs ervan overtuigd waren dat Irak al zijn massavernietigingswapens en al zijn programma's voor de bouw van die wapens had vernietigd.

Maar de lat werd door de Amerikanen steeds hoger gelegd. Ze zeiden zelfs ronduit dat ze nooit hun goedkeuring zouden geven aan het opheffen van de sancties zolang Saddam Hoessein aan de macht was. Deze houding, samen met de Iraakse tegenzin om met de VN-inspecteurs samen te werken, leek een voorbode voor een langdurige periode met sancties. Maar de sancties waren rampzalig voor het welzijn van de gewone Irakezen. Er gingen geruchten dat baby's stierven door gebrek aan voedsel. Regeringen werden ongerust, en Frankrijk en Rusland stelden dat er voldoende bewijs was van de Iraakse ontwapening om het opheffen van de sancties te rechtvaardigen.

Daarop stelde de Amerikaanse ambassadeur Madeleine Albright voor om Irak voldoende olie te laten verkopen om voedsel, medicijnen en andere goederen die voor de bevolking onmisbaar waren, te kunnen importeren. De sancties waren dus niet meer gewetenloos. Maar Saddam Hoessein verzette zich tegen de restricties op de aankopen die hij volgens het programma moest doen en hij vertraagde de overeenkomst tot 1996. Toen pas werd er door de Irakezen en secretaris-generaal Boutros-Ghali een memorandum van overeenstemming ondertekend waarin overeengekomen werd dat Irak het olie-voor-voedselprogramma zoals dat in resolutie 926 van de Veiligheidsraad is omschreven, accepteerde.

Boutros-Ghali geeft echter toe dat hij met het programma weinig te maken had. 'De waarheid is,' zo vertelde hij me kortgeleden, 'dat dat memorandum van overeenstemming was ontworpen door een Brits-Amerikaans team. Ze willen wel graag zeggen dat Boutros-Ghali het heeft gedaan, maar zij [Albright] schepte er toen over op dat resolutie 926 woord voor woord door een Amerikaans team was geschreven.'

Kofi Annan erfde het olie-voor-voedselprogramma toen hij Boutros Boutros-Ghali opvolgde als secretaris-generaal, en daarbij ook iets van de houding van zijn voorganger. Hij zag het programma als schepping en verantwoordelijkheid van de Veiligheidsraad, en vooral van twee van de permanente leden, de Verenigde Staten en Groot-Brittannië. De Veiligheidsraad had een sanctiecommissie, de zogenoemde 661-commissie (genoemd naar de resolutie waarmee de sancties in het leven geroepen waren), die na moest gaan of Irak zich aan de sancties hield, en Annan nam aan dat die ervoor zorgde dat de Iraakse aankopen binnen de regels vielen.

De secretaris-generaal maakte hier een juist onderscheid tussen het VN-secretariaat en de Veiligheidsraad, maar de koppenmakers van de kranten vonden dat niet zo belangrijk. De Verenigde Naties vormen samen een organisatie van regeringen die hun belangrijkste besluiten door de Veiligheidraad laten nemen. De VN hebben een secretariaat met aan het hoofd de secretaris-generaal, dat de bevelen van de Veiligheidsraad uitvoert. Als de VN een operatie verprutsen en in de pers worden aangevallen, zoals met Rwanda het geval was, dan denken de lezers gewoonlijk dat dat een fout was van de secretaris-generaal, al kan ook de Veiligheidsraad de schuldige zijn geweest.

Annan benoemde een VN-veteraan, Benon Sevan uit Cyprus, tot uitvoerend directeur van het olie-voor-voedselprogramma. Annan noch plaatsvervangend secretaris-generaal Louise Frechette hield Sevans bezigheden nauwkeurig in de gaten. Beiden namen aan dat hij, zolang de Veiligheidsraad niet klaagde, uitstekend werk verrichtte.

Binnen het olie-voor-voedselprogramma, dat zeven jaar heeft gelopen, verkocht Irak voor meer dan 64 miljard dollar aan olie en kocht het voor 37 miljard dollar aan voedsel en andere onmisbare goederen. Het verschil tussen verkoop en inkoop, 27 miljard dollar, werd door de VN gebruikt om de administratie van het programma en de verspreiding van het voedsel te betalen, en als herstelbetalingen aan Koeweit voor de Iraakse inval. Het lijdt geen twijfel dat het olie-voor-voedselprogramma heel veel levens heeft gered en hongersnood en ondervoeding heeft voorkomen. Maar het heeft tegelijkertijd ook Saddam Hoesseins greep op de macht verstevigd.

De commissie onder Volcker ontdekte dat Saddam Hoessein 1,8 miljard dollar wist af te romen van de in totaal 101 miljard dollar van het programma (de 64 miljard voor de olie plus de 37 miljard voor de import). Volgens het programma mocht hijzelf de kopers van de olie en de verkopers van de onmisbare goederen als voedsel en medicijnen aanwijzen, en daardoor kon hij aan beide kanten smeergeld eisen.

Daarnaast verdiende Saddam nog eens zes keer zoveel met smokkel die niets met het olie-voor-voedselprogramma te maken had. Duizenden vrachtwagens transporteerden vaten olie naar Jordanië en Turkije en namen allerlei goederen mee terug. Irak doorbrak ook de sancties door via een pijpleiding olie naar Syrië te pompen. Volgens de commissie-Volcker verkocht Saddam buiten het olie-voor-voedselprogramma voor 10,99 miljard dollar aan olie. Maar de Verenigde Staten en andere leden van de Veiligheidsraad knepen bij al dit bedrog een oogje toe, vooral waar het de bondgenoten Jordanië en Turkije betrof. Omdat die landen traditionele handelspartners van Irak waren, leden zij onevenredig veel onder de sancties. Smokkel bood de kans hiervan iets goed te maken.

Het olie-voor-voedselschandaal werd een VN-schandaal gedoopt, maar VN-functionarissen hadden met het smeergeld en de meeste steekpenningen niets te maken. Bijna alle omkoopbedragen werden door buitenlandse kopers en verkopers aan Iraakse functionarissen betaald. Hierop was echter één grote uitzondering, en die vervulde Kofi Annan met grote schaamte. De commissie-Volcker beschuldigde Annans oude collega Benon Sevan, de uitvoerend directeur van het programma, van corruptie.

Saddam Hoessein had het recht om de afnemers van zijn olie zelf te kiezen en hij wees zijn olie dan ook toe aan diplomaten en functionarissen die hij wilde beïnvloeden. De ontvanger kon de olie zelf kopen of iemand aanwijzen om de aangewezen hoeveelheid te kopen. Sevan kreeg hoeveelheden olie toegewezen die hij door een vriend met contacten in de oliewereld liet kopen. Volgens de commissie-Volcker werd daarna 147.000 dollar op een rekening van Sevan en zijn vrouw in New York gestort. Sevan, zo concludeerde de commissie, 'profiteerde corrupt' van de olietoewijzingen. Daarop dwong Annan Sevan tot aftreden. Het enige andere geval van corruptie binnen de VN dat door de commissie-Volcker aan het licht werd gebracht, betrof een inkoper die om smeergeld had gevraagd.

De blote feiten van de Iraakse oliesmokkel legden volgens Annan de schuld veel meer bij de Veiligheidsraad en zijn voornaamste aanvoerders dan bij het VN-secretariaat en hemzelf. Tegen een gezelschap van voormalige VN-correspondenten en gepensioneerde VN-woordvoerders vertelde hij in april 2005 dat het grootste deel van het illegale geld van Saddam Hoessein verdiend werd 'tijdens de Amerikaanse en Britse wacht'. Zinspelend op de patrouilles van Amerikaanse en Britse oorlogsbodems zei Annan: 'Zij hadden het kunnen beletten. Mogelijk waren zij ook degenen die precies wisten wat er aan de hand was, maar de landen zelf besloten hun ogen te sluiten voor de smokkel naar Jordanië en Turkije omdat dat hun bondgenoten waren.'

Maar dit soort logica kwam niet voor in de harde aanvallen die Annan in 2004 en 2005 te verduren kreeg. Terwijl de rol van de Verenigde Staten en die van Groot-Brittannië werden genegeerd, werden hij en de VN schandalig en incompetent genoemd. Annan noemde de aanhoudende zwartmakerij een 'gepolitiseerde campagne'. Met die uitdrukking, zo legde ondersecretaris-generaal Shashi Tharoor uit, bedoelde Annan dat de campagne 'in elkaar was gezet en georkestreerd werd door mensen die van de secretaris-generaal af wilden.' En veel van zijn criticasters waren neoconservatieven die kwaad op hem waren omdat hij zich tegen de oorlog in Irak had verzet.

Een voorbeeld uit deze campagne is de ontmoeting die Ahmad Chalabi in juni 2003 had met Edward Mortimer in de bar van het Millennium UN Plaza Hotel tegenover het VN-hoofdkwartier. Chalabi was de leider van verbannen Irakezen, die onware verhalen had verspreid over het Irak van Saddam Hoessein, dat vol zou liggen met massavernietigingswapens. Mortimer, voormalig columnist van de Londense *Financial Times* en nu VN-directeur communicatie, kende Chalabi al meer dan tien jaar. In 1991 behoorden ze zelfs beiden tot de oprichters van het Internationale Comité voor een Vrij Irak. Na de Amerikaanse inval was Chalabi naar Irak teruggekeerd om lid te worden van de Regeringsraad van Irak. Nu was hij weer even in de VS om het afstuderen van zijn dochter bij te wonen en belde hij Mortimer om een afspraak te maken.

Het is niet verrassend dat Chalabi, net als iedereen die voor de gewelddadige omverwerping van het regime van Saddam Hoessein was, slechts verachting had voor de VN. Het was per slot van rekening de Veiligheidsraad geweest die niet in had willen gaan op Bush' eis een resolutie aan te nemen waarin diens invasie werd goedgekeurd, en iedereen wist dat de secretaris-generaal zich tegen de invasie had verzet. Nu vertelde Chalabi echter aan Mortimer hoe boos hij was over al het geld dat Saddam had weten te vergaren onder het olie-voor-voedselprogramma van de VN. Toen Mortimer antwoordde dat 'dergelijke betalingen [aan Saddam Hoessein] zonder kennis of instemming van de VN' waren gedaan, wierp Chalabi tegen dat de 'betalingen berucht waren' en dat Kofi Annan 'zich meer had moeten inspannen om ze aan het licht te brengen of tenminste bedrijven had moeten dwingen te verklaren dat ze die betalingen wel of niet hadden gedaan.' Chalabi waarschuwde Mortimer dat hij 'een publieke campagne tegen de Verenigde Naties zou starten omdat die het Iraakse regime mogelijk hadden gemaakt om dankzij het programma veel geld te verdienen.'

Mortimer waarschuwde Annan en schreef een brief aan Sérgio Vieira de Mello in Bagdad over dit gesprek. 'Je ziet hoe de aanval zal gaan,' schreef hij, 'en je wilt je er misschien tegen wapenen – vooral in je openbare optredens en verklaringen.'

Chalabi wordt er vaak van beschuldigd dat hij het Pentagon en de pers vóór de oorlog heeft voorgelogen over de enorme voorraden wapens en de juichende bevolking die de Amerikanen in Irak aan zouden treffen. We weten niet, afgezien van het gesprek met Mortimer, hoe belangrijk de rol van Chalabi is geweest bij het ontsteken van de lont van het olie-voor-voedselschandaal, maar een groot deel van het geschreeuw in het Amerikaanse Congres en de pers was gebaseerd op informatie uit Irak zelf. Brian Urquhart, die veertig jaar in dienst van de VN is geweest en daarna nog twintig jaar met groot inzicht heeft geschreven over de problemen van de organisatie, denkt dat Chalabi's invloed groot is geweest. 'Hij lijkt opmerkelijk veel succes gehad te hebben met deze campagne, vooral onder zijn neoconservatieve vrienden in Washington,' schreef Urquhart in de *New York Review of Books*.

Maar het zou hoe dan ook weinig moeite hebben gekost om een anti-Annancampagne te orkestreren. De secretaris-generaal had zich met zijn opmerkingen tegen de Irak-oorlog de woede op de hals gehaald van het Witte Huis, Republikeinse afgevaardigden en rechtse wijsneuzen en ze wilden hem daarvoor straffen. Toen er aanwijzingen uit Irak kwamen over fouten van de VN, was het voor de anti-Annanclub eenvoudig om naar hem uit te halen.

Judith Miller, die voor enkele van haar opgeblazen verhalen over massavernietigingswapens informatie had gebruikt die ze van Chalabi had gekregen, was een van de verslaggevers van de *New York Times* die allerlei schandaalverhalen over het olie-voor-voedselprogramma ging produceren. Nadat Miller, na heibel bij de *Times* vanwege haar verslaggeving over Iraakse wapens en over haar bronnen, ontslag had moeten nemen, drong haar voormalige collega Barbara Crossette erop aan om al haar artikelen over het olie-voor-voedselprogramma eens tegen het licht te houden.

Crossette, die van 1994 tot 2001 aan het hoofd stond van het bureau van de *Times* bij de VN, legde in een brief deze zaak voor aan Jim Romenesko die een media-website beheert voor het Poynter Institute, een school en onderzoekscentrum voor journalistiek in St. Petersburg, Florida. 'Judith Miller,' aldus Crossette, 'schreef ook een reeks ongunstige verhalen over het olie-voor-voedselschandaal bij de Verenigde Naties – ongunstig in het bijzonder voor secretaris-generaal Kofi Annan omdat de verslagen vaak gebaseerd waren op halve waarheden en geruchten die op Capitol Hill werden verspreid door mensen die Annan wilden dwingen af te treden.'

In de grote kranten als de *Washington Post* en de *New York Times* was de aandacht voor het schandaal niet erg groot, maar conservatieve bladen als de *Weekly Standard* en conservatieve columnisten als William Safire en Robert Novak bleven het verhaal maar opblazen. Toen Republikeinse afgevaardigden het schandaal eindelijk oppikten en tot een grote zaak opbliezen, kwam er meer aandacht van de pers.

De verhalen en speeches vertoonden allemaal een bepaalde overeenkomst waardoor ze misleidend waren. In de koppen en de inleidende alinea's werd altijd het olie-voor-voedselschandaal benadrukt, ook al was het bedrog door de smokkel veel groter. Hooguit noemden sommige schrijvers het 'het olie-voor-voedsel-en-smokkelschandaal'. Meestal stond dan ergens goed in het verhaal verstopt dat de smokkel veel erger was dan het bedrog in het olie-voor-voedselprogramma. Maar nooit noemden de auteurs dat schandaal bij zijn echte naam – het Bush-regering-smokkelschandaal of het VS-Britse smokkelschandaal of het Veiligheidsraadsmokkelschandaal. Alleen door zich op dat kleine facet van het totale bedrog te richten, olie voor voedsel, konden ze Kofi Annan treffen.

Bovendien overdreven veel journalisten en afgevaardigden het totale bedrag waar het met de smokkel en de smeergelden om ging; ze noemden meestal een bedrag dat vaak twee keer zo hoog was als de 12,8 miljard dollar die de commissie-Volcker noemde. Safire, columnist van de *New York Times*, voegde daar dan bijvoorbeeld aan toe: 'Nog nooit heeft er een financieel bedrog plaatsgevonden van de omvang van het olie-voor-voedselschandaal.'

Op 1 december 2004 bereikte de campagne zijn hoogtepunt toen senator Norman Coleman, een Republikein uit Minnesota, een opiniestuk in de *Wall Street Journal* publiceerde dat begon met: 'Het is tijd voor VN-secretaris-generaal Kofi Annan om af te treden.' Coleman, die aan het hoofd stond van een subcommissie die de zaak onderzocht, beweerde dat Saddam Hoessein 21 miljard dollar had verdiend 'door misbruik van het olie-voor-voedselprogramma en de VN-sancties'. Maar Coleman splitste dit bedrag nooit in het deel dat verdiend werd met smeergeld binnen het olie-voor-voedselprogramma en het deel dat toegeschreven moest worden aan het ontduiken van de sancties, met andere woorden: aan de smokkel. In de rest van het artikel noemde hij alleen nog maar het olie-voor-voedselprogramma, waardoor de indruk werd gewekt dat 21 miljard dollar uit misbruik van dat VN-programma afkomstig was.

'Als deze omvangrijke corruptie zich in een normale organisatie waar ook ter wereld had voorgedaan,' schreef Coleman, 'dan zou de directeur al lang oneervol zijn ontslagen. Waarom is de VN anders?' Vergelijkbare oproepen stonden op de redactionele pagina's van de *Wall Street Journal* en de *New York Sun*, en Safire riep hetzelfde. Een Republikeinse afgevaardigde, Scott Garrett van New Jersey, ging nog verder. 'Volgens mij is de vraag niet of Kofi Annan nog aan het hoofd moet staan,' zei hij. 'Volgens mij is de alomvattende vraag of hij nu niet in de gevangenis had moeten zitten.'

Volgens Annan was er geen enkele kans dat hij zou aftreden. Als hij in het algemeen ooit dacht aan aftreden, zo vertelde hij me in mei 2006, dan besefte hij dat 'het heel makkelijk zou zijn om af te treden. Maar,' vervolgde hij, 'het zou verkeerd zijn om dat te doen vanwege de aard van de campagne tegen mij. Ik zou hun dan hun zin hebben gegeven.'

De campagne tegen Annan werd zo fel en zo eenzijdig neoconservatief dat veel analisten aannamen dat het Witte Huis erachter zat. President Bush versterkte dat idee door een halfslachtig antwoord te geven op de vraag van een verslaggever of hij vond dat Annan af moest treden. Bush antwoordde dat er 'een volledige en eerlijke en openhartige verantwoording afgelegd dient te worden voor het olie-voor-voedselprogramma' zodat Amerikanen 'zich goed zullen voelen als ze de Verenigde Naties steunen.'

De argwaan dat het Witte Huis achter de campagne stak, riep echter ook wereldwijd steun op voor Annan. De Britse premier Tony Blair prees hem. Annan kreeg een staande ovatie van alle gedelegeerden in de Algemene Vergadering van de VN. David Hannay, een voormalige Britse ambassadeur bij de VN, vergeleek de anti-Annangroep met een 'moordenaarsbende'. Deze geweldige steun voor Annan kan het Witte Huis er wel eens toe hebben gebracht om de koers te verleggen.

In ieder geval probeerde John C. Danforth, de ambassadeur van de VS bij de VN, midden december te ontkennen dat het Witte Huis hier een rol in speelde. 'Sommigen hebben mij gesuggereerd dat de Verenigde Staten zouden willen dat de secretaris-generaal gedwongen werd om af te treden,' zei Danforth tegen verslaggevers voor de deur van de kantoren van de Veiligheidsraad. 'Het is belangrijk voor ons, de Verenigde Staten, om onze positie duidelijk te maken. We stellen niet het aftreden van de secretaris-generaal voor en werken daar ook niet naartoe. We hebben in het verleden goed met hem samengewerkt. We denken dat we ook in de toekomst heel goed met hem samen kunnen werken.' Later zei hij nog tegen verslaggevers: 'Niemand, voor zover ik weet, heeft ooit getwijfeld aan de persoonlijke integriteit van de secretaris-generaal – niemand. En wij zeker niet.'

In een interview met Charlie Rose op PBS, de niet-commerciële omroep van de VS, noemde Annan de campagne 'zeer pijnlijk om naar te kijken'. Hij gaf toe dat hij meer aandacht had moeten besteden aan wat er precies aan de hand was. 'Maar wat corruptie en fraude betreft,' zei hij, 'geloof ik dat het probleem in de hoofdsteden en de bedrijven zat, want... slechts één staflid zou 150.000 dollar hebben aangenomen. Alle andere waren bedrijven die in hun eigen hoofdsteden deals met Saddam Hoessein sloten.'

Kofi Annan zou alle beschuldigingen over het olie-voor-voedselprogramma zonder veel schade aan zijn reputatie hebben doorstaan als zijn zoon Kojo er niet bij betrokken was geweest. Maar Kojo schiep een donkere wolk van verdenking om zich heen die te kleverig was om weg te waaien. Hij veroorzaakte een vreselijk schandaal dat de secretaris-generaal moeilijk uit kon leggen en waartegen hij zich slecht kon verdedigen. Hoe openhartig hij ook is als het het VN-beleid aangaat, hoe graag hij ook VN-operaties met de grootst mogelijke transparantie laat uitvoeren en hoe vriendelijk en warm hij ook mag zijn, op privéterrein is Kofi Annan heel gesloten en over persoonlijke problemen praat hij niet graag. Veel van zijn vrienden die hem bewonderen en van hem houden, beschrijven hem ook als een zeer terughoudende man. Er is ook een Kofi die ze nooit kunnen bereiken. Toen hij door verslaggevers werd achtervolgd over Kojo, raakte hij geërgerd en draaide hij eromheen.

De Britse pers schreef graag dat Kojo deel uitmaakte van de internationale *ratpack* omdat hij omging met rijke jeugd, zoals de zoon van sjeik Jamani, de voormalige olieminister van Saoedi-Arabië. Kojo, op kostschool een uitstekend rugbyspeler, studeerde in 1995 op tweeëntwintigjarige leeftijd af aan Keele University in Midden-Engeland. Dankzij zijn familiebanden kreeg hij een baan bij het Zwitserse bedrijf Cotecna. Dit bedrijf specialiseerde zich in het inspecteren van de lading van schepen die een haven binnenliepen of verlieten. Michael Wilson, de zoon van een oude vriend van zijn vader in Ghana, stond aan het hoofd van de marketing van Cotecna die gericht was op Afrika. Hij zorgde ervoor dat Kojo aangenomen werd in het kantoor in Lagos, Nigeria. De Wilsons waren zo goed bevriend met de Annans dat Michael naar Ghanees gebruik Kofi als oom beschouwde.

Eind 1998 sleepte Cotecna een contract van de VN binnen om de lading te bekijken van schepen die naar Irak kwamen binnen het olie-voor-voedselprogramma; gecontroleerd moest worden of er wel alleen voedsel en andere levensbehoeften werden geïmporteerd en niets anders. Een maand later stond in de Londense *Sunday Telegraph* een artikel waarin de vraag werd gesteld of er geen sprake was van conflicterende belangen aangezien de VN een contract hadden gegund aan een bedrijf dat de zoon van de secretaris-generaal in dienst had.

Kojo had tegen de verslaggever van de *Sunday Telegraph* gezegd: 'Ik zou nooit een rol spelen in iets waar de Verenigde Naties bij betrokken zijn, om voor de hand liggende redenen. Ik zou het op prijs stellen als u dat volstrekt duidelijk zou willen maken. Ik heb dat nooit gedaan en ik zal dat nooit doen.' Cotecna beweerde in brieven aan de *Sunday Telegraph* dat Kojo nooit betrokken was geweest bij het contract en dat hij bovendien ontslag had genomen toen op het contract geboden ging worden. Toen de Britse krant bij de VN om inlichtingen vroeg, ging de secretaris-generaal zelf telefonisch vragen stellen aan Kojo en Michael Wilson en kreeg hetzelfde te horen: Kojo had niets te maken met het contract en had het bedrijf verlaten.

Na de publicatie van het verhaal in de *Sunday Telegraph* keek het VN-secretariaat nog even plichtmatig naar de zaak. Iqbal Riza, het hoofd van de staf, vroeg Joseph Connor, ondersecretaris-generaal management, om te bekijken of de staf van de afdeling inkoop op de hoogte was geweest van Kojo's banden met Cotecna toen het contract gegund werd. Connor was geïrriteerd dat het probleem op zijn bord terecht was gekomen en niet op dat van de departementen Juridische Zaken of Accountancy. Hij nam aan dat Riza snel een antwoord wilde hebben voor de pers en niet een langdurend en diepgaand onderzoek. Connors staf stelde dezelfde dag nog een memo op waarin stond dat Cotecna het contract had verkregen omdat het de laagste prijs had gevraagd en dat de functionarissen die hiervoor verantwoordelijk waren, niet hadden geweten van of waren beïnvloed door Kojo's band met het bedrijf. Dat was dan het hele interne onderzoek.

Kofi Annans medewerkers maakten zich boos om het dreigende schandaal omdat zij zich niet voor konden stellen dat hij of zijn familie betrokken zou zijn bij smerige zaakjes. Annan vertelde de commissie-Volcker dat hij zijn kinderen herhaaldelijk had gewaarschuwd dat 'zij niet moesten proberen zaken met de VN te doen of betrokken te raken bij VN-zaken' en dat zij moesten 'proberen zich verre te houden van alles wat hen zo dicht bij de VN zou brengen dat het op belangenverstrengeling kon lijken.'

Kofi Annan heeft zich nooit verrijkt, dit in tegenstelling tot zoveel Amerikaanse politici. 'Ik heb altijd nogal braaf geleefd,' vertelde Kofi aan Meryl Gordon van de *New York*. 'Ik behoor niet tot die mensen die snel rijk moeten worden. Dat is niet zoals ik leef of wil leven.'

De commissie-Volcker bevestigde die braafheid toen zij zijn financiën onder de loep namen. 'Uit het financiële overzicht van de secretaris-generaal blijkt dat zijn voornaamste bron van inkomsten het salaris is van de Verenigde Naties plus rente,' schreef de commissie in haar eindverslag. 'Hij leeft binnen zijn financiële mogelijkheden en heeft door te sparen een pensioen opgebouwd. De secretaris-generaal draagt veel bij aan liefdadigheid en steunt zijn familie. Het geld dat aan de Nobelprijs van 2001 was verbonden, schonk hij in zijn geheel – $ 481.265 – aan de Verenigde Naties. Het verstrekte overzicht geeft geen aanleiding tot zorgen over de financiële situatie van de secretaris-generaal noch onthullen zij betalingen of transacties die verdacht of onbehoorlijk zijn.' (Vanaf 2006 bedraagt het jaarsalaris van de secretaris-generaal $ 397.245, met aftrek van een bedrag van $ 83.275, het VN-equivalent van belastingen).

Maar er kwam een scheur in het beeld van de Annans als een door en door eerlijke familie toen onthuld werd dat Kojo's versie van zijn band met Cotecna onjuist bleek te zijn. Kojo had zijn banden met Cotecna niet verbroken voordat het bedrijf in 1998 een contract van de VN probeerde te veroveren. De commissie-Volcker ontdekte dat Cotecna hem was blijven betalen tot 2004. Er was geprobeerd enkele betalingen te verbergen door ze via andere bedrijven uit te keren. Bij elkaar had Kojo zeker $ 195.894 van Cotecna ontvangen en vermoedelijk nog meer. Bovendien had Kojo 'zijn contacten bij de Verenigde Naties [gebruikt] om Cotecna te helpen het inspectiecontract voor Irak te verkrijgen,' aldus de commissie. Hij zou dat gedaan hebben door te telefoneren met verscheidene vrienden van de familie in 'de afdeling inkoop op kritieke momenten tijdens het proces van aanbesteding.'

De commissie-Volcker had geen enkele aanwijzing kunnen vinden waaruit bleek dat de secretaris-generaal ergens schuld aan had. Zij concludeerde dat 'er geen enkele geloofwaardige aanwijzing bestaat dat de secretaris-generaal het aanbestedingsproces in 1998, dat leidde tot de uitverkiezing van Cotecna, beïnvloed heeft of heeft gepoogd te beïnvloeden.'

Maar Kofi had ook beweerd dat hij niet eens wist dat Cotecna probeerde een inspectiecontract in de wacht te slepen. De commissie was minder stellig in het onderschrijven van die bewering. 'De aanwijzingen zijn redelijkerwijs onvoldoende om te concluderen dat de secretaris-generaal wist dat Cotecna in 1998 een bod had uitgebracht op het inspectiecontract,' schreef de commissie.

Deze niet erg ferme uitspraak liet de mogelijkheid open dat de secretaris-generaal iets geweten had van de activiteiten van zijn zoon. In een interview dat een maand na publicatie van het eindrapport in september 2005 werd gehouden, kreeg Paul Volcker van Maggie Farley van de *Los Angeles Times* de vraag voorgelegd of hij dacht dat de secretaris-generaal wist dat Kojo de relaties van zijn vader gebruikt had om Cotecna te helpen. Hij antwoordde: 'Tot op de dag van vandaag weet ik dat nog steeds niet.'

De commissie-Volcker vond nog een streek van Kojo die bijdroeg aan het nu toch gescheurde beeld van de onberispelijke familie. In 1998 bezocht Kojo een autoshow in Genève en besloot een Mercedes te kopen. Zijn vriend Michael Wilson deed de aanbetaling van $ 3000 en Kojo kreeg een korting los op de auto door te doen alsof hij voor zijn vader was. Mercedes deed $ 6541 van de prijs af, speciaal voor de secretaris-generaal, en verkocht de auto aan Kojo voor $ 39.056. Daarna haalde Kojo een vriend van de familie die voor de VN in Ghana werkte, over om te regelen dat de auto geïmporteerd kon worden zonder invoerrechten te betalen. Hiermee bespaarde Kojo nog eens $ 14.103. En vanuit Ghana reed je zo naar Kojo's huis in Nigeria.

De secretaris-generaal had Kojo in die tijd een cheque gestuurd van $ 15.000, maar de commissie-Volcker kwam tot de conclusie dat hij er geen idee van had gehad dat Kojo zijn vaders naam gebruikte om bij Mercedes korting af te dwingen en Ghana ertoe te bewegen de auto invoerrechtenvrij in te laten voeren.

Bijna iedere opmerking die Kofi Annan in dat jaar over Kojo maakte, klonk als een kreet van pijn. Toen hij dacht dat zijn zoon de banden met Cotecna al lang daarvoor had doorgesneden, deed hij een beroep op de verslaggevers: 'We moeten geduld hebben en het onderzoek op zijn beloop laten. Volgens mij zijn sommigen erg ongeduldig en trekken conclusies zonder feiten, zonder bewijzen; ze lijken de waarheid al te weten en willen verdergaan. Het lijkt wel wat op een lynchpartij.' Toen hij zich realiseerde dat zijn zoon gelogen had, zei hij tegen verslaggevers: 'Ik heb met hem gepraat, maar ik wil daar nu echt niet op ingaan... Natuurlijk was ik erg verrast en teleurgesteld.'

De secretaris-generaal was het meest openhartig tijdens een lange conversatie met Meryl Gordon van het tijdschrift *New York* in april 2005. 'Hij heeft zijn verontschuldigingen aangeboden,' vertelde Annan aan Gordon. 'Hij schaamt zich diep... Ik heb hem gezegd dat hij alles moest vertellen wat hij hiervan weet, geen verrassingen meer.' Kojo had echter geweigerd om nogmaals met onderzoekers van de commissie te praten. Enkele maanden later zou hij dat toch doen. 'Ik heb hier geen enkele theorie over,' vervolgde de secretaris-generaal. 'Weet je, het is ongelooflijk als je die kleine kinderen ziet. Je draagt ze op je arm en begeleidt ze verder. In de loop van de tijd ontwikkelen ze hun eigen persoonlijkheid en worden het zelf personen.' Nadat de secretaris-generaal het tussenrapport van de commissie-Volcker gelezen had waarin de betalingen van Cotecna aan Kojo uit de doeken werden gedaan, was hij zo boos, vertelde hij Gordon, dat hij een telefoongesprek met zijn zoon afbrak. 'Hij had spijt dat hij me niet op de hoogte had gesteld,' aldus Annan.

Maar de secretaris-generaal brak niet met zijn zoon. Hij hield contact en af en toe ontmoetten ze elkaar in Europa of in New York. 'Ik vind hem een zorgzame vader,' zei Nane tegen Gordon. 'Dit is natuurlijk heel pijnlijk voor hem als vader en als secretaris-generaal. Het is moeilijk, het is moeilijk, het is zo ongelukkig allemaal.'

Ook voor Nane was het erg pijnlijk. 'Ze was diep gekwetst door de beschuldigingen,' vertelde Kofi mij. 'Ze is een heel eigen en vriendelijk iemand. Ik kon ondanks al die beschuldigingen gewoon mijn werk blijven doen, maar zij was een toeschouwer. Voor haar was het heel moeilijk.'

Toen Julia Preiswerk, al meer dan veertig jaar een goede vriendin, hem in augustus sprak, wilde hij over dit probleem niet veel zeggen. Wat hij wel zei, was: 'Ik ben erg bedroefd om Kojo.' In maart 2006 merkte Charlie Rose van PBS op dat enkele critici beweerden dat hij wel geweten moet hebben wat zijn zoon uitspookte. De secretaris-generaal verdedigde zich hiertegen: 'Ik hoop dat zij die dat zeggen, als ze zoons en kinderen hebben, alles weten wat hun zoons uitvoeren, ook als ze duizenden kilometers van elkaar wonen... Ik weet niet zeker of het er in de echte wereld wel zo aan toegaat.'

Aan het einde van 2004 besloten enkelen van zijn medewerkers dat ze een besloten vergadering met hem moesten hebben om hem uit zijn slechte humeur te halen en om hem te helpen bij het verdedigen van de VN tegen de stortvloed van aanvallen vanwege het olie-voor-voedselprogramma. Het hoofd van zijn staf, Iqbal Riza, werd naar hem toegestuurd om het idee met hem te bespreken. Annan ging akkoord en ze kwamen samen in het appartement van plaatsvervangend secretaris-generaal Louise Frechette. De ontmoeting zou stilgehouden worden. Maar tijdens de lunch diezelfde dag schrok Catherine Bertini, ondersecretaris-generaal management, toen een ambassadeur bij haar tafeltje stopte en vroeg: 'Ga jij naar die vergadering vandaag?'

Shashi Tharoor, de ondersecretaris-generaal communicatie, schreef van tevoren een memorandum voor Annan met daarin alles wat hij had gehoord van 'een aantal hooggeplaatste figuren in de Amerikaanse media'. Velen van hen zeiden dat ze het olie-voor-voedselgedoe te ingewikkeld vonden om goed te kunnen analyseren maar dat de VN-criticasters erin waren geslaagd de indruk te vestigen 'dat er iets stonk'. En wat Kojo betreft, aldus Tharoor, had de weigering van de VN om er iets over te zeggen de indruk gewekt 'dat we iets te verbergen hebben'. Tharoor vermeldde dat journalisten hem hadden verteld dat de VN die negatieve visie van de opiniemakers in Washington alleen konden veranderen door actiever en zichtbaarder te worden in Irak – het enige wat de regering-Bush bezighield. 'Als jullie helpen om de kastanjes van de Verenigde Staten in Irak uit het vuur te halen,' had een columnist tegen Tharoor gezegd, 'dan zal dat het debat over de VN in Amerika een andere wending geven.'

Annan nam alles wat er die avond werd gezegd in zich op en reageerde nauwelijks. Zijn medewerkers waren blij met de vergadering. 'Hier werden echte zaken besproken,' zei Bertini, 'en we praatten erover met de baas.' De stemming werd echter verpest toen een van de aanwezigen op zijn mobiele telefoon werd gebeld en te horen kreeg dat een krant wist te melden dat Kojo had gelogen over de betalingen die hij van Cotecna kreeg. Later zei een deelnemer tegen *Time* dat er 'een uitdrukking van verrassing en ontsteltenis' op Annans gezicht verscheen en dat 'hij zijn kaken op elkaar klemde en weer ontspande'. Daarop zei de secretaris-generaal: 'Laten we naar het volgende agendapunt gaan.'

Een andere besloten vergadering vond enkele dagen later plaats in het New Yorkse appartement van Richard Holbrooke. Deze zou indringender gevolgen hebben dan die bij Frechette. Holbrooke, ambassadeur bij de VN tijdens de regering-Clinton, was de gedoodverfde minister van Buitenlandse Zaken als senator John F. Kerry Bush had verslagen bij de presidentsverkiezingen van 2004. Behalve Holbrooke waren bij deze ontmoeting aanwezig Leslie H. Gelb, de voormalige voorzitter van de Raad van Buitenlandse Betrekkingen, Timothy Wirth, de voormalige Democratische senator uit Colorado die nu aan het hoofd stond van de United Nations Foundation, John G. Ruggie, hoogleraar Internationale Relaties aan Harvard die Kofi Annans assistent-secretaris-generaal voor strategische planning was geweest, en Nader Mousavizadeh, de Deen die had geholpen bij het schrijven van Annans toespraak na ontvangst van de Nobelprijs en die nu werkte voor de internationale investeringsbank Goldman Sachs.

Holbrooke en zijn groep maakten zich zorgen over de gespannen relatie tussen Annan en Washington. Ze waren vastbesloten, zei een van hen tegen de *New York Times*, 'om Kofi en de VN te redden'. 'We spraken over het feit dat de VN nergens in konden slagen als zij zich diametraal tegenover de Verenigde Staten opstelden,' zei Holbrooke tegen Charlie Rose van PBS. 'De Verenigde Staten hebben de VN nodig en de VN hebben de Verenigde Staten nodig, zo eenvoudig is het.' Volgens Holbrooke moesten Annan en de VN zich neerleggen bij het resultaat van de Amerikaanse presidentsverkiezingen en 'niet alleen leven met maar ook werken met de regering'.

Holbrookes groep stelde het in Washington gebruikelijke recept voor als een instelling in problemen zit – doe iets ingrijpends aan de samenstelling van het personeel. De belangrijkste wijziging was het ontslag van Iqbal Riza dat door Kofi Annan werd aanvaard. Riza had al gevraagd om met vervroegd pensioen te mogen gaan. Hij werd als hoofd van zijn staf opgevolgd door de Brit Mark Malloch Brown. Riza, een eerbiedwaardige VN-functionaris die vele jaren met Annan had samengewerkt, was het liefst in alle stilte vertrokken. Malloch Brown daarentegen, administrateur van het United Nations Development Programme, de voornaamste instelling voor ontwikkelingshulp van de VN, voormalig journalist en voormalig vicepresident van de Wereldbank, stond graag in de schijnwerpers en beroemde zich op zijn communicatieve vaardigheden.

'Zeker, ik zal meer zijn dan alleen maar het hoofd van de staf,' zei Malloch Brown tegen Nora Boustany van de *Washington Post*. 'Kun je iemand inhuren die al een veel grotere en complexere organisatie heeft geleid dan vele anderen, met twee derde van het aantal personeelsleden van de VN, en dan alleen de afspraken van de secretaris-generaal regelen? Ik ben een op hervormingen gerichte manager en iemand die iets weet van communicatie.'

Van Malloch Brown, die de wereld in Washington goed kende en daar goede contacten had, werd duidelijk verwacht dat hij een goed woordje zou doen voor de VN en zijn communicatieve vaardigheden zou gebruiken om het beeld van de VN op te vijzelen. Maar zijn eerste poging mislukte volledig. Die deed zich voor nadat de commissie-Volcker eind maart 2005 een tussenverslag had uitgebracht over Kojo en Cotecna. Daarin stond, zoals we zagen, dat 'er geen enkele geloofwaardige aanwijzing bestaat dat de secretaris-generaal het inkoopproces in 1998 dat leidde tot de uitverkiezing van Cotecna, beïnvloed heeft of heeft gepoogd te beïnvloeden.' Maar de commissie schreef ook dat 'de aanwijzingen... redelijkerwijs onvoldoende ' zijn om aan te tonen dat de secretaris-generaal had geweten dat Cotecna een bod had uitgebracht. Bovendien verweet de commissie Annan dat hij te weinig onderzoek had laten doen naar de relaties van Kojo binnen de VN toen hij eenmaal wist dat die bestonden.

Tijdens een persconferentie noemde Annan de ontdekkingen en de conclusie van de commissie 'een ontlasting'. Sommigen van de aanwezige verslaggevers waren het hier niet mee eens en een van hen vroeg de secretaris-generaal of hij vond dat het 'ten behoeve van de organisatie geen tijd werd om op te stappen.' Annan antwoordde: '*Hell, no.*' Na nog een paar antwoorden verliet de secretaris-generaal, zoals gepland, het podium en liet hij Malloch Brown de rest van de vragen beantwoorden. Die zet was bedoeld om Malloch Brown in staat te stellen zijn communicatieve vaardigheden te demonstreren, maar de verslaggevers waren ziedend. Ze wilden dat de secretaris-generaal hun vragen beantwoordde, niet het hoofd van zijn staf. Nu leek het alsof Annan voor hun vragen was gevlucht. Ze vuurden een spervuur van agressieve, bijna onbeschofte vragen op Malloch Brown af. Toen Malloch Brown een keer sputterde: 'Hij is geen misdadiger,' snauwde een verslaggever terug: 'Dat zei Richard Nixon ook van zichzelf.' De conferentie was een ramp voor de public relations. Malloch Brown heeft nooit meer geprobeerd Annan bij een persconferentie te vervangen.

De secretaris-generaal, die ooit genoot van de bewondering van journalisten, keerde zich niet van de pers af omdat hun vragen nu zo hard waren geworden. Mort Zuckerman, uitgever van de *New York Daily News* en hoofdredacteur van *U.S. News & World Report*, nodigde Kofi en Nane in juni uit voor een diner met voornamelijk redacteuren en journalisten. De bijeenkomst in Zuckermans appartement aan Fifth Avenue was informeel – niets van wat er werd gezegd mocht aangehaald worden – en Annan antwoordde openhartig en eerlijk op alle vragen over het olie-voorvoedselprogramma, Kojo, Irak en zijn relatie met het Witte Huis.

Een van de gasten was Diego Arria, een voormalige ambassadeur bij de VN voor Venezuela en voormalig redacteur van een dagblad in Caracas. De vragen waren scherp, maar volgens Arria behield Annan zijn gebruikelijke 'nobele houding en waardigheidsgevoel waardoor hij anders is.' Aan het einde van het diner maakte Arria een grapje tegen de secretaris-generaal: 'Dat was geen gratis lunch.' 'Nee,' bevestigde Annan, 'ik heb de rekening betaald.'

De commissie-Volcker bracht op 7 september 2005 haar eindverslag uit. De kritiek op Annan was zwaar, maar niet vanwege corruptie. De harde aanklacht was slordig management. De commissie gaf de schuld aan de Veiligheidsraad en zijn sanctiecomité, de 661-commissie, maar verweet de secretaris-generaal dat hij het olie-voor-voedselprogramma niet beter in de gaten had gehouden.

Tegen de Veiligheidsraad zei Annan dat het verslag 'een helder licht had geworpen in de diepste hoeken van de organisatie.' Hij aanvaardde de conclusies en hervormingsvoorstellen, zoals het in het leven roepen van de functie hoofd organisatie bij de VN en een onafhankelijke raad van toezicht om alle aspecten van VN-activiteiten te controleren. De meeste hervormingen moesten volgens hem echter wel door de Algemene Vergadering worden goedgekeurd.

Met het eindverslag kwam er geen einde aan de belangstelling van de pers voor het verhaal over Kojo en zijn met korting verkregen Mercedes. De commissie-Volcker had dit geval alleen maar bekeken omdat zij in eerste instantie vermoedde dat de Mercedes smeergeld van Cotecna zou kunnen zijn. Dat bleek onjuist. Dat hele incident rond de Mercedes was niet meer dan een onbetekenend fraudegeval door een knul die net was afgestudeerd. Maar die fraude was wel gepleegd in naam van de secretaris-generaal, en alleen daardoor was het nieuws.

Hoewel de woordvoerder van de secretaris-generaal maanden achtereen beweerde dat er geen nieuwe informatie was, bleef James Bone van de Londense *Times* de VN bestoken met vragen om meer details. Bone is een lange man en ervaren verslaggever bij de VN met een jongensachtig gezicht en een goed oor voor roddel en achterklap, hoe triviaal die ook is. Hij staat volledig in de traditie van de Britse eeuwigdurende zoektocht naar een opwindend verhaal. Een goed verhaal telt in die traditie meer dan een belangrijk verhaal. En hoe minder de VN vertelden over de auto, hoe vasthoudender Bone werd.

Zo vroeg Bone in november bijvoorbeeld aan plaatsvervangend woordvoerder Marie Okabe: 'Had de Mercedes diplomatieke nummerborden?' en 'Heeft hij nog steeds diplomatieke nummerborden?' Toen

Marie hem voor de antwoorden naar Kojo's advocaat verwees, wierp Bone tegen dat 'dit een zaak [is] van de Verenigde Naties en dat er nu dus een Mercedes in Ghana rond kan rijden met diplomatieke nummerborden, met als gevolg dat als er iemand mee wordt aangereden, de VN wel eens verantwoordelijk gesteld kunnen worden, bijvoorbeeld voor het betalen van schadevergoeding.' Maar Marie wist het antwoord niet. (Een advocaat van Kojo's advocatenkantoor in Londen vertelde een paar maanden later tegen de *New York Times* dat de Mercedes 'beschadigd was en niet meer gerepareerd kon worden ten gevolge van een ongeluk' in dezelfde maand dat Bone zijn vragen stelde. Daarmee zou natuurlijk geen einde zijn gekomen aan zijn nieuwsgierigheid. Het zou vermoedelijk zelfs meer vragen hebben opgeroepen.)

Bones eeuwige gevraag over de Mercedes werd een terugkerend grapje tijdens de dagelijkse briefings van het bureau van de woordvoerder, maar ook een last voor de woordvoerders. Het bureau had opdracht gekregen van Annan om niets te zeggen over de zaak-Kojo; die beschouwde hij als een persoonlijk probleem waarover hij geen mededelingen deed.

Tijdens de oudejaarspersconferentie van de secretaris-generaal op 21 december stond Bone weer eens op om hem een vraag over de Mercedes te stellen. 'Sommige van uw weergaven, van uw eigen versies van de gebeurtenissen,' zei de verslaggever van de *Times*, 'kloppen niet. Ik zou u met name willen vragen...'

Hier werd hij door de secretaris-generaal onderbroken: 'Volgens mij begeeft u zich nu op zeer glad ijs.'

'Maar laat me, *sir*, laat me mijn vraag stellen.'

'Nee, wacht even, wacht even,' zei Annan. 'Luister, James Bone. U gedraagt u in dit vertrek al vele, vele maanden en jaren als een opgeschoten schooljongen. U bent een schande voor uw collega's en voor uw beroep. Hou alsjeblieft op met u te misdragen en laten we overgaan op serieuzere vragen.'

Bone bleef echter proberen zijn vraag over de Mercedes te stellen. Maar de secretaris-generaal zei: 'Nee. We gaan door met serieuze journalisten,' en hij noemde de naam van een andere verslaggever.

De uitval kwam zo onverwacht en was zo ongebruikelijk voor de secretaris-generaal dat CNN het incident de hele dag bleef uitzenden met de kop: 'Annan verliest zijn zelfbeheersing.'

Aan het einde van de persconferentie zei Jim Wurst, voorzitter van de associatie van verslaggevers bij de VN (de UNCA) tegen de secretaris-generaal: 'Namens de... bond moet ik u zeggen dat James Bone geen schande is. Hij is een gerespecteerd lid van de UNCA. Hij had het volste recht om die vraag te stellen.'

'Nee. Ik ben het met u eens,' antwoordde Annan, 'dat hij het recht heeft om vragen te stellen en ik ben hiernaartoe gekomen om ze te beantwoorden. Maar volgens mij moeten we ook inzien dat we elkaar met enig respect moeten behandelen... Er zijn manieren om vragen te stellen en manieren om geen vragen te stellen... U weet wat er in dit vertrek is gebeurd. U weet hoe mijn woordvoerders zijn gesard, lastiggevallen, beledigd. Zij zijn professioneel gebleven, zij stonden daar en lieten het over zich heen komen... Jullie hebben het recht om alle vragen te stellen die jullie willen stellen. Ik behoud me het recht voor om te weigeren vragen te beantwoorden die ik niet wil beantwoorden. Maar er is een bepaald gedrag en een zeker wederzijdse eerbied die we te respecteren hebben.'

Stéphane Dujarric, de opvolger van Fred Eckhard als woordvoerder van de secretaris-generaal, en zijn medewerkers waren bang dat Annans uitbarsting de volgende klap zou betekenen voor de relaties tussen de VN en de pers. Ze kregen natuurlijk gelijk. Maggie Farley van de *Los Angeles Times* liet me dat maanden later in een e-mail als volgt weten: 'Zijn op tv uitgezonden berisping van James Bone werd beschouwd als een fataal verlies van zelfbeheersing waardoor Bone in ieders achting steeg en de SG daalde.'

Toch kan de affaire ook een positieve kant hebben. Toen Kofi Annan in 2001 de Nobelprijs voor de Vrede won, schreef Shashi Tharoor, die toen al jarenlang met hem had samengewerkt, in de Indiase krant de *Hindu* een eerbetoon aan zijn baas. 'Hij heeft een buitengewone innerlijke kalmte,' schreef hij. 'Niemand heeft hem ooit boos, gedeprimeerd, opgewonden of in paniek gezien. Ik heb hem eens vergeleken met een Indiase yogi – een mens die op een andere planeet lijkt te leven met een sterke, stille kern waaraan hij onlosmakelijk is verankerd en waardoor hij druk en genoegen aanvaardt met het absolute vertrouwen dat hij door geen van beide overmand kan worden.'

Het beeld van de yogi sprak verscheidene journalisten aan die Tharoor citeerden in hun portretten van Kofi Annan. Ik was nooit zo blij met dat beeld. Kofi Annan zag er daardoor niet echt uit – alsof hij het masker van een yogi droeg om zijn innerlijke zelf te verbergen. Het leek niet erg gezond of bewonderenswaardig. Maar Irak, het olie-voor-voedselprogramma en Kojo hadden hem zo murw gebeukt dat hij zijn depressiviteit en neerslachtigheid niet langer kon verbergen. Zijn uitval naar James Bone – zo vaak op tv vertoond – liet zien dat hij wel degelijk boos kon worden. Hij was nog steeds die yogi, maar een yogi die zijn zelfbeheersing wel eens verloor. Dat versterkte het werkelijke beeld van de man. Door zijn zelfbeheersing te verliezen werd hij menselijker en makkelijker te begrijpen.

16

Het jaar van het eindoordeel

Kofi Annan ging het laatste jaar van zijn tweede en laatste termijn als secretaris-generaal van de Verenigde Naties net zo evenwichtig en met net zoveel zelfvertrouwen in als het allereerste. In alle rust en kalmte dacht hij na over wat hij na zou laten en wat zijn toekomst zou zijn. Nane, die met schilderen was gestopt toen Kofi in 1997 secretaris-generaal werd, meldde zich rond Kerstmis 2005 weer aan bij de Art Student's League. Ze wilde zich meer gaan richten op het schilderen van gezichten van mensen en ging op zoek naar een leraar. Kofi en zij hadden besloten om na de periode bij de VN afwisselend in Ghana en Europa te gaan wonen, maar ze wisten nog niet waar in Europa.

De storm over het olie-voor-voedselprogramma was gaan liggen en Annan heeft er nooit aan getwijfeld dat hij het onschuldige slachtoffer was van een politieke campagne, die in gang was gezet en aan de gang werd gehouden door rechtse ideologen die niets dan minachting voor de VN voelden. Hij neigde er nu zelfs toe, zoals de meeste vaders zouden doen, om over het gedrag van zijn zoon minder hard te oordelen. Het deed hem genoegen dat Kojo een civiele procedure tegen de Londense *Sunday Times* had gewonnen. De krant had hem ervan beschuldigd dat hij te maken had gehad met de verkoop van twee miljoen vaten Iraakse olie aan een Marokkaans bedrijf. De band tussen vader en zoon was erg gespannen geweest maar nooit verbroken. 'Er is nooit een breuk tussen ons geweest,' vertelde Kofi. 'Het verbreken van de band tussen een vader en een zoon is altijd moeilijk.' Tijdens de hele zaak spraken ze elkaar regelmatig telefonisch en zagen ze elkaar af en toe.

Midden april 2006 kwam Kojo naar New York om met zijn vader te overleggen. 'Hij heeft veel geleerd en hij is gegroeid,' vertelde Kofi me enkele weken later. De secretaris-generaal vond het natuurlijk vreselijk dat Kojo's naam 'door de modder was gehaald'. Toen ik erop wees dat Kojo zijn doorlopend dienstverband met Cotecna ook voor zijn vader verborgen had gehouden, antwoordde hij: 'Het is waar dat hij informatie voor me heeft achtergehouden. Hij heeft me veel verdriet gedaan.'

De secretaris-generaal hervatte zijn zware reisprogramma. Zo was hij een derde deel van maart en april op reis. Met Nane maakte hij een tocht door Afrika waar hij Zuid-Afrika, Madagaskar, de Republiek Congo en de Democratische Republiek Congo, Gabon, Equatoriaal-Guinea en Ghana aandeed. Ook samen met Nane bracht hij een achtdaags bezoek aan Spanje en Nederland. Eind april vloog hij naar St. Paul, Minnesota, om aan zijn alma mater Macalester College het Institute for Global Citizenship te openen.

Aan het begin van zijn laatste jaar vond de laatste grote verandering in zijn staf plaats. Toen Louise Frechette ontslag nam als plaatsvervangend secretaris-generaal, benoemde hij Mark Malloch Brown op haar plaats. Dat leek een betere betrekking voor de extraverte en energieke Malloch Brown dan hoofd van de staf.

Maar Annan moest werken met een continue lastpost. Sinds augustus 2005 was John R. Bolton de Amerikaanse ambassadeur bij de VN, een ideoloog die, zoals we in hoofdstuk 11 zagen, jaren achtereen de VN had geminacht en vernederd. Zo had hij eens gezegd dat er best een paar verdiepingen van het VN-gebouw afgehaald konden worden zonder dat iemand die zou missen. De benoeming van Bolton tot ambassadeur was een belediging voor zowel de VN als de secretaris-generaal.

Maar president Bush en zijn minister van Buitenlandse Zaken Condoleezza Rice kon dat niets schelen. Zij moesten een mooi plaatsje voor Bolton hebben om uiterst rechts tevreden te houden. Bolton, onderminister van Buitenlandse Zaken voor wapenbeheersing en internationale veiligheid, werd beschouwd als de neoconservatieve mol in het ministerie van

Colin Powell tijdens de eerste termijn van Bush. Terwijl hij op het ministerie zat, mat hij zich een vechtlustige en harde houding aan ten aanzien van de ontwikkeling van een atoombom door Iran en Noord-Korea waarmee hij helemaal niets bereikte, en bekte hij ondergeschikten af die naar zijn mening niet conservatief genoeg waren. Rice wist dat ze op zwaar verzet in eigen gelederen had kunnen rekenen als ze had toegegeven aan het gevlei van uiterst rechts en Bolton had benoemd tot plaatsvervangend minister van Buitenlandse Zaken. Door hem naar de VN te sturen kon ze de schade beperkt houden.

Toen minister Rice in maart 2005 de voordracht van Bolton bekendmaakte, verklaarde ze dat hij zou dienen in de traditie van 'onze beste ambassadeurs met de best gehoorde stemmen.' Ze noemde Daniel Patrick Moynihan en Jean Kirkpatrick als voorbeelden en president Bush praatte haar na. Maar de nominatie van Bolton past eigenlijk in geen enkele historische traditie.

Zowel Moynihan die midden jaren zeventig het ambt vervulde, als Kirkpatrick begin jaren tachtig, diende in de VN toen die zich op het dieptepunt van hun populariteit bevonden. Veel Amerikanen en Europeanen, en niet alleen conservatieven, keken erop neer. De Veiligheidsraad was volledig verlamd door de Koude Oorlog. Er kon geen onderwerp van enig belang worden aangesneden zolang de Verenigde Staten en de Sovjet-Unie veto's tegen elkaar uitspraken.

Het meeste kabaal kwam in die dagen overigens van de Algemene Vergadering die werd beheerst door talloze voormalige koloniën in de derde wereld. Het was een zo goed als machteloos instituut waarin eindeloos gepraat werd. Veel van de kleinere landen maakten van de verlamming van de Veiligheidsraad misbruik; ze probeerden de ogen van de andere landen op zich te vestigen door de Verenigde Staten en andere rijke landen te veroordelen. Ze bevredigden daarmee misschien hun eigen genoegen maar brachten vooral een algemene afkeer voor de VN teweeg.

Sommige Amerikaanse beleidsmakers hoopten dat de scherpe tongen van de door president Ford benoemde Moynihan en de door president Reagan benoemde Kirkpatrick de VN tot rede zouden kunnen brengen. Die strategie werkte echter niet. De beruchte resolutie 'Zionisme is racisme' werd bijvoorbeeld aangenomen terwijl Moynihan ambassadeur was. De nominatie van Bolton als een volgende Moynihan of Kirkpatrick was een sterke aanwijzing dat veel van de beleidsmakers uit de regering-Bush hetzelfde soort minachting voor de VN hadden als hun voorgangers in de jaren zeventig en tachtig. Maar daarmee werd geen rekening gehouden met het verloop van de geschiedenis. Genegeerd werden de enorme veranderingen die sinds het einde van de Koude Oorlog hadden plaatsgevonden en het groeiende besef van de Veiligheidsraad dat die nu werkelijk macht kon uitoefenen.

Bijna vijf maanden lang kon de kandidatuur van Bolton geen goedkeuring van de Senaat krijgen. Alle Democraten en sommige Republikeinen waren tegen hem vanwege zijn extreme denkbeelden en zijn onbeschofte gedrag tegen ondergeschikten. Op 1 augustus, tijdens het reces van het Congres, benoemde president Bush hem tot ambassadeur bij de VN. Een president heeft het recht iemand in een functie te benoemen zonder goedkeuring van de Senaat als het Congres niet bijeen is. Maar een dergelijke benoeming, een 'recesbenoeming', geldt slechts tot het einde van de termijn van het Congres; de man of vrouw in kwestie moet dan alsnog de goedkeuring van de Senaat zien te verkrijgen. In het geval van Bolton betekent dat dat zijn termijn en die van Annan op hetzelfde moment eindigen.

Toen president Bush de Senaat omzeilde, zei hij dat hij Bolton naar New York stuurde 'om duidelijk te maken dat Amerika bij de VN hervormingen door wil voeren.' Dit kwam hem op een vermaning van Annan te staan. 'Ik vind het uitstekend dat er een ambassadeur komt die iets wil doen,' zei hij tegen verslaggevers, 'maar een ambassadeur moet er altijd rekening mee houden dat er nog honderdnegentig anderen zijn die hij moet zien te overtuigen – of althans een aanmerkelijk deel van hen – voordat er iets gebeurt.'

Annans band met Bolton was afstandelijk en correct. Dat verbaasde Annan wel. Hij heeft altijd geprobeerd zijn politieke gezichtspunten buiten zijn persoonlijke relaties te houden. Zijn vriendschap met William Shawcross bijvoorbeeld, bleef uitstekend ondanks de fervente steun van de Britse schrijver voor de Amerikaanse inval in Irak, die bleek uit een boek waarvan zijn vrienden, ook Annan, schrokken. Annan is geen ideoloog en zit dus niet zo in zijn eigen standpunten vastgeroest dat hij die van anderen niet aan kan horen. Hij bewonderde zowel John Negroponte als John Danforth, Boltons voorgangers als ambassadeur bij de VN namens de regering-Bush, en sprak met groot respect over hen.

Maar Bolton vond hij, zoals de secretaris-generaal het uitdrukte, 'gênant' – een man die nooit bij andere mensen paste. Bolton kon wel eisen maar niet onderhandelen. Hij kon wel autoritair doen maar geen compromissen voor elkaar krijgen. Ondanks acht jaar op het ministerie van Buitenlandse Zaken was Bolton geen vakkundige diplomaat. Het gebrek aan intermenselijke vaardigheden was een karaktertrekje van Bolton dat Annan verraste.

Boltons van tevoren aangekondigde opdracht – het hervormen van de VN – was een schijnopdracht. Hoeveel hervormingen er ook zouden worden doorgevoerd, het zou voor de felste Amerikaanse criticasters nooit genoeg zijn. De roep om hervorming was in de loop van de tijd een politieke strijdkreet geworden. Die klonk net zo automatisch en was net zo betekenisloos in de Amerikaanse politiek als de verering van gevallen soldaten of het wapperen met de vlag. De VN was zichzelf al jarenlang aan het hervormen maar de roep om hervorming bleef maar klinken.

Kofi Annan heeft overigens nooit ontkend dat hervormingen nodig waren. Hij had in bijna ieder jaar van zijn termijnen hervormingen voorgesteld en doorgevoerd. Maar een hervorming bij de VN moet wel in het juiste perspectief worden gezien. Ook in de VS waren er instellingen en processen die nodig hervormd moesten worden, het Amerikaanse kiescollege bijvoorbeeld, en het Amerikaanse systeem van het uitbrengen en tellen van stemmen. Dat gold ook voor veel Amerikaanse bedrijven, en voor de CIA en de FBI. Minister van Defensie Donald Rumsfeld heeft beweerd dat het Amerikaanse leger aan hervorming toe is en iedereen lijkt het erover eens te zijn dat het Amerikaanse openbaar onderwijs hervormd moet worden. Maar het geschreeuw om hervormingen binnen de VN klonk anders: het was aanhoudend, heel hard en zeer verdacht.

Het kwam dan ook maar al te vaak van Amerikaanse ideologen die een vals beeld van de VN schilderden als corrupt, onzorgvuldig, spilzuchtig, inefficiënt en anti-Amerikaans. De aanvallen hielden nooit rekening met de geweldige diversiteit van de VN. In 2006 waren er honderdeenennegentig landen lid en werden er officieel zes talen gesproken: Engels, Frans, Spaans, Chinees, Russisch en Arabisch. De functionarissen waren afkomstig uit een ongelooflijk aantal verschillende culturen. Om misverstanden in hetzelfde bureau te voorkomen, moesten zij allemaal zeer op hun hoede zijn en zeer voorzichtig met elkaar omgaan. Dat kan het werk wel eens vertragen en enige inefficiëntie ligt voor de hand, maar het was toch ook een geweldige prestatie van de VN.

Het gedoe over de Mensenrechtencommissie laat zien welke moeilijkheden de secretaris-generaal ontmoette bij zijn hervormingen als Bolton om zich heen ging slaan. Deze commissie was al heel lang een schande voor de VN. Landen als China, Zimbabwe, Soedan, Saoedi-Arabië, Libië, Nepal en Cuba hadden zo gemanipuleerd dat zij lid hadden kunnen worden van de commissie en ieder onderzoek naar de schending van mensenrechten in hun eigen land tegen hadden kunnen houden. Annan zei dat de 'afnemende geloofwaardigheid en professionaliteit' van de commissie 'een schaduw [wierp] op de reputatie van de VN-organisatie als geheel.'

Om aan die schande een einde te maken, stelde Annan voor dat de commissie van drieënvijftig leden werd opgeheven en vervangen door de Raad voor de Mensenrechten van drieënveertig leden die met tweederdemeerderheid door de Algemene Vergadering gekozen moesten zijn. De leden van de commissie waren altijd door de duistere en machteloze Economische en Sociale Raad van de VN gekozen met een enkelvoudige meerderheid. Aangezien deze laatste raad zelf slechts vierenvijftig leden heeft, kon een land dat de mensenrechten schond, een zetel in de Mensenrechtencommissie krijgen met de stemmen van slechts achtentwintig VN-lidstaten, de helft van de Economische en Sociale Raad plus één.

Annan verwachtte juist van Bolton veel steun voor deze hervorming. Dat was per slot van rekening de man die alsmaar hervormingen eiste. In november 2005 gaf Bolton een lezing in het kader van de Jesse Helms Lecture Series aan Wingate University in North Carolina waarin hij een waarschuwing voor de VN had verpakt. 'Amerikanen zijn praktisch,' leerde hij, 'en zeggen dat we óf de instelling moeten repareren óf dat we een ander mechanisme moeten aanwenden om internationale problemen te lijf te gaan.' Maar hij nam nauwelijks deel aan de onderhandelingen in de Algemene Vergadering over het vervangen van de Mensenrechtencommissie door de Raad voor de Mensenrechten.

In december probeerde hij toch een brutaal en vruchteloos voorstel aangenomen te krijgen. Hij stelde voor dat de VN automatisch zetels in de Raad voor de Mensenrechten toewezen aan de Verenigde Staten en de vier andere permanente leden van de Veiligheidsraad. Daarmee konden natuurlijk de vervolging van politieke dissidenten in China, de beperkingen van de democratie in Rusland en de behandeling van 'onwettige strijders' en andere gevangenen in de Verenigde Staten door de regering-Bush verborgen gehouden worden. Velen binnen en buiten de VN vonden dit voorstel hypocriet en uitsluitend gericht op eigenbelang. Bolton trok het in.

Bolton liet niets belangrijks meer van zich horen tot maart 2006 toen de Zweed Jan Eliasson, de voorzitter van de Algemene Vergadering, een compromis trachtte te smeden over het instellen van de Raad voor de Mensenrechten. Hij stelde voor om de tweederdemeerderheid te vervangen door een enkelvoudige meerderheid en dat de stemming geheim zou zijn. Een kandidaat-lidstaat zou zesennegentig stemmen nodig hebben, ongeacht het aantal aanwezige lidstaten van de in totaal honderdeenennegentig. Dat was dus veel meer dan de achtentwintig stemmen die tot dan toe nodig waren geweest om in de Mensenrechtencommissie te komen. En om er zeker van te zijn dat leden van de nieuwe raad hun zetel niet gebruikten om aan controle van de mensenrechten in hun land te ontsnappen, zouden ze zich allemaal tijdens hun termijn van drie jaar aan zo'n controle moeten onderwerpen.

Maar hier was Bolton het niet mee eens. 'Me baserend op gesprekken met andere regeringen,' zo zei hij, 'is het sterkste argument voor dit ontwerp dat het niet zo slecht is als het zou kunnen zijn.' Annan daarentegen aanvaardde het compromis. 'Het voorstel is natuurlijk niet precies zoals ik heb voorgesteld,' zei hij, 'maar het bevat voldoende goede elementen om op voort te bouwen.' Steun kwam ook van de hoofden van mensenrechtenorganisaties en van een groepje winnaars van de Nobelprijs voor de Vrede, onder wie de voormalige president van de VS Jimmy Carter en de Zuid-Afrikaanse bestrijder van de apartheid bisschop Desmond Tutu.

'Het is de vraag,' zei Kenneth Roth, directeur van Human Rights Watch, 'of Bolton het zo hard speelt om de raad te verbeteren of om te bewijzen dat de VN zichzelf niet kunnen hervormen en daarom opgeheven moeten worden.'

Toen er op 15 maart gestemd werd, stond Bolton zo goed als alleen. De Algemene Vergadering keurde de instelling van de Raad voor de Mensenrechten goed met honderdzeventig stemmen voor en vier tegen. De Verenigde Staten waren tegen, net als Israël, de Marshalleilanden en Palau. Belarus (Wit-Rusland), Iran en Venezuela onthielden zich van stemming. Bolton bleef erbij dat hij de wijziging van tweederde- naar enkelvoudige meerderheid onaanvaardbaar vond.

Zijn grote mond wekte argwaan. 'Maar al te vaak,' zei de Zwitserse ambassadeur Peter Maurer, 'zijn al te verheven ambities dekmantels voor minder nobele ambities en niet gericht op versterking van de VN maar op verzwakking ervan.'

Na al zijn gemanipuleer om de Verenigde Staten in de Raad voor de Mensenrechten te krijgen, kondigde Bolton dan uiteindelijk aan dat zijn land er in het eerste jaar niet naar streefde om in de raad gekozen te worden. Bolton had hiervoor verscheidene excuses, maar de meeste diplomaten namen aan dat de Verenigde Staten bang waren dat de kansen voor Amerika om gekozen te worden, door de geruchten over het martelen van gevangenen tijdens en na de oorlogen in Afghanistan en Irak, in de geheime verkiezing minimaal zouden zijn. Bovendien zou dan binnen drie jaar een controle op handhaving van de mensenrechten binnen de VS van Bush plaatsvinden.

Hervormingsvoorstellen zorgden overigens ook voor een botsing tussen Annan en het Stafberaad, de vereniging van werknemers van de VN. In maart wees de secretaris-generaal op de noodzaak van 'een radicale herziening van het VN-Secretariaat' en deed hij een aantal voorstellen om de personeelsvoorziening te wijzigen waarmee hij zich de woede van de werknemers op de hals haalde. Hij stelde voor om medewerkers van het hoofdkantoor naar lokale kantoren overal ter wereld over te plaatsen, kortlopende dienstverbanden aan te gaan, duizend medewerkers een ontslagregeling aan te bieden en bepaalde activiteiten, zoals vertaalwerkzaamheden, uit te besteden. Tijdens een bijeenkomst van woedende personeelsleden stemde een meerderheid voor een motie waarin stond dat ze geen enkel vertrouwen meer hadden in hun secretaris-generaal.

Werknemers van ieder bedrijf reageren woedend over voorstellen die hun baan bedreigen, maar deze motie van wantrouwen was toch een schok voor medewerkers die dicht bij Annan stonden. Het zou drie of vier jaar eerder ondenkbaar zijn geweest dat de staf zo reageerde. Annan was per slot van rekening de eerste secretaris-generaal geweest die uit hun eigen gelederen was voortgekomen. Maar de relatie was bekoeld. De meeste medewerkers wilden na de invasie niet naar Irak omdat ze zich dan een dekmantel voelden voor Bush en zijn regering. Na de zelfmoordaanslag met een autobom waarbij Sérgio Vieira de Mello en andere medewerkers in Bagdad waren omgekomen, was de staf boos geweest op de secretaris-generaal omdat hij niet direct iedereen uit het land had teruggetrokken. De laatste drie jaar hadden veel VN-medewerkers het idee dat Annan te veel had toegegeven aan de Amerikaanse druk en zij zagen deze hervormingsvoorstellen als een voorbeeld van hoe Annan Bolton en Bush hun zin gaf.

Veel medewerkers hadden ook het idee dat Kofi Annan hen niet meer bereikte en meer bezig was met het beschermen van de hoogste rangen dan van de onderste regionen van de staf. Dit kwam vooral naar voren – in de ogen van de stafleden – in de manier waarop Annan het geval Ruud Lubbers aanpakte.

Lubbers, Hogecommissaris voor de Vluchtelingen en voormalig premier, werd door twee vrouwen beschuldigd van seksuele intimidatie in zijn kantoor in Genève. Onderzoekers vonden aanwijzingen dat dit inderdaad het geval was geweest, maar Annan concludeerde dat het bewijs te zwak was om gerechtelijke stappen tegen Lubbers te ondernemen. In juli 2004 stuurde Annan de staf een brief waarin hij Lubbers vermaande maar hem vrijsprak van de beschuldigingen. De verontwaardiging en de negatieve publiciteit hielden echter zo lang aan dat Annan Lubbers op advies van zijn hoofd van de staf Mark Malloch Brown naar New York liet komen en hem dwong ontslag te nemen.

Annan begreep de woede van zijn staf wel, maar kon die woede niet tot bedaren brengen. Volgens hem waren zijn hervormingsvoorstellen op het gebied van het VN-personeel onontkoombaar. In tegenstelling tot wat veel van zijn tegenstanders in Washington beweerden, geloofde hij echt in hervormingen. Hij wilde een VN-organisatie nalaten die efficiënter was en zinniger te werk ging dan in het verleden was gebeurd. Dat zou dan, in zijn visie, een deel van zijn erfenis zijn.

Ook dacht hij dat hij na zijn aftreden vooral herinnerd zou worden door zijn wijze van optreden in de vreselijke crisis in Darfur die in zijn laatste jaar plaatshad. Bij het grote publiek riep Darfur beelden in herinnering van de willekeurige slachtpartijen in Rwanda en van de armzalige reacties van andere landen. De crisis in Darfur was in 2003 ontstaan toen rebellen van het Soedanese Bevrijdingsleger (SLA) overheidsdoelen aanvielen omdat ze vonden dat de westelijke provincie economisch achtergesteld werd. Eeuwenlang hadden hier Arabische nomaden en de Fur, een landbouwvolk, vreedzaam naast elkaar gewoond, maar na de droogte van midden jaren tachtig waren spanningen ontstaan. Om het verzet van de SLA te breken, bewapende de Soedanese, volledig Arabische regering in Khartoem de Arabische milities op hun paarden en kamelen. Deze milities, de Janjaweed, trokken plunderend rond, staken akkers in brand, verkrachtten en vermoordden onschuldige burgers, en dat vaak met hulp van de Soedanese land- en luchtmacht.

In drie jaar waren meer dan tweehonderdduizend burgers gedood en waren er meer dan twee miljoen mensen naar kampen langs de grens met Tsjaad gevlucht. President Bush noemde de onderdrukking 'genocide' maar deed niets om te helpen er een einde aan te maken.

Door de Darfur-crisis kwam weer het vraagstuk op van de interventie. De moorden vonden binnen het soevereine gebied van Soedan plaats. De Verenigde Staten noch een andere militaire macht wilden tussenbeide komen zonder goedkeuring van de Soedanese regering. Ten gevolge van die impasse moest de Soedanese president Omar Hassan Ahmad al-Bashir er door Kofi Annan, andere Afrikaanse staatshoofden, Bush en Europese leiders toe worden overgehaald om enige vorm van interventie toe te staan. Hij verwierp een VN-interventie maar gaf in 2004 toestemming aan de Afrikaanse Unie om een legermacht van zevenduizend man te sturen. Dit leger, dat gefinancierd werd door de Verenigde Staten, Groot-Brittannië, Canada, Japan en de Europese Unie, bleek echter te klein en te weinig effectief om het plunderen en moorden door de Janjaweed te stoppen.

In mei 2006 werden Annan en de VN te hulp geroepen. Nadat de Afrikaanse Unie een broze vrede had bereikt tussen de opstandelingen van de SLA en de regering, nam de Veiligheidsraad een resolutie aan waarin de secretaris-generaal werd opgedragen om de weg te bereiden voor VN-blauwhelmen om binnen enkele maanden de operatie in Darfur van de Afrikaanse Unie over te nemen.

Hierin school enig gevaar voor Annan. Aangezien de Verenigde Staten en andere leden van de Veiligheidsraad Soedan niet binnen wilden vallen, moest Al-Bashir alsnog worden overgehaald om de VN-interventie te accepteren. Als dat Annan niet lukte of als de VN-vredesmacht er niet in slaagde een einde aan het moorden te maken, dan zou Washington zeker Annan de schuld geven. En als de missie wel zou slagen, dan zou Washington zich zeker op de borst kloppen.

Jan Pronk was vanaf juni 2004 de speciale VN-gezant voor Soedan. Begin 2006 had hij al laten weten dat hij deze functie eind 2006 zou opgeven; op hetzelfde moment dat de termijn-Kofi Annan afliep. In oktober 2006 werd Pronk door de Soedanese regering het land uitgezet omdat hij stevige kritiek had geuit op het Soedanese leger en de regering. Kofi Annan bleef achter Pronk staan, omdat hij van mening was dat een regering niet kan bepalen wie de VN als afgezant sturen. De laatste twee maanden van zijn termijn moest Pronk echter in New York uitdienen.

Toen midden 2006 op het grondgebied van Libanon de strijd tussen Israël en Hezbollah oplaaide, kwam Annan opnieuw in het brandpunt te staan. Op 12 juli staken leden van de sjiitische militie Hezbollah de grens met Israël over. Ze doodden drie Israëlische soldaten en ontvoerden er twee. Israël zette daarop een enorme tegenaanval in waarbij burgerdoelen in heel Libanon werden gebombardeerd terwijl de Hezbollah raketten op steden in Noord-Israël afvuurde.

Annan twijfelde geen seconde. De crisis was bijna een voorbeeld uit het boekje om zijn waarde als staatsman voor de vrede te bewijzen. Al direct veroordeelde hij Hezbollah voor de niet-uitgelokte aanval die de crisis veroorzaakte en voor het bombarderen van burgers. Maar hij veroordeelde Israël des te meer voor wat hij beschouwde als een disproportionele reactie. Door de Israëlische bombardementen kwamen honderden Libanese burgers om, onder wie veel kinderen. De secretaris-generaal riep aanhoudend op tot een staakt-het-vuren.

Die oproepen ergerden president Bush en de Israëlische regering. Beide hadden zichzelf wijsgemaakt dat het Israëlische leger Hezbollah wel binnen een week of twee weg zou kunnen vagen. De irritatie van Bush werd duidelijk tijdens de topontmoeting van de G8 in Sint-Petersburg in Rusland enkele dagen later. Iemand ving op dat hij tegen de Britse premier Tony Blair zei dat Annan geen oproep moest doen voor een staakt-het-vuren, maar in plaats daarvan Syrië, dat Hezbollah steunt, onder druk moest zetten. 'Wat ze moeten doen,' zei Bush, 'is Syrië overhalen om Hezbollah te zeggen dat ze met deze shit op moeten houden, en dan is het voorbij.' Ook lag de secretaris-generaal onder vuur van de invloedrijke Joodse groeperingen in Amerika.

Uiteindelijk bleek Annan wijzer dan zijn tegenstanders. De Israëlische troepen liepen vast in Zuid-Libanon en konden Hezbollah niet verslaan. Door de crisis werden de Hezbollah-strijders zelfs even de helden van het Midden-Oosten. Na een maand bloedvergieten nam de Veiligheidsraad unaniem een resolutie aan waarin werd opgeroepen tot een staakt-het-vuren en waarin toestemming werd gegeven voor een VN-vredesmacht van vijftienduizend man. Die vredesmacht zou naar Libanon gaan om samen met het Libanese leger in het zuiden te gaan patrouilleren. In zijn verklaring voor de Veiligheidsraad kon Annan de verleiding niet weerstaan om de Verenigde Staten een veeg uit de pan te geven omdat die de wapenstilstand een maand lang hadden tegengehouden: 'Ik zou in mijn plicht tekortschieten,' zei hij, 'als ik u niet zou zeggen hoe diep teleurgesteld ik ben dat de raad dit punt niet veel, veel eerder heeft bereikt.'

Nadat de resolutie was aangenomen nam de secretaris-generaal weer gauw de rol op zich van een grote speler op het terrein van de diplomatie. Annan haalde Israël en Libanon over de wapenstilstand te tekenen, kreeg voor elkaar dat Europa het grootste deel van de nieuwe VN-vredesmacht zou leveren, en bracht bezoeken aan de hoofdsteden van het Midden-Oosten om steeds meer steun voor de wapenstilstand te krijgen. Het was een soort heroïsch hoogtepunt in zijn laatste jaar als secretaris-generaal. Hij had meer dan een maand lang de regering-Bush getrotseerd en daarna een wapenstilstand bereikt.

Zoals verwacht mag worden van iemand in het laatste van zijn tien jaar in deze functie, dacht Annan diep na over de erfenis die hij achterliet – en hoe die op het laatste moment beïnvloed werd door zijn rol in crises zoals die in Darfur en Libanon. Maar hij praatte hier niet graag over. Toen Charlie Rose tijdens het interview begin maart voor PBS hem hiernaar vroeg, was hij ongewoon vaag voor zijn doen. 'Ik hoop dus dat als de rekening wordt opgemaakt er gezegd wordt,' zei hij, 'dat ik niet alleen geprobeerd heb, in mijn eigen pogingen tot hervormingen, om van de VN een effectiever instrument te maken maar ook dat ik het individu in het brandpunt heb geplaatst van alles waar de VN-organisatie om draait. Als je naar ons programma kijkt, dan gaat het over het individu, over zijn waardigheid, gezondheid, onderwijs. ...En ik hoop dat gezegd zal worden dat de VN beter functioneren dan tien jaar geleden.'

Hij was ook echt geïnteresseerd in wat anderen te zeggen hadden. Daarom riep hij veertig academici, diplomaten, verslaggevers en VN-functionarissen bijeen om het laatste weekeinde van april 2006 in het Whitney-landhuis op Long Island te praten over hoe het de VN tijdens zijn dubbele termijn was vergaan. Hij was bij bijna iedere sessie aanwezig. Ik was er zelf ook en na een jaar praten met mensen die de VN goed kennen en door de goed onderbouwde discussies kwam ik tot enkele conclusies over de betekenis van Kofi Annan als secretaris-generaal.

Het lijdt geen enkele twijfel dat onder zijn bewind een indrukwekkende hoeveelheid grote successen is geboekt. Ten eerste liet hij het principe vastleggen dat de internationale gemeenschap het recht heeft om tussenbeide te komen als een regering haar eigen volk teistert. Dat bleek echter moeilijk uitvoerbaar. Maar het principe – dat mensen belangrijker zijn dan soevereiniteit – is ook aanvaard door diegenen die vinden dat de desbetreffende regering de interventie eerst goed moet keuren. Zelfs Soedan heeft de legitimiteit aanvaard van de legermacht van de Afrikaanse Unie die Soedanezen beschermt op Soedanees grondgebied.

Het verzwakte departement voor Vredesoperaties werd door Annan versterkt en de uitzending van blauwhelmen is weer bijna terug op het oude niveau. Gedurende zijn bewind begonnen de VN aan zeventien nieuwe missies. Deze toename weerspiegelt het toenemende succes in het afdwingen van wapenstilstanden en vredesbesprekingen, vooral in Afrika. Zo werd er door de VN in het zuiden van Soedan een vredesverdrag afgedwongen dat een einde maakte aan een veertig jaar durende burgeroorlog. Dit werd met een minimum aan ophef bereikt.

De rol van de VN als de belangrijkste coördinator van internationale hulpverlening is onder Annan verstevigd. Hij richtte het Bureau voor de-Coördinatie van Humanitaire Aangelegenheden op en benoemde later de openhartige Noor Jan Egeland tot directeur. Egeland, die het Witte Huis choqueerde door de eerste bijdrage van de VS 'vrekkig' te noemen, stelde zich aan het hoofd van de wereldwijde hulpactie voor de slachtoffers van de tsunami in Zuidoost-Azië van Kerstmis 2005. Hierbij bleek overduidelijk dat alleen de VN-organisatie groot genoeg is om de hulpverlening op een dergelijk grote schaal in goede banen te leiden.

In september 2000 organiseerde Annan een topontmoeting van de VN waar enkele 'ontwikkelingsdoelstellingen voor het millennium' werden geformuleerd. De wereldleiders beloofden dat in het jaar 2015 het aantal mensen dat in extreme armoede leeft, gehalveerd zal zijn, dat er op de hele wereld basisonderwijs gegeven zal worden, dat de kindersterfte met twee derde zal zijn teruggedrongen en de moedersterfte met drie vierde, dat de verspreiding van malaria en van hiv/aids gestopt zal zijn, en nog enkele dringende zaken. Annan slaagde erin deze problemen in het licht van de schijnwerpers te krijgen maar er zal zeker nog een hele tijd voor nodig zijn voordat zal blijken dat deze verheven doelstellingen bereikt zijn, of afgedaan als loze beloften.

En ten slotte heeft Annan een sfeer van transparantie en openheid geschapen die uniek is in de geschiedenis van de VN. Hoewel hij niet graag praatte over wat hij als privéaangelegenheden beschouwde, zoals het gedrag van zijn zoon Kojo, beantwoordde hij vragen van de pers gedetailleerder, frequenter en met meer openheid dan enige secretaris-generaal vóór hem. Zijn medewerkers produceerden een hele rij rapporten over bestaande misstanden en voorzienbare problemen in de toekomst. Annan heeft erg zijn best gedaan om het mysterieuze en geheime uit de VN-diplomatie te halen. Het zal zijn opvolgers niet meevallen om die terug te krijgen.

Maar al deze successen zouden wel eens niet meer dan voetnoten in de geschiedenis kunnen worden. De tien jaar van Annans bewind worden overschaduwd door de crisis in Irak. Van zijn teleurstelling in de inspecties van Richard Butler tot zijn ontmoeting met Saddam Hoessein in Bagdad, van zijn falen om George W. Bush met diplomatie in de hand te houden tot zijn pogingen om een rol voor de VN te creëren toen de inval eenmaal een feit was, en daar bovenop de beschuldigingen en verwijten waarmee hij om de oren werd geslagen over het olie-voor-voedselschandaal, Annan moest constant vechten tegen het uitputtende probleem Irak. Als historici in de toekomst naar deze periode kijken, dan zullen ze over weinig anders schrijven dan over Irak.

Kofi Annan zal echter toch gunstig worden beschreven. De invasie in Irak was een van de meest rampzalige gebeurtenissen van onze tijd. Het hele voorval begint meer en meer te lijken op een ongelukkige uitbarsting van onvolwassen machismo dat door ideologen en bannelingen werd aangewakkerd. Het aantal doden en het lijden die door het avontuur zijn veroorzaakt, zijn verbijsterend. Over George W. Bush zullen geschiedkundigen zonder twijfel hard oordelen terwijl Kofi Annan zal worden geprezen omdat hij zich tegen hem en zijn regering heeft verzet.

Alleen zal Annan niet als een belangrijke speler in deze crisis worden beschouwd. Dat president Bush naar de Veiligheidsraad kwam en om een resolutie vroeg, was bedrog. Hij kwam niet praten, hij kwam voor een stempel van goedkeuring. Toen hij die niet kreeg, negeerde hij Annan en de VN en deed hij zijn inval. De secretaris-generaal had niet de macht om hem tegen te houden. De VN leverden achteraf enkele waardevolle bijdragen in het scheppen van een stabiel, soeverein en democratisch Irak, maar deze zullen niets waard zijn als er geen einde komt aan het vreselijke geweld in het land.

De grootste prestatie van Annan tijdens de Irak-crisis is vermoedelijk het feit dat hij in staat is geweest de Verenigde Naties er met eer doorheen te leiden. Hij en de VN werden maandenlang door het Witte Huis gehekeld en de zwakheden van de VN kwamen duidelijk naar boven. Maar buiten de Verenigde Staten van Bush bleef Kofi Annan onveranderd populair. En belangrijker nog, aan het einde van zijn tweede termijn heerste Annan over een organisatie die niet meer 'irrelevant' genoemd kon worden. Zelfs president Bush zag er in 2006 de noodzaak van in om bepaalde zaken, zoals de Darfur-crisis, naar de VN te verwijzen.

Bij het beoordelen van Annans prestaties krijgt de criticus een idee over wat het allemaal had kunnen zijn. Ik sprak hier begin 2006 over met de zesentachtigjarige Brian Urquhart, de nestor van allen die de VN volgen als verslaggever of anderszins. 'Hij had de pech,' zei hij, 'dat hij secretaris-generaal was toen Washington werd geleid door een bende ideologen... Als de Verenigde Staten aan zijn kant hadden gestaan, dan zou men nu vinden dat hij van dezelfde klasse is geweest als Dag Hammarskjöld.'

In zekere zin is het bewind van Kofi Annan een grote gemiste kans. De VN werken het best als de Verenigde Staten en de secretaris-generaal samenwerken; dan zijn de grote kracht van Amerika en de morele kracht van de VN die de wensen en verlangens van de rest van de wereld vertegenwoordigen, met elkaar verbonden. Annan was de eerste secretaris-generaal die in de Verenigde Staten onderwijs had genoten. Hij had veel Amerikaanse vrienden en deelde veel Amerikaanse standpunten. Hij was Afrikaan en begreep de behoeften en eisen van de derde wereld. Hij is gehuwd met een Zweedse en leerde daardoor de Europeanen kennen en kreeg begrip voor hun irritatie als een Amerikaanse regering weer eens door wilde drammen zonder hen. Hij was een onafhankelijk denker maar niet koppig. Hij deed graag mensen een plezier maar was niet slaafs. Hij was eerlijk maar niet arrogant. Hij had alle persoonlijkheidskenmerken die Amerikanen zo bewonderen in een partner. Maar de regering-Bush draaide hem en de VN de rug toe en vernietigde daarmee iedere kans op samenwerking.

De achtenzestig jaar oude Annan is niet van plan om na zijn vertrek eind 2006 rustig van zijn pensioen te gaan genieten en uit te gaan rusten. Samen met Nane wil hij afwisselend een halfjaar in Ghana gaan wonen en een halfjaar in Zweden bij Nanes familie, of in Zwitserland bij Nina en hun twee kleinkinderen.

Annan wil zich wijden aan enkele Afrikaanse problemen: het kleine aantal vrouwen dat onderwijs geniet en de armzalige staat waarin de landbouw verkeert. 'Afrika is het enige continent waar geen groene revolutie heeft plaatsgevonden,' zei hij, 'het is het enige continent dat niet in staat is zichzelf te voeden.' Hij gaat proberen om een stichting op te zetten die zich met deze problemen bezighoudt, of zich bij een stichting of instelling aan te sluiten die zich al op deze terreinen begeeft.

Nadat we in mei hadden gepraat over zijn toekomst in de ontwikkeling van Afrika, belde hij me de volgende dag op. 'Ik ga hier aan meewerken,' zei hij. 'Het is niet zomaar een ideetje, het staat vast.' Door te gaan werken aan de ontwikkeling van Afrika vervult hij in ieder geval de belofte die hij en andere jonge Afrikaanse studenten deden toen hun land net onafhankelijk geworden was. Ze hadden gezworen, zoals Annan het eens zei, om onderwijs te volgen, een vak te leren, en dan terug te komen om een bijdrage te leveren.

De Nobelprijslezing van Kofi Annan

Hieronder volgt de lezing die Kofi Annan op 10 december 2001 uitsprak nadat hij de Nobelprijs voor de Vrede in ontvangst had genomen.*

Koninklijke Hoogheden, Excellenties, leden van het Noorse Nobelcomité, dames en heren:

Vandaag zal er in Afghanistan een meisje worden geboren. Haar moeder zal haar vasthouden en te eten geven, haar vertroetelen en voor haar zorgen – zoals iedere moeder waar ook ter wereld. In deze meest elementaire bezigheden van de menselijke natuur is de mensheid niet verdeeld. Maar als meisje geboren worden in het Afghanistan van vandaag is beginnen aan een leven dat eeuwen verwijderd is van de welvaart die een klein deel van de mensheid heeft bereikt. Een leven onder omstandigheden die velen van ons in deze hal onmenselijk zouden vinden.

Ik heb het over een meisje in Afghanistan, maar ik had ook een net geboren jongetje of meisje in Sierra Leone kunnen noemen. Er is nu niemand die zich niet bewust is van de scheiding tussen de rijken en de armen in de wereld. Niemand kan nog zeggen dat hij niet weet hoeveel er voor deze scheiding wordt betaald door de armen en bezitlozen, die niet minder recht hebben op menselijke waardigheid, fundamentele vrijheid, veiligheid, eten en onderwijs dan ieder ander van ons. Die kosten worden echter niet alleen door hen gedragen. Uiteindelijk dragen wij die allemaal – Noord en Zuid, arm en rijk, mannen en vrouwen van alle rassen en religies.

De echte grenzen van vandaag lopen niet tussen landen maar tussen machtigen en machtelozen, vrijen en geketenden, bevoorrechten en vernederden. Muren kunnen crises in menselijkheid of mensenrechten in één deel van de wereld niet meer scheiden van crises in de nationale veiligheid van een ander deel.

Volgens geleerden is de wereld van de natuur zo klein en zijn de elementen zo afhankelijk van elkaar dat een vlinder die in het Amazonegebied zijn vleugels neerslaat, een storm kan veroorzaken aan de andere kant van de aarde. Dit principe is bekend als het 'vlindereffect'. We realiseren ons tegenwoordig, misschien meer dan ooit tevoren, dat de wereld van de menselijke activiteit zijn eigen 'vlindereffect' heeft – of dat nu goed is of fout.

Dames en heren, we hebben het derde millennium door een poort van vuur betreden. Als we vandaag, na de verschrikkingen van 11 september, beter zien en verder zien – dan zullen we beseffen dat de mensheid ondeelbaar is. Nieuwe bedreigingen maken geen onderscheid meer tussen rassen, naties of regio's. Een nieuwe onveiligheid is iedere geest binnengedrongen, ongeacht rijkdom of status. Een dieper bewustzijn van de banden die ons allen binden – in voor- en tegenspoed – heeft jong en oud in zijn greep.

Aan het begin van de eenentwintigste eeuw – een eeuw waarin nu al alle hoop is verdwenen dat vooruitgang alleen maar in de richting van wereldvrede en welvaart kan gaan – kan deze nieuwe realiteit niet langer genegeerd worden. Zij moet worden bestreden.

De twintigste eeuw was misschien wel de dodelijkste in de menselijke geschiedenis, geteisterd door talloze conflicten, ongehoord lijden en onvoorstelbare misdaden. Keer op keer gebruikte een groep of natie extreem geweld tegen een andere, vaak gedreven door irrationele haat en argwaan, of tomeloze arrogantie en dorst naar macht en rijkdom. In reactie op deze catastrofes kwamen de wereldleiders rond het midden van de eeuw bij elkaar om de naties samen te binden als nooit eerder was gebeurd.

Er werd een forum geschapen – de Verenigde Naties – waarin alle naties hun krachten konden bundelen om de waarde en waardigheid van ieder mens te erkennen, en vrede en ontwikkeling te bereiken voor alle volkeren. Hier konden staten zich verenigen om het recht van de wet te versterken, om de behoeften van de armen te erkennen en te bestrijden, om de wreedheid en hebzucht van de mens te beteugelen, de natuurlijke hulpbronnen en de schoonheid van de natuur te bewaren, en de veiligheid van toekomstige generaties te verzekeren.

Van de twintigste eeuw hebben we dus zowel de politieke als de wetenschappelijke en technologische macht geërfd die ons – als we maar de wil hebben die te gebruiken – de kans geeft om armoede, kennisgebrek en ziekte te doen verdwijnen.

In de eenentwintigste eeuw zal volgens mij de missie van de Verenigde Naties bepaald worden door een nieuw, dieper bewustzijn van de heiligheid en waardigheid van ieder menselijk leven, ongeacht ras en religie. Dat zal van ons vereisen dat we over het raamwerk van staten heen kijken, en onder het oppervlak van naties en gemeenschappen. We moeten ons als nooit tevoren richten op het verbeteren van de omstandigheden van de individuele mannen en vrouwen die de staat of natie vormen of haar rijkdom en karakter geven. We moeten beginnen met dat Afghaanse meisje, in de wetenschap dat het redden van één leven het redden van de mensheid zelf is.

De afgelopen vijf jaar heb ik vaak gezegd dat het Handvest van de Verenigde Naties begint met 'Wij, de volken van de Verenigde Naties'. Wat niet altijd wordt erkend is dat 'wij, de volken' bestaan uit individuen van wie de claims op de meest fundamentele rechten maar al te vaak zijn opgeofferd in het veronderstelde belang van de staat of natie.

Genocide begint met de moord op één mens – niet om wat hij gedaan heeft, maar om wie hij is. Een campagne van 'etnische zuivering' begint als een man zich tegen zijn buurman keert. Armoede begint al als maar één kind het fundamentele recht op onderwijs wordt onthouden. Wat begint met het schenden van de waardigheid van één leven, eindigt maar al te vaak met een ramp voor hele naties.

In deze nieuwe eeuw moeten we beginnen te begrijpen dat vrede niet alleen tot staten en volkeren behoort, maar ook tot ieder lid van die gemeenschappen. De soevereiniteit van staten mag niet langer worden gebruikt als dekmantel voor grove overtredingen van de mensenrechten. Vrede moet werkelijk en tastbaar worden gemaakt in het dagelijks bestaan van ieder behoeftig individu. En vrede moet vooral worden nagestreefd omdat dat de conditie is waarin ieder lid van de menselijke familie een leven in waardigheid en veiligheid kan leven.

De rechten van het individu zijn niet minder belangrijk voor immigranten en minderheden in Europa dan voor vrouwen in Afghanistan of kinderen in Afrika. Ze zijn net zo fundamenteel voor de armen als voor de rijken; ze zijn net zo onmisbaar voor de veiligheid van de ontwikkelde wereld als voor die van de ontwikkelingswereld. Vanuit deze visie op de rol van de Verenigde Naties in de komende eeuw komen drie kernprioriteiten voor de toekomst voort: het uitwissen van armoede, het voorkomen van conflict en het bevorderen van democratie. Alleen in een wereld zonder armoede kunnen mannen en vrouwen hun talenten volledig benutten. Alleen waar de rechten van het individu worden gerespecteerd, kunnen geschillen politiek gekanaliseerd worden en vredig opgelost. Alleen in een democratische omgeving die gebaseerd is op respect voor diversiteit en dialoog, kunnen individuele zelfexpressie en zelfbestuur tot ontwikkeling komen. Gedurende mijn hele termijn als secretaris-generaal heb ik geprobeerd het wezen mens in het middelpunt te zetten van alles wat we doen – van het voorkomen van conflicten via ontwikkeling tot mensenrechten. Het zorgen voor werkelijke en blijvende verbetering in de levens van individuele mannen en vrouwen is de maatstaf van alles wat wij bij de Verenigde Naties doen.

Het is in deze geest dat ik bij het honderdjarig bestaan van de Nobelprijs, de Nobelprijs voor de Vrede nederig in ontvangst neem. Vandaag veertig jaar geleden werd de prijs voor 1961 voor de eerste keer toegekend aan een secretaris-generaal van de Verenigde Naties – postuum, omdat Dag Hammarskjöld zijn leven had geofferd voor vrede in Centraal-Afrika. En op dezelfde dag werd de prijs voor 1960 voor de eerste keer toegekend aan een Afrikaan – Albert Lutuli, een van de eerste aanvoerders in de strijd tegen apartheid in Zuid-Afrika. Voor mij, als jonge Afrikaan die enkele maanden later zijn carrière zou beginnen bij de Verenigde Naties, zetten deze mannen een maatstaf waarnaar ik mijn hele werkzame leven heb getracht te leven.

Deze prijs komt niet alleen mij toe. Ik sta hier niet alleen. Namens al mijn collega's overal in de Verenigde Naties, in iedere hoek van de wereld, die hun leven hebben gewijd – en in veel gevallen geriskeerd of zelfs gegeven ten dienste van de vrede – dank ik de leden van het Nobelcomité voor deze enorme eer. Mijn eigen weg naar en binnen de Verenigde Naties is mogelijk gemaakt door opoffering en toewijding van mijn familie en vele vrienden uit alle werelddelen – van wie sommigen ons zijn ontvallen – die me hebben onderwezen en geleid. Hen ben ik oprecht dankbaar.

In een wereld vol oorlogstuig en al te vaak ook oorlogstaal is het Nobelcomité een belangrijke voorvechter van de vrede geworden. Jammer genoeg is een prijs voor de vrede zeldzaam in deze wereld. De meeste naties hebben monumenten om oorlogen te herdenken, bronzen aandenkens aan heroïsche veldslagen, triomfbogen. Maar voor de vrede wordt geen defilé gehouden, er bestaat geen eretempel voor de overwinning van de vrede. Wat er voor haar wel is, is de Nobelprijs – een verklaring van hoop en moed met een unieke weerklank en een uniek gezag. Alleen door de behoefte van het individu aan vrede, aan waardigheid en aan veiligheid te begrijpen en aan te pakken kunnen wij bij de Verenigde Naties hopen dat we leven naar de eer die ons vandaag ten deel valt en dat we de toekomstvisie van onze oprichters werkelijkheid kunnen laten worden. Dit is de alomvattende missie van vrede die de medewerkers van de Verenigde Naties iedere dag overal ter wereld uitdragen. Enkelen van hen, mannen en vrouwen, zijn onder ons in deze hal. Zo zit hier bijvoorbeeld een militaire waarnemer uit Senegal die helpt om veiligheid in de Democratische Republiek Congo te brengen, een politieadviseur uit de Verenigde Staten die meehelpt om de rechtshandhaving in Kosovo te verbeteren, een kinderbeschermer van Unicef uit Ecuador die helpt bij het verdedigen van de rechten van de meest kwetsbare burgers van Colombia, en een functionaris van het Wereldvoedselprogramma uit China die helpt bij het brengen van eten naar de bevolking van Noord-Korea. Geëerde gasten, het idee dat er één volk zou zijn dat de waarheid in pacht heeft, één antwoord op alles wat fout gaat in de wereld of één oplossing voor de behoeften van de mensheid, heeft in het verleden voor onmetelijk leed gezorgd – zeker in de vorige eeuw. Maar nu, zelfs terwijl overal ter wereld etnische conflicten woeden, groeit het begrip dat de menselijke diversiteit zowel werkelijkheid is die dialoog noodzakelijk maakt, als de basis van die dialoog.

We begrijpen als nooit tevoren dat ieder van ons het volste recht heeft op het respect en de waardigheid die de kern vormen van ons gemeenschappelijk mens-zijn. We erkennen dat we het product zijn van vele culturen, tradities en herinneringen, dat we door wederzijds respect andere culturen kunnen bestuderen en van hen kunnen leren, en dat we sterker worden als we het vreemde met het bekende combineren. In iedere grote religie en traditie kan men vinden hoeveel waarde er wordt gehecht aan tolerantie en wederzijds begrip. De Koran bijvoorbeeld zegt: 'Wij hebben jullie geschapen uit een man en een vrouw en Wij hebben jullie tot volken en stammen gemaakt, opdat jullie elkaar leren kennen.' Confucius drong bij zijn volgelingen aan: 'Als de goede weg in de staat overheerst, handel dan met kracht en spreek zacht. Als de staat van de goede weg is afgedwaald, spreek dan met kracht en handel met kracht.' In de joodse traditie wordt het gebod 'Eert uw naasten als uzelf' beschouwd als de kern van de Thora. Deze gedachte wordt weerspiegeld in het christelijke evangelie dat ons eveneens leert om onze vijanden lief te hebben en te bidden voor hen die ons achtervolgen. Hindoes leren dat 'de waarheid één is', maar dat de wijzen er verschillende namen aan geven. En in de boeddhistische traditie moeten individuen handelen met compassie voor ieder facet van het leven. Ieder van ons heeft het recht trots te zijn op zijn geloof of erfenis. Maar het idee dat dat wat het onze is, noodzakelijkerwijs botst met dat wat het hunne is, is zowel verkeerd als gevaarlijk. Het heeft geleid tot eindeloze vijandelijkheden en conflicten en de mens gebracht tot het plegen van de grootste misdaden in naam van een hogere macht.

Zo hoeft het niet te zijn. Mensen met verschillende religies en culturen leven bijna overal ter wereld naast elkaar, en de identiteit van de meesten van ons overlapt die van anderen. We kunnen houden van wat we zijn zonder te haten wat – en wie – we niet zijn. We kunnen in onze eigen traditie gedijen terwijl we van anderen leren en hun lessen gaan respecteren.

Dat is echter niet mogelijk zonder vrijheid van godsdienst, van meningsuiting, van vergadering en van gelijkheid voor de wet. De les van de afgelopen eeuw is dat waar de waardigheid van het individu vertrapt of bedreigd werd – waar burgers niet het fundamentele recht hebben om hun regering te kiezen of het recht die regelmatig te wijzigen – maar al te vaak het conflict volgde waarin onschuldige burgers de prijs betaalden met een voortijdig dood en het einde van hun gemeenschappen.

De hindernissen op weg naar democratie hebben weinig van doen met cultuur of religie, maar veel meer met de wens van de machthebbers om hun positie tegen iedere prijs te behouden. Dit verschijnsel is noch nieuw noch beperkt tot een bepaald deel van de wereld. Mensen in alle culturen wensen keuzevrijheid en hebben de behoefte om iets te zeggen te hebben in besluiten die hun leven beïnvloeden.

De Verenigde Naties, waarvan bijna alle staten van de wereld lid zijn, zijn gebaseerd op het principe dat ieder menselijk wezen evenveel waard is. De organisatie komt het dichtst bij een vertegenwoordigend orgaan dat voor de belangen van alle staten en alle volken op kan komen. Met behulp van dit universele, onvervangbare instrument van de menselijke vooruitgang kunnen staten de belangen van hun burgers dienen door de gemeenschappelijke belangen te erkennen en die als eenheid na te streven. Het is zonder twijfel daarom dat het Nobelcomité zegt dat het 'wenst, in dit jaar van het eeuwfeest, te verklaren dat de enige begaanbare weg naar wereldvrede en samenwerking via de Verenigde Naties voert.' Volgens mij erkent het comité ook dat dit tijdperk van wereldwijde uitdagingen geen andere keuze laat dan samenwerking op wereldniveau. Als staten de wet overschrijden en de rechten van hun individuele burgers geweld aandoen, vormen ze niet alleen een bedreiging voor hun eigen volk maar ook voor hun buren, en zelfs voor de wereld. Wat we nu nodig hebben is beter bestuur – legitiem, democratisch bestuur waaronder ieder individu kan bloeien en de welvaart in iedere staat toe kan nemen.

Koninklijke Hoogheden, Excellenties, dames en heren, u zult zich herinneren dat ik mijn toespraak begon met een verwijzing naar het meisje dat vandaag in Afghanistan geboren wordt. Hoewel haar moeder alles zal doen wat ze kan om haar te beschermen en te voeden, is er een kans van één op vier dat ze haar vijfde verjaardag niet haalt. Of ze die wel haalt, is simpelweg een proeve van onze gemeenschappelijke menselijkheid – van ons geloof in onze individuele verantwoordelijkheid voor onze medemannen en -vrouwen. Maar het is de enige proeve die ertoe doet. Denk aan dit meisje, en onze verder weg gelegen doeleinden – het bestrijden van armoede, het voorkomen van conflict en het genezen van ziekten – lijken ineens zo ver weg of onmogelijk niet meer. Deze doeleinden zullen juist heel dichtbij lijken en zeer bereikbaar – zoals ze ook zouden moeten zijn. Omdat onder het oppervlak van staten en naties, van ideeën en talen, het lot ligt van individuele menselijke wezens in nood. Het lenigen van hun behoeften zal de komende eeuw de missie moeten zijn van de Verenigde Naties.

Dank u wel.

Chronologisch overzicht

1938

8 april Kofi ('geboren op vrijdag') Atta ('tweeling') Annan wordt in Kumasi, de Goudkust, geboren als zoon van Henry Reginald en Victoria Annan.

1953

Kofi gaat naar Mfantsipim, een middelbare school voor de elite die door Britse missionarissen is gesticht. De directeur is de Ghanees Francis Bartels, een vriend van Kofi's vader.

1957

6 maart De Britse kolonie de Goudkust wordt onafhankelijk, de eerste kolonie in tropisch Afrika, onder de naam Ghana. Premier wordt de latere president Kwame N'krumah.

september Kofi gaat naar het Kumasi Institute of Science and Technology om economie te studeren.

1958

Annan wordt gekozen tot vicevoorzitter van de Ghanese nationale studentenbond.

1959

Annan betreedt als eerstejaars Macalester College in St. Paul, Minnesota, Verenigde Staten. Zijn opleiding wordt betaald door de Ford Foundation.

1961

Annan studeert af aan Macalester College.

Annan gaat studeren aan het Institut Universitaire de Hautes Études Internationales met een Carnegie Endowment (een studiebeurs).

1962

Annan gaat werken bij de Wereldgezondheidsorganisatie in Genève als boekhoudkundig medewerker. Hij heeft de rang P1, de laagste in de VN-organisatie.

1965

mei Kofi Annan huwt met Titi Alakija uit Nigeria in de anglicaanse kerk van de Heilige Drie-eenheid in Genève.

september Annan wordt naar Addis Abeba, de hoofdstad van Ethiopië, gestuurd als administratief medewerker van de personeelsafdeling van de Economic Commission for Africa.

1966

24 februari President N'krumah van Ghana wordt door een militaire staatsgreep afgezet.

1968

april Annan wordt benoemd tot speciaal assistent van het hoofd van de administratie van de Economic Commission for Africa.

november Annan gaat voor een speciale opleiding van een jaar naar het VN-hoofdkwartier in New York.

1969

oktober Annan wordt benoemd tot plaatsvervangend hoofd van de afdeling Personeelszaken van de Economische Commissie voor Afrika.

november In Lagos, Nigeria, de plaats waar de familie van Titi woont, krijgt het echtpaar Annan een dochter, Ama.

1970

juni Annan wordt benoemd tot hoofd Personeelszaken van de Economische Commissie voor Afrika.

1971

juni Annan neemt een jaar vrij om met een Alfred Sloan-beurs te studeren aan het Massachusetts Institute of Technology (MIT).

1972

13 januari De burgerregering van Ghana, die na de militaire staatsgreep was geïnstalleerd, wordt door een tweede staatsgreep omvergeworpen. Luitenant-kolonel, later generaal, Ignatius Kutu Acheampong zal het land ruim zes jaar regeren.

juni Annan wordt Master of Science aan het MIT. Hij keert terug naar Addis Abeba.

augustus Annan wordt als administratief hoofdmedewerker naar Genève gestuurd.

1973

juli In Genève wordt de zoon van het echtpaar Annan, Kojo, geboren.

1974

mei Annan wordt tijdelijk gestationeerd bij de VN-vredesmacht in Egypte, de UN Emergency Force II (UNEF II), met als standplaats Caïro, later Ismailia, als hoofd personeelszaken van het burgerpersoneel dat bij de vredesmissie werkzaam is.

november Annan verlaat de VN en wordt algemeen directeur van het Ghanese Toeristenbureau in Accra.

1976

september Annan keert terug bij de VN in New York en krijgt een betrekking op de afdeling Personeelszaken.

1978

1 september Annan wordt plaatsvervangend hoofd van de stafdiensten van de personeelsafdeling van de VN in New York.

1980

1 augustus Annan wordt benoemd tot hoofd Personeelszaken van het bureau van het Hogecommissariaat voor de Vluchtelingen (UNHCR) in Genève.

Kofi Annan en Titi gaan uit elkaar.

1981

Annan ontmoet Nane Lagergren, een Zweedse juriste die ook voor de UNHCR werkt.

1983

1 april Annan wordt benoemd tot directeur van de administratieve dienst van het hoofdkwartier in New York.

1 september Annan wordt benoemd tot directeur van het kantoor van de ondersecretaris-generaal voor administratie en management.

Kofi Annan en Titi gescheiden.

1984

9 januari Annan wordt benoemd tot directeur van de sectie begroting van de afdeling Financiën.

10 september Kofi Annan en Nane trouwen in het kerkelijk centrum van de Verenigde Naties in New York.

1987

1 februari Secretaris-generaal Javier Pérez de Cuéllar benoemt Annan tot assistent-secretaris-generaal Human Resources (Personeelszaken).

1990

2 augustus President Saddam Hoessein van Irak valt Koeweit binnen en bezet het land.

1 september Pérez de Cuéllar benoemt Annan tot assistent-secretaris-generaal belast met planning, begroting en financiën.

september Pérez de Cuéllar stuurt het hoofd van zijn staf, Viendra Dayal, en Annan naar Irak om te onderhandelen over de vrijlating van VN-medewerkers die in gijzeling gehouden worden. Ze komen vrij. Annan organiseert een luchtbrug uit Irak voor enkele honderdduizenden Aziatische en Afrikaanse arbeiders.

1991

17 januari Bagdad wordt gebombardeerd door een coalitie onder aanvoering van de Verenigde Staten, die de Iraakse troepen uit Koeweit verjaagt. Op 27 februari wordt de oorlog beëindigd. De Veiligheidsraad legt Irak zware sancties op die niet opgeheven zullen worden totdat Irak al zijn massavernietigingswapens vernietigd heeft. VN-inspecteurs worden aangewezen om te controleren of deze verplichting wordt nagekomen.

1992

januari Boutros Boutros-Ghali uit Egypte wordt de zesde secretaris-generaal van de VN.

januari Annan komt aan het hoofd van een team VN-onderhandelaars dat moet proberen een overeenkomst met Irak te sluiten voor een olie-voor-voedselprogramma. De Iraakse delegatie wordt geleid door Tariq Aziz. De onderhandelingen mislukken.

februari Nadat een meerderheid van de bevolking van Bosnië heeft gekozen voor afscheiding van Joegoslavië, komen Servische troepen de Bosnische Serviërs versterken in een burgeroorlog tegen Bosnische moslims. Serviërs gaan over tot bloedige 'etnische zuiveringen' van moslimgebieden in Bosnië. De VN sturen vredestroepen om konvooien van hulpverleners te beschermen.

maart Annan, nog steeds in de rang van assistent-secretaris-generaal, wordt benoemd tot plaatsvervangend hoofd van het departement voor Vredesoperaties.

december President George H.W. Bush stuurt, met goedkeuring van de VN, Amerikaanse troepen naar Somalië om een menselijk drama te voorkomen.

1993

februari Boutros-Ghali promoveert Annan tot ondersecretaris-generaal verantwoordelijk voor vredeshandhaving.

3-4 oktober Achttien Amerikanen sneuvelen en twee Black Hawk-helikopters worden neergehaald in Mogadishu tijdens een vuurgevecht met de aanhang van krijgsheer Aideed. President Clinton maakt bekend dat hij alle Amerikaanse troepen binnen vijf maanden uit Somalië terug zal trekken.

1994

11 januari De Canadese generaal Roméo Dallaire, hoofd vredeshandhaving in Rwanda, stuurt een telegram naar zijn landgenoot generaal Maurice Baril in New York waarin hij waarschuwt voor plannen van Hutu-extremisten om de Tutsi's uit te roeien. In het antwoord vanuit New York, opgesteld door Iqbal Riza met goedkeuring van Annan, wordt gevraagd om president Habyarimana in te lichten in de hoop dat hij de boodschap zal beschouwen als een waarschuwing om de plannen van de extremisten te stoppen.

6 april De Hutu-presidenten van Rwanda en Burundu vinden de dood als hun vliegtuig met raketten wordt neergehaald. Militante Hutu's beginnen een moordpartij die uit zal lopen op de dood van honderdduizenden Tutsi's.

17 mei De Veiligheidsraad keurt, na een vertraging van twee weken, goed dat er een vredesmacht van vijfenvijftighonderd man wordt samengesteld om een einde te maken aan het moorden in Rwanda. Maar regeringen stellen niet voldoende soldaten ter beschikking en de vredesmacht komt er nooit.

juli Frankrijk lanceert Opération Turquoise, een poging om met Franse en Senegalese troepen een einde aan het moorden te maken. Hiertegen komt verzet van Tutsi-generaal Paul Kagame en zijn leger dat inmiddels het grootste deel van het land in handen heeft.

1995

juli De crisis in Bosnië bereikt haar hoogtepunt met de massamoord op enkele duizenden Bosnische mannen nadat de Serviërs het zogenaamde 'veilige gebied' Srebrenica in handen hebben gekregen. Door deze gruweldaad besluiten de Verenigde Staten en Europese landen om van strategie te veranderen. Vanaf nu mogen Servische troepen in Bosnië gebombardeerd worden.

november Richard Holbrooke dwingt op luchtmachtbasis Wright-Patterson in Dayton, Ohio, een overeenkomst af waarmee een einde komt aan de oorlog in Bosnië.

november Boutros-Ghali stuurt Annan naar het voormalige Joegoslavië als speciale afgezant van de secretaris-generaal belast met de VN-missies in Kroatië en Bosnië.

1996

april Annan komt terug op de positie van ondersecretaris-generaal vredeshandhaving.

20 mei Irak stemt in met het olie-voor-voedselprogramma; de overeenkomst wordt ondertekend door Boutros-Ghali en Iraakse regeringsfunctionarissen.

19 november De Amerikaanse ambassadeur Madeleine Albright spreekt het veto uit over een tweede termijn van Boutros-Ghali als secretaris-generaal. De stemming in de Veiligheidsraad is veertien voor en één tegen.

november De Veiligheidsraad keurt het uitzenden van een vredesmacht onder Canadese leiding goed om Hutu-vluchtelingen in het oosten van Congo te beschermen tegen het Tutsi-leger van Kagame, maar de vredesmacht wordt nooit uitgezonden nadat de Verenigde Staten hebben beweerd dat de vluchtelingen naar Rwanda zijn teruggekeerd. De UNHCR en andere hulporganisaties wijzen er herhaaldelijk op dat de VS zich vergissen.

13 december Nadat de Fransen hun bezwaren hebben laten vallen, wordt Kofi Annan uit Ghana gekozen tot de zevende secretaris-generaal van de Verenigde Naties.

1997

2 januari Annan treedt in functie. De Algemene Vergadering gaat akkoord met zijn voorstel om de nieuwe positie van plaatsvervangend secretaris-generaal in het leven te roepen om het management van de VN te versterken. Op deze positie wordt Louise Frechette uit Canada benoemd.

april De nieuwe secretaris-generaal publiceert een rapport over Afrika. Hij zegt tegen de Afrikanen dat ze moeten ophouden met al hun problemen op het kolonialisme te schuiven en dat Afrika naar zichzelf moet kijken.

mei Laurent Kabila grijpt de macht in Zaïre (dat al snel weer Congo zal heten) en voorkomt VN-onderzoek naar massamoorden tijdens de burgeroorlog in zijn land.

juli Annan roept de Organisatie van Afrikaanse Eenheid op om regeringen die door militaire staatsgrepen aan de macht zijn gekomen, niet langer binnen de organisatie te tolereren.

juli Annan benoemt Richard Butler uit Australië tot hoofd van de inspecteurs die massavernietigingswapens in Irak moeten opsporen.

oktober Irak verklaart dat het niet langer Amerikanen toe zal laten die als leden van de inspectieteams het land binnenkomen. Een crisis wordt voorkomen als Rusland Irak verzoekt deze beperking op te heffen.

1998

januari Irak verklaart dat het geen inspecties toe zal staan van de presidentiële paleizen. De Verenigde Staten dreigen Irak te bombarderen.

20 februari Annan bezoekt Bagdad om de zaak van de inspecties te bespreken met Saddam Hoessein. Na de ontmoeting tekent hij een overeenkomst met Aziz waardoor inspecties weer worden toegestaan. De Verenigde Staten roepen hun bommenwerpers terug.

mei Tijdens een reis door Afrika hoort Annan voor het eerst over een artikel in de *New Yorker* waarin zijn rol in de Rwanda-crisis wordt bekritiseerd. Hij spreekt het Rwandese parlement toe en haalt zich de woede van Rwandese politici op de hals door te zeggen dat de verschrikkingen in 1994 'van binnenuit' kwamen.

juni Annan geeft een lezing in Ditchley Park, Groot-Brittannië, waarin hij de stelling verdedigt dat interventie van de VN is toegestaan als dat de enige manier is om mensen van onderdrukking door de eigen regering te bevrijden.

oktober De overeenkomst tussen Annan en Irak wordt geschonden. Irak kondigt aan dat het niet langer aan de inspecties mee zal werken.

november In de *New Yorker* verschijnt een artikel van Philip Gourevitch waarin uit het telegram uit 1994 wordt geciteerd dat door Annans kantoor aan generaal Dallaire in Rwanda was gestuurd. In het artikel wordt Annan verweten dat hij geen alarm geslagen heeft, maar Annan beweert dat daarmee helemaal niets bereikt zou zijn.

16 december Amerikaanse en Britse vliegtuigen bombarderen Iraakse militaire installaties.

1999

januari Het VN-secretariaat doet onderzoek naar verhalen in de pers dat Kojo, de zoon van secretaris-generaal Annan, voor het Zwitserse bedrijf Cotecna werkte toen het een contract van de VN verwierf in het kader van het olie-voor-voedselprogramma. Het onderzoek wordt oppervlakkig uitgevoerd; volgens Kojo had hij de banden met Cotecna al eerder verbroken. De staf concludeert dat alles in orde was.

24 maart De NAVO begint Servië te bombarderen om daarmee een einde te maken aan de onderdrukking van Albaniërs in de Servische provincie Kosovo. Volgens Annan had de NAVO eerst goedkeuring van de Veiligheidsraad moeten hebben; de NAVO leest in zijn verklaring een impliciete instemming. Er wordt drieëntachtig dagen lang gebombardeerd voordat de Serviërs toegeven.

30 augustus De bevolking van Oost-Timor kiest voor onafhankelijkheid van Indonesië. Na een referendum vermoorden groepen jonge oproerkraaiers met hulp van het Indonesische leger honderden Oost-Timorezen.

12 september President Habibi van Indonesië geeft gevolg aan Annans verzoek om VN-vredeshandhavers in Oost-Timor toe te laten om de orde te herstellen.

15 november Annan publiceert een rapport over Srebrenica waarin details van de massamoord openbaar worden gemaakt en waarin de schuld wordt gelegd bij het VN-secretariaat en leden van de Veiligheidsraad.

15 december Een onafhankelijke commissie publiceert een verslag over de moorden in Rwanda; ook hiervan krijgen het VN-secretariaat en leden van de Veiligheidsraad de schuld.

2000

augustus Lakhdar Brahimi, VN-functionaris en voormalig minister van Buitenlandse Zaken van Algerije, publiceert een rapport over de VN-vredeshandhaving. Hij pleit voor beter uitgeruste troepen die het recht hebben om tussenbeide te komen en moorden te voorkomen wanneer dat noodzakelijk is.

september Wereldleiders nemen deel aan de VN-Millenniumtop in New York en nemen enkele ontwikkelingsdoelstellingen voor het millennium aan, een uitgebreid programma om de armoede en de honger in de wereld te bestrijden en de economische en de sociale ontwikkeling te versnellen.

2001

juni De Veiligheidsraad stemt unaniem voor een tweede termijn van secretaris-generaal Kofi Annan.

11 september Terroristen van Al-Qaida kapen vier passagiersvliegtuigen. Twee daarvan worden de torens van het World Trade Center in New York ingevlogen waardoor ze instorten. Het derde vliegtuig vliegt tegen het Pentagon in Washington, het vierde stort dankzij moedig optreden van passagiers neer op het platteland van Pennsylvania.

12 september In de Veiligheidsraad wordt een resolutie aangenomen waarin geweld wordt veroordeeld en het recht van de VS wordt bevestigd om uit zelfverdediging Al-Qaida aan te vallen.

12 oktober Het Nobelcomité maakt bekend dat Kofi Annan en de VN samen de Nobelprijs voor de Vrede krijgen.

10 december Annan neemt in Oslo de Nobelprijs in ontvangst.

2002

mei Onder toezicht van de VN wordt Oost-Timor een volledig onafhankelijke en soevereine staat met een eigen regering.

12 september Zowel secretaris-generaal Kofi Annan als de Amerikaanse president George W. Bush spreken de Algemene Vergadering van de VN toe. Bush beweert dat de VN irrelevant worden als ze toe blijven staan dat Irak resoluties die het bezit van massavernietigingswapens verbieden, blijft negeren.

8 november In de Veiligheidsraad wordt unaniem resolutie 1441 aangenomen waarin van Irak wordt geëist dat het de inspecteurs weer toelaat en alle massavernietigingswapens vernietigt. Annan haalt Irak over om de inspecteurs onder leiding van Hans Blix en Mohammed el-Baradei weer toe te laten.

2003

5 februari De Amerikaanse minister van Buitenlandse Zaken Colin Powell legt de bewijzen voor aan de Veiligheidsraad dat Irak nog steeds in het bezit is van massavernietigingswapens; zijn uiteenzetting wordt op tv uitgezonden. Later zal blijken dat er van bewijzen geen sprake is.

17 maart Nadat de Verenigde Staten de Veiligheidsraad niet hebben kunnen overhalen om een resolutie aan te nemen waarin de invasie van Irak wordt goedgekeurd en ondanks pleidooien van anderen om de wapeninspecteurs nog meer tijd te gunnen, spreekt president Bush de natie toe en dreigt hij met oorlog als Saddam Hoessein Irak niet binnen achtenveertig uur verlaten heeft.

19 maart Aanvang van de Amerikaanse bombardementen op Irak; ze worden gevolgd door een invasie onder Amerikaanse leiding.

april Terwijl de oorlog voortduurt belooft zowel president Bush als de Britse premier Blair dat de VN een belangrijke rol zullen spelen in de wederopbouw van Irak. Nadat Annan de oorlog niet heeft kunnen voorkomen, krijgt hij last van zwaarmoedigheid. Hij verliest zijn stem en lijkt tijdens vergaderingen futloos.

mei De Veiligheidsraad neemt een resolutie aan waarin de Amerikaans-Britse bezetting van Irak als feit wordt geaccepteerd en waarin wordt gesteld dat er voor de VN een rol is weggelegd in Irak. Annan stuurt een missie onder leiding van de Braziliaan Sérgio Vieira de Mello naar Irak. Intussen melden Amerikaanse functionarissen dat ze geen massavernietigingswapens kunnen vinden.

juni De Iraakse politicus Ahmad Chalabi waarschuwt Edward Mortimer, de belangrijkste speechschrijver van Annan, dat hij een campagne tegen de VN gaat beginnen omdat die het mogelijk hebben gemaakt dat Saddam Hoessein winst kon halen uit het voedsel-voor-olieprogramma.

23 juli Met hulp van de VN selecteren de Amerikanen vijfentwintig Irakezen als leden van de Regeringsraad.

19 augustus Een zelfmoordenaar met een autobom rijdt tegen het VN-kantoor in Bagdad; Vieira de Mello en eenentwintig anderen vinden de dood.

22 september Bij een tweede aanslag op het VN-kantoor komen een VN-bewaker en twee Iraakse politieagenten om. Annan houdt toch een kleine missie in Irak.

20 oktober Een commissie onder voorzitterschap van de voormalige Finse premier Martti Ahtisaari publiceert een rapport over de veiligheid in Bagdad. Hierin wordt gesteld dat de VN hun staf in Bagdad onvoldoende bescherming hebben kunnen bieden. Annan trekt de hele missie terug.

2004

19 januari Ambassadeur L. Paul Bremer III, het hoofd van het voorlopig gezag van de coalitie in Irak, komt naar New York om secretaris-generaal Annan te smeken een VN-team naar Irak te sturen om grootayatollah Ali al-Sistani ervan te overtuigen dat de voorlopige regering onvoldoende tijd heeft om in juli algemene verkiezingen te houden. Al-Sistani, die geweigerd heeft met Bremer te praten, is alleen bereid om de mening van de VN hierover te aanvaarden.

februari Annan stuurt Brahimi naar Irak die daar de grootayatollah ontmoet. Brahimi is het met de Amerikanen eens dat er onvoldoende tijd is om algemene verkiezingen uit te schrijven voor juli, maar hij onderschrijft Al-Sistani's afwijzing van het Amerikaanse plan voor deelverkiezingen. Hij belooft dat hij mee zal helpen bij het selecteren van een voorlopige regering na gesprekken met talloze Irakezen. Hij reist daarvoor drie keer naar Bagdad.

april Amerikaanse mariniers vallen de stad Falluja aan, een opstandig bolwerk in het soennitische deel van Irak. Brahimi, die bang is voor vele burgerslachtoffers, waarschuwt de Amerikanen dat hij zijn opdracht terug zal geven als de aanval wordt voortgezet. De mariniers worden teruggeroepen.

juni Brahimi kondigt aan dat een Iraaks interim-kabinet gevormd zal worden. Premier wordt de door Amerika gesteunde dr. Ayad Allawi.

september Annan zegt tegen een interviewer van de BBC dat hij de door Amerika aangevoerde invasie van Irak als 'illegaal' beschouwt, een opmerking die de woede opwekt van de regering-Bush. Republikeinen beschuldigen Annan ervan dat hij de Amerikaanse presidentsverkiezingen wil beïnvloeden.

31 oktober Annan stuurt brieven naar president Bush, premier Blair en premier Allawi waarin hij verzoekt een volgende aanval op Falluja niet door te laten gaan. Weer is de woede gewekt van de regering-Bush en weer beschuldigen Republikeinen Annan ervan dat hij de Amerikaanse presidentsverkiezingen wil beïnvloeden. Geen van drieën beantwoordt de brief.

2 november Bush wordt herkozen tot president van de Verenigde Staten.

25 november Annan bekort zijn bezoek aan Ouagadougou, de hoofdstad van Burkina Faso, vanwege een aanval van depressiviteit. Ook is hij weer af en toe zijn stem kwijt. Medewerkers van Annan organiseren een ontmoeting met hem in het appartement van plaatsvervangend secretaris-generaal Frechette in de hoop hem op te kunnen beuren. Enkele dagen later vergadert Annan met specialisten in buitenlandse aangelegenheden van buiten de VN in het huis van de voormalige Amerikaanse ambassadeur bij de VN Richard Holbrooke. Annan vervangt enkele stafleden; de Brit Mark Malloch Brown wordt aangesteld tot hoofd van Annans staf.

1 december De Republikeinse senator Norman Coleman schrijft een stuk in de *Wall Street Journal* waarin hij Annan oproept af te treden in verband met het olie-voor-voedselschandaal.

21 december Tijdens een persconferentie zegt Annan: 'Ik ben blij dat dit annus horribilis bijna afgelopen is.'

26 december Een tsunami treft Zuidoost-Azië; er zijn meer dan tweehonderdduizend dodelijke slachtoffers.

2005

3 maart Annan stuurt zijn rapport 'In Larger Freedom: Towards development, security, and human rights for all' naar de Algemene Vergadering. Hierin stelt hij voor een nieuwe Raad voor de Mensenrechten op te richten en een fonds van een miljard dollar beschikbaar te stellen voor de slachtoffers van rampen als de tsunami. Ook stelt hij voor de Veiligheidsraad uit te breiden zodat deze 'representatiever wordt voor de internationale gemeenschap als geheel en voor de geopolitieke werkelijkheid van vandaag', maar hij beveelt geen specifieke herverdeling van de zetels aan.

29 maart De commissie-Volcker meldt in een tussenrapport dat Kojo Annan, de zoon van de secretaris-generaal, geprobeerd heeft zijn relatie met Cotecna, een Zwitsers bedrijf dat in 1998 een contract met de VN sloot in het olie-voor-voedselprogramma, verborgen te houden. De commissie vond geen aanwijzingen dat de secretaris-generaal zijn invloed heeft gebruikt om Cotecna te helpen het contract te verkrijgen.

augustus John R. Bolton wordt tijdens het reces van de Senaat door president Bush benoemd tot Amerikaans ambassadeur bij de VN; hiermee omzeilde de president de sterke tegenstand die er binnen de Senaat tegen de benoeming bestond.

7 september In haar eindrapport verwijt de commissie-Volcker Annan dat hij onvoldoende toezicht heeft gehouden op het olie-voor-voedselprogramma. Maar de commissie stelt ook vast dat het grootste deel van de illegale winsten die Saddam Hoessein binnenkreeg, afkomstig waren uit de smokkel van olie die oogluikend door de VS werd toegestaan, en niet uit het VN-programma.

21 december Annan verliest zijn geduld na vragen van een vasthoudende Britse verslaggever.

2006

3 maart Annan benoemt Mark Malloch Brown tot plaatsvervangend secretaris-generaal.

7 maart Annan vraagt de Algemene Vergadering om een ingrijpend programma van hervormingen aan te nemen waarmee het personeelsbeleid van de VN volledig op zijn kop gezet zou worden. Hij stelt een salarisverhoging voor uitgezonden medewerkers voor, een ontslagregeling voor duizenden medewerkers en het uitbesteden van vertaal- en andere werkzaamheden.

15 maart De Algemene Vergadering keurt met honderdzeventig stemmen voor en vier tegen de instelling goed van de nieuwe Raad voor de Mensenrechten. Tegen stemmen de Verenigde Staten, Israël, de Marshall-eilanden en Palau.

mei In Darfur, de westelijke provincie van Soedan, wordt een wankele vredesovereenkomst getekend. De Veiligheidsraad keurt goed dat VN-vredeshandhavers het toezicht op handhaving van het verdrag binnen enkele maanden over zullen nemen van de troepen van de Afrikaanse Unie.

6 juni In een toespraak beschuldigt plaatsvervangend secretaris-generaal Mark Malloch Brown de regering-Bush van het ondermijnen van de VN door het toestaan van 'te veel ongecontroleerde uithalen naar en stereotypering van de VN'. VS-ambassadeur John Bolton belt Annan en zegt: 'Ik ken u nu al sinds 1989 en ik zeg u dat dit de ergste fout van een hogere VN-functionaris is die ik in die hele periode heb meegemaakt.' Maar de secretaris-generaal ondersteunt de visie van zijn plaatsvervanger.

17 juli Na bijna een week van toenemend geweld in het Midden-Oosten sluit Annan zich aan bij de Britse premier Blair die voorstelt om een internationale 'stabilisatiemacht' naar Zuid-Libanon te sturen om ervoor te zorgen dat de extreme sjiitische militie Hezbollah geen aanvallen meer uitvoert op Israël. Het doden van drie en het ontvoeren van twee Israëlische soldaten veroorzaakte golf na golf van Israëlische luchtaanvallen op Libanon. Als reactie daarop schoot Hezbollah raketten af op Israëlische steden. Het Blair-Annan-voorstel wordt door president Bush lauw ontvangen omdat er eerst een staakt-het-vuren overeengekomen moet worden voordat een vredesmacht het gebied binnen kan gaan. Bush laat merken dat hij geïrriteerd is door Annans poging om Israël en Hezbollah over te halen om zo'n verdrag te sluiten. Annan had volgens Bush druk op Syrië, dat Hezbollah steunt, uit moeten oefenen. 'Wat ze moeten doen is Syrië overhalen om Hezbollah te zeggen dat ze met deze shit op moeten houden, en dan is het voorbij,' zei Bush tegen Blair bij een lunch tijdens de topontmoeting van de G8 in Sint-Petersburg, Rusland. De president besefte niet dat zijn microfoon openstond terwijl hij dit zei.

11 augustus De Veiligheidsraad neemt unaniem een resolutie aan waarin wordt opgeroepen tot een staakt-het-vuren in het conflict tussen Israël en Hezbollah en stemt in met het sturen van een VN-vredesmacht van vijftienduizend man die samen met het Libanese leger in het grensgebied moet gaan patrouilleren. Libanon en Israël komen een staakt-het-vuren overeen en Israël belooft dat het zich uit Zuid-Libanon terug zal trekken als de blauwhelmen arriveren.

31 december De tweede en laatste termijn van Kofi Annan, nu achtenzestig jaar oud, is ten einde.

Dankwoord

Secretaris-generaal Kofi Annan zelf was mijn grootste hulp bij het schrijven van dit boek: hij vertelde vrienden en bekenden dat dit project zijn zegen heeft en dat niemand die met mij praatte, iets achter hoefde te houden. In de loop der jaren heeft hij zelf altijd ruim tijd voor me vrijgemaakt. Ik ben hem veel dank verschuldigd, zowel voor dit boek als voor het begrijpen van de Verenigde Naties.

Dit werk zou niet geschreven kunnen zijn zonder de hulp van Frederick Eckhard, de voormalige woordvoerder van de secretaris-generaal. Ik heb meer dan vijftien jaar met Fred gewerkt. Als persvoorlichter moet hij uniek zijn geweest aangezien hij nooit iets verdraaide: hij wist juist heel goed hoe hij de waarheid in al haar nuances moest overbrengen. Als woordvoerder moest hij er alleen maar voor zorgen dat de pers de VN en de beslissingen van de secretaris-generaal begreep. Ook Fred heeft dit project van begin af aan gesteund. Hij heeft het projectvoorstel door de jungle van de bureaucratie geleid totdat het op het bureau van de secretaris-generaal lag en die zijn medewerking toezegde. Toen Eckhard met pensioen ging, vroeg hij zijn opvolger Stéphane Dujarric om de hulp die het bureau van de woordvoerder me altijd had gegeven, voort te zetten.

Dujarric en verscheidene leden van zijn team, zoals Catharine Smith, Jane Gaffney en Maricel Magas-Sniffen, waren altijd behulpzaam. Maricel was zelfs van onschatbare waarde. Ze zocht naar feiten en cijfers, spoorde foto's op en organiseerde afspraken met de secretaris-generaal. De plaatsvervanger van Dujarric, Marie Okabe, was persvoorlichter tijdens mijn reis naar Afrika in 2002 en zorgde ervoor dat ik behandeld werd alsof ik deel uitmaakte van de staf van de secretaris-generaal. Ook ben ik veel dank verschuldigd aan fotograaf Eskinder Debebe en bibliothecaris Anahit Turabian van de fotoafdeling van de VN; met hen heb ik de foto's voor dit boek uitgezocht.

Zo'n veertig mensen hebben gegevens verstrekt over gebeurtenissen in het leven van de secretaris-generaal. Dat waren VN-functionarissen, wetenschappers, diplomaten en journalisten, en vrienden en familie van Annan. We spraken elkaar rechtstreeks of telefonisch en stuurden elkaar e-mails en faxen. En bijna allemaal spraken ze altijd zonder enige terughoudendheid. Geen enkel citaat in dit boek is dan ook anoniem. Die mensen waren Keek Sugawara Abe, Georges Abi-Saab, Akipataki Akiwumi-Thompson, Kobina Annan, Diego Arria, Francis Bartels, Catherine Bertini, Boutros Boutros-Ghali, Virendra Dayal, Karen de Young, Stéphane Dujarric, Fred Eckhard, Maggie Farley, Ahmad Fawzi, Marrack Goulding, David Lanegan, Evelyn Leopold, Susan Linnee, Edward C. Luck, Colum Lynch, Tyler Marshall, Edward Mortimer, Roger K. Mosvick, William L. Nash, Thomas R. Pickering, Julia Preiswerk, Kieran Prendergast, Iqbal Riza, Barbara Roddick, James P. Rubin, Mohammed Sacirbey, William Shawcross, Lamine Sise, Theodore C. Sorensen, James S. Sutterlin, Shashi Tharoor, Brian Urquhart en Juan Antonio Yañez-Barnuevo.

Natuurlijk hebben veel meer mensen me geholpen om het functioneren van de Verenigde Naties te begrijpen. Van hen was ik afhankelijk toen ik de VN in de jaren negentig volgde als journalist van de *Los Angeles Times*. De meesten van hen worden genoemd in mijn geschiedkundig overzicht *United Nations: The first fifty years* (1995).

Toch wil ik er hier twee noemen. Mijn oude vriend Ángel Viñas, een bekende Spaanse historicus, was namens de Europese Unie ambassadeur bij de VN toen ik daar als journalist werkte. Hij begeleidde en hielp me in moeilijke tijden. In 2004 verschenen zijn memoires, *Al Servicio de Europa: Innovación y Crisis en la Comisión Europea* (Madrid, Editorial Complutense), waarin hij ook terugkijkt op zijn tijd bij de VN. De ander is Anthony Goodman die twee decennia achtereen correspondent van Reuters bij de

VN was en in mei 2006, vierenzeventig jaar oud, overleed. Tony, die een encyclopedische kennis had van de geschiedenis van de VN, was altijd aardig en een bron van informatie.

Ik was zo gelukkig dat ik werd uitgenodigd voor twee heel nuttige congressen. Jean E. Krasno, die de officiële stukken van Annan redigeert, vroeg me of ik aanwezig wilde zijn bij een congres waar geleerden en VN-functionarissen 'belangrijke gebeurtenissen en onderwerpen uit de Annan-jaren' bespraken. Krasno, die aan zowel Yale University als het City College of New York politieke wetenschappen doceert, zat het congres voor dat op 11 november 2005 gehouden werd in het Pocantico Conference Center op het oude Rockefeller-landgoed in Tarrytown, New York. Het werd gesponsord door het Rockefeller Brothers Fund.

De secretaris-generaal nodigde me uit voor een kortdurend congres op 28 en 29 april 2006 in het Whitney Conference Center op het terrein van de Greentree Foundation (het voormalige verblijf van John Hay Whitney) in Manhasset, New York. Geleerden, diplomaten, VN-functionarissen en journalisten namen hieraan deel. Men probeerde een totaaloordeel te vellen over de tien jaar die Annan de VN heeft geleid. John Ruggie, hoogleraar Internationale Zaken aan de Kennedy School van Harvard University, was voorzitter van de bijeenkomst die door de Greentree Foundation werd gesponsord.

Ook ben ik dank verschuldigd aan mijn agent Scott Mendel wiens enthousiasme een slapend project wakker schudde. Hij was het die met de titel van deze biografie op de proppen kwam. Hana Lane maakte haar reputatie als briljant redacteur meer dan waar. Ze gebruikte haar rode potlood met veel inzicht en intelligentie.

Mijn zoon en schoondochter, Joshua en Elodie, die als mijn agenten in Parijs dienst deden, zorgden ervoor dat ik in Frankrijk belangrijke interviews af kon nemen, waren aanwezig bij de fantastische ontmoeting met de oude schoolmeester van Kofi Annan, Francis Bartels, en organiseerden de logistiek. Joshua loste samen met Sam, Gabriel en Jenaro al mijn gekmakende computerproblemen op. En ik had daarnaast nog een grote enthousiaste familie achter me staan: Julie, Hunter, Sarah, Patricia, Sophia, Mike, Ronella, Luke, Jake, Claire en Michèle.

Auteurs voegen hier gewoonlijk nog een alinea toe over hun vrouw die zoveel heeft moeten verdragen. Maar mijn vrouw, Elizabeth Fox, doet zoveel dingen met een zo goed humeur en zonder gezeur dat je je moeilijk voor kunt stellen dat ze veel te lijden had. Ze kan mij, het huis, dit grote gezin, een fantastische keuken, ontelbare uitjes en haar verantwoordelijke positie in het Amerikaanse Agency for International Development met gemak allemaal tegelijk aan. Ik draag dit boek met liefde en bewondering aan haar op.

Bronnen

1. Ghana en Amerika

Alle citaten in dit boek van Kofi Annan, die niet terug te vinden zijn in de hieronder genoemde bronnen, zijn afkomstig uit de interviews en gesprekken die ik bij verschillende gelegenheden vanaf begin jaren negentig met hem heb gehad. Citaten van anderen die niet in de genoemde bronnen voorkomen, zijn afkomstig van interviews en telefoongesprekken met hen of uit e-mails en faxen van hen aan mij.

Korte biografische schetsen over de secretaris-generaal zijn te vinden op websites van de VN (www.un.org), het Global Policy Forum (www.globalpolicy.org) en de Public Broadcasting Service (www.pbs.org). Ik heb van deze sites gebruikgemaakt voor het opzoeken van feiten als data, opleidingen en posities. Meer specifieke details heb ik gekregen van het bureau van de woordvoerder van de secretaris-generaal.

Het citaat uit *Time* is afkomstig uit 'Sunrise on the Gold Coast', het omslagverhaal van *Time* van 9 februari 1953. Het voorval met het Peace Corps komt uit Elizabeth Cobbs Hoffman, *All You Need Is Love: The Peace Corps and the Spirit of the* 1960s (Cambridge, Mass.: Harvard University Press, 1998), pp. 157-158.

De uitspraak over 'a-tribaal' is geciteerd in James Traub, 'Kofi Annan's Next Test', *New York Times Magazine*, 29 maart 1998. De genoemde foto van de familie Annan is een van de illustraties in dit boek. De wijsheid dat je geen man op zijn hoofd moet slaan als je met je vingers tussen zijn tanden zit, is afkomstig uit een interview met Ponchitta Pierce in het tijdschrift *AARP* van januari-februari 2003. De verhalen over de 'rechtszittingen' die vader Annan hield en dat van de ondergeschikte die zijn sigaret niet uitmaakte, komen uit Joseph Cooper Ramo, 'The Five Virtues of Kofi Annan', *Time*, 4 september 2000. Annan sprak over zijn jeugd in Ghana in Thomas G. Weiss, Tatiana Carayannis, Louis Emmerij en Richard Jolly, *UN Voices: The struggle for development and social justice* (Bloomington: Indiana University Press, UN Intellectual History Project Series, 2005).

Voor gegevens over Ghana onder Kwame N'krumah heb ik gebruikgemaakt van David Apter, *The Gold Coast in Transition* (Princeton, N.J.: Princeton University Press, 1959) en Irving Lee Markovitz, 'Ghana without Nkrumah: The winter of discontent', in Markovitz, ed., *African Politics and Society* (New York: Free Press, 1970). Ook heb ik gebruikgemaakt van de artikelen over Ghana en N'krumah in John Middleton, ed., *Encyclopedia of Africa South of the Sahara* (New York: Scribner's, 1997). In 1962 heb ik enkele dagen in Ghana doorgebracht en hierover geschreven in de *Atlantic*, november 1962.

Kofi Annan vertelt het verhaal over de zwarte stip in zijn voorwoord in *The Persistence of Paradox: Memoirs of F.L. Bartels* (Accra: Ghana Universities Press, 2003). Een andere versie van hetzelfde verhaal is te vinden op www.mfantsipim.com. De uitspraak van Bartels over N'krumah en Hitler staat op p. 186 van zijn memoires.

Het verhaal over de oorwarmers staat in talloze portretten van Annan. Ik heb het zelf gebruikt in mijn portret 'Man in the middle: Travels with Kofi Annan' in het januarinummer van het tijdschrift van het *Smithsonian*. De bandopname van de toespraak die Annan hield voor de vergadering van de studenten, is te horen op de website van Macalester, www.macalester.edu. Details van de autorit door de Verenigde Staten zijn te vinden in een artikel in de *Minneapolis Star Tribune* van 9 december 2001, 'From Macalester to U.N. to Nobel Prize', van Donna Halvorsen.

Voor dit hoofdstuk heb ik ook gebruikgemaakt van Philip Gourevitch, 'The optimist', een portret in de *New Yorker*, 3 maart 2003.

2. Door de rangen van de VN

Friederike Bauer beschrijft en citeert Titi Alakija in *Kofi Annan: Ein Leben* (Frankfurt: S. Fischer, 2005).

Annans afstudeertoespraak van 1997 aan MIT is te vinden op www.mit.edu.

Er bestaan twee goede portretten van Nane Annan, een van Evelyn Leopold en verspreid door Reuters, 7 januari 1997, en het andere van James Bone, verschenen in de Londense *Times*, 28 februari 1998. Het verhaal van Thora Klinckowström over haar ontmoeting met Modigliani is terug te vinden in William Fifields biografie *Modigliani* (New York:

William Morrow, 1976). Dat Nane het woord 'bliksem' gebruikte om haar eerste ontmoeting met Kofi Annan te beschrijven staat in Joseph Cooper Ramo, 'The five virtues of Kofi Annan', *Time*, 4 september 2000. Annans uitspraken over punctualiteit staan in Barbara Crossette, 'How UN Chief discovered US, and earmuffs', *New York Times*, 7 januari 1997.

De uitspraak dat Pérez de Cuéllar geen golven zou veroorzaken, is te vinden in Rosemary Righter, *Utopia Lost: The United Nations and world order* (New York: Twentieth Century Fund, 1995).

Ik maakte ook gebruik van Giandomenico Picco, *Man without a Gun* (New York: Times Books, 1999); het artikel over Ghana staat in John Middleton, ed., *Encyclopedia of Africa South of the Sahara* (New York: Scribner's, 1997); Meryl Gordon, 'No peace for Kofi: A father's burden', *New York*, 2 mei 2005; Philip Gourevitch, 'The optimist', *New Yorker*, 3 maart 2003, en het interview van Fred Eckhard voor het Yale-UN Oral History Project.

In de jaren zestig heb ik als functionaris van het Peace Corps en in de jaren rond 1970 als verslaggever voor Afrika van de *Los Angeles Times* Ethiopië talloze keren bezocht.

3. De grote illusie van de Tweede Golfoorlog

Voor de crisis om de gegijzelden in Irak heb ik vooral gebruikgemaakt van Joseph Wilson, *The Politics of Truth* (New York: Carroll & Graf, 2005), *The United Nations and the Iraq-Kuwait Conflict 1990-1996* (United Nations, 1996), VN Blue Book Serie, deel IX; Phyllis Bennis, *Calling the Shots: How Washington dominates today's UN* (New York: Olive Branch Press, 1996); Michael R. Gordon en Bernard E. Trainor, *The Generals' War: The inside story of the conflict in the Gulf* (Boston: Little, Brown, 1995); *U.S. News & World Report*-redactie, *Triumph without Victory: The history of the Persian Gulf war* (New York: Times Books, 1993); en van James Traub, 'Kofi Annan's next test', *New York Times*, 29 maart 1998.

De Tweede Golfoorlog behandel ik uitvoeriger in mijn geschiedenis van de VN *United Nations: The first fifty years* (New York: Atlantic Monthly Press, 1995).

4. In de voetsporen van Ralph Bunche

Marrack Goulding heeft zijn visie op de periode waarin hij hoofd was van de afdeling vredeshandhaving, opgenomen in zijn autobiografie *Peacemonger* (Baltimore: Johns Hopkins University Press, 2003). Brian Urquhart behandelt zijn ontslag in zijn autobiografie *A Life in Peace and War* (New York: W.W. Norton, 1991). Boutros Boutros-Ghali beschrijft de Somalië-crisis en zijn benoeming van Kofi Annan tot hoofd van de afdeling vredeshandhaving in *Unvanquished: A U.S.-UN saga* (New York: Random House, 1999).

Ik maakte ook gebruik van John L. Hirsch en Robert B. Oakley, *Somalia and Operation Restore Hope* (Washington, D.C.: U.S. Institute of Peace, 1995); *The Blue Helmets: A review of United Nations peacekeeping* (United Nations, 1990); CIA, 'Putting noncombatants at risk: Saddam's use of "human shields"', januari 2003, Madeleine Albright, *Madame Secretary* (New York: Miramax Books, 2003; vertaling: *Mevrouw de Minister*, Anthos, 2003); en William J. Durch, 'Introduction to anarchy: Humanitarian intervention and "state-building" in Somalia' in Durch, ed., *UN Peacekeeping, American Politics, and the Uncivil Wars of the 1990s* (New York: St. Martin's Press, 1996).

De Somalië-crisis behandel ik uitvoeriger in mijn geschiedenis van de VN *United Nations: The first fifty years* (New York: Atlantic Monthly Press, 1995).

5. Vredeshandhaving

Boutros Boutros-Ghali behandelt de Somalië-crisis in *Unvanquished: A U.S.-UN Saga* (New York: Random House, 1999). Madeleine Albright geeft haar verslag van de gebeurtenissen in haar autobiografie *Madame Secretary* (New York: Miramax Books, 2003; vertaling: *Mevrouw de Minister*, Anthos, 2003). Het onderwerp komt uitgebreid aan de orde in William J. Durch, 'Introduction to anarchy: Humanitarian intervention and "state-building" in Somalia' in Durch, ed., *UN Peacekeeping, American Politics, and the Uncivil Wars of the 1990s* (New York: St. Martin's Press, 1996). Het citaat van Tharoor over vredeshandhaving als brandweer komt voor in zijn artikel 'The challenge to UN peacekeeping' in de *Brown Journal of World Affairs*, winter/voorjaar 1996. Het verslag van Ahmad Fawzi van zijn gesprek met Boutros-Ghali is afkomstig van de dvd 'A Spokesman's Roundtable: The United Nations and the media 1945-2005', geproduceerd door het kantoor van de woordvoerder in 2005.

Annans opmerkingen aan het congres in Princeton staan vermeld in mijn artikel 'UN relief hopes turn to despair' in de *Los Angeles Times*, 25 oktober 1993. Zijn opmerkingen in *Le Monde* staan in het artikel 'Rwanda: Comme si nous étions devenus insensibles', 25 mei 1994. Het interview in de *Los Angeles Times* was getiteld 'Kofi Annan: The soft-spoken economist who runs UN peacekeeping forces', 21 juni 1994. Fred Eckhards opmerkingen over Annans relatie met verslaggevers zijn afkomstig uit zijn interview voor het Yale-UN Oral History Project.

Ook consulteerde ik Linda Fasulo, *An Insider's Guide to the UN* (New Haven, Conn.: Yale University Press, 2004) en John L. Hirsch en Robert B. Oakley, *Somalia and Operation Restore Hope* (Washington, D.C.: U.S. Institute of Peace, 1995).

Ik was verslaggever in Somalië voor de *Los Angeles Times* eind jaren zestig en begin jaren zeventig, volgde de discussies over Somalië in de VN als verslaggever van de *Times* in de jaren negentig, en reisde met secretaris-generaal Boutros Boutros-Ghali in 1993 naar Mogadishu. De Somalië-crisis behandel ik uitvoeriger in mijn geschiedenis van de VN *United Nations: The first fifty years* (New York: Atlantic Monthly Press, 1995).

6. Het drama Rwanda

De bronnen die ik voor dit hoofdstuk heb gebruikt zijn het *Report of the Independent Inquiry into the Actions of the United Nations during the 1994 Genocide in Rwanda*, 15 december 1999 (gepubliceerd door de VN als Security Council Document S/1999/1257); *The United Nations and Rwanda 1993-1996*, VN Blue Book Serie, deel X (New York: UN Department of Public Information, 1996); Madeleine Albright, *Madame Secretary* (New York: Miramax Books, 2003; vertaling: *Mevrouw de Minister*, Anthos, 2003); Roméo Dallaire, *Shake Hands with the Devil: The failure of humanity in Rwanda* (New York: Carroll & Graf, 2003); René Lemarchands artikel over Rwanda in John Middleton, ed., *Encyclopedia of Africa South of the Sahara* (New York: Scribner's, 1997); Philip Gourevitch, 'The genocide fax', *New Yorker*, 11 mei 1998; Gourevitch, 'The Congo test', *New Yorker*, 2 juni 2003; Gourevitch, 'The optimist', een portret in de *New Yorker*, 3 maart 2003; en Howard French, *A Continent for the Taking: The tragedy and hope of Africa* (New York: Alfred A. Knopf, 2004).

Over Kofi Annans persconferentie in Nairobi in 1998 wordt geciteerd door William Shawcross in *Deliver Us from Evil: Peacekeepers, warlords, and a world of endless conflict* (New York: Simon & Schuster, 2000) en in zijn artikel 'UN chief denies new Rwanda charges', in de *New York Times*, 5 mei 1998. De citaten van Annan en Albright uit *Frontline* staan op de website van de Amerikaanse omroep PBS, www.pbs.org. Op deze website worden ook de sleuteltelegrammen tussen generaal Dallaire en de afdeling vredeshandhaving in New York getoond. Annans uitspraken dat hij niet in staat was regeringen over te halen om blauwhelmen toe te wijzen, staan in Afsané Bassir Pour, 'Rwanda: 'Comme si nous étions devenus insensibles',' *Le Monde*, 25 mei 1994.

De citaten van Nat Hentoff komen uit 'Time for Kofi Annan to go', *Washington Times*, 30 april 2001. De brief van overlevenden uit Rwanda waarin Annan de schuld krijgt, werd vermeld door Reuters, 8 mei 1988, en gereproduceerd op de website van het Global Policy Forum Web, www.globalpolicy.org. Als verslaggever van de *Los Angeles Times* deed ik in 1972 verslag van de moordpartijen in Burundi en in 1994 over de discussies in de VN over Rwanda. Mijn conclusies over de slachtpartijen in Burundi zijn gepubliceerd in 'Holocaust in Burundi, 1972' in Willem A. Veenhoven, ed., *Case Studies on Human Rights and Fundamental Freedoms* (Den Haag: Martinus Nijhoff, 1976) en in mijn verslag 'Rwanda and Burundi' in de *Atlantic*, september 1973.

7. Poppenkast om Bosnië

De belangrijkste bronnen die ik voor dit hoofdstuk heb gebruikt, zijn William Shawcross, *Deliver Us from Evil: Peacekeepers, warlords, and a world of endless conflict* (New York: Simon & Schuster, 2000), Richard Holbrooke, *To End a War* (New York: Modern Library, 1999) en Kofi Annan, *Report of the Secretary-General Pursuant to General Assembly Resolution 53/35: The fall of Srebrenica* (UN General Assembly, 1999).

Andere bronnen waren Boutros Boutros-Ghali, *Unvanquished: A U.S.-UN saga* (New York: Random House, 1999); Madeleine Albright, *Madame Secretary* (New York: Miramax Books, 2003; vertaling: *Mevrouw de Minister*, Anthos, 2003); William J. Durch en James A. Schear, 'Faultlines: UN operations in the former Yugoslavia', in Durch, ed., *UN Peacekeeping, American Politics and the Uncivil Wars of the 1990s* (New York: St. Martin's Press, 1996); David Rieff, *Slaughterhouse: Bosnia and the failure of the West* (New York: Touchstone, 1996); Paul Lewis, 'UN visitors say Srebrenica is "an open jail"', *New York Times*, 26 april 1993; en Barbara Crossette, 'A salesman for unity: Kofi Annan', *New York Times*, 14 december 1996.

Jamie Rubins citaat over Annan die Akashi vervangt, staat in Christopher S. Wren, 'UN chief recalls his envoy in the Balkans as U.S. applauds', *New York Times*, 11 oktober 1995.

Ik versloeg de debatten in de Veiligheidsraad over Bosnië en vergezelde secretaris-generaal Boutros Boutros-Ghali tijdens zijn ongelukkige bezoek op oudejaarsavond aan Sarajevo. Een samenvatting van het VN-beleid ten aanzien van Bosnië staat in mijn boek *United Nations: The first fifty years* (New York: Atlantic Monthly Press, 1995).

8. De vervanging van Boutros-Ghali

Hun eigen verhalen over deze moeilijke periode zijn te vinden in Boutros Boutros-Ghali, *Unvanquished: A U.S.-UN saga* (New York: Random House, 1999) en Madeleine Albright, *Madame Secretary* (New York: Miramax Books, 2003; vertaling: *Mevrouw de Minister*, Anthos, 2003).

De belangrijkste openbare bronnen over de campagne tegen Boutros-Ghali en voor Annan die ik heb gebruikt, zijn Linda Fasulo, *An Insider's Guide to the UN* (New Haven, Conn.: Yale University Press, 2004); Hervé Cassan, 'La vie quotidienne à l'O.N.U. au temps de Boutros Boutros-Ghali', in *Boutros Boutros-Ghali Amicorum Discipulorumque Liber, vol.* 1 (Brussel: Bruylant, 1998); Richard A. Clarke, *Against All Enemies* (New York: Free Press, 2004; vertaling: *Tegen alle vijanden*, Bert Bakker, 2004); Barbara Crossettes berichten in de *New York Times* van 17 juni tot 14 december 1996; Steven Erlanger, 'U.S. will oppose move to reelect top UN official', *New York Times*, 20 juni 1996; en de berichten van Afsané Bassir Pour in *Le Monde*, 12 december 1996 tot 4 januari 1997.

Josh Friedmans uitspraak over Boutros-Ghali en Annan staat in Fred Eckhard, *Speaking for the Secretary-General: A history of the UN spokesman's office* (UN: Office of the Spokesman, 2005). De anekdote over hoe Nane Annan het nieuws over de verkiezing van haar echtgenoot hoorde, komt uit Evelyn Leopold, 'Wife of UN chief seeks her own space in New York', Reuters, 7 januari 1997, en uit de PBS-documentaire 'Kofi Annan: Center of the storm'.

Ik schreef een portret van Boutros Boutros-Ghali in 'Dateline UN: A new Hammarskjöld' in *Foreign Policy*, voorjaar 1995, en behandelde de spanning tussen hem en Madeleine Albright in 'The United States and the United Nations: A troubled and dangerous relationship', in Han Sung-Joo, ed., *The United Nations: The next fifty years* (Seoul: Korea University International Relations Institute, 1996).

9. De nieuwe secretaris-generaal

Bronnen die ik over de Congo-crisis heb geraadpleegd, zijn Howard French, *A Continent for the Taking: The tragedy and hope of Africa* (New York: Alfred A. Knopf, 2004) en Sadako Ogata, *The Turbulent Decade: Confronting the refugee crises of the 1990s* (New York: W.W. Norton, 2005). Kofi Annans rapport aan de Algemene Vergadering, 'The causes of conflict and the promotion of durable peace and sustainable development in Africa', werd vrijgegeven op 13 april 1998 als UN Document A/52/871-S/1998/318. Zijn toespraak van 1997 aan de OAU kan worden gevonden in UN Press Release SG/SM/6245/Rev. 1.

De secretaris-generaal onthulde een groot deel van zijn conversaties met Saddam Hoessein tijdens een interview met William Shawcross en het Yale-UN Oral History Project. Dat materiaal staat in Shawcross, *Deliver Us from Evil: Peacekeepers, warlords, and a world of endless conflict* (New York: Simon & Schuster, 2000) en in Jean E. Krasno en James S. Sutterlin, *The United Nations and Iraq: Defanging the viper* (Westport, Conn.: Praeger, 2003). Richard Butler geeft zijn visie op de VN-inspecties in Irak in zijn boek *The Greatest Threat: Iraq, weapons of mass destruction, and the growing crisis of global security* (New York: Public Affairs Press, 2001). Het citaat van Annan over zakendoen met Saddam Hoessein staat in het transcript van de persconferentie van 24 februari 1998, UN Press Release SG/SM/6470.

Andere bronnen over de Irak-crisis waren Madeleine Albright, *Madame Secretary* (New York: Miramax Books, 2003; vertaling: *Mevrouw de Minister*, Anthos, 2003); James

Traub, 'Kofi Annan's next test', *New York Times* magazine, 29 maart 1998; Michael R. Gordon en Elaine Sciolino, 'Fingerprints on Iraqi accord belong to Albright', *New York Times*, 25 februari 1998; Elaine Sciolino, 'Standoff with Iraq: The diplomacy; Push for peace shows split over inspections', *New York Times*, 6 februari 1998; Elaine Sciolino, 'Standoff with Iraq: The UN; For UN chief, scarcely room for negotiating', *New York Times*, 19 februari 1998; Barbara Crossette, 'Standoff with Iraq: The overview; Iraqi agree to inspections in a deal with UN leader; Washington awaits details', *New York Times*, 23 februari 1998; Eric Schmitt, 'The deal on Iraq: The overview; Top GOP senator opposes UN deal on Iraq inspection', *New York Times*, 26 februari 1998; en het interview met Fred Eckhards in het Yale-UN Oral History Project.

10. Interventies: Kosovo en Oost-Timor

Annans toespraak voor het parlement van Rwanda staat in UN Press Release SG/SM/6552, 6 mei 1998. Zijn ontvangst in Rwanda is in twee artikelen door James C. McKinley Jr. beschreven in de *New York Times*, 'Annan given cold shoulder by officials in Rwanda', 8 mei 1998, en 'Ugly reality in Rwanda', 10 mei 1998.

De Ditchley-lezing staat in UN Press Release SG/SM/6613, 26 juni 1998.

De beschrijving door Barbara Crossette van Annans troon als een lege doos is afkomstig uit 'The world: The power stops here; Annan makes his bid to make his job count', *New York Times*, 8 maart 1998.

De Kosovo-crisis wordt uitvoerig besproken in William Shawcross, *Deliver Us from Evil: Peacekeepers, warlords, and a world of endless conflict* (New York: Simon & Schuster, 2000) en in Madeleine Albright, *Madame Secretary* (New York: Miramax Books, 2003; vertaling: *Mevrouw de Minister*, Anthos, 2003). Ook is bruikbaar materiaal te vinden in Thomas W. Lippman, *Madeleine Albright and the New American Diplomacy* (Boulder, Colo.: Westview Press, 2000); Judith Miller, 'Conflict in the Balkans: The UN; The secretary general offers implicit endorsement of raids', *New York Times*, 26 maart 1999; Elaine Sciolino en Ethan Bronner, 'Crisis in the Balkans: The road to war – a special report: How a president, distracted by scandal, entered Balkan war', *New York Times*, 16 juni 1999; Kofi Annans toespraak voor de Internationale Vredesconferentie in UN Press Release, SG/SM/6997, 18 mei 1999; Blaine Harden, 'Crisis in the Balkans: Doing the deal – a special report; A long struggle that led Serb leader to back down', *New York Times*, 6 juni 1999.

Wat de crisis in Oost-Timor betreft citeert Shawcross uit enkele van de telefoongesprekken tussen president Habibie en Kofi Annan. Andere nuttige bronnen over Oost-Timor waren 'East Timor revisited' in het George Washington University's National Security Archive, www.gwu.edu/nsarchiv; 'East Timor' in het CIA *World Factbook*, www.cia.gov/cia/publications; 'The talk of the town', *New Yorker*, 9 december 1991; Seth Mydans, 'Fearful of militias, East Timor to vote on its future', 29 augustus 1999; 'Secretary-General informs Security Council, People of East Timor rejected special autonomy proposed by Indonesia', UN Press Release SC/6721, 3 september 1999; persconferentie van Kofi Annan, 3 september 1999, UN Press Release SG/SM/7120; Barbara Crossette, 'A push to intervene in East Timor is gathering backers at the UN', *New York Times*, 7 september 1999; Barbara Crossette, 'Annan warns Indonesians that inaction may lead to criminal charges', *New York Times*, 11 september 1999; Seth Mydans, 'Indonesia invites a UN force to Timor', *New York Times*, 13 september 1999; en Kofi Annans persconferentie van 14 december 1999, UN Press Release SG/SM/7259.

11. De Nobelprijs voor de Vrede

Het citaat van Judith Miller over de gemarginaliseerde Veiligheidsraad staat in 'Security council relegated to sidelines', *New York Times*, 14 maart 1999.

Het Brahimi-rapport is UN document A/55/305-S/2000/809.

Een beschrijving van hoe Annan de eerste bal wierp in de World Series staat in 'The Yankees win', een redactioneel stuk in de *New York Times*, 28 oktober 1999. Richardsons lof is afkomstig uit Barbara Crossette, 'Richardson reflects on his UN days', *New York Times*, 8 september 1998; Holbrookes lof staat in Christopher S. Wren, 'Era waning, Holbrooke takes stock', *New York Times*, 14 januari 2001.

Boltons kritiek op Annan staat in Barbara Crossette, 'Kofi unsettles people, as he believes UN should do', *New York Times*, 31 december 1999.

De herverkiezing van Annan wordt beschreven in UN Press Release GA/9889.

Annans verklaring over 11 september 2001 staat in Press Release SG/SM/7948. Zijn verklaring de volgende dag tegenover de Veiligheidsraad staat in Press Release SG/SM/7949. De reactie van de Veiligheidsraad en de resolutie staan in Press Release SC/7143. Annans toespraak voor de Algemene Vergadering op 24 september 2001 staat in UN Press Release SG/SM/7965. Zijn uitspraak over de burgers van Afghanistan komt uit Christopher S. Wren, 'U.S. advises UN Council more strikes could come', *New York Times*, 9 oktober 2001.

Verslagen over de uitreiking van de Nobelprijs aan Annan staan onder meer in Colum Lynch, 'Nobel Peace Prize goes to Annan, UN', *Washington Post*, 13 oktober 2001, en Serge Schmemann, 'Nobel Peace Prize is awarded to Annan and UN', *New York Times*, 13 oktober 2001. Annans populariteit wordt besproken in Shashi Tharoor, 'A wonderful wake-up call', *Hindu*, 28 oktober 2001.

Fred Eckhards opmerkingen over het schrijven van toespraken zijn afkomstig uit het verslag van zijn interview voor het the Yale-UN Oral History Project, 10 mei en 7 juni 2005.

De transcripten van Annans persconferentie in Oslo op 9 december 2001, zijn ontmoeting met de pers voor zijn residentie op 12 oktober 2001 en zijn opmerkingen tegen zijn stafleden op dezelfde dag zijn vrijgegeven door het bureau van de woordvoerder onder de noemer 'op persoonlijke titel gemaakte opmerkingen' op de website van de secretaris-generaal, www.un.org/apps/sg.

Sesamstraat en de ontmoeting in de synagoge in Oslo worden beschreven in de PBS-documentaire 'Kofi Annan: Center of the storm'. Over Israël en de VN zijn enkele nuttige bronnen; Warren Hoge, 'UN is gradually becoming more hospitable to Israel', *New York Times*, 11 oktober 2005; de documentaire van Citizens United Foundation '*Broken Promises*'; Philippe Bolopion, 'L'offensive de charme d'Israël à l'ONU recontre un certain succès', *Le Monde*, 4 november 2005; en Annans toespraak op de jaarlijkse herdenking van de Holocaust in UN Press Release SG/SM/10326.

12. Intermezzo in Wenen en Afrika

Delen van dit hoofdstuk zijn ook verschenen in mijn artikel 'Man in the middle: Travels with Kofi Annan' in het tijdschrift van het *Smithsonian*, januari 2003.

13. Confrontatie met de Amerikaanse moloch

Bronnen over het Witte Huis en het bedriegen van de VN voor de oorlog zijn Hans Blix, *Disarming Iraq* (New York: Pantheon Books, 2004), Todd S. Purdum, *A Time of Our Choosing: America's war in Iraq* (New York: Times Books, 2003) en Bob Woodward, *Plan of Attack* (New York: Simon & Schuster, 2004; vertaling: *Het aanvalsplan*, Balans, 2004).

Er staan goede analyses van wat de VN deden tijdens de crisis in Julia Preston en Todd S. Purdum, 'From full steam to stalled: March to Iraq turns at UN', *New York Times*, 22 september 2002, en Tyler Marshall, Maggie Farley en Doyle McManus, 'A war of words led to unanimous Iraq vote', *Los Angeles Times*, 10 november 2002.

Kofi Annans openbare verklaringen over de oorlog staan in de door het bureau van zijn woordvoerder vrijgegeven toespraak voor de Algemene Vergadering op 12 september 2002 (www.un.org/apps/sg) en in de door het bureau vrijgegeven transcripten van zijn ontmoeting met de pers op 16 september 2002 (www.un.org/apps/sg), van zijn opmerkingen tegen de pers na zijn ontmoeting met president Bush op 13 november 2002 (www.un.org/apps/sg), van zijn persconferentie in het VN-hoofdkwartier op 14 februari 2003 (UN Press Release SG/SM/8581), het transcript van de UN News Service van zijn persconferentie van 10 maart 2003 in Den Haag (www.un.org/apps/news), en de verklaringen die door het bureau van zijn woordvoerder zijn afgegeven op 20 maart 2003 (www.un.org/apps/sg).

De toespraak van Bush voor de Algemene Vergadering van 12 september 2002 staat op www.whitehouse.gov/news. De toespraak waarmee Bush de oorlog begon is afgedrukt in de *New York Times*, 18 maart 2003. De *New York Times* publiceerde ook de brief van de Iraakse minister van Buitenlandse Zaken Naji Sabri aan Kofi Annan van 17 september 2002. De cartoon met Churchill en Chamberlain stond in de *Los Angeles Times* van 15 september 2002.

De tekst van Colin Powells presentatie voor de Veiligheidsraad is te vinden op www.globalsecurity.org. Dominique de Villepins reactie staat in mijn commentaar op het nieuws van 2 maart 2003, nieuwscommentaren op www.stanleymeisler.com.

Een andere nuttige bron is Patrick E. Tyler, 'Ex-aide to Blair says the British spied on Annan', *New York Times*, 27 februari 2004.

14. Melancholie en relevantie

Een belangrijke bron voor dit hoofdstuk was L. Paul Bremers onthullende autobiografie *My Year in Iraq* (New York: Simon & Schuster, 2006; vertaling: *Na Saddam*, Balans, 2006).

Het artikel van Richard Perle 'Thank God for the death of the UN' verscheen in de *Guardian*, 21 maart 2003. Claire Tréans artikel 'L'ONU pourait sortir renforcée de la crise irakienne' verscheen in *Le Monde*, 18 maart 2003.

Bronnen die ik heb gebruikt voor de missie van Vieira de Mello zijn George Packer, *The Assassins' Gate: America in Iraq* (New York: Farrar, Straus & Giroux, 2005); 'Excerpts from remarks by Bush and Blair: "Iraq will soon be liberated"', *New York Times*, 9 april 2003; transcript van de persconferentie van Annan/Vieira de Mello, 27 mei 2003, UN document SG/SM/8720; Steven Erlanger, '"I should always believe journalists," he said, adding: "please pray for me"', *New York Times*, 24 augustus 2003; Annans mededeling aan zijn staf na de zelfmoordaanslag van 19 augustus staat in UN document SG/SM/8826; de opmerkingen van het VN-Stafberaad staan in UN document ORG/1389; *Report of the Independent Panel on the Safety and Security of the UN Personnel in Iraq* (UN-publicatie, 20 oktober 2003); Colum Lynch, 'UN pullback may reflect staff's willingness to defy Council', *Washington Post*, 2 november 2003.

Bronnen die ik heb gebruikt voor de missie van Brahimi zijn Robin Wright en Colum Lynch, 'Wary Annan set to discuss a possible UN role in Iraq', *Washington Post*, 19 january 2004; Jim Hoagland, 'A UN surprise', *Washington Post*, 18 februari 2004; Brahimi's verslagen van 23 februari, 27 april en 7 juni 2004 aan de Veiligheidsraad zijn in te zien op www.un.org/apps/news; Dexter Filkins, 'A worn road for UN aide', *New York Times*, 31 mei 2004; Warren Hoge en Steven R. Weisman, 'Surprising choice reflects U.S. influence', *New York Times*, 29 mei 2004; Rajiv Chandrasekaran, 'Envoy bowed to pressure in choosing leaders', *Washington Post*, 3 juni 2004; Brahimi's persconferentie in Bagdad, 4 juni 2004, is in te zien op www.un.org/apps/news; bronnen die ik heb gebruikt voor het 'illegale' commentaar zijn 'Iraq war illegal, says Annan' en 'Excerpts: Annan interview' op *BBC News*, 16 september 2004, op www.newsvote.bbc.co.uk; bronnen die ik heb gebruikt voor de brief over Falluja zijn Maggie Farley, 'UN's Annan seeks to prevent an assault on Fallouja', *Los Angeles Times*, 5 november 2004; Dafna Linzer, 'Annan's warning on Fallujah dismissed', *Washington Post*, 6 november 2004; en Warren Hoge, 'US and UN renew quarrel over Iraq', *New York Times*, 14 november 2004.

15. Olie-voor-voedsel en Kojo

Alle verslagen van de 'Independent Inquiry Committee into the United Nations Oil-for-Food Programme', zoals de commissie-Volcker officieel heette, en de perscommuniqués waarin de verslagen zijn samengevat, zijn te vinden op de website van de commissie-Volcker, www.iic-offp.org. De belangrijkste verslagen die in dit hoofdstuk worden behandeld, zijn *The Management of the United Nations Oil-for-Food Programme, vol. III – Report of investigation, United Nations Administration*, deel 1, verschenen op 7 september 2005, en *Second Interim Report: The 1998 procurement of the humanitarian goods inspection contract; other conduct of United Nations officials*, verschenen op 29 maart 2005.

Een grondige en scherpe analyse van de verslagen staat in Brian Urquhart, 'The UN oil-for-food program: Who Is guilty', *New York Review of Books*, 9 februari 2006.

Annans aanvallen van depressiviteit worden behandeld in Philippe Bolopion, 'La voix perdue de Kofi Annan', *Le Journal du Dimanche*, 15 mei 2005, en Meryl Gordon, 'No peace for Kofi: A father's burden', *New York*, 2 mei 2005.

De campagne tegen Annan wordt geanalyseerd in Ian Williams, 'The right's assault on Kofi Annan', *Nation*, 10 januari 2005, en in Barbara Crossettes brief aan Romenesko, 17 oktober 2005 (www.poynter.org). Annan verwierp de campagne in de *Charlie Rose Show*, 7 maart 2006. Aanvallen op Annan staan onder meer in Claudia Rosett, 'Oil, food, and a whole lot of questions', *New York Times*, 18 april 2003; Claudia Rosett, 'Kojo & Kofi',

National Review Online, 10 maart 2004 (www.nationalreview.com); Claudia Rosset, 'The oil-for-food scam: What did Kofi Annan know, and when did he know it?' *Commentary*, mei 2004; 'Annan past his time', *Sun* commentaar, 18 november 2004; William Safire, 'My son, my son', *New York Times*, 29 november 2004; Norm Coleman, 'Kofi Annan must go', *Wall Street Journal*, 1 december 2004; House Committee on International Relations, 'The oil for food program: The systematic failure of the United Nations', 7 december 2005; en 'Kofi's accountability', *Wall Street Journal* commentaar, 30 maart 2005.

Bruikbare verslagen zijn Warren Hoge en Judith Miller, 'Annan's post at the UN may be at risk, officials fear', *New York Times*, 4 december 2004; Colum Lynch, 'U.S. opposes Annan leaving UN position', *Washington Post*, 10 december 2004; Nora Boustany, 'Annan's new top aide defines his ambitions', *Washington Post*, 16 februari 2005; James Bone, 'Schoolboy star who grew up to be a player', *Times*, 10 maart 2005; Warren Hoge, 'Annan remark on oil sales draws nods of agreement', *New York Times*, 24 april 2005; Warren Hoge, 'Annan failed to curb corruption in Iraq's oil-for-food program, investigators report', *New York Times*, 7 september 2005; Maggie Farley, 'UN oil-for-food inquiry findings surprised Volcker', *Los Angeles Times*, 28 oktober 2005; AP, 'Smuggling seen as major source of illegal revenu for Hussein', *New York Times*, 28 december 2005; en Warren Hoge, 'Annan's son will repay Ghana for fees on car', *New York Times*, 24 januari 2006.

Bij de documenten van de VN, beschikbaar op www.un.org/apps, bevinden zich het persbericht van de secretaris-generaal van 17 juni 2004; UN News Service, 'Annan cuts short Africa trip to focus on Iraq at UN headquarters in New York'; en verslagen van de persconferentie van de secretaris-generaal van 29 november 2004 en van 29 maart 2005, van de persconferentie bij de Veiligheidsraad van 7 september 2005, en van de oudejaarspersconferentie van 21 december 2005. De bijeenkomsten om Annans humeur op te vijzelen worden behandeld door Johanna McGeary, 'The fight of his life', *Time*, 17 december 2004; Warren Hoge, 'Secret meeting, clear mission: "Rescue" UN', *New York Times*, 3 januari 2005; en Richard Holbrooke in de *Charlie Rose Show*, 2 januari 2005.

Shashi Tharoors schets van Kofi Annan verscheen in de *Hindu* als 'A wonderful wake-up call', 28 oktober 2001. De botsingen van Bone met het bureau van de woordvoerder staan vermeld in 'Knock, knock,who's there? It's the Mercedes', op de website van het UN Forum, www.unforum.com, 15 december 2005.

16. Het jaar van het eindoordeel

Annan besprak zijn nalatenschap in de *Charlie Rose Show* op PBS, 7 maart 2006.

Achtergronden over Darfur staan onder meer in het perscommuniqué van de Veiligheidsraad, SC/8721, 16 mei 2006, met de tekst van resolutie 1679 over het in gang zetten van een VN-operatie, en in International Crisis Group, *To Save Darfur*, Africa Report 105, 17 maart 2006.

Ik vatte het probleem van de hervormingen samen in een artikel in de *Los Angeles Times*, 'It works well. tweak it', 6 november 2005. Hervormingen worden ook besproken in Colum Lynch, 'Bolton plans to restart stalled efforts to restructure UN', *Washington Post*, 2 januari 2006; Warren Hoge, 'Annan and Bolton disagree on draft for New Rights Group', *New York Times*, 24 februari 2006; Warren Hoge, 'U.S. isolated in opposing for a new UN Rights Council', *New York Times*, 4 maart 2006; Jimmy Carter, Óscar Arias, Kim Dae Jung, Shirin Ebadi en Desmond Tutu, 'Principles defeat politics at the UN', *New York Times*, 5 maart 2006; de verklaring die de secretaris-generaal aflegde voor de Algemene Vergadering op 7 maart 2006, beschikbaar op www.un.org/apps; 'Investing in the United Nations: for a stronger organization worldwide', het verslag van de secretaris-generaal aan de Algemene Vergadering 7 maart 2006, A/60/693; Warren Hoge, 'As U.S. dissents, UN approves a new council on rights abuse', *New York Times*, 16 maart 2006; en Colum Lynch, 'UN votes to replace rights panel', *Washington Post*, 15 maart 2006.

Annans problemen met stafleden worden behandeld in Warren Hoge, 'UN refugee chief resigns, denying charges of harassment', *New York Times*, 21 februari 2005; Edith M. Lederer, 'Blog behind the scenes at the UN', Associated Press, 7 maart 2006; en Edith M. Lederer, 'UN Union: "No confidence in Annan"', *Associated Press*, 10 maart 2006.

Achtergronden van de benoeming van Bolton staan in Elisabeth Bumiller en Sheryl Gay Stolberg, 'President sends Bolton to UN, bypasses Senate', *New York Times*, 2 augustus 2005; 'Bolton: U.S. will fix UN or find an alternative', Associated Press, 19 november 2005, beschikbaar op www.newsmax.com; Warren Hoge, 'Dispute over division of authority at the UN grows', *New York Times*, 20 november 2005; en Maggie Farley, 'UN hit by a bolt from the right', *Los Angeles Times*, 23 december 2005. De benoeming van Bolton behandelde ik in een commentaar op het nieuws van 24 maart 2005, 'Bolton and history', op mijn website, www.stanleymeisler.com.

Register